国家社科基金
GUOJIA SHEKE JIJIN HOUQI ZIZHU XIANGMU
后期资助项目

新时代我国居民消费持续增长的动力机制研究

A Study on the Motivation Mechanism of the
Continuous Growth of Resident Consumption
in China in the New Era

石明明　著

中国人民大学出版社
· 北京 ·

图书在版编目（CIP）数据

新时代我国居民消费持续增长的动力机制研究／石明明著 . -- 北京：中国人民大学出版社，2023.6
国家社科基金后期资助项目
ISBN 978-7-300-31734-2

Ⅰ.①新… Ⅱ.①石… Ⅲ.①居民消费－增长－研究－中国 Ⅳ.①F126.1

中国国家版本馆 CIP 数据核字（2023）第 100547 号

国家社科基金后期资助项目

新时代我国居民消费持续增长的动力机制研究

石明明　著

Xinshidai Woguo Jumin Xiaofei Chixu Zengzhang de Dongli Jizhi Yanjiu

出版发行	中国人民大学出版社				
社　　址	北京中关村大街 31 号		**邮政编码**	100080	
电　　话	010 - 62511242（总编室）		010 - 62511770（质管部）		
	010 - 82501766（邮购部）		010 - 62514148（门市部）		
	010 - 62515195（发行公司）		010 - 62515275（盗版举报）		
网　　址	http://www.crup.com.cn				
经　　销	新华书店				
印　　刷	唐山玺诚印务有限公司				
开　　本	720 mm×1000 mm　1/16		**版　　次**	2023 年 6 月第 1 版	
印　　张	20.5 插页 2		**印　　次**	2024 年 5 月第 2 次印刷	
字　　数	345 000		**定　　价**	98.00 元	

国家社科基金后期资助项目
出版说明

　　后期资助项目是国家社科基金设立的一类重要项目，旨在鼓励广大社科研究者潜心治学，支持基础研究多出优秀成果。它是经过严格评审，从接近完成的科研成果中遴选立项的。为扩大后期资助项目的影响，更好地推动学术发展，促进成果转化，全国哲学社会科学工作办公室按照"统一设计、统一标识、统一版式、形成系列"的总体要求，组织出版国家社科基金后期资助项目成果。

全国哲学社会科学工作办公室

前　言

中国特色社会主义进入新时代，我国社会主要矛盾转化为人民日益增长的美好生活需要和不平衡不充分的发展之间的矛盾。习近平总书记指出，中国经济发展正在从以往过于依赖投资和出口拉动向更多依靠国内需求特别是消费需求拉动转变。面向未来，要把满足国内需求作为发展的出发点和落脚点，加快构建完整的内需体系，逐步形成以国内大循环为主体、国内国际双循环相互促进的新发展格局；要完善促进消费体制机制，顺应居民消费新趋势，从供需两端发力，积极培育重点消费领域细分市场，营造安全放心的消费环境，提升居民消费能力，引导形成合理消费预期，切实增强消费对经济发展的基础性作用，推动经济高质量发展。

2020年、2021年中央经济工作会议均对促进消费作出部署。2022年《政府工作报告》对"推动消费持续恢复"作出重要部署。2022年4月25日国务院办公厅颁发的《关于进一步释放消费潜力促进消费持续恢复的意见》进一步指出，消费是畅通国内大循环的关键环节和重要引擎，对经济具有持久拉动力，事关保障和改善民生。同年，中共中央、国务院印发《扩大内需战略规划纲要（2022—2035年）》，对全面促进消费、加快消费提质升级等任务进行部署。消费是我国经济增长的重要引擎，是畅通产业循环、市场循环的重要基础。增强消费对经济发展的基础性作用，发挥好消费对经济循环的牵引带动作用，对打造强大的国内经济循环体系，稳固经济基本盘，推动以国际循环提升国内大循环效率和水平，塑造新时代我国经济增长新稳态具有重要意义。

从当前我国居民消费发展情况看，过去模仿型、排浪式消费阶段基本结束，随着消费者自我意识的强化、消费需求的细化，个性化、多样化消费渐成主流，居民对产品质量、服务质量、创新供给均提出了更高更新的要求。新一代信息技术给消费者带来了智能化和场景化的消费新体验，新消费蓬勃兴起。与此同时，我国居民消费仍然存在着突出的不平衡不充分发展问题，居民消费率长期处于相对较低水平，不同群体之间、区域之间和城乡之间消费不平衡，人口老龄化、房价上涨、新冠疫情等叠加因素对消费形成冲击影响。在此现实背景下，促进消费需求可持续增长成为我国"十四五"及今后一个时期的一项战略任务，也构成我国构建"双循环"新发展格局、建立内需驱动发展模式、增强抵御国际经济风险能力、实现国民经济均衡稳定可持续增长的重要基础。

对我国居民消费持续增长动力机制的研究，有助于深层次理解我国经济社会发展新阶段的新特征、新要求、新任务。近年来，我国经济运行的内在稳定性有效提升，但宏观经济发展中制约经济持续向好的结构性、深层次问题仍然突出。随着全球变局和新冠疫情叠加，建立健全经济增长内生动力机制尤为迫切。习近平总书记多次强调，"推进供给侧结构性改革，要用好需求侧管理这个重要工具，使供给侧改革和需求侧管理相辅相成、相得益彰"，"要把加快调整结构与持续扩大内需结合起来，保持宏观经济平稳运行"。居民消费作为内需的关键支撑，在外需不确定性大幅增加和投资拉动边际效果波动的情况下，始终发挥着经济增长"压舱石"的重要作用。扩大内需已经成为未来一个时期我国增加经济运行稳定性和可持续性的关键举措。如何有效激发居民消费需求、找准扩大内需的政策切入点和着力点，是我国社会各方面关注的焦点问题。结合我国实际情况，居民消费决策既与收入状况高度相关，同时也具有一定的独立特征和自身发展规律。消费需求与收入分配、预防性储蓄动机、消费文化、消费品市场发展、家庭人口特征及家庭人口结构、城镇化进程、房产价值波动、社会流动性等多因素有着复杂而密切的联系。因此，建立消费需求增长的长效机制需要多方面政策统筹协调、相互配合、高效联动，发挥政策的整体效能。

本书结合新时期的新特征、新趋势，深入分析新时代消费发展不均衡不充分的主要特征，细致解析制约居民消费增长动力的主要因素和相关体制、机制、政策短板，辨析长期以来涉及居民消费增长的不同观点和争议，在此基础上提出完善我国居民消费增长动力机制的相关政策措施建议。总的来看，我国居民消费行为日趋复杂化，家庭生命周期（如老龄化）、结构变迁、消费分层（如收入和财富的非均等化）、人口迁徙（如户籍变化）及家庭异质性特征，深刻影响着消费支出的结构、特征、演变与增长。深入探讨我国居民消费结构及其动态演变特征，深化居民消费支出的具体形态研究，有助于深入理解制约居民消费增长的具体原因、居民各类消费支出的增长潜力及其对各类宏观政策的响应程度和敏感性，为我国制定有效的消费可持续增长政策提供有力的决策依据和理论支撑。

同时，本书为促进我国消费可持续增长和构建有中国特色的社会主义消费型社会提供可信的经验证据。本书写作中综合考察了多种数据来源，使用了包括大样本微观家庭消费调查数据、宏观消费数据以及电商企业真实发生的消费订单大数据。数据使用的决策依据主要参考研究问题的现实需要，微观数据可以较好地修正代表性家庭为基准研究的模型参数，详细的家庭背景资料可以处理不同家庭的特性，更好地体现家庭的异质性特征与组群的不同特征。宏观数据的使用是综合考虑宏观分析变量的使用，用以分析更为宏观的消费问题。消费订单大数据的使用主要是为了考察消费新模式的微观机理问题。本书的研究希望为我国消费相关政策的制定提供更好的经验证据，从多视角进行福利评价并最终服务于政策决策。

本书研究的总体思路是，基于我国改革发展新阶段构建"双循环"新发展格局的新形势，紧紧围绕"持续扩大内需"和"发挥消费基础性作用"重要部署要求，坚持问题导向，将理论分析和经验研究聚焦于新时代制约我国居民消费持续增长的重点问题和动力机制上。本书以马克思主义政治经济学为指导，结合消费函数理论基础，在有关中国消费增长研究的文献基础之上，综合多数据来源（微观家庭消费调查数据、宏观消费数据和消费订单大数据），深入研究我国居民消费不平衡不充分的发展问题和影响因素，并在此基础上提炼出以改革创新为根本动力推动新时代我国居民消费的持续增长。本书分析了我国不同地区、城乡、家庭的总体消费特征、消费结构特征与演变，分析消费行为的具体特性及动态演变，解析影响我国消费支出和结构的重要经济社会因素，结合我国人口老龄化等社会经济重大发展趋势和住房长效机制、劳动力和人才社会性流动体制机制等领域的改革深化形势，对我国居民消费增长的动力机制进行系统深入研究，分析机制短板、瓶颈，为我国制定有效的促进消费可持续增长的政策提供理论依据。

本书写作自 2016 年开始，其间受到国家社科基金后期资助项目资助，收到并充分吸纳了国家社科基金多位审稿专家的宝贵意见，前后经过多次框架思路迭代和内容体系更新，本书成稿也得到了研究团队多位专家的无私支持，在此表达由衷的谢忱。同时，需要感谢多位硕士生、博士生的科研支持。本书具体分工如下：第一章、第二章，石明明；第三章，石明明、周珺；第四章、第五章，石明明、江舟；第六章，石明明、曾森；第七章，石明明、江舟、邱旭容；第八章，石明明；第九章，石明明、曾茂霞；第十章，石明明、邱旭容；第十一章，石明明、赵晓露；第十二章，石明明、赵晓露、曾茂霞；第十三章，石明明、刘向东、邱旭容；第十四章，石明明。本书的出版也要感谢中国人民大学出版社的编辑们以及我的师友和家人给予的无私帮助与支持，在此笔者都致以由衷的感谢！

石明明

2023 年 3 月 16 日

于中国人民大学明德商学楼

目　录

第一章 导论

一、选题的现实与理论意义

中国特色社会主义进入新时代，我国社会主要矛盾转化为人民日益增长的美好生活需要和不平衡不充分的发展之间的矛盾。习近平总书记指出，中国经济发展正在从以往过于依赖投资和出口拉动向更多依靠国内需求特别是消费需求拉动转变。面向未来，要把满足国内需求作为发展的出发点和落脚点，加快构建完整的内需体系，逐步形成以国内大循环为主体、国内国际双循环相互促进的新发展格局，要完善促进消费体制机制，顺应居民消费新趋势，从供需两端发力，积极培育重点消费领域细分市场，营造安全放心消费环境，提升居民消费能力，引导形成合理消费预期，切实增强消费对经济发展的基础性作用。近年来，《中共中央 国务院关于完善促进消费体制机制 进一步激发居民消费潜力的若干意见》《完善促进消费体制机制实施方案（2018—2020 年）》《关于新时代加快完善社会主义市场经济体制的意见》等重要文件先后印发实施，对"完善促进消费的体制机制，增强消费对经济发展的基础性作用"作出一系列重要部署。

从当前我国居民消费发展情况看，过去模仿型、排浪式消费阶段基本结束，随着消费者自我意识的强化、消费需求的细化，个性化、多样化消费渐成主流，居民对产品质量、服务质量、创新供给均提出了更高更新的要求。新一代信息技术给消费者带来了智能化和场景化的消费新体验，新消费蓬勃兴起。与此同时，我国居民消费仍然存在着突出的不平衡不充分发展问题，居民消费率长期处于相对较低水平，不同群体之间、区域之间和城乡之间消费不平衡，人口老龄化、房价上涨等叠加因素对消费形成冲击影响。在此现实背景下，促进消费需求持续增长成为"十四五"及今后一个时期的一项战略任务，也成为我国构建"双循环"新发展格局、建立内需驱动发展模式、增强抵御国际经济风险能力、实现国民经济均衡稳定可持续增长的重要基础。

深化对我国居民消费结构特征及增长动力机制研究，有助于深层次理解中国经济社会发展新阶段的新特征、新要求、新任务。近年来，我国经济运行的内在稳定性有效提升，但宏观经济发展中制约经济持续向好的结构性、深层次问题仍然突出。随着世界经济政治形势不确定性明显增强，建立健全经济增长内生动力机制显得尤为迫切。习近平总书记多次强调，"推进供给侧结构性改革，要用好需求侧管理这个重要工具，使供给侧改革和需求侧管理相辅相成、相得益彰""要把加快调整结构与持续扩大内需结合起来，保持宏观经济平稳运行"。居民消费作为内需的关键支撑，在外需不确定性大幅增加和投资拉动边际效果波动的情况下，始终发挥着经济增长压舱石的重要作用。扩大内需已经成为未来一个时期我国增加经济运行稳定性和可持续性的关键举措。如何有效激发居民消费需求、找准扩大内需的政策切入点和着力点，是社会各方面关注的焦点问题。党的十九大报告将消费对经济发展的作用提升到"基础性作用"的高度，并首次将"完善促进消费的体制机制"作为社会主义市场经济体系的重要内容。十九届五中全会进一步指出，构建新发展格局要"坚持扩大内需这个战略基点，加快培育完整内需体系，把实施扩大内需战略同深化供给侧结构性改革有机结合起来，以创新驱动、高质量供给引领和创造新需求。要畅通国内大循环，促进国内国际双循环，全面促进消费，拓展投资空间"。

结合我国实际情况，居民消费决策既与收入状况高度相关，同时也具有一定的独立特征和自身发展规律。消费需求与收入分配、预防性储蓄动机、消费文化、消费品市场发展、家庭人口特征与家庭人口结构、城镇化进程、房产价值波动、社会流动性等多因素有着复杂而密切的联系。因此，建立消费需求增长的长效机制需要健全多方面政策统筹协调、相互配合、高效联动，发挥政策的整体效能。

本研究将结合新时期的新特征、新趋势，深入分析新时代消费发展不均衡不充分的主要特征，细致解析制约居民消费持续增长的深层因素和相关体制、机制、政策短板，辨析长期以来涉及居民消费增长的相关不同观点和争议，在此基础上提出完善我国居民消费增长动力机制的相关政策措施建议。总的来看，我国居民消费行为日趋复杂化，家庭生命周期（如老龄化）、结构变迁、消费分层（如收入和财富的非均等化）、人口迁徙（如户籍变化）以及家庭异质性特征，深刻影响着消费支出的结构、特征、演变与增长。深入探讨我国居民消费结构及其动态演变特征，深化居民消费支出的具体形态研究，有助于深入理解制约居民消费增长的具体原因、居民各类消费支出的增长潜力及其对各类宏观政策的响应程度和敏感性。

本研究为促进我国居民消费持续增长和构建中国特色的社会主义消费型社会提供可信的经验证据。书稿写作中综合考察了多种数据来源，使用了包括大样本微观家庭消费调查数据、宏观消费数据以及电商企业真实发生的消费订单大数据。数据使用的决策依据主要参考研究问题的现实需要，微观数据可以较好地修正代表性家庭为基准研究的模型参数，详细的家庭背景资料可以处理不同家庭的特性，更好地体现家庭的异质性特征与组群的不同特征。对于宏观数据，是综合考虑宏观分析变量的使用，用以分析更为宏观的消费问题。消费订单大数据的使用主要是为了考察消费新模式的微观机理问题。本书的研究希望为我国消费相关政策制定提供更好的经验证据，从多视角进行福利评价并最终服务于政策决策。

二、本书的逻辑框架和内容安排

本书研究的总体思路是，基于我国改革发展新阶段构建"双循环"新发展格局的新形势，紧紧围绕"持续扩大内需"和"发挥消费基础性作用"重要部署要求，坚持问题导向，将理论分析和经验研究聚焦于新时代制约我国居民消费持续增长的重点问题和动力机制的研究。中国特色社会主义进入新时代，社会主要矛盾已经转化为人民日益增长的美好生活需要和不平衡不充分的发展之间的矛盾。2014 年 12 月，习近平总书记在中央经济工作会议上的讲话指出，过去我国消费具有明显的模仿型排浪式特征，你有我有全都有，消费是一浪接一浪地增长。现在，"羊群效应"没有了，模仿型排浪式消费阶段基本结束，消费拉开档次，个性化、多样化消费渐成主流。习近平总书记强调，我们必须采取正确的消费政策，释放消费潜力，使消费继续在推动经济发展中发挥基础性作用。

本书紧紧围绕新时代社会主要矛盾展开研究，新时代促进居民消费持续增长首先需要立足于人民群众不断升级的消费需求，居民消费升级和消费结构的动态演变是消费增长方式的重要构成内容之一，在以国内大循环为主构建新发展格局的政策背景下，居民消费持续增长不仅包括消费总量的持续增长，表现为居民整体消费能力的持续提高，还应包括居民消费升级和消费均衡发展，表现为居民消费意愿的整体提升和不同居民群体之间消费的均衡发展。因此，本书深入研究新阶段制约居民消费持续增长的深层次因素和重点问题，深入了解人民生活真实效用水平的差距程度，居民消费平等和均衡发展关系着人民美好生活的实现、人民生活的幸福感和获得感。本书以马克思主义政治经济学为指导，从社会经济大循环的角度研究了流通创新对人民群众需求变化的适应性和灵活性，研究了数字经济时代新消费模式如何不断增加消费者选择和效用，提高人民群众的消费体验和消费品质，并增加了一手的案例调查研究。在此基础上梳理了研究的逻辑和分析框架，提炼出我国居民消费持续增长目标的内涵，已有研究结论表明需要以改革创新为根本动力推动新时代我国居民消费的持续增长，以满足人民日益增长的美好生活需要为根本目的，改革影响居民消费能力和消费意愿的体制机制，创新供给并培育新的消费增长点，统筹消费增长和消费均衡发展，促进人民实现共同富裕，这是社会主义的本质要求，也是中国式现代化的重要特征。

梳理后的研究逻辑和分析框架如图 1.1 所示。具体而言，本书从马克思主义政治经济学理论基础出发，从经济循环的角度阐释了消费的基础性作用，结合消费函数的理论基础，紧紧围绕新时代中国经济社会发展阶段和主要矛盾特征，研究我国消费增长动力机制。本书对改革开放以来有关中国消费增长和消费结构研究的文献进行了重新梳理，基于上述理论和文献基础，首先对我国居民消费的总体结构特征进行了考察，分析了其结构特征、世代特征、地区特征和演变特征。进一步，本书对我国居民消费结构的动态演变进行实证研究，考察消费升级及其城乡异质性，其中考虑到现阶段服务消费在总消费支出中的比重提升是我国居民消费升级的主导方向，书中对城镇居民的服务消费行为特征和分层问题进行了专项分析论述，力求从整体和结构、静态和动态等多角度全面考察新时代我国居民消费发展特征。总体来看，新时代我国居民消费呈现不平衡不充分发展的特征，表现出消费升级与消费分层并存的特点。因此，本书论述重点进一步向制约消费持续增长的深层次因素、消费均衡发展问题聚焦，这构成了本书分析的核心内容：分别重点考察住房资产上涨对消费的净效应、老龄化对消费增长的影响、社会流动对消费的影响机理等重点问题；重点分析了消费不平等的趋势及细分特征、消费不平等对居民幸福感的影响，考察了新阶段新型城镇化政策如何促进消费平等；考察了流通创新与消费促进的关系，研究了数字经济下的新消费模式，依据马克思主义政治经济学经济

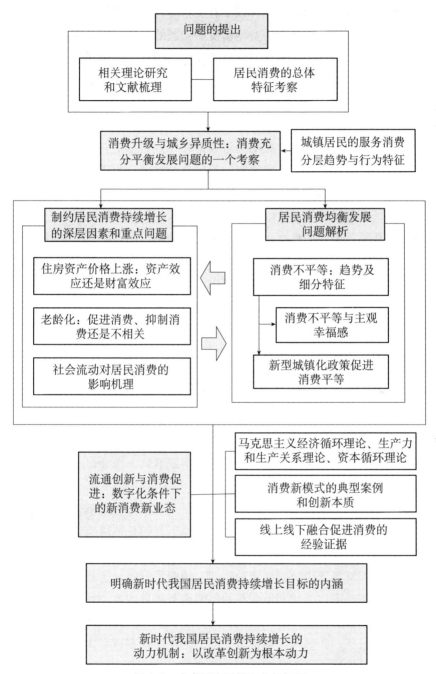

图 1.1　本书研究逻辑和分析框架

循环理论分析了数字经济下新消费模式产生的原因，研究基于消费订单大数据为线上线下融合促进消费增长提供了微观经验证据，分析了线上线下融合对消费者福利的影响；综合以上有关新时代消费特征的研究、制约消费持续增长的深层次因素和消费均衡发展问题的解析，以及流通创新与消费促进的关联机制、数字经济与新消费模式的研究，明确了新时代我国居民消费持续增长的目标内涵，应当以改革创新为根本动力推动我国新时代居民消费的持续增长，并研究了健全促进消费持续增长的一揽子政策措施。

本书研究的内容安排，除第一章导论外，主要有十三章：

第二章重新梳理有关消费研究的相关理论基础，梳理了马克思主义政治经济学有关消费的理论研究、西方消费函数的相关理论研究和基本研究脉络，系统梳理了改革开放以来中国消费增长的相关文献。马克思主义政治经济学从经济循环的角度阐释了消费的基础性作用，消费既关系生产品的最终市场实现，又是新社会再生产过程的起点，有支付能力的消费需求对产业发展、经济增长具有重要的作用，消费问题关系人的全面发展。西方经济学有关消费函数的研究，主要围绕消费支出与可支配收入、消费者在其生命周期中的消费决策、宏观消费数据、微观家庭数据在研究消费支出决策中的不同作用，消费研究更为注重消费者个体和家庭的微观决策。综合马克思主义政治经济学和西方消费函数的相关研究，可以看到，关于我国消费增长研究应充分立足于中国经济发展的现实和生产发展的相应阶段。已有文献基础也可以看到，我国消费增长和消费结构相关文献随着经济发展阶段的转变，研究关注点发生了多次转变，是在一定经济发展阶段和特定情境下对我国居民消费增长理论和实证研究。因此，本书的研究应当基于中国国情，做好相应研究成果的阐释，讲好中国故事。

第三章分析了我国居民消费的总体特征，主要内容是基于大样本微观调查数据，应用基本描述统计方法分析我国消费的总体结构特征、世代特征和地区特征以及新消费特征。从一系列有关消费支出特征分析可以看出，随着我国城乡居民消费结构的转变、消费代际的更迭和消费地区的延伸，不同群体、不同区域和不同年龄层的消费者呈现出愈发多元、异质及细分的消费分层特征。在新时代消费趋势逐步演化、互联网新消费形式愈发繁荣的背景下，我国居民消费需求随之出现了许多新变化和新特点，消费增长特征也将随之发生改变。

第四章进一步从动态视角出发，使用 AIDS 模型，采用省级数据对城乡居民消费结构的动态演变进行了分析，消费需求升级和结构的动态演变构成了我国居民消费增长的重要内容之一。研究通过对城乡居民各项消费的自价格弹性、支出弹性等的分析，考察其消费结构的动态变化特征，与上一章分析结果相互印证。实证分析结果表明，城乡居民家庭消费结构的演变均呈现出消费升级的特征，在一定程度上具有一致性：以食品为代表的物质性、基本性消费支出占比和消费意愿明显减少，而以文教娱乐支出为代表的服务性、享受性消费支出比例和消费意愿明显上升，表明城乡居民的家庭消费结构呈现出由物质性消费向享受性、服务性消费转变的特征，具有消费升级特点，符合消费结构演变的推论。同时实证分析结果也表明，城乡消费结构的动态变化存在异质性。应正确理解和把握城乡居民消费结构变化的现象与本质，使促进城乡消费的政策着力点有所差别，更具针对性的引导，促进城乡居民的消费结构优化和消费升级。

第五章研究了我国城镇居民服务消费增长相关问题。考虑到服务消费在总消费支出中的比重提升是新阶段我国居民消费升级的主导方向，服务消费需求的持续增长关系到国内市场的高质量发展。研究采用中国家庭追踪调查（China family panel studies，CFPS）数据，分别从消费能力、消费意愿和消费行为等方面，以家庭为单位考察城镇居民服务消费的分层趋势和发展动态。研究分析发现，不同特征家庭在服务消费的消费能力和消费意愿上存在较大差异，呈现分层特征。具体而言，城镇老龄家庭对医疗保健消费有较高的支出意愿，而交通通信和文教娱乐消费增速放缓，消费意愿较低；从家庭生命周期来看，户主年龄在20～39岁的年轻家庭服务消费的支出意愿更高，增速更快；房产数量多少反映出的城镇居民服务消费的分层也十分明显，房产数量越多的家庭，其服务消费的消费能力和消费意愿更高，同时无房的年轻家庭对旅游等休闲娱乐消费有较高的支出意愿；较高学历家庭对文教娱乐、旅游、美容等更高层次的新型消费具有更高的消费能力和消费支出意愿，其服务消费增速更快；缺乏商业医疗保险的家庭由于预防性储蓄较高，消费观念趋于保守等，其各项服务消费的消费意愿均低于有商业医疗保险的家庭。从消费增长的行为特征来看，我国城镇居民的服务消费总支出和各分项服务消费支出均表现出显著的耐久效应，这表明城镇居民服务消费的增长意愿跨期消费支出的波动性较大，对于服务消费升级有着不良影响因素。

第六章关注了影响居民消费持续增长的深层次因素和重点问题中，住房资产上涨对居民消费增长的影响。房价上涨和消费率低是我国新时期经济发展中并存的两个现象，住房资产的财富效应也一直是学界非常关注的话题。研究使用了CFPS五期微观面板数据，基于对数模型和差分模型分别估计了住房价值的"资产效应"和"财富效应",分组检验了住房的财富效应的异质性。研究采用了倾向得分匹配方法,纠正了自我选择偏差带来的偏误,实证检验了家庭购房对居民消费的净效应。研究表明,住房资产对家庭消费表现出统计上显著但经济意义上微弱的正"资产效应"。基于差分模型的估计表明,住房资产存在统计上显著的正"财富效应",住房资产每升值一个百分点,城镇居民家庭消费增长率增加 0.074 个百分点。从家庭异质性的角度来看,住房资产的财富效应只存在于无房贷的家庭、中高等收入家庭和中年家庭,并且财富效应在拥有多套住房的家庭中更大。倾向得分匹配的检验结果表明家庭购房显著挤出了除医疗保健支出以外的所有消费性支出,购房行为对有住房贷款家庭和只有一套住房的家庭的消费支出有着很强的抑制作用。

第七章关注了影响居民消费持续增长的深层次因素和重点问题中,人口老龄化对居民消费增长的影响,重点分析了老龄化对居民消费的潜在影响。国内学界对于老龄化如何影响我国的家庭消费,无论是理论研究还是经验研究,都存在较多争议。研究重新定义了"家庭"、"拥有老龄人口的家庭"(老龄家庭)等概念和精准测度方式,应用匹配方法检验了老龄家庭与消费变化的关系,回应了部分学者相关研究中"统计不显著"(引用家庭生命周期理论说明老龄化不对居民消费造成显著影响)的相关问题,为考察老龄化对家庭消费的深层影响这一重大理论和现实问题提供了新的研究证据,也更全面系统地回应了当前存在的研究争议。研究发现老龄化对我国居民家庭消费支出会形成较大的冲击,其中收入是老龄化影响家庭消费的重要中间变量。考虑到家庭异质性,基于城乡分类的子样本回归分析发现,相较于城镇家庭,乡村家庭受老龄化冲击的影响异常严重,其平均消费总支出降幅高达 32%,降幅接近城镇居民家庭的 2 倍。基于城镇家庭的分位回归分析发现,老龄化对城镇家庭消费的冲击集中体现在低分位家庭,较高分位家庭的消费支出受老龄化的影响并不显著。

第八章关注了影响居民消费持续增长的深层次因素和重点问题中,社会流动对居民消费增长的影响。研究建立了一个新的解释框架,用来把握和刻画社会流动与消费行为内在的结构化、边际变化特征,大幅拓展了鲍尔森(Paulson,2018)建立的阐释框架,从黏性与预期的双重视角论证并检验了社会流动对居民消费的深层次影响机理。与大多数关注阶层对消费影响的研究不同,通过这一框架,研究将社会阶层与消费关系研究中既有的三类传统理论观点即相关论、无关论和调和论,整合为统一的理论阐释框架。研究表明，社会流动性是影响社会阶层与消费关系的深层次变量，社会流动性越低，社会阶层与消费之间的相关性越稳固，而社会流动性越高，社会阶层与消费之间相关性越弱。经验研究重点通过控制家庭异质性特征，构建了家庭消费支出与社会阶层、阶层流动关系的数量模型，应用 CLAD 等方法进行估计和稳健性分析。

第九章关注了我国居民消费均衡发展问题，首先研究了我国居民消费不平等的趋势、分解及其影响因素，演变趋势和消费分项分解分别使用宏观数据与家庭微观数据进行分析。研究全面分析了中国城乡消费不平等问题，分解分项消费支出对总消费不平等的贡献，并分析了教育、医疗、食品等类别消费内部的不平等。宏观数据的分析表明，城乡居民消费不平等的演变趋势存在异质性和不稳定性。微观数据的研究结果表明，城乡家庭消费不平等的代际效应存在差别，年龄效应则呈现"U"型趋势。城镇家庭 20 世纪 80 年代出生组的消费不平等程度更高，而乡村家庭则是 70 年代出生组的消费不平等程度更高，这深刻反映了改革开放以来宏观经济变化对不同地区、不同年代群体的影响，不同地区不同出生组的消费节点和消费方式存在差异。城乡家庭消费不平等随着年龄的增加而呈现"U"型趋势，波谷大约为 53 岁。研究结果可见，收入不平等是消费不平等的重要因素，城镇家庭收入不平等对消费不平等的正向影响程度低于农村家庭，具有更高的应对永久性收入冲击的能力，侧面反映社会保障体系相较于农村更为完善，受预算约束较少。城乡家庭消费不平等随着年龄增加表现出的"U"型趋势，一方面是年轻群体家庭的消费不平等程度高，一方面是 60 岁以上老龄人口占比高的家庭消费不平等程度高，这一定程度上说明人口老龄化有可能加深家庭消费不平等的状况，导致老龄贫困。

第十章关注了我国居民消费均衡发展问题中，消费不平等对主观幸福感的潜在影响，主要采用 CFPS 2010—2018 年五期调查结果构建面板数据进行微观数据实证检验，验证居民消费支出增长和消费不平等对主观幸福感的影响，并分析了该影响的消费分项支出差异和城乡差异性，为深入理解如何引导消费高质量发展，更好提升居民获得感、幸福感，满足美好生活需要提供来自消费视角的研究启示。消费不平等程度的加深会降低消费者主观幸福感，且随着消费不平等程度提升，由此产生的消费的相对匮乏对农村居民的主观幸福感产生负面影响。提高居民生活质量和实现生活水平趋同是实现经济高质量发展和全面建成小康社会的内在要求，因此要尤其注重保持农村消费的持续增长，丰富农村消费选择，逐步缩小城乡之间的消费不平等，在"做大蛋糕""分好蛋糕"的同时，关注"享用蛋糕"这一使命的落实——让所有群体共享发展成果，有更多、更直接、更实在的获得感。

第十一章关注了我国居民消费均衡发展问题中，新型城镇化政策对消费平等的影响机理。已有研究表明，中国城镇化进程导致严重的城乡二元结构问题和城乡消费差距，消费数据相较于收入数据更易于体现居民的真实福利水平，研究消费平等问题具有重要的现实意义。为提高城镇化发展质量，2014年后国家先后出台了《国家新型城镇化规划（2014－2020年)》《关于深入推进新型城镇化建设的若干意见》《2019年新型城镇化建设重点任务》等政策。回顾中国城乡消费变化历程，党的十八大之后"城乡居民实际消费水平比"的数据出现拐点，消费差距开始持续下降，该时间区间与新型城镇化系列政策出台几乎重合。研究结果表明，新型城镇化对消费平等程度有正向促进作用，"收入平等""社会保障"的作用渠道表明新型城镇化政策发挥对消费平等程度的正向促进作用。

第十二章以马克思主义政治经济学为理论基础研究了流通创新与消费促进的关系，重点研究了新时代数字化条件下新消费模式。研究对新消费模式的经典案例进行了回顾，研究分析数字技术和数字手段对商品流通、创新机制演化的推动作用和对居民消费的促进作用。消费升级与零售业态创新之间往往是相互推动的，新的消费需求催生业态创新，新业态引领新消费。在新消费驱动下，零售业加速了数字驱动、线上与线下的融合，出现了"前置仓＋零售""到家业务＋微距电商"等新组织形式。新冠疫情期间，这些新消费业态和模式也表现出一定的韧性和活力。研究从马克思主义政治经济学经济循环理论、生产力与生产关系理论、资本循环理论基础出发，研究了新消费模式产生的原因，选取部分典型的数字化零售创新案例，以数字化零售创新为例探讨新消费模式创新的本质，更好地理解新消费增长点的意义所在。

第十三章进一步通过消费大数据实证分析了流通创新与消费促进的关系，采用消费者订单大数据，研究了线上线下融合如何有效促进消费增长，为线上线下融合对消费的促进作用提供了微观经验证据。线上线下融合促进消费增长的作用渠道包括引入线上到家平台数字化技术，为消费者提供了线上线下多触点与零售商的信息交互，提供了1小时配送的商品触达效率。研究表明，使用线上到家平台的消费者消费支出行为发生变化，表现为支出高金额、高频次的特点，消费者购物行为由一站式购物向高频次消费转变。研究进一步通过实证检验表明，消费者是否使用线上到家平台以及零售商引入线上到家平台对消费支出的影响存在消费者群体之间的差异。

第十四章基于已有研究结论，明确了新时代我国居民消费持续增长目标应当包含如下内涵：居民消费能力和消费意愿全面提升，居民消费预期合理发展，不同收入群体、不同地域、城乡之间的消费差距缩小，创新供给实现有支付能力的消费结构升级，真正实现消费对经济增长的基础性作用，人民具有幸福感、获得感和安全感，满足人民美好生活的需要。居民消费关系经济增长的根本动力，关系实现人民日益增长的物质文化需要，消费市场高质量发展关系内需潜力释放和宏观经济持续健康增长，理解中国居民消费特征及其动态趋势，充分发挥消费对经济增长的基础性作用，需要以改革创新为根本动力促进我国居民消费持续增长，以满足人民日益增长的美好生活需要为根本目的，改革影响居民消费能力和消费意愿的体制机制，创新供给并培育新的消费增长点，统筹消费增长和消费均衡发展，促进人民实现共同富裕，这是社会主义的本质要求，也是中国式现代化的重要特征。本章立足于我国居民消费特征和发展趋势，结合新时期经济发展特征和创新发展新格局的背景，提炼和明确新时代我国居民消费持续增长目标的内涵，从经济循环角度充分认识发挥消费的基础性作用，以改革创新为根本动力促进我国居民消费持续增长，最后从政策配套措施的角度深入阐述了促进消费持续增长需要健全的政策和制度设计。

三、主要研究结论和观点

书稿紧紧围绕新时代社会主要矛盾展开研究，新时代促进居民消费持续增长首先需要立足于人民群众不断升级的消费需求，居民消费升级和消费结构的动态演变是消费增长方式的重要构成内容之一，在以国内大循环为主构建新发展格局的政策背景下，居民消费持续增长不仅包括消费总量的持续增长，表现为居民整体消费能力的持续提高，还应包括居民消费升级和消费均衡发展，表现为居民消费意愿的整体提升和不同居民群体之间消费的均衡发展。书稿引入多维的理论分析视角，结合马克思有关经济循环、生产力和生产关系的论述及资本循环的相关理论基础，对我国居民消费特点、结构演变和行为趋势进行了深入分析。书稿研究了我国居民消费不充分不平衡的相关问题，全面融合了结构分析，综合分析了资产价值波动、家庭生命周期、社会流动性等关键因素和深层因素对居民消费的影响机理。研究结合数字经济与新消费模式的发展现实，深入分析了新消费模式的创新本质和理论基础，研究了线上线下融合对消费促进的经验证据。研究提炼了我国居民消费增长的目标内涵，指出以改革创新为根本动力推动我国居民消费持续增长，以满足人民日益增长的美好生活需要为根本目的，改革影响居民消费能力和消费意愿的体制机制，创新供给并培育新的消费增长点，统筹消费增长和消费均衡发展，促进人民实现共同富裕，这是社会主义的本质要求，也是中国式现代化的重要特征，具有研究的时代性和紧迫性。在研究方法和技术应用上，采用了前沿统计和数据挖掘技术对微观数据进行了整理和挖掘，并进行了多数据来源的相互印证；在各部分的微观计量模型构建和回归分析中，特别注重匹配、CLAD、工具变量（IV）与不完美工具变量（IIV）等现代计量技术和分析方法的应用，并对模型"内生性问题"的可能影响进行了细致评估，综合应用不同模型设定、不同计量方法、变量替代、分位数回归、依可观测变量选择对非可观测变量影响的评估等进行稳健性检验、敏感性检验和各类交叉验证，确保有关结论的稳健性和可靠性。

本书研究的主要观点概括如下：

（1）马克思主义政治经济学从经济循环的角度阐释了消费的基础性作用，消费既关系着生产品的最终市场实现，又是新社会再生产过程的起点，有支付能力的消费需求对产业发展、经济增长具有重要的作用，消费问题关系人的全面发展。西方经济学有关消费函数的研究，主要围绕消费支出与可支配收入、消费者在其生命周期中的消费决策、宏观消费数据、微观家庭数据在消费支出决策中的不同作用，消费研究更为注重消费者个体和家庭的微观决策。综合马克思主义政治经济学和西方消费函数的相关研究，可以看到，关于我国消费增长研究应充分立足于中国经济发展的现实和生产发展的相应阶段，构建符合中国实际情况的家庭消费的基本理论模型，结合中国特定的问题情境纳入重要参数，做好相应研究成果的阐释，讲好中国故事。

（2）随着我国城乡居民消费结构的转变、消费代际的更迭和消费地区的延伸，不同群体、不同区域和不同年龄层的消费者呈现出愈发多元、异质及细分的消费分层特征。在新时代消费趋势逐步演化、互联网新消费形式愈发繁荣的背景下，我国居民消费需求随之出现了许多新变化和新特点，消费增长特征也将随之发生改变。总体上，食品支出仍是我国城乡居民消费支出中的最大分项，与住房相关的支出总和仅次于食品支出，但随着人们对美好生活的向往逐渐向多样化转变，消费者对满足基本生存需要的物质性消费需求正在不断下降，文教娱乐支出等用于满足精神文化需求的服务性消费呈现出上升潜力。网络消费、数字消费正在被越来越多的消费者所接受，居民网络消费、数字消费支出成为消费支出的新特征。

（3）我国居民消费发展表现为消费升级与消费分层并存。我国城乡居民的第Ⅰ类消费升级（食品等生存性消费占比下降）和第Ⅱ类消费升级（符号性和服务性消费占比上升）均在持续不断地进行，但乡村居民的第Ⅰ类消费升级效应小于城镇居民；2013年以后，随着中国宏观经济下行压力增大，第Ⅱ类消费升级出现一定程度的放缓，居住类支出对其他消费支出形成了较大的挤出效应。但不同特征家庭在服务消费的消费能力和消费意愿上存在较大差异，呈现出分层特征。城镇老龄家庭对医疗保健消费有较高的支出意愿，而交通通信和文教娱乐消费增速放缓，消费意愿较低；从家庭生命周期来看，户主年龄在20～39岁的年轻家庭服务消费的支出意愿更高，增速更快；房产数量多少反映出的城镇居民服务消费的分层也十分明显，房产数量越多的家庭，其服务消费的消费能力和消费意愿越高，同时无房的年轻家庭对旅游等休闲娱乐消费有较高的支出意愿；较高学历家庭对文教娱乐、旅游、美容等更高层次的新型消费具有更高的消费能力和消费支出意愿，其服务消费增速更快；缺乏商业医疗保险的家庭由于预防性储蓄较高，消费观念趋于保守等，其各项服务消费的消费意愿均低于有商业医疗保险的家庭。从消费增长的行为特征来看，我国城镇居民的服务消费总支出和各分项服务消费支出均表现出显著的耐久效应，这表明城镇居民服务消费的增长意愿表现出更为明显的黏性特征，跨期消费支出的波动性较大。

（4）我国居民消费不平衡不充分的发展主要表现为消费增长仍然受到一系列深层次社会经济影响因素的冲击，消费平等程度有所缓和但依然存在代际差异、区域差异和组别差异等异质性。具体表现为，住房资产对家庭消费表现出统计上显著但经济意义上微弱的正"资产效应"。从家庭异质性的角度来看，住房资产的财富效应只存在于无房贷的家庭、中高等收入家庭和中年家庭，并且财富效应在拥有多套住房的家庭中更大。家庭购房显著挤出了除医疗保健支出以外的所有消费性支出，购房行为对有住房贷款家庭和只有一套住房的家庭的消费支出有着很强的抑制作用。总量上看，老龄化将使每户家庭的消费支出平均下降达 20％以上；结构上看，老龄化会对大多数类别的消费支出产生巨大的负面影响，同时会大幅提升家庭医疗支出。此外，社会流动是影响社会阶层与消费关系的深层次变量。社会流动性越低，社会阶层与消费之间的相关性越稳固，而社会流动性越高，社会阶层与消费之间相关性越弱。无论是阶层向下流动还是向上流动的家庭，都显示出强烈的保留原有消费特征的倾向；居民消费与社会流动预期正相关，这显示社会流动性作为一种信息显示机制，一定程度上可以结构化未来的不确定性，预期社会流动的方向与当下消费的调整方向一致。城乡消费平等虽然有所缓和，但城乡家庭消费不平等的演变趋势存在异质性和不稳定性。城乡家庭消费不平等的代际效应存在差别，年龄效应则呈现"U"型趋势。研究同时表明，收入不平等是消费不平等的重要因素。不同消费分项支出增长对主观幸福感影响存在差异性。消费不平等程度的加深会降低消费者主观幸福感。

（5）随着数字经济的深入发展，新消费模式的产生改变了原有的线下市场的竞争格局，市场结构和均衡价格的改变进一步对消费者福利产生影响。线上线下融合的实践，通过新的商品与服务组合影响消费者的购买决策与消费支出。通过消费订单大数据的经验研究表明，线上线下融合的新消费模式可以促进消费提升，但对消费者支出的影响具有异质性。

（6）新时代促进居民消费增长的目标需要立足于全面解决社会经济发展的主要矛盾，保障居民的基本消费需求，提升传统消费，培育新型消费增长点，激发居民的消费潜力。根据马斯洛的需求层次理论，居民的消费需求关系人民的幸福感、获得感和安全感，关系我国全面实现小康社会之后向更加丰裕富足的生活发展。新时代我国居民消费持续增长目标应当包含如下内涵：居民消费能力和消费意愿全面提升，居民消费预期合理发展，不同收入群体、不同地域、城乡之间的消费差距缩小，创新供给实现有支付能力的消费结构升级，真正实现消费对经济增长的基础性作用，人民具有幸福感、获得感和安全感，满足人民美好生活的需要。

（7）促进我国居民消费持续增长需要以改革创新为根本动力。中央一直强调：要以推动高质量发展为主题，以深化供给侧结构性改革为主线，以改革创新为根本动力，以满足人民日益增长的美好生活需要为根本目的，加快建设现代化经济体系，加快构建以国内大循环为主体、国内国际双循环相互促进的新发展格局。改革是为适应新发展阶段的经济形势而进行体制机制变革，创造经济制度的边际增量以适应新发展格局和现阶段经济发展需要。创新是在理论、实践、制度、技术、管理等多方面开展探索，抓好新一轮科技革命和产业变革的发展机遇，提高我国创新的能力，主动探索产品创新、生产变革和商业模式创新。通过改革与促进居民消费增长不相适应的体制机制问题，把过去亲出口、亲投资的体制机制转变成为亲消费的体制机制，深化供给侧结构性改革，促进产品创新、生产创新和商业模式创新以更好地满足人民美好生活的需要，培育新的消费增长点。以改革创新为根本动力推动我国居民消费持续增长，需要以满足人民日益增长的美好生活需要为根本目的，改革影响居民消费能力和消费意愿的体制机制，创新供给并培育新的消费增长点，统筹消费增长和消费均衡发展，促进人民实现共同富裕，这是社会主义的本质要求，也是中国式现代化的重要特征。

第二章　有关消费研究的理论和文献回顾

马克思主义政治经济学很早就开展了有关消费问题的研究。马克思主义政治经济学以辩证唯物主义和历史唯物主义为指导，从社会再生产的动态过程中研究消费问题，认为消费受到社会生产方式的制约，把对消费问题的认识上升到对社会生产关系、交换关系和人的社会关系的认识中来。西方经济学有关消费函数的研究主要有绝对收入假说、相对收入假说、生命周期假说、理性预期-持久收入假说、黏性信息、习惯形成等理论研究。消费函数的文献研究以消费者理性决策为假设基础，主要围绕消费与收入的关系研究展开，继而拓展到生命周期的消费者决策问题、消费者家庭资产配置与消费决策的关系研究、消费者当期决策与其滞后项之间的关系研究、消费者的消费决策与相关社会集团消费决策之间的关系研究以及与个人消费相关的储蓄、借贷、投资决策的相关研究。本章将分别从马克思主义政治经济学有关消费的研究、西方经济学有关消费函数的研究以及中国消费增长的文献回归等几个方面进行梳理，并给出研究述评。

一、马克思主义政治经济学有关消费研究

马克思关于消费的研究可见于《詹姆斯·穆勒〈政治经济学原理〉摘要》《1844 年经济学哲学手稿》《德意志意识形态》《〈政治经济学批判〉序言》《资本论》等诸多著作中。后继的马克思主义政治经济学家在对经典文献研究基础上进行了归纳和总结，形成了马克思有关消费问题的相关理论，马克思消费理论是马克思主义政治经济学的重要组成部分。正如马克思在《资本论》第一版的序言中所说，他的研究目标是"揭示现代社会的经济运动规律"[①]。马

[①]　马克思. 资本论：第 1 卷. 北京：人民出版社，2004：10.

克思消费理论既不同于古典经济学家认为的是生产的"终点而且被看成最后目的的结束行为"①，也不同于西方资本主义经济学家"生产是一般，分配和交换是特殊，消费是个别，全体由此结合在一起"② 的"三段论"中的其中一环。马克思指出，消费是受社会生产方式制约的社会性行为，反映的是社会生产关系、交换关系和人的社会关系③，需要从社会再生产的动态过程中研究和分析消费问题，研究不同社会形态下的消费，深入到对消费力、消费观和人的全面发展的研究中去。

马克思从社会再生产的动态过程中分析了消费与生产、消费与分配、消费与交换的相互影响、相互制约的关系。建立在社会分工基础之上的社会再生产过程是由生产（直接的生产过程）、分配、交换、消费四个环节或称之为四个要素动态组成的统一体。这四个环节相互区别、反映了再生产过程不同阶段上的经济活动，各自担负着不同的社会经济职能，它们在运动中紧密联系，有机结合，互为条件，互相制约。消费受到生产的制约，马克思分析生产与消费关系时指出："它们总是表现为一个过程的两个要素，在这个过程中，生产是实际的起点，因而也是起支配作用的要素。"④ 生产的第一性体现在两个方面：一是，"生产为消费提供外在的对象"⑤。不管是生产性消费还是生活性消费，其内容都是由生产创造出来的；二是，生产决定消费的方式、质量和水平。消费一方面受到生产的制约，另一方面消费对生产具有反作用，消费是生产的目的和动力。"消费创造出新的生产的需要，也就是创造出生产的观念上的内在动机，后者是生产的前提。"⑥ 只有当生产出来的产品进入市场被购买和消费时，才标志着生产过程的结束和产品的最终市场实现。

分配和交换是生产与消费之间的中间环节，分配、交换与消费的相互作用体现了生产对消费的决定作用以及消费对生产的反作用的间接路径。一方面，生产通过决定分配来决定消费。"一定的分配形式是以生产条件的一定的社会性质和生产当事人之间的一定的社会关系为前提的。因此，一定的分配关系只是历史地规定的生产关系的表现"⑦，即人们在生产过

①② 马克思，恩格斯．马克思恩格斯选集：第2卷．北京：人民出版社，2012：689.
③ 詹明鹏．马克思的消费理论及其当代价值．求实，2015（10）.
④ 马克思，恩格斯．马克思恩格斯选集：第2卷．北京：人民出版社，1995：12.
⑤ 马克思，恩格斯．马克思恩格斯选集：第2卷．北京：人民出版社，1995：11.
⑥ 马克思，恩格斯．马克思恩格斯选集：第2卷．北京：人民出版社，1995：9.
⑦ 马克思，恩格斯．马克思恩格斯全集：第46卷．北京：人民出版社，2003：998.

程中所处的地位和关系决定了他们在分配中所处的地位和关系。分配通过生产要素的分配和劳动产品的分配决定消费。消费分为生产性消费和生活性消费，"消费资料的任何一种分配，都不过是生产条件本身分配的结果"①。生产要素即生产资料的分配和劳动力的分配决定着生产性消费的内容，劳动产品的分配决定着个人占有的社会产品的比例，从而决定着生活性消费的数量。另一方面，消费通过影响交换来影响生产。交换是"生产和由生产决定的分配一方同消费一方之间的中介要素"②，使得个人占有的具有非使用价值的社会产品与个人需要的消费品实现匹配。消费是交换的目的和动力，没有消费需求，商品就会滞留在社会流通渠道，产品的价值也就无法实现。在社会化大生产中，消费信号可以通过交换环节逆向传导至生产方，从而促进生产的内容和方式发生系列变革。

马克思分析了不同社会形态下消费的性质。资本主义社会以前的社会，生产和消费是统一的，"在中世纪的社会里，特别是在最初几世纪，生产基本上是为了供自己消费。它主要只是满足生产者及其家属的需要"③。前资本主义社会生产力低下，劳动者必要劳动直接生产和剩余劳动生产的分别用于个人消费和社会公共消费的社会产品不丰富，用于储备的资金也很少。资本主义社会，消费"既包括生产消费，也包括个人消费。这种消费包括维持资本家阶级和工人阶级的再生产，也包括总生产过程的资本主义性质的再生产"④。消费不是生产的直接目的，而是从属于资本增殖的过程，是资本再生产过程中的一个环节，"资本主义生产本身并不关心它所生产的商品具有什么样的使用价值……它所关心的只是生产剩余价值，在劳动产品中占有一定量的无酬劳动"⑤。"社会消费力既不是取决于绝对的生产力，也不是取决于绝对的消费力，而是取决于以对抗性的分配关系为基础的消费力；这种分配关系，使社会上大多数人的消费缩小到只能在相当狭小的界限以内变动的最低限度"⑥。在资本主义生产关系中，社会消费取决于劳动者的消费能力，劳动者的收入受制于与资本家的对抗性的分配，劳动者除了满足自身基本需要，没有能力消费更多。因

① 马克思，恩格斯.马克思恩格斯选集：第3卷.北京：人民出版社，1995：306.
② 马克思，恩格斯.马克思恩格斯选集：第2卷.北京：人民出版社，1995：16.
③ 马克思，恩格斯.马克思恩格斯选集：第3卷.北京：人民出版社，2012：803.
④ 马克思.资本论：第2卷.北京：人民出版社，2004：435.
⑤ 马克思.资本论：第3卷.北京：人民出版社，2004：217.
⑥ 马克思.资本论：第3卷.北京：人民出版社，2004：273.

此，在资本主义生产关系中，社会往往处于消费不足的危机之中，资本主义社会生产和消费之间存在无法消灭的根本矛盾。在社会主义的生产关系中，随着社会主义市场经济体制的逐步建立，社会化大生产过程中的资本无序扩张受到限制，由于社会生产力发展的需要允许国有资本与民营资本并存，但在社会主义生产关系中应要求资本扩张服从并服务于人民，社会主义社会的生产关系中，人民的各种消费需要应充分得到满足。

马克思关于"消费力"的论述得到了进一步的研究和深化。消费力是指，消费者在一定的消费环境中，为满足自己的物质文化需要而消费消费资料的能力①。消费力具有自然属性和社会属性，自然属性是指消费者为了维持自身的生理需要而对生活性资料的新陈代谢过程，社会属性是指消费力需在社会成员共同的经济生活中产生，一部分人的消费力与另一部分人消费力的实现互为前提。尹世杰（1992）指出，消费力包含了三个要素：一是消费主体，即消费者；二是消费客体，即消费资料，包括劳务；三是消费环境，包括自然环境和社会环境。消费力反映消费主体、消费客体、消费环境三者之间的有机结合。消费力就是消费者在一定的消费环境中，为了满足自己的物质文化需要而消费消费资料的能力。马克思指出："生产生产出消费，是由于生产创造出消费的一定方式，其次是由于生产把消费的动力、消费能力本身当作需要创造出来。"② 马克思的论断表明生产力决定消费力，但是并不意味着生产力与消费力是同步运动的，需要考虑生产力与消费力之间的中间机制。正如恩格斯指出，"竞争的实质就是消费力对生产力的关系。在一个和人类本性相称的社会制度下，除此之外就不会有别的竞争"，消费力对生产力的反作用体现在生产什么以及生产多少要"根据这种生产力和广大消费者之间的关系来确定"③。从消费者的角度来看，消费力的提升需要"……发展生产力，发展生产的能力，因而既是发展消费的能力，又是发展消费的资料。消费的能力是消费的条件，因而是消费的首要手段，而这种能力是一种个人才能的发展，生产力的发展。"④

马克思有关消费的理论论述体现在对生产与消费关系深入认知中、对资本主义私有制非人化消费的批判、消费与人的全面发展等命题的论述

---

① 尹世杰.《消费力经济学》大纲（初稿）. 消费经济，1994（1）.
② 马克思，恩格斯. 马克思恩格斯全集：第30卷. 北京：人民出版社，1995：34-35.
③ 马克思，恩格斯. 马克思恩格斯全集：第1卷. 北京：人民出版社，1979：615.
④ 马克思，恩格斯. 马克思恩格斯全集：第31卷. 北京：人民出版社，1998：107.

中，含义十分丰富。魏红霞（2012）[①] 分析了马克思主义消费理论的经济价值维度和伦理价值维度，在批判资本主义需求异化的基础上，倡导消费的"属人"价值。申家字（2016）[②] 在对马克思主义消费理论的形成逻辑进行梳理的基础上，指出要把握资本增殖的逻辑来认识资本主义社会的新变化，警惕消费主义。崔宝敏和董长瑞（2018）[③] 认为资本指导下的工具理性是造成消费异化和消费领域一系列不平衡问题的根源，并提出要从市场机制层面的反思和批判实现消费体制转型。张红柳和王时中（2019）[④] 指出传统的消费观无法把握当代消费社会的特征，处理好消费的功能性价值与符号性价值之间的关系是拓展马克思消费观的核心问题。马克思消费理论更加关注社会再生产过程中的经济运行规律，深入到社会生产关系、社会关系和人的全面发展等方面分析制度和体制的内在机理。新时代促进消费增长的动力机制研究需要以马克思主义政治经济学有关消费的论断为指导，坚持辩证唯物主义和历史唯物主义，进一步深入探讨促进消费增长的体制机制问题。

二、西方经济学有关消费函数研究

自凯恩斯消费函数出现在文献中以来，西方经济学家就一直对收入变化对消费的影响感兴趣，凯恩斯消费函数简单地假设消费取决于当前的可支配收入。自 1936 年消费函数概念提出开始，现代经济学理论陆续提出了绝对收入假说（absolute income hypothesis，AIH；Keynes，1936）、相对收入假说（relative income hypothesis，RIH；Dusenberry，1949）、生命周期假说（life cycle hypothesis，LCH；Modigliani，1986）、理性预期-持久收入假说（rational expectation-permanent income hypothesis，RE-PIH；Friedman，1957）等一系列消费理论。随着研究的逐步深入，越来越多的学者更加注重理论的可信度与经验研究，弗莱明（Flavin，1981）发现现实中的消费支出与滞后的收入水平之间存在显著的正相关关

①　魏红霞. 马克思消费理论中的两个维度及其现实意义. 科学社会主义，2012（2）.
②　申家字. 马克思消费理论的形成逻辑与启示. 学习与探索，2016（8）.
③　崔宝敏，董长瑞. 马克思消费理论：本质、异化及体制转型. 经济社会体制比较，2018（5）.
④　张红柳，王时中. 马克思消费观的当代境遇与拓展方向研究. 消费经济，2019（3）.

系，即存在"过度敏感性"（excess sensitivity），这与 RE-PIH 假说结论相左。霍尔（Hall，1978）等人也通过数据证实了过度敏感性的普遍存在。学者们逐渐从其他角度来解释居民的消费行为，产生了预防性储蓄假说（Skinner，1988）和流动性约束假说（如 Carroll，2001）。坎贝尔和曼昆（Campbell and Mankiw，1991）在一系列论文中直接从消费函数入手，结合 LCH 和即期消费理论，建立了 λ 假说。泽尔德斯（Zeldes，1989）在收入随机波动的情况下探究了由不确定性引发的预防性储蓄动机，并最终对消费最优行为选择产生影响。帕克和普莱斯顿（Parker and Preston，2005）通过期望效用函数将总量消费增长分解为新信息、跨期替代、消费偏好改变和预防性储蓄。卡罗尔（Carroll，2006）提出在不确定性条件下消费的最优化行为往往随消费者的收入曲线同步波动，在确定性条件下则取决于其一生的总收入。

区别于凯恩斯（Keynes）的绝对收入假说和杜森贝利（Dusenberry）的相对收入假说，莫迪利亚尼（Modigliani）、布鲁姆伯格（Brumberg）和弗里德曼（Friedman）的生命周期和长期收入模型都假设人们选择通过储蓄来平滑收入波动，消费对可预测收入变化的反映并不大。在已有的生命周期模型相关研究中，家庭储蓄是因为消费者预期退出劳动力市场后收入会减少，消费者如果选择年轻时借贷是因为他们预期人力资本投资会导致未来收入增加。长期收入模型的假设着重在研究短期收入波动的作用，将收入不确定性作为储蓄的决定性因素。虽然两种模型的理论假设和关注重点有所不同，但两种模型都假设消费和储蓄决策是基于跨期预算约束下效用函数的最大化，都研究了消费和总资源（或长期资源）之间的结构性关系，而不是凯恩斯主义传统中消费和当前收入之间的线性关系。后续基于这两种模型的研究还衍生出对储蓄短期动态的类似预测，认为意外和短暂的收入冲击会由储蓄吸收，对消费的影响很小。

西方消费函数理论起源于 20 世纪 30 年代，发展于 20 世纪 50 年代，到 20 世纪 70 年代是不确定性下跨期选择研究的一个转折点。霍尔（Hall，1978）提出了估计消费者跨期优化问题的一阶条件，该方法后续得到广泛应用，主要使用国民核算数据或家庭调查微观数据对消费跨期优化问题进行研究。20 世纪 80 年代和 90 年代，收入风险和借贷约束被完全纳入跨期消费模型，除少数优化问题可以解析求解的情况外，其他研究都基本依赖于数值模拟方法。从实证研究来看，考虑到个体异质性的各种来源，许多研究使用了家庭的微观经济数据。微观经济数据更高的可获得性和模拟方法的发展表明，消费者所处的市场风险和特点深刻影响了他们的跨期决策。采用微观家庭调查数据的文献逐渐突破了对宏观消费与收入关系研究的限制，转向更能刻画消费决策行为的大样本家庭数据调查和在此调查基础上的相关研究。相关研究的文献较多，例如高（Gao，2002）对美国家庭消费问题进行了细致研究，克劳福德等（Crawford et al.，2003）分析了美国的恩格尔曲线和家庭消费，怀尔德（Wilde，2001）分析了美国食物券补助下的食品消费行为，莫罗（Moro，2000）分析了意大利家庭的食品消费。许多学者（Fan et al.，1995；Gao，1996a，1996b；Zhang，2001；John Giles and Kyeongwon Yoo，2007）研究了中国农村家庭消费函数和消费决策，彻什伊等（Cherchye，De Rock and Vermeulen，2007）分析了基于非参数特点的家庭消费特征。后续的很多研究文献中聚焦关注个体函数的加总问题，对理解总消费演变以及消费不平等的研究有着深远的影响。例如，迪顿（Deaton，1992）、布朗尼和卢萨迪（Browning and Lusardi，1996）、布朗尼和克罗西（Browning and Crossey，2001a）及阿塔那斯奥和韦伯（Attanasio and Weber，2010）在不同的时间点都回顾了关于跨期选择的理论贡献和实证文献。

关于个体函数的加总问题多见于有关消费需求理论的分析中。消费需求理论分析多为联立方程组的形式，使用支出弹性、自价格弹性、交叉价格弹性等比较静态分析模拟出需求函数的特征，并用以进行需求分析，目前使用较为广泛的为广义线性支出函数与近似理想需求体系，消费需求分析多为基于消费者宏微观数据的实证研究，其发展脉络也经历了从宏观数据的使用到微观数据的研究过程，包括间接可加对数模型、鹿特丹模型、超越对数模型、近似理想需求体系、微分理想需求体系等。

保罗·德·波尔和马克罗·米萨利亚（Paul de Boer and Marco Missaglia，2005）利用间接可加对数模型，考虑了非线性的恩格尔曲线，把这一模型应用于巴勒斯坦地区的一般均衡模型中，测算出的个人消费、公共消费等指标与国际货币基金组织的同一指标非常接近。保罗·德·波尔（Paul de Boer，2009）将间接可加对数模型和线性支出体系（LES）进行了对比，发现和 LES 相比，间接可加对数模型所采用的间接效用函数更接近实际的间接效用函数。同样，通过巴勒斯坦的数据模拟结果表明，间接可加对数模型的价格响应和等价变差要比线性支出体系高得多。斯蒂芬等（Steven et al.，2003）研究了中国城市家庭的食品消费需求，考虑到确实存在的零消费的情况，文章使用了超越对数模型。研究发现，牛奶和大多数肉类产品的支出弹性较高，表明随着经济发展和收入增长，这类产品的需求增长速度比其他产品快。辛格（Singh V，2005）则使用加拿大家庭规模层面的截面数据估计了三阶超越对数需求方程，检验了模型三阶项的显著性以及齐次性和对称性约束的显著性，发现对大多数数据集来说，三阶超越对数模型中的三阶项都是显著的，而上述两个正则性条件是被拒绝的。

迪顿（Deaton A.）和米尔鲍尔（Muellbauer J.）于 1980 年提出了近似理想需求系统（almost ideal demand system，AIDS）模型。该模型假设消费者的支出函数满足 PIGLOG（price independent generalized log）型函数，即其消费行为满足价格独立的一般对数型偏好假说。在一定的价格体系下，若给定消费者的效用水平，希克斯（Hicks）需求函数即通过衡量消费者为实现给定的效用水平而需付出的最小支出而得出。近似理想需求系统模型的优点是可以将个别消费者进行完全加总，可被视为是任何需求模型的一阶近似形式，并且能用于检验需求理论的限制条件是否与理论相符。缺点则是存在某些实证数据与需求理论限制条件不符的可能性，这是因为所假设的成本函数并非属于全域的二阶近似函数。总体说来，AIDS 模型所估计的系数具有简洁明了的经济含义，是一个完整、灵活的需求系统模型。正是因为近似理想需求模型有着上述所说的种种优点，学术界近 10 年来多采用这种模型来对消费进行研究，AIDS 模型的扩展形式 QUAIDS（quadratic almost ideal demand system）模型的估计结果表现最优。

三、我国有关消费增长的研究

由于我国经济发展阶段的不同、社会主义市场经济体系的逐步建立、政府宏观调控、居民消费态度、社会发展形态具有中国国情及自身的独特性，已有文献基于中国国情对消费增长提出了很多独特并且有针对性的见解。国内相关文献综合运用了马克思主义政治经济学、消费函数理论的生命周期假说（LCH）、持久收入假说（RE-PIH）、ELES 模型等基础理论，研究了我国消费增长和消费结构变化，研究紧贴时代发展需要，从多个角度深入探究了促进消费增长的合理路径。例如，臧旭恒等（1994，2000，2004，2008，2011）自 20 世纪 90 年代以来对消费理论与消费函数进行了持续深入研究；余永定（2001）对西方消费理论的修订，根据"短视"消费者设定构建了中国消费函数；胡书东（2002）讨论了政府财政支出与民间消费需求之间的关系；罗楚亮（2004）利用大样本调查数据分析了收入不确定性、失业风险、医疗支出及教育支出等因素对城镇家庭消费的影响；方福前（2009）从政府收入、企业收入和个人收入分配角度阐述了我国家庭消费近年增长缓慢的原因。朱信凯、骆晨（2011）对消费函数的理论逻辑与中国化进行了完整系统的综述。陈彦斌（2019、2020）指出要用改革的办法扩大消费，从资本结构优化的视角研究了如何促进居民消费改善。毛中根等（2020）研究了消费的新特征。杨汝岱（2019）研究了新农保与居民消费之间的关系。陈斌开（2017、2019）分别从供给侧结构性改革、利率市场化等视角研究了二者与居民消费的关系。汪伟（2017、2020）从多重社会性因素的视角出发研究了对消费的影响，等等。相关研究文献数量庞大，输入关键词"消费增长"可以搜索出多达 41 967 篇中文文献，在中国知网上输入关键词"消费结构"可以搜索出多达 75 068 篇中文文献。基于如此庞大的文献基础，如下内容按照经济发展阶段进行时间阶段划分，主要对不同经济发展阶段的研究关注点和研究话题进行综述，以方便进行文献回顾。我国学者对这一领域的贡献之巨，文献基础之庞大，实在无法一一列举。

从改革开放以来经济发展的不同阶段对消费增长的相关文献进行综述。20 世纪 80 年代到 90 年代中期以前，这一时期的消费增长研究关注点围绕消费增长与生产发展相适应、消费增长需要建立在生产发展的基础之上、解决城镇居民和农村居民的温饱问题等研究问题上。肖捷（1981）研究指出，对消费的增长必须加以适当控制，改善人民生活需要在发展生产的基础上逐步实现。刘伟（1986）研究指出，体制改革中消费的活跃强化了市场作用、刺激了经济增长，但消费刺激经济增长的同时带来新的失衡，表现为消费者有支付能力的总需求超出市场最终消费品和劳务的总供给，表现为投资增长与生产增长之间的失衡。该研究指出，有必要在建立和健全社会主义市场机制的基础上，根据市场规律要求，有计划地组织、筹措投资，协调投资格局。研究同时指出，保证经济有效增长的同时，应通过全面深化改革及时协调消费需求以及由此带动的投资需求增长与总供给的失衡。洪银兴（1992）研究指出，消费增长的波动与整个经济的波动相互牵动，从消费方面遏制经济波动的重要途径是完善对消费需求的调控机制，需要扩大消费需求的市场调节的范围、控制集团消费、调整收入分配政策并疏导消费者购买力。

20世纪90年代中期以来，有关消费增长研究的关注点发生转变，这一转变的根本原因是我国城乡居民基本生理性消费需求已经基本得到满足，社会生产得到较大发展，社会主义市场经济体系逐步建立，居民消费得以发展并出现了新的消费增长点。该阶段的有关研究围绕如下主题展开：各类农产品和工业消费品的消费增长问题研究、精神文化消费增长、城镇和农村居民消费增长差异、消费分项的增长、经济增长方式转变与消费增长质量、消费结构与消费增长、消费需求疲软与有效需求不足，等等。颜波（1998）研究指出，从20世纪90年代中期开始，城镇居民"吃、穿、用"和农村居民"吃、穿、住"基本需求已经得到满足，城镇居民的消费需求进入了以满足"住、行和服务"等消费需求为主的阶段，农村居民的消费需求进入了以满足"用"（尤其是耐用消费品）的消费需求为主的阶段。城镇居民对住房消费强烈的现实需求和巨大的潜在需求，随着城镇居民住房制度改革的进一步深入，住房商品化、货币化进程进一步加快，城镇居民对住房的消费需求将进一步激发。随着我国城镇居民收入水平和消费水平的提高，需求多样化、社会化的趋势已越来越明显，服务消费占整个消费支出的比重在迅速提高。

21世纪初，随着市场经济迅速发展、居民收入快速提升，宏观经济进入"入世"后的红利期，我国社会消费品零售总额保持了两位数增长，对国民经济快速发展作出了重要贡献。宋则（2001）提出了促进消费增长的八点建议，研究指出我国"入世"后，消费品市场将会相应出现一系列变化，会有更多物美价廉的消费品涌入国内市场，国内消费品市场更加国际化，品种、价格、服务的竞争更加激烈，我国消费品市场和消费生活将从半封闭转向全面开放的新阶段，借助国内外两个市场、两种力量，解决自身多年形成的体制和结构问题，是这一时期"解读"我国城乡居民消费问题及消费政策的立足点。该研究同时指出，需要运用价格杠杆刺激中低收入家庭消费需求，规范市场秩序并强化诚信促销，制止垄断特别是行政性垄断，对流通产业体系进行现代化改造，从政策突破来增加农村消费，切实增强城乡居民对未来预期的信心。这一阶段的消费增长研究关注点围绕消费增长促进、城镇化与消费增长、流通业与消费增长协调发展、服务消费增长的动力机制等。

2013年以来，随着国际政治经济形势的不确定对我国经济的影响、国内经济增速回落，增长阶段转换的实质是增长动力的转换，各种形式的保护主义抬头，潜在通胀和资产泡沫的压力加大，消费增长存在着不确定性。我国采取了一系列促进消费的经济政策，促进了文旅消费、信息消费等，消费增长稳中有进。2017年以来，中国特色社会主义进入新时代，我国社会主要矛盾已经转化为人民日益增长的美好生活需要和不平衡不充分的发展之间的矛盾。经济由高速增长阶段转向高质量发展阶段，经济发展需转变发展方式、优化经济结构、转换增长动力，这一时期强调实施创新驱动战略，建设创新型国家。2018年《中共中央 国务院关于完善促进消费体制机制 进一步激发居民消费潜力的若干意见》指出，应顺应居民消费升级趋势，努力增加高品质产品和服务供给，切实满足基本消费，持续提升传统消费，大力培育新兴消费，不断激发潜在消费。推动互联网与更多传统消费相互渗透融合，有力有序有效发展消费新业态新模式。2019年《国务院办公厅关于加快发展流通促进商业消费的意见》、2020年《国务院办公厅关于以新业态新模式引领新型消费加快发展的意见》均指出，深入实施创新驱动发展战略，推动技术、管理、商业模式等各类创新，加快培育新业态新模式，推动互联网和各类消费业态紧密融合，加快线上线下消费双向深度融合，促进新型消费蓬勃发展。这一时期促进消费增长的文献关注点转向中高端消费产品和服务供给不足、消费升级中的消费分层、供给侧结构性改革、消费环境和体制机制约束、从传统消费业态到新兴消费业态、夜间消费、消费高质量增长、收入差距与消费增长、网络零售增长快速、新零售赋能消费增长、全球疫情的冲击等。

　　由于消费增长与消费结构的关系密切，消费升级和结构演变构成了消费持续增长的主要内容之一，本部分进一步对消费结构相关研究进行综述。自1979年改革开放以来，消费结构逐渐成为我国消费经济领域研究的重要问题之一。20世纪80年代到90年代中期，有关对消费结构的理解是一个逐步深入的过程。刘方棫（1982）研究指出，消费结构是由需求和供给的矛盾运动形成的各类消费资料和服务在消费支出总额中所占的比例及组成状况。消费，一方面是再生产一次循环的"终点"，一定的消费结构反映着供给系统满足消费需求的状况和水平；另一方面又是下一循环的"先导"，一定的消费结构又体现着消费需求的新变动和新发展，为下一循环提供新的需求信息和动力，因此，消费结构研究既可以从一定时期的横断面上作静态的考察，评价它体现的国民经济运行效率，又可以从几个时期的纵向上作动态的研究，分析其变动性质和发展趋向，以调整和完善供给系统的工作。杨圣明、李学曾（1984）研究了改革开放初期我国居民家

庭和个人消费结构呈现的几个特点：从温饱型消费结构向小康型消费结构
转变，由限制型消费结构向疏导型消费结构转变，从半供给型消费结构向
自理型消费结构转变，由自给型消费结构向商品型消费结构转变，由雷同
型消费结构向多样型消费结构转变。研究认为，消费结构制约着社会主义
扩大再生产过程的循环和整个国民经济的发展，关系着社会主义生产目的
能否更好地实现。蔡德容（1986）研究指出，消费结构具有二重属性与二
重表现形式，包括实物形式的消费结构和价值形式的消费结构。消费的实
物结构，是指人们在消费中消费了一些什么样的消费品（包括消费服务）
以及它们各自的数量。价值形式的消费结构是以货币表示的人们在消费过
程中消费的各种不同类型的消费资料（包括消费服务）的比例关系。尹世
杰（1988）在《中国消费结构研究》中指出，一个国家的经济发展战略是
否正确，首先看它是否从消费需要出发，以满足人民日益增长的物质文化
需要为目的。从社会再生产的内在联系来看，衡量一个国家经济发展好
坏，衡量国家经济运转是良性循环还是不良循环，关键在于是否合理解决
了消费问题，特别是消费结构是否合理，产业结构是否合理，产业结构是
否与需求结构、消费结构相适应。这一时期有关消费结构研究聚焦于该经
济发展阶段消费单一化和同质化问题，研究关注如何发展消费需求，如何
发展国内市场，产业结构如何与消费结构相适应，如何通过经济体制改革
推动消费结构和产业结构的合理化，等等。

　　20 世纪 90 年代中期至 21 世纪以来，消费结构的研究得到了长足的发
展，涌现出一批研究区域消费结构特征分析、人口与消费结构、收入与消
费结构、消费结构与产业结构关联、消费结构与消费不平等、能源消费结
构、消费结构与经济增长、消费结构的国别比较等文献，文献量很大，实
难尽述。近年来，有关消费结构的研究关注农民工群体的家庭消费结构变
化（晁钢令、万广圣，2016）、消费结构的家庭差异（唐琦、夏庆杰、李
实，2018）、消费结构升级还是降级（石明明、江舟、周小焱，2019）、基
于投入产出表的消费结构变迁（倪红福、冀承，2020）、消费结构与消费
不平等（罗楚亮、颜迪，2020）等问题。其中，唐琦、夏庆杰、李实
（2018）使用 QUAIDS 结构方程模型分析了 CHIP（1995、2002、2013）
城市随机入户调查数据，研究发现 1995—2013 年中国城镇家庭消费结构
出现了极大的转变，在空间、时间维度以及不同类型的家庭之间差异明
显。晁钢令、万广圣（2016）构建了农民工的家庭生命周期模型，并就其
对家庭消费结构变化的影响进行了验证，研究采用来自 26 个省份的调查

数据和在沪农民工家庭消费专项调查数据，对农民工家庭生命周期不同阶段的消费结构变化进行了探索性研究。

　　总的来看，马克思主义政治经济学从经济循环的角度阐释了消费的基础性作用，消费既关系生产品的最终市场实现，又是新社会再生产过程的起点，有支付能力的消费需求对产业发展、经济增长具有重要的作用，消费问题关系人的全面发展。西方经济学有关消费函数的研究，主要围绕消费支出与可支配收入、消费者在其生命周期中的消费决策、宏观消费数据、微观家庭数据在研究消费支出决策中的不同作用，消费研究更为注重消费者个体和家庭的微观决策。综合马克思主义政治经济学和西方消费函数的相关研究，可以看到，关于我国消费增长研究应充分立足于中国经济发展的现实和生产发展的相应阶段，研究适合中国国情的消费模型，做好相应研究成果的阐释，讲好中国故事。从已有消费增长和消费结构相关文献综述来看，虽然文献量巨大，难以在文献综述中得以一一尽述，但可以看到，我国消费增长和消费结构相关文献随着经济发展阶段的转变，研究关注点发生了多次转变，是在一定经济发展阶段和特定情境下对我国居民消费增长理论和实证研究。因此，本书的研究依然需要立足于新时代中国发展的阶段特征，厘清当前消费的基本特征，研究影响消费增长的重要经济和社会因素，提炼并总结符合新时代新发展理念的促进消费增长的动力机制，并讲好中国故事。

第三章　我国居民消费的总体特征考察

近年来，随着居民可支配收入的提高、需求偏好的变迁、消费群体的更迭以及在线市场可触达性提高，我国居民消费需求发生了系列变化。随着居民消费总量的不断增长，我国居民消费结构深刻变革，主要体现在各类消费支出在总支出中所占比重从不同层面所表现出的差异性。总体上来说，食品支出仍是城乡居民消费支出中的最大分项，但所占比重已经大幅减小，居住支出仅次于食品支出。随着人们对美好生活的向往，区别于之前的排浪式消费，消费支出呈现多样化、异质性和差异化。居民对满足基本生存需要的物质性消费需求正在不断下降，文教娱乐支出等用于满足精神文化需求的服务性消费呈上升趋势。从城乡差异来看，城镇家庭各项消费的总支出均高于农村家庭，无论是从消费内容还是从消费比例来看，城乡消费支出结构依然存在着较大差异。家庭消费及其结构会随着家庭生命周期的不同表现出异质性，我国居民家庭消费支出具有世代特征和地区特征。从消费方式变革来看，网络消费、数字消费正在被越来越多的消费者所接受，居民网络消费、数字消费支出成为消费方式改变的新特征。因此，本章基于中国家庭追踪调查的微观样本数据，从总体特征的角度研究了我国家庭消费支出。研究对数据中样本的分布比例和消费相关变量进行描述性统计，依次从结构特征、世代特征、地区特征、新消费发展变化等多层面考察了我国家庭消费支出的特征分布。

一、数据来源与数据统计描述

本部分拟从不同消费支出分项的比例关系考察中国家庭消费的总体结构特征及结构变化，使用的微观数据来源于中国家庭追踪调查（CFPS）

2010 年、2012 年、2014 年、2016 年、2018 年家庭跟踪调查面板数据。
CFPS 是北京大学中国社会科学调查中心（ISSS）实施的一项全国性、大
规模的社会跟踪调查项目。CFPS 样本覆盖 25 个省/自治区/直辖市，基期
样本规模为 16 000 户，调查对象包含样本家户中的全部家庭成员。该样
本所定义的家庭成员包含样本家户中存在经济联系的直系亲属以及与该家
庭有婚姻、血缘或领养关系且居住时间满 3 个月的非直系亲属。CFPS 追
踪经 2010 年基线调查界定出来的所有基线家庭成员及其今后的血缘/领养
子女，随后分别于 2012 年、2014 年、2016 年和 2018 年开展了多轮全样
本的追踪调查，能够很好地描述上述时间段（2009—2017 年)① 家庭消费
的动态变化特征。调查范围分布于全国 25 个省/自治区/直辖市（除新疆
维吾尔自治区、西藏自治区、青海省、内蒙古自治区、宁夏回族自治区、
海南省以及香港、澳门、台湾），涉及 162 个区/县。其中，城镇家庭占
46.82%，农村家庭占 53.18%。被调查对象中，男性占 50.21%，女性占
49.79%；已婚人士占 51.32%，未婚人士占 27.11%，其余人士（离婚、
丧偶等）占 21.57%；年龄分布 0 岁到 107 岁，均值为 39 岁，其中 20 岁
以下的被访者占 21.79%，20～39 岁的占 29.56 %，40～59 岁的占
26.37%，60 岁及以上的占 22.28%。从年龄分布的特征可以看到，被访
者多数处于中青年时期，对家庭收入和消费情况较为了解，这一时期的消
费观念也逐渐成熟，形成了较为稳定的消费行为。被访者 90% 以上都是
汉族，还涉及少量的苗族和其他少数民族。从个人最高学历来看，被调查
对象的受教育程度分布：文盲/半文盲占 36%，小学占 19.34%，初中占
23.8%，高中和中专（包括职业高中和技校）占 12.06%，大专及大学本
科占 8.51%，研究生及以上占 0.3%。调查数据主要变量的描述统计和简
单的相关关系可见表 3.1、表 3.2。

表 3.1　主要变量的描述性统计（全样本）

变量	名称	统计量	观测值	均值	标准误	最小值	最大值
fincome	家庭收入	整体	59 191	61 826.33	43 934.8	350	9 158 800
		组间	14 962		100 437.1	5	6 155 000

---

① CFPS 实施的追踪调查，2010—2018 年的四轮调查分别调查的是家户上一年的消费支出
情况，因此，研究中的实际消费支出年份是 2009 年、2011 年、2013 年、2015 年、2017 年。

续表

变量	名称	统计量	观测值	均值	标准误	最小值	最大值
pce	家庭消费支出总额	整体	56 677	48 045.61	63 519.34	240	4 608 220
		组间	14 864		49 859.83	310	1 565 460
food	食品支出	整体	60 270	16 037.45	16 164.48	187	600 000
		组间	15 069		11 744.15	60	240 000
dress	衣着支出	整体	60 887	2 341.45	4 208.93	0	200 000
		组间	15 132		3 395.68	0	104 000
house	居住支出	整体	60 362	7 133.26	24 034.39	0	1 112 280
		组间	15 040		14 407.04	0	363 960
daily	家庭设备及日用品支出	整体	60 419	7 311.82	36 339.39	0	4 501 400
		组间	15 117		25 060.29	0	1 127 415
med	医疗保健支出	整体	61 294	5 030.42	15 163.15	0	1 021 600
		组间	15 148		12 541.54	0	1 021 600
trco	交通通信支出	整体	60 704	4 286.56	6 146.69	0	138 000
		组间	15 041		5 300.44	0	100 800
eec	文教娱乐支出	整体	60 967	4 917.62	11 508.48	0	630 000
		组间	15 066		10 522.05	0	630 000
eptran	转移性支出	整体	61 057	6 708.39	21 584.24	0	2 036 000
		组间	15 150		14 170.72	0	687 667
epwelf	福利性支出	整体	61 341	1 378.51	5 967.16	0	720 000
		组间	15 165		5 071.90	0	400 000
mortgage	建房购房贷款支出	整体	61 690	1 073.6	16 747.96	0	1 470 000
		组间	15 191		12 177.57	0	690 000
other	其他消费性支出	整体	61 428	1 151.63	7 622.22	0	603 000
		组间	15 173		5 555.03	0	283 000

表 3.2　主要变量的描述性统计（分年份）

变量	2009		2011		2013		2015		2017		5 年平均	
	均值	标准差	均值	标准差	均值	标准差	均值	标准差	均值	标准差	均值	标准差
fincome	35 570	50 858	45 166	71 265	57 166	132 105	76 329	180 449	86 278	193 550	61 826	143 935
pce	26 501	29 808	39 490	49 679	47 398	55 481	57 889	81 426	63 917	73 742	48 046	63 519
food	9 250	8 128	15 277	13 990	16 393	15 789	18 197	18 312	19 954	18 932	16 037	16 164
dress	1 250	2 359	1 972	3 627	2 433	4 140	2 676	4 340	3 208	5 414	2 341	4 209
house	1 803	6 945	2 467	2 897	8 351	27 753	9 412	28 874	12 499	32 111	7 133	24 034
daily	3 067	8 120	6 792	33 505	6 698	34 439	10 125	54 846	9 455	34 046	7 312	36 339
med	3 553	10 428	3 967	12 260	4 967	14 181	6 158	20 376	6 213	15 988	5 030	15 163
trco	3 450	6 422	3 269	4 759	4 192	5 393	4 791	6 288	5 433	7 011	4 287	6 147
eec	3 468	11 025	3 968	9 774	4 496	9 474	5 626	12 511	6 650	13 385	4 918	11 508
eptran	5 012	13 418	1 426	6 629	8 190	21 272	9 239	34 209	8 886	20 172	6 708	21 584
epwelf	495	3 341	1 443	8 205	1 140	4 427	1 594	6 643	2 117	6 091	1 379	5 967
mortgage	715	7 649	3 428	36 819	1 606	11 000	3	123	7	211	1 074	16 748
other	744	7 562	1 920	10 398	749	2 655	1 095	8 957	1 295	6 572	1 152	7 622

二、我国居民消费的总体结构特征

首先，本部分研究从不同消费支出分项的比例关系考察我国居民消费的总体结构特征。图 3.1 展示了从 CFPS 2010、2012、2014、2016、2018年的数据中所获得的家庭消费支出结构饼状图。

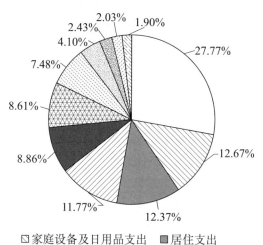

图 3.1　我国居民消费支出结构的总体特征

本部分研究总结出我国家庭消费支出结构的如下六点特征：

第一，食品支出平均占家庭消费性总支出 27.77% 的比重，这里的食品支出比重是总体平均值，可以用马斯洛的需求层次理论来解释，即人要先满足生理需求，才会寻求更高层次的需求，如果考虑收入差异、城乡差异，这里的食品支出比重会有不同。从宏微观数据对比来看，我国恩格尔系数确实进入了发达国家的行列，但因为衡量一个国家是否为发达国家，除恩格尔系数以外还有很多的指标，特别是人均国民收入。现有数据表明，随着中国经济持续高速增长，居民的生活水平得到不断提高，已经从过去的温饱阶段过渡到全面小康社会的基本实现，在这个过程中，居民消费支出中用于食品这种必需品的消费比重有所下降，把更多的消费支出用到耐用消费品甚至是服务性消费中。

第二，与住房相关的支出包含两项——居住支出和建房购房贷款支出，二者合计占比达 14.27%，仅次于食品支出占比，"吃、住"消费支出之和共占家庭消费支出 40% 以上的比重，不仅说明满足居住相关需求的安全需求是仅次于生理需求的基本需求层次，也可以反映出住房支出已经成为我国家庭消费中仅次于必需品的食品支出的消费支出项。

第三，家庭设备及日用品支出是继食品支出和住房相关支出之后排名第三的支出项，其中家庭设备及日用品支出是家庭现代消费支出中的必要支出，占总支出的 12.67%，表明我国居民家庭生活质量的提升。

第四，转移性支出包括缴纳个人所得税和社会保障支出、外出从业人员寄给家人的支出、赡养支出以及其他转移性支出等，占总支出的11.77%，仅次于家庭设备及日用品支出，这一项支出的较高占比反映出家庭消费结构中的税收负担及赡/抚养负担。

第五，在家庭消费支出中，医疗保健支出平均占比为 8.86%，居民个人自付医疗支出高有可能说明居民的保健支出比例逐渐提升，也可能说明居民的医疗保健等服务性消费需求提升，还有可能说明政府在医疗等公共服务供给中还需要进一步统筹发展。

第六，文教娱乐支出平均占比为 8.61%，作为消费结构升级标志的文教娱乐支出、交通通信支出、衣着支出等保持在一个中等的水平，以汽车和住房为主的消费结构升级对我国家庭消费产生了一定的影响，但实现居民整体消费结构升级还远远没有完成。

其次，研究进一步考察我国居民消费支出结构的城乡差异，图 3.2 分别从支出绝对值和支出占比来分析城乡差异。可以看出，城乡居民消费支出无论是从绝对值看还是从百分比看，差异都十分显著。从绝对值来看，城镇家庭各项消费的总支出几乎是农村家庭的两倍（倍数平均值：2.03），其中建房购房贷款支出、福利性支出和家庭设备及日用品支出更是远高于农村家庭，而医疗保健支出则在城乡家庭中差别不大。尽管从以房租、水电费、燃料费、取暖费和物业费衡量的居住支出来看，城镇家庭在这方面的支出是农村家庭的 1.61 倍，但城乡家庭平均在建房购房贷款方面的支出差异尤为显著，分别为 2 117.56 元和 474.56 元，城镇家庭支出是农村家庭的 4.46 倍，这表明城镇居民具有更大的房贷压力。城镇家庭每年在医疗保健方面的支出为 4 971 元，平均高出农村家庭 672 元。从各项消费支出所占比例方面，食品支出、转移性支出、医疗保健支出、家庭设备及日用品支出和居住支出占据了农村家庭消费支出的绝大部分，分别占比为

28.38％、12.5％、11.56％、11.51％和11.12％，这五项支出共占农村家庭总支出的75％以上。和农村家庭相比，城镇家庭在食品（28.66％）、衣着（4.12％）、居住（10.5％）、交通通信（7.48％）和其他消费性支出（2.1％）等方面的占比与农村家庭相当，家庭设备及日用品支出和建房购房贷款支出的比例则高出农村家庭2个百分点以上，在福利性支出方面的占比（2.57％）略高于农村家庭（1.51％），农村家庭在由社会捐助、给非同住亲戚的经济帮助、重大事件礼金礼物支出等构成转移性支出方面的占比为12.6％，高于城镇家庭的11.31％，这都在一定程度上体现出城乡消费支出结构的差异。另外，城镇家庭的医疗保健支出占比为7.82％，远低于农村家庭的11.56％，反映了城镇公共服务相较于农村更加完善；在文教娱乐支出方面，尽管城镇家庭的文教娱乐支出的绝对量（5 447.61元）远高于农村家庭（3 089.13元），但相对占比则显示两者处于较为接近的水平，城乡占比分别为8.57％和8.31％，这在某种程度上体现了我国城乡居民对高层次需求的重视程度越来越深。

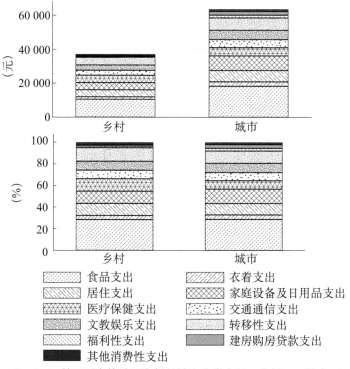

Graphs by基于国家统计局资料的城乡分类变量，乡村=0，城市=1

图3.2　家庭消费支出结构的城乡差异（支出绝对值和支出占比）

　　结合户主年龄差异，进一步考察处于不同生命周期的家庭消费及其结构，如图 3.3 所示。从支出绝对值上看，总消费支出与年龄之间呈现出略微的倒 U 形关系。户主年龄在 20～39 岁之间的家庭总消费支出最高，这和我们通常的认识较为吻合，户主在这一年龄段的家庭往往处于生命周期的成家、生子和事业的上升期，典型的"上有老下有小"，其各方面的支出都要高于处于其他年龄段的家庭。在食品、衣着、居住、交通通信等日常必需品消费方面，各个年龄层的支出绝对值差异并不大，一定程度上体现了这些消费品的消费弹性不高。而在家庭设备及日用品支出、医疗保健支出、文教娱乐支出、建房购房贷款支出等方面，不同生命周期家庭消费支出在绝对值和百分比上都差异显著。20 岁以下的居民在转移性支出方面的消费最少，每年平均支出 4 440.72 元，主要因为这一年龄阶段的消费者不需要承担太多税收、社保、赡养、捐助等方面的责任。20～39 岁的居民在建房购房贷款支出和家庭设备及日用品支出上的花费平均分别为

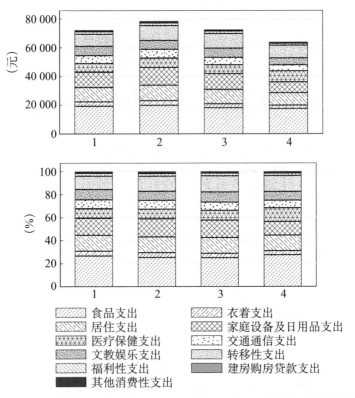

Graphs by 年龄，20岁以下=1，20～39岁=2，40～59岁=3，60岁及以上=4

图 3.3　不同生命周期家庭消费支出结构差异（支出绝对值和支出占比）

1 547.96 元和 9 612.9 元，相较其他年龄群体而言，此年龄阶段的消费者在这两项中的支出更多，符合这一年龄层面临巨大的购房压力和生活压力的特征。20 岁以下和 40～59 岁的居民在文教娱乐方面的支出相对较多，年平均支出额分别为 5 225.1 元和 4 918.6 元；支出所占比例也高于其他年龄层的居民，分别占比 7.96%和 7.66%，一方面是因为文教娱乐消费是 20 岁以下消费群体的主要支出项，另一方面对于 40～59 岁年龄层来说，这些家庭的子女大多处于初高中和大学阶段，需要花费的教育投入较多。而 60 岁及以上的居民由于年老导致的健康状况较差，在医疗保健支出方面花费最多，平均每年花费在此项上的支出为 5 545.15 元，这一点在支出百分比的对比上尤其显著，占比 15.27%，较其他年龄层高出 2～3个百分点。

三、我国居民消费的世代特征

研究进一步从世代的角度考察我国居民家庭消费支出的世代特征。按世代划分和按年龄划分的区别在于，按世代划分重点不在于消费者生理年龄的差异，而是考虑出生年代和成长经历的不同。世代划分的基本假设是：出生于同一时代的人经历过共同的社会、政治、历史和经济环境，因此会产生相似的观念和行为。西方学者 H. 肖特 1998 年首先对中国进行世代划分，后续研究中，国内学者根据中国发展的社会情境再次进行了细分，将我国消费者分为 5 个世代：1945 年之前为"偏爱传统"的一代，1945—1960 年为"失落"的一代，1960—1970 年为"幸运"的一代，1970—1980 年为"转型"的一代，以及 1980 年以后为"E"一代。

研究根据上述细分的 5 个世代，按照户主的出生年代考察我国居民家庭消费支出的特征，如图 3.4 所示，其中编号 1～5 分别代表"偏爱传统"的一代、"失落"的一代、"幸运"的一代、"转型"的一代以及"E"一代。

在进行了世代划分以后，研究发现我国居民家庭消费存在明显的世代差异。从支出绝对值来看，"E"一代家庭的消费总支出比"偏爱传统"的一代家庭多了 21.85%，这一方面由于两代人成长的宏观政治经济环境不同，另一方面也与代际消费观念差异密不可分，此外也不能排除其所处的家庭生命周期。从具体的消费项来看，食品支出对所有世代层次来说都是最大的消费支出项，并且食品、衣着、交通支出在不同世代中分布相当。

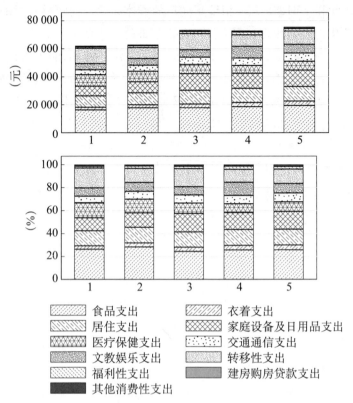

Graphs by世代，"偏爱传统"的一代=1，"失落"的一代=2，"幸运"的
一代=3，"转型"的一代=4，"E"一代=5

图3.4　家庭消费结构的世代特征（支出绝对值和支出占比）

居住支出、家庭设备及日用品支出是除食品支出以外最大的支出项，其中，居住支出从"偏爱传统"的一代到"E"一代呈递增趋势，家庭设备及日用品支出在"幸运"的一代中的占比最高。购房建房贷款支出是不同世代差异最大的消费支出项，相较于其他世代而言，"幸运"的一代在购房建房贷款方面的支出最多，是其他世代的1.5～6倍。对"转型"的一代来说，文教娱乐支出金额在所有世代层次中最高，"E"一代紧随其后。"转型"的一代和"E"一代用于购买各类商业性保险的福利性支出也多于其他世代。这反映了随着国民收入的提升，居民生活水平不断提高，新生代家庭越来越注重出于福利性动机或自我实现等更高层次的消费需求。各项消费支出占比也呈现出了一些差异性，"偏爱传统"的一代的医疗支出占比最高，占比13.08%，这与家庭生命周期、户主年龄和健康状况相关；"转型"的一代的文教娱乐支出比例显著高于其他世代，高于文教娱

乐消费主力军的"E"一代，几乎是"偏爱传统"的一代和"失落"的一代的2倍，这一方面有可能是这些家庭的孩子正处于中等、高等教育阶段，另一方面可能是这一代人切身经历了"知识改变命运"的时代，对文化教育的重视程度要远远高于其他世代。"E"一代的购房、建房、租房支出，从比例上看也是显著高于其他世代的。

四、我国居民消费的地区特征

研究进一步考察不同地区的家庭消费支出结构特征及差异性，根据家庭微观调查数据的分析可以看出，受到经济、人口、地理等因素的影响，各个地区的家庭消费支出结构具有异质性的特征。图3.5展示了各省/自治区/直辖市的家庭消费结构。

从图3.5中可以看出，各省/自治区/直辖市之间的平均家庭消费支出总额和家庭消费支出结构具有异质性特征。其中，北京、上海、江苏、浙江等经济较为发达省市的平均家庭消费支出总额要明显高于其他地区。数据分析进一步显示，青海和内蒙古这两个以农牧经济发展为主的地区的平均家庭消费水平也位于前列。为了较为清晰地考察家庭消费支出的地区差异，研究分别从行政区划分和经济区划分两个角度对我国家庭消费支出进行了细分。图3.6展示了从行政区角度划分的各个地区的家庭消费结构特征，图3.7展示了按照经济区划分的各地区的家庭消费结构特征。

按照行政区划分，我国31个省/自治区/直辖市划分为7个行政区，分别为华东地区（包括山东、江苏、安徽、浙江、福建、上海、江西），华南地区（包括广东、广西、海南），华中地区（包括湖北、湖南、河南），华北地区（包括北京、天津、河北、山西、内蒙古），西北地区（包括宁夏、新疆、青海、陕西、甘肃），西南地区（包括四川、云南、贵州、西藏、重庆），以及东北地区（包括辽宁、吉林、黑龙江）。在图3.6中分别用编号1~7表示。

从图3.6可以看到，家庭消费支出在总量和各项消费量方面的差异都较为明显。华东地区是经济发达地区，其平均家庭消费总量要远高于其他地区，华南地区位居其次，华中地区和西南地区的平均消费水平相当，略高于华北地区和东北地区，西北地区家庭平均消费总量最少。支出占比和消费结构方面表现出如下特征：第一，华南地区的食品支出比例远远高于

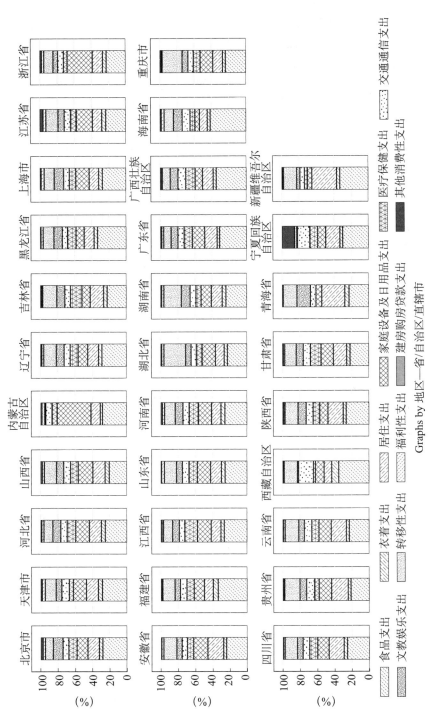

图 3.5　家庭消费支出结构的地区特征（支出绝对值和支出占比）

Graphs by 地区—省/自治区/直辖市

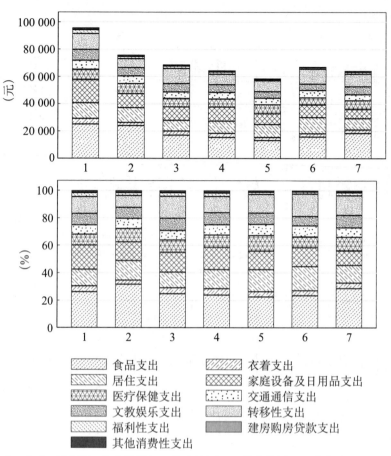

Graphs by 行政区，华东地区=1，华南地区=2，华中地区=3，华北地区=4，
西北地区=5，西南地区=6，东北地区=7

图 3.6　家庭消费支出结构的地区特征-行政区（支出绝对值和支出百分比）

其他地区，显示出"饮食主导型"的特征，比食品支出占比最低的西北地区高出近 10 个百分点，同时，与其他地区相比，华南地区的衣着支出比例最低，家庭平均占比不到 3%；第二，东北地区家庭设备及日用品支出和交通通信支出比例在所有行政区划中均为最少，尤其是家庭设备及日用品消费，平均占比为 10.59%，相较于占比最高的华东地区低 7 个百分点；第三，在医疗保健支出方面，西北地区的该支出项占比水平最高，这可能与西北地区的公共服务系统相对较不完善有关；第四，华南地区的转移性支出比例为 8.58%，几乎只有西南地区家庭平均水平的一半。

　　按照经济区划分，可以把我国各省/自治区/直辖市分为 4 个经济区，分别是：东北地区（包括辽宁省、吉林省、黑龙江省），东部地区（包括北京市、天津市、河北省、上海市、江苏省、浙江省、福建省、山东省、广东省、海南省），中部地区（包括山西省、安徽省、江西省、河南省、湖北省、湖南省），西部地区（包括内蒙古自治区、广西壮族自治区、重庆市、四川省、贵州省、云南省、西藏自治区、陕西省、甘肃省、青海省、宁夏回族自治区、新疆维吾尔自治区）。图 3.7 中分别用编号 1～4 表示。

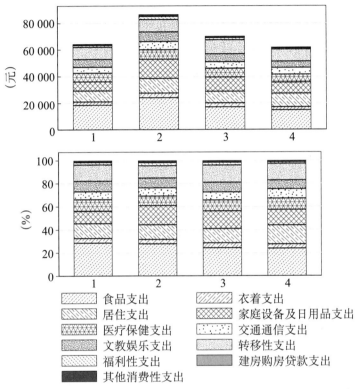

Graphs by 经济区，东北地区=1，东部地区=2，中部地区=3，西部地区=4

图 3.7　家庭消费支出结构的地区特征-经济区（支出绝对值和支出占比）

从图 3.7 的支出结构中可以看到，东部地区家庭消费支出最高，这与东部地区发达的经济和较高的人均收入有关，其他三个地区家庭平均消费支出总量相差不大。从各项消费支出占比来看，按经济区划分后的地区差异没有按行政区划分后的那样显著，但仍有值得注意的几点特征：第一，与其他区域相比，东北地区的食品支出占比最高，西部地区的食品支出占比最低；第二，家庭设备及日用品支出上，东部和中部地区占比相对较高，而东北地区该支出项占比最低，这与行政区的消费分布特征一致；第三，东部地区的医疗保健支出所占比例明显低于其他地区，这可能与东部地区较好的社会经济环境和完善的公共服务设施有关。

五、我国居民新消费特征

随着经济发展和商业创新进入新发展阶段，我国家庭消费支出在趋势和形式上呈现出新消费特征。在家庭平均消费水平的统计口径上，居民消费性总支出及其分项在 2009—2017 年间的时间趋势如图 3.8 所示。从图 3.8 中可以看出，我国居民消费支出总额在总体上呈现出线性递增的发展趋势，不同消费支出项的发展变化趋势具有异质性，从中可以总结出如下几点重要特征。

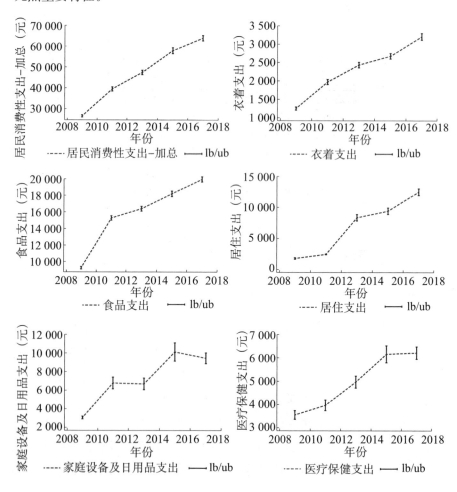

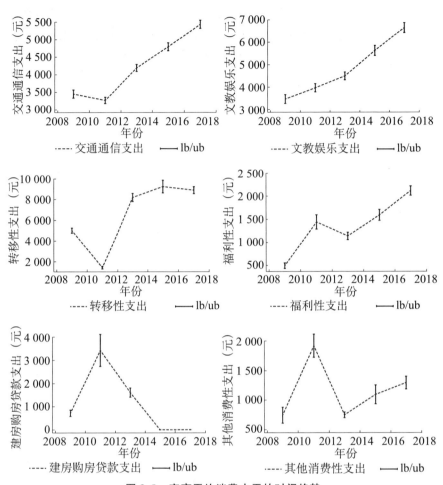

图 3.8　家庭平均消费水平的时间趋势

第一，物质性消费支出增长趋于平稳。其中，物质性消费，如食品支出、衣着支出、家庭设备及日用品支出，这些支出项的绝对量在 2009—2017 年间呈增长态势，但其增长过程逐渐趋于理性，近十年的增长速率保持平稳趋势，其中一段时期还呈现出变缓迹象。尤其是家庭设备及日用品支出在 2011—2013 年和 2015—2017 年中还经历了下降的过程。从长期来看，在居民的物质性消费趋向满足的情况下，物质性消费支出的高速增长趋势难以保持。与物质性消费支出项相比，服务性消费增长绝对量和增长速率提升。由数据分析可知，家庭平均花费在文教娱乐方面的支出从 2009 年的 3 468.35 元增长到了 2017 年的 6 649.51 元，逐期环比增长率依次为 13.13%、14.4%、25.14% 和 18.18%，以 2013 年为分界，增长率从 2013 年前的 29.63％提升至 2013 年后的 47.89％。医疗保健支出在此期间从 3 552.77 元增加至 6 212.92 元，年均增长速率保持在 12％左右，居民此项支出的增长在 2015 年后趋于平缓，可能是得益于近年来全民医疗保障体系的完善。在此之前，医疗保健支出增长率从最初的 11.67％提升至 23.98％。交通通信支出在 2009—2011 年的周期内呈现为下降趋势，从 2011 年开始便转为逐年增长态势。

第二，与居住相关的消费支出增加。居住消费相关支出增加表现为直接的居住支出和用于购房建房的贷款支出两方面，且这两个支出项的时间趋势表现有所差异。居住支出的增长率在 2011—2013 年期间达到峰值，在此期间家庭居住支出金额翻了近两番，在经历了 2013—2015 年的短暂趋缓后，于 2015 年后又进入快速增长周期，增长速率在 33％左右。近十年来，城乡家庭平均在居住方面的花费金额总体上增长了近 7 倍。对于家庭平均购房建房贷款支出，则表现出先升后降的时间趋势，并于 2011 年达到最高水平 3 427.93 元。这一在住房相关支出方面体现出来的时间趋势特征可能与房地产的政策调控周期有关。

第三，我国家庭消费支出在消费形式上表现出一些新消费特征。自 2014 年起，CFPS 开始将消费者的互联网使用情况纳入其调研体系，因此，CFPS 2014、CFPS 2016 和 CFPS 2018 的数据库中包含了是否移动/电脑上网、使用互联网学习/工作/社交/娱乐/商业活动的频率、网上购物花费等相关数据。从 2013 年后的家庭消费数据可以看出，消费者在 2013 年、2015 年和 2017 年平均网上购物花费金额分别为 5 012.03 元、8 651.72 元和 7 513.17 元，与 2013 年基期相比，居民网络相关消费支出增长了 49.9％。这一特征与宏观趋势相一致，据商务部统计，我国网络零售交易额在 2013—2018 年间年均增长 30％以上，从 1.3 万亿元增长到近 5.5 万亿元。现有数据分析表明，居民的消费模式正在并且将持续发生深刻变迁，网络购物正在重构居民的消费方式，居民可以通过各类电商平台来满足消费的多元化需求。

总体来看，从以上一系列有关消费支出分析的特征可以看出，随着我国城乡居民消费结构的转变、消费代际的更迭和消费地区的延伸，不同群体、不同区域和不同年龄层的消费者呈现出愈发多元、异质及细分的消费分层特征。在新时代消费趋势逐步演化、互联网新消费形式愈发繁荣的背景下，我国居民消费需求随之出现了许多新变化和新特点，消费增长特征也将随之发生改变。

第四章　消费升级与城乡异质性

　　我国社会主要矛盾已经转化为人民日益增长的美好生活需要和不平衡不充分的发展之间的矛盾。消费升级既指居民消费结构中生存性消费和享受性消费相对比例的动态演变，又指居民消费意愿的动态改变。消费升级关系到人民生活的真实效用水平是否提高，关系到中国产业结构升级和经济增长模式转换。随着国民经济由高速转入中高速增长轨道，如何有效地激发居民消费需求，日益成为中国转变经济发展方式、增强经济内生增长动力的关键。一方面，随着人均可支配收入的持续增长、可获得商品和服务数量与种类的大幅提升以及消费偏好与消费文化的漂移，居民消费对经济增长的贡献度先下降后逐步增强，日益壮大的中等收入群体对消费增长形成支撑，互联网时代新消费模式出现使定制化、个性化、多样化消费成为主流；另一方面，从宏观层面看，国民经济始终保持着稳中有进的发展态势，但从结构和微观层面来看，一些负面因素对家庭消费的潜在影响正在受到关注，例如：疫情对实体经济的冲击、人口老龄化问题、城市房价高企对家庭消费支出的挤出效应等。本章将对中国居民消费结构的动态演变进行实证研究，分析城乡居民的边际消费倾向和需求收入弹性、价格弹性等，深入考察我国居民消费升级及影响升级的负面因素。

一、简短的文献述评

　　关于消费结构，厉以宁（1984）提出，"消费结构是各类消费支出在总消费支出中所占比重"；尹世杰（2007）认为，消费结构是"在一定社会经济条件下，人们对于消费过程中所消费各种不同类型消费资料的比例关系"；田晖（2006）认为，"理论上讲，消费结构是指一定时期内消费者所消费各种消费资料（包括物质资料和劳务）之间的比例关系"。这些定义本质上具有一致性。

微观层面上，在效用价值论这一划时代的经济理论出现后，西方学者开始研究代表性消费者如何进行消费支出分配以达到最大效用或者在既定效用下如何付出最小成本，具体消费函数的确定成为微观需求问题的核心之一。在确定了消费函数的具体形式之后，根据经验数据就可以分析消费结构，对未来的消费演变趋势进行估计和预判。德国统计工程师恩格尔（Engel）被认为最早从 19 世纪开始，以数理角度研究消费结构。在统计中，恩格尔发现食品支出比例会随着家庭或者个人收入的增加而减少，这一规律性的发现使得恩格尔系数成为衡量经济发展和居民生活水平的重要指标。其后，沃金（Working，1943）和莱塞（Leser，1963）根据经验研究发现，对许多经济和时间序列数据，线性的恩格尔曲线函数形式拟合程度较好，他们总结出 Working-Leser 模型。作为消费结构的奠基性研究，恩格尔系数是孤立地对某一类商品的支出和总收入建立模型，侧重食品类消费，后来的消费结构模型则更重视对全部消费支出进行分析，即消费需求系统。在总支出等于总收入的情况下，消费需求系统考察预算约束下所有商品消费之间的关系，从而为消费结构研究提供实证基础。

早期的消费结构实证研究集中于通过分析消费和收入或支出之间的线性关系，简化消费函数模式，进行计量模型的估计。随着消费理论的不断发展，消费函数逐渐和新古典消费理论及之后的现代消费理论相结合，实证研究更加成熟。从实践应用上看，具有扎实理论基础的消费函数应用更为广泛，例如，线性支出系统模型（LES 模型）及其扩展（ELES 模型），迪顿和米尔鲍尔（Deaton and Muellbauer，1980）提出的近似理想需求系统模型（AIDS）及其扩展的二次近似理想需求系统模型（QUAIDS）等，得到了大多数经济学家的认可，是实践应用中比较突出的需求模型。

采用各种消费结构模型对消费结构开展的研究，其思路是对消费者各项消费的边际消费倾向或价格弹性等进行估计，探讨各项消费或某项消费支出的变化及其影响因素。近年来，越来越多的国内文献采用消费结构模型探讨居民消费结构的特征与变化规律。如黄隽和李冀恺（2018）使用 ELES 模型对中国 2013—2016 年宏观居民消费数据进行分析，认为高层次消费支出占比有显著提高。也有部分学者采用家庭调查微观数据探究中国居民消费结构演变及其影响因素，如赵昕东和汪勇（2013）根据 2007 年中国居民收入调查数据分析了食品价格上涨对城镇家庭消费行为与福利的影响。张颖熙（2014）研究了城镇居民家庭服务、教育、医疗等七类服务性消费的需求弹性。元惠连等（2016）使用 CHIP 1995 年、2002 年数据研究认为城镇居民的医疗、子女教育、购房的负担越来越重。唐琦等（2018）使用了加入 CHIP 2013 年数据后的研究发现住房消费比例的不断上升显著挤出了其他家庭消费并降低了总需求。相比于对城镇居民消费结构的研究，对乡村居民的消费结构研究相对较少，并主要关注其某一类消费如食品、医疗等（谭涛等，2014）。部分研究表明乡村居民的家庭所在地、户主年龄、收入阶层等家庭特征显著影响其食品消费行为（张明杨和章棋，2015；王勇，2018）。还有部分研究关注城乡居民收入结构对其消费结构的影响与差异（张慧芳和朱雅玲，2017）。

二、理论分析框架和基础模型

（一）消费结构演变的理论分析框架

从居民消费结构演变看，马斯洛需求层次理论在消费行为与心理动机之间建立起一种逻辑关系。该理论认为，人类存在生理、安全、爱、自尊和自我实现五种基本的需求，这五种需求形成一个严格的层次结构，在任何情况下，消费决策由更低层级的未被满足的需求决定；只有最低层级的需求得到满足后，才能进入更为高层的需求。需求层次理论尽管简单清晰，但作为一个解释框架，其解释显然过于严格，在实证中往往难以验证。为此，泰勒和霍特哈克（Taylor and Houthakker，2010）拓展了马斯洛需求层次理论，在五种需求层次与饮食、住房、公共事业、交通通信、医疗保健、其他支出等消费分项之间建立了映射关系。该研究将与特定需求层次对应的相对重要的消费类别进行了区分，映射关系如图 4.1 所示。

图 4.1 上方是马斯洛的五种基本需求（包括生理需求、安全需求、爱和归属感需求、受尊重的需求和自我实现需求），下方是消费支出的一般分类，连线从需求指向支出类别，表明支出的动机是为了满足该种需求。可以看到，大多数消费支出活动服务于多样性的消费需求，但由于不同类别消费具有特定的功能，因此某些消费项目具有相对重要性，图 4.1 中通过实线体现。对于生理需求而言，连线指向所有类别支出但饮食和住房是最重要的；安全需求指向住房、公共事业、交通通信、医疗保健和其他支

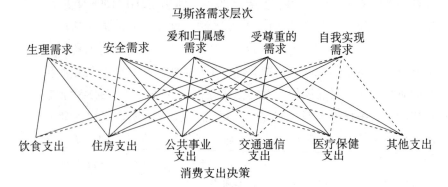

图 4.1　马斯洛需求层次与消费支出类别的对应关系

出；爱和归属感需求指向除饮食支出外的所有消费支出类别；而受尊重的需求指向所有消费支出类别；自我实现需求指向所有消费支出类别，但住房、公共事业支出更加重要。

由上述理论可知，不同类别的消费将满足人们不同层次的需求，对各项消费支出在居民总消费中的占比及其变化趋势，即居民消费结构动态变化特征和趋势的分析，将体现居民所处的消费需求层次及其变动方向。如饮食支出持续占比较大且依然有较高的消费意愿则意味着居民处于满足基本生理和受尊重需求的层次上；住房或交通通信等支出占比不断上升则表明居民追求更高层次的需求，表现出消费升级的特征。目前国内大部分关于消费结构的研究都旨在关注居民消费结构的变动是否有显著的消费升级趋势及家庭收入、家庭人口特征和技术发展等因素对家庭消费结构的影响或消费升级可能的制约因素等（夏庆杰和唐琦，2015；刘湖和张家平，2017；刘妮娜和张汝飞，2013）。由此，本章对居民消费结构特征的分析将主要关注其消费结构的演变是否有从物质性消费向服务性消费转变的消费升级特征，以及收入和价格对消费支出可能造成的影响。

上述理论为消费结构升级的变动方向提供了重要的理论分析基准。总体来看，居民的消费升级在消费结构层次上有两个自然的推论：

推论 1：随着可支配收入的上升，食品支出占比持续下降。对这一关系的经济学验证，最著名的是恩格尔定律。在需求层次中，食物是一种最基本的生理需要，一旦被完全满足，它将不再在消费行为中体现。因此，恩格尔定律被形式化地表述为：随着家庭收入增加，食物支出份额会下降。需求的层次结构为这一定律提供了一个非常合理化的解释。

推论 2：随着可支配收入的上升，物质性支出占比持续下降，根据泰勒和霍特哈克（Taylor and Houthakker，2010）建构的映射关系，需求层次越高，越体现为安全、爱和归属感等精神性需求，因此家庭消费中符号性消费、服务性消费的比重将持续上升。

在上述基准框架的基础上，本章将结合边际消费倾向和弹性分析讨论消费结构演变的动态趋势。基本的思路是：通过不同消费类别的支出弹性或其边际消费倾向观察其在家庭消费结构中的变化趋势。支出弹性大于1或边际消费倾向上升的商品将会在消费结构中占据更大的比重，体现消费升级变动的方向；支出弹性小于1或边际消费倾向下降，则表明该项消费的比重将下降。依据前述基准框架，消费结构升级首先体现为食物消费支出弹性小于1或其边际消费倾向下降，其次表现为符号性、服务性消费支出弹性逐渐增大或其边际消费倾向不断上升，体现为居民消费向服务类、文化类消费升级。

（二）AIDS 理论模型

迪顿和米尔鲍尔（Deaton and Muellbauer，1980）提出的 AIDS 模型是在价格和效用既定的情况下求解希克斯需求。近似理想需求系统有许多优势。首先，消费受到收入和价格的双重影响，研究消费结构的改变，不能忽略价格因素，而既往的需求模型没有很好地将价格因素纳入。AIDS模型则灵活地考虑到价格对消费支出的影响。其次，AIDS 模型是一个从成本函数推导出的需求系统模型，不依赖于某个特定的效用函数，形式灵活，因而可以检验需求理论中效用函数的对称性、齐次性等前提。AIDS模型讨论在给定时点上消费在不同商品之间的分配。假设消费者行为独立于价格的广义对数偏好（Price-independent generalized logarithmic，PIGLOG），消费者的支出函数表示为如下形式：

$$\log C(u,p) = (1-u)\log a(p) + u\log b(p) \tag{1}$$

u 衡量效用，$a(p)$ 和 $b(p)$ 分别表示消费者满足基本需求和最大效用时所需的最小支出。

$$\log a(p) = \alpha_0 + \sum_{i=1}^{k} \alpha_i \log p_i + \frac{1}{2} \sum_{i=1}^{k} \sum_{j=1}^{k} \gamma_{ij}^* \log p_i \log p_j \tag{2}$$

$$\log b(p) = \beta_0 \prod_{i=1}^{k} p_i^{\beta_i} + \log a(p) \tag{3}$$

p_i 为商品 i 的价格指数，$i = 1,\cdots,k$；

将（2）式、（3）式代入（1）式可得 AIDS 模型的支出函数

$$\log(C(u,p)) = \alpha_0 + \sum_{i=1}^{k} \alpha_i \log p_i + \frac{1}{2} \sum_{i=1}^{k} \sum_{j=1}^{k} \gamma_{ij}^* \log p_i \log p_j$$

$$+ \mu \beta_0 \prod_{i=1}^{k} p_i^{\beta_i} \tag{4}$$

支出函数满足最小支出对价格求导为最优需求量，即 $\dfrac{\partial C(u,p)}{\partial p_i} = q_i$，

q_i 为商品 i 的需求量，将等式两边同乘 $\dfrac{p_i}{C(u,p)}$ 可得：

$$w_i = \frac{p_i q_i}{C(u,p)} = \frac{\partial \log(C(u,p))}{\partial \log p_i} = \alpha_i + \sum_{j=1}^{k} \gamma_{ij} \log p_j$$

$$+ \beta_i \mu \beta_0 \prod_{i=1}^{k} p_i^{\beta_i} \tag{5}$$

其中，w_i 为商品 i 的支出份额，$\gamma_{ij} = \dfrac{1}{2}(\gamma_{ij}^* + \gamma_{ji}^*)$。假设消费者把实现效用水平 u 的最小支出 $C(u,p)$ 作为他的真实预算支出 m，即 $C(u,p) = m$，则可由（4）式解出间接效用函数 $u(p,m)$，代入（5）式可得 AIDS 模型的预算份额构成式：

$$w_i = \alpha_i + \sum_{j=1}^{k} \gamma_{ij} \log p_j + \beta_i \log\left(\frac{m}{a(p)}\right) \tag{6}$$

其中，$\dfrac{m}{a(p)}$ 表示一种"真实消费支出"，α_i、γ_{ij}、β_i 为待估计参数。γ_{ij} 表示真实消费支出不变的情况下，商品 j 价格的变化率对商品 i 支出份额的影响；β_i 则表示价格不变时真实消费支出的变化导致的商品 i 支出份额的改变，即实际消费改变，若 β_i 大于 0，则商品 i 为奢侈品，若 β_i 小于 0，则商品 i 为必需品。在效用最大化的假设下，AIDS 模型需满足以下约束条件：

$$\sum_{i=1}^{k} \alpha_i = 1, \quad \sum_{i=1}^{k} \beta_i = 0, \quad \sum_{i=1}^{k} \gamma_{ij} = 0, \quad \gamma_{ij} = \gamma_{ji}$$

约束条件保证了各项商品的支出之和等于总支出，以及当价格和收入等倍增长时，需求量保持不变。根据模型估计出的参数可进一步测算支出弹性和马歇尔需求价格弹性：

支出弹性为：

$$e_i = 1 + \frac{\beta_i}{w_i} \tag{7}$$

价格弹性为：

$$e_{ij} = -\delta_{ij} + \frac{1}{w_i}\left[\gamma_{ij} - \beta_i\left(\alpha_j + \sum_{i=1}^{k}\gamma_{ij}\ln p_k\right)\right] \tag{8}$$

其中，δ_{ij} 为克罗内克 δ 函数。

传统 AIDS 模型假设恩格尔系数的趋势是线性的，收入预算和支出的关系也是线性的。班克斯等（Branks et al.，1997）拓展了 AIDS 模型，在标准 AIDS 模型中加入收入二次项，得到了二次近似理想需求系统（QUAIDS）。

$$w_i = \alpha_i + \sum_{j=1}^{k}\gamma_{ij}\ln p_j + \beta_i\ln\left(\frac{m}{a(p)}\right) + \frac{\lambda_i}{b(p)}\left[\ln\left(\frac{m}{a(p)}\right)\right]^2 \tag{9}$$

除满足 AIDS 模型的约束条件外，二次近似理想需求系统还要满足 $\sum_{i=1}^{k}\lambda_i = 0$。从恩格尔曲线所跨越的函数空间的秩来看，当恩格尔曲线是线性时，AIDS 是 2 秩的模型，QUAIDS 模型中边际消费份额可以随着收入水平的变化而发生二次变化，实际上将 AIDS 模型从 2 秩发展为 3 秩。放松了线性假设，QUAIDS 模型近来也被许多经济学者运用。波伊（Poi，2002）还设定了由家庭特征函数和代表家庭的支出函数构成的支出函数，可以用于估计加入家庭特征的 QUAIDS 模型。

三、我国城镇居民消费升级的经验证据

考虑消费结构演变的宏观动态，本部分采用宏观数据使用近似理想需求系统模型（AIDS）估计城镇居民各类消费支出的支出弹性和价格弹性，以进一步分析城镇居民消费结构的动态特征。为保持与微观数据来源相对一致的时间周期，数据来源为 1998—2017 年中国 31 个省/自治区/直辖市（以下简称"省市"）省级的面板数据。根据国家统计局的分类标准，消费支出分类包括总体消费支出、食品支出、衣着支出、居住支出、设备与日用品支出、交通通信支出、文教娱乐支出、医疗保健支出、其他支出总计 9 个类别支出项目。数据使用各省市居民消费价格分类指数作为价格指标，以 1998 年的价格为定基指数，进行指数化处理。资料中缺失的"其

他"类支出的价格指数,此处借鉴唐琦等(2018)采用的方法,使用当年该省市的"居民消费价格总指数"代替。

为更好地了解消费结构动态,研究借鉴王一鸣(2018)对宏观经济不同阶段的分类,把考察的时间阶段分为1998—2002年("入世"之前)、2003—2007年("入世"红利期)、2008—2012年(全球金融危机之后)、2013—2017年(经济发展新常态)阶段。2002年之前重要的宏观经济特征是应对亚洲金融危机。2002年中国加入WTO后,"入世"对中国经济、贸易、社会等都产生了深远的影响(薛荣久,2018)。2008年爆发的国际金融危机,引发世界经济自二战以来最严重的衰退,外部需求急剧收缩,对宏观经济造成冲击,这一阶段的宏观经济特征主要是保持经济平稳快速发展。2012年底,中国从全面反危机的政策轨道逐步退出。这个阶段,宏观经济失衡逐步由总量性失衡为主转向结构性失衡为主,经济发展进入新常态(黄群慧,2014;王一鸣,2018)。根据Poi(2012),本部分采用似不相关回归(seemingly unrelated regression,SUR)估计AIDS模型。为了防止过度识别产生奇异矩阵的问题,在估计参数时只选择7个方程,其他类需求的方程中各个参数可通过方程的约束条件求出。

研究根据各项消费的支出弹性和自价格弹性对城镇居民消费结构进行动态分析。表4.1报告了根据城镇样本估计结果测算出的支出弹性。商品支出弹性大于1表示该商品的支出份额变化大于总支出的变化,即随着收入提高,居民在增加消费支出时,更倾向于消费该类商品。相反,支出弹性小于1则表示该商品的支出份额变化小于总支出的变化,即其需求增加的速度慢于收入增加的速度,多为必需品。

表 4.1　城镇居民各项消费的支出弹性

时期	食品	衣着	居住	设备与日用品	交通通信	文教娱乐	医疗保健	其他
1998—2002	0.894 1	0.499 1	1.168 8	1.136 3	1.583 6	1.254 1	1.077 2	0.722 5
2003—2007	0.908 0	0.535 2	0.912 9	1.065 1	1.500 2	1.260 6	0.849 0	1.144 6
2008—2012	0.879 7	0.646 4	0.977 5	0.970 8	1.440 9	1.400 4	0.759 6	1.076 0
2013—2017	0.863 0	0.634 3	1.588 9	0.867 7	1.005 4	0.902 3	0.786 5	1.166 5

表4.1结果显示,城镇居民的食品支出弹性和衣着支出弹性在四个阶段持续小于1。其中,主要体现生存需要的食品支出弹性稍有下降,而同时体现生存和符号性消费的衣着支出弹性不断上升,从1998—2002年的0.50上升到2013—2017年的0.63。居住的支出弹性2003年后略有下降,

而后持续上升，到 2013—2017 年达到 1.59，表明城镇居民对改善居住环境的需求和住房成本快速上升。设备与日用品支出弹性在 1998—2008 年略有下降，但维持在 1 以上，显示其略快于总体支出增长或二者保持同步，但是 2008—2017 年，支出弹性快速低于 1，显示该项消费增长出现减速。交通通信类支出弹性在 1998—2012 年期间高达 1.50 左右，显示在这一阶段该类消费保持高速增长，这与中国这一阶段移动智能设备的快速发展相互契合。但是 2012 年以后，该项支出的弹性快速降低至 1.00，与总体支出增长保持基本同步。类似情况同样出现在文教娱乐消费方面，1998—2012 年同样是该项支出的快速增长阶段，2012 年之后则出现消费弹性的大幅下降，其支出增速低于总体消费支出的增速。医疗保健消费支出弹性持续下降，2012 年后仅有小幅上升，2003—2017 年其增速均低于总支出增速。

总体来看，中国城镇居民食品支出在支出份额中比重的减少在上述每一时间阶段都持续不断进行。衣着、设备和日用品、交通通信、文教娱乐消费具有一定的符号性、服务性特征，1998—2012 年支出弹性不断上升，体现出消费升级的特征，但是 2012 年以后上升势头放缓，与之形成鲜明对比的是，同期居住类支出弹性出现大幅上涨，这一结果显示居住支出对其他消费支出形成了挤出效应。

表 4.2 报告了根据城镇样本估计结果测算出的各项消费自价格弹性。自价格弹性表示收入不变时，消费品自身价格变动 1% 引起的该分项支出变化。根据经济理论，自价格弹性大于 1 富有弹性，小于 1 则缺乏弹性。价格弹性为负且绝对值越大，意味着随着该商品价格上升减少的消费支出越多，绝对值越小表明随价格上升减少的支出越少。

表 4.2　城镇居民各项消费的自价格弹性（马歇尔价格弹性）

时期	食品	衣着	居住	设备与日用品	交通通信	文教娱乐	医疗保健	其他
1998—2002	0.066 1	−1.477 4	−0.947	−0.797 6	−2.044	−0.322	−0.330 9	0.225 6
2003—2007	−0.902 7	−1.124 7	−0.290 4	−1.088 5	−1.172 4	−0.840 5	−0.794 6	3.470 3
2008—2012	−1.165 5	−0.977 2	−0.426	−1.041 3	−1.331 9	−0.800 9	−0.664 9	0.699 1
2013—2017	−1.615 2	−0.991 8	−0.851 1	−1.038 4	−1.478 6	−0.663 5	−0.582 3	0.645 4

表 4.2 结果显示，除食品支出外，各项消费在所有时期自价格弹性为负表明价格提高会降低其需求量。城镇居民食品支出的自价格弹性1998—2002 年为 0.07，在 2003 年后发生了由正到负的转变，而后绝对值不断上升到 2013—2017 年的 1.62，富有弹性，表明城镇居民的食品消费对价格敏感，一个合意的解释是城镇居民基本食物消费已得到较好满足，食品价格上升使得食品支出下降，食品支出更多体现在外出就餐等服务类消费。衣着支出的自价格弹性绝对值也有下降趋势，2003—2017 年保持在 1.00 左右，表明城镇居民服装价格上升并未减少相应的服装支出，城镇居民衣着消费体现出符号性消费的特征。居住支出、文教娱乐、医疗保健的自价格弹性绝对值持续波动但幅度较小，绝对值均小于 1，表现为缺乏弹性、对价格不敏感，表明城镇居民虽然居住价格、文教娱乐价格、医疗保健价格上涨但相应消费支出减少的却不多。设备与日用品自价格弹性绝对值不断上升，其消费份额受自身价格波动影响较大。与之类似的是交通通信，自价格弹性绝对值虽不断下降，但依然富有弹性，总体对自身价格较为敏感。

总体来看，在假设收入不变的前提下，城镇居民随着价格上涨减少的食品支出会越多，对服装、居住、文教娱乐、医疗保健的消费支出减少相比于食品而言要少很多，表现出对服务商品的需求更多。但是，城镇居民在设备与日用品、交通通信支出上依然会随着价格上涨减少较多支出，一个合意的解释是随着城镇化进程和通信行业的发展，城镇居民这两类消费的基本需求已得到满足，会在消费支出中有意识地调整这两类支出，表现出这两类消费对价格敏感，价格上涨会导致消费减少较多。

四、我国乡村居民消费升级的经验证据

数据来源同以上关于城镇居民消费升级的研究。考虑消费结构演变的宏观动态，本部分采用宏观数据使用近似理想需求系统模型（AIDS）估计乡村居民各类消费支出的支出弹性和价格弹性，以进一步分析乡村居民消费结构的动态特征。为保持与微观数据来源相对一致的时间周期，数据来源为 1998—2017 年中国 31 个省/自治区/直辖市的面板数据。根据国家统计局的分类标准，消费支出分类包括总体消费支出、食品支出、衣着支出、居住支出、设备与日用品支出、交通通信支出、文教娱乐支出、医疗

保健支出、其他支出总计 9 个类别支出项目。数据使用各省市居民消费价格分类指数作为价格指标，以 1998 年的价格为定基指数，进行指数化处理。资料中缺失的"其他"类支出的价格指数，此处借鉴唐琦等（2018）采用的方法，使用当年该省市的"居民消费价格总指数"代替。

表 4.3 报告了根据乡村样本估计结果测算出的支出弹性。表 4.3 结果显示，乡村居民的食品支出弹性波动幅度较小且一直小于 1，到 2013 后接近于 1，略小于总支出增速。

表 4.3　乡村居民各项消费支出弹性

时期	食品	衣着	居住	设备与日用品	交通通信	文教娱乐	医疗保健	其他
1998—2002	0.933 9	0.493 3	1.204 0	0.942 0	1.555 3	1.076 9	0.939 9	1.140 4
2003—2007	0.761 0	0.922 6	1.251 9	1.216 5	1.240 9	1.305 7	1.184 2	1.248 7
2008—2012	0.833 4	1.038 1	0.977 4	0.988 3	1.234 6	1.470 8	1.110 8	1.295 6
2013—2017	0.919 0	0.862 1	1.228 8	0.977 4	1.050 4	0.800 7	0.970 2	1.186 4

乡村居民衣着消费的支出弹性在 2003 年后不断上升，2008—2012 年达到 1.04，此后有所下降，略低于总体支出的增长速度。乡村居民的居住消费支出弹性总体大于 1 且较为稳定，持续高于总支出增速，表明其对住房环境改善需求不断增强。设备与日用品的支出弹性波动较小，基本保持在 1 左右，显示其与总支出增长保持同步。与城镇居民类似，乡村居民交通通信消费和文教娱乐消费的支出弹性在 1998—2012 年保持较高水平，始终大于 1，但在 2012 年以后支出弹性分别下降至 1.05 和 0.80，表明 2012 年后交通通信消费增速基本与总支出同步而文教娱乐消费支出增速低于总支出增速。医疗保健消费支出弹性 2008 年后持续小幅回落，始终接近 1，与总支出增长基本保持同步。

总体来看，1998—2017 年中国乡村居民的食品支出份额也有所下降，尽管该效应小于城镇居民。1998—2012 年，设备与日用品、交通通信、文教娱乐等保持较快速的增长。2012 年以后，设备与日用品、交通通信消费支出仍然保持与总支出同步增长，但代表服务性消费的文教娱乐支出增速出现较大下降，显示消费升级同样可能受到制约。1998—2017 年乡村居民医疗保健消费支出始终与总支出保持同步增长，显示乡村居民该项支出较多。

表 4.4 报告了乡村居民四个阶段各项消费的自价格弹性。与城镇居民

相似，乡村居民食品支出的自价格弹性绝对值不断上升，从 1998—2002 年的 0.70 上升到 2013—2017 年的 1.58，表明食品价格的上升将会导致乡村居民食品支出显著下降。衣着支出的自价格弹性绝对值 2003 年后持续上升后又小幅下降，与城镇居民不同的是其绝对值均小于 1，表明乡村居民对服装价格敏感性较低，价格上升并不会导致衣着支出较大幅度的下降，衣着消费更多体现生存性消费特征。

表 4.4　乡村居民各项消费的自价格弹性（马歇尔价格弹性）

时期	食品	衣着	居住	设备与日用品	交通通信	文教娱乐	医疗保健	其他
1998—2002	−0.704 0	−0.376 6	−1.187 5	−1.303 1	−1.474 3	−0.798 9	−0.084 3	−0.401 2
2003—2007	−0.786 5	−0.866 0	−0.359 0	−1.672 0	−2.540 0	−0.489 2	0.904 9	5.161 5
2008—2012	−1.086 5	−0.970 8	−1.288 5	−1.729 9	−1.303 0	0.248 4	−0.588 2	2.100 3
2013—2017	−1.584 0	−0.681 2	−0.926 6	−0.930 5	−1.643 4	−0.213 4	−0.504 0	0.147 3

与城镇居民居住支出自价格弹性形成对比的是，乡村居民的居住自价格弹性绝对值波动较大，从 1998—2002 年的 1.19 下降至 2003—2007 年的 0.36，而后又上升到 1.29，2013 年后再次小幅下降，表明 2003—2007 年乡村居民的居住价格上升仅导致支出的小幅下降，而 2007 年后随着价格上升，支出下降幅度不断增加。结合居住消费支出弹性估计结果，这可能由于 2005 年新农村建设的不断推进较大地拉动了乡村居民改善居住条件的需求，使其消费份额增加、价格敏感度下降。设备与日用品、交通通信的自价格弹性绝对值波动也较大且对自身价格敏感，价格上升导致消费份额的大幅下降。文教娱乐与医疗保健的自价格弹性绝对值始终小于 1，缺乏弹性，对自身价格敏感度较低，甚至其价格弹性分别在 2008—2012 年与 2003—2007 年由负转正，表明文教娱乐与医疗保健支出分别在 2008—2012 年与 2003—2007 年两个阶段随着价格上升反而增加，表现为一种必需。

总体来看，与城镇居民类似，在收入不变的前提下，乡村居民随着价格上涨减少的食品支出较多。文教娱乐、医疗保健消费则缺乏弹性，随着价格上升支出减少相对较少，表现出对服务商品的较大需求，体现出不同于城镇居民的特点。同时，乡村居民也在设备与日用品、交通通信支出上有着较高的价格弹性，会随着价格上涨减少较多支出，表明这两类消费的基本需求已得到满足，消费支出调整更加灵活。

五、我国城乡居民消费升级的异质性

本章使用 AIDS 模型采用省级数据对城乡居民消费结构的动态演变进行分析，通过对城乡居民各项消费的自价格弹性、支出弹性等的分析考察其消费结构的动态变化特征。实证分析结果均表明，城乡居民家庭消费结构的演变均呈现出消费升级的特征，在一定程度上具有一致性：以食品为代表的物质性、基本性消费支出占比或其消费意愿明显减少，而以文教娱乐支出为代表的服务性、享受性消费支出比例或消费意愿有明显的上升趋势，表明城乡居民的家庭消费结构呈现出由物质性消费向享受性、服务性消费转变的特征，有一定程度的消费升级特征，符合前文消费结构演变的推论。同时，估计结果也显示 2013 年后的房价上升对其他各类消费造成一定挤出。

同时，实证分析结果也表明，城乡居民消费升级存在异质性。城乡居民支出弹性的分析表明，随着收入的增长，城乡居民食品支出增速始终小于总支出，但其中城镇居民食品支出占比下降趋势明显，表现出明显的第 Ⅰ 类消费升级，升级效应更加显著。但是随着收入增长，城乡居民第 Ⅱ 类消费升级特征存在异质性，主要表现为对服务性、享受性消费升级的需求特征存在异质性。城镇居民第 Ⅱ 类消费升级主要表现在衣着、居住、文教娱乐、医疗保健等消费分项，乡村居民第 Ⅱ 类消费升级主要表现在文教娱乐、医疗保健等消费分项。城乡居民价格弹性的分析表明，在假设收入不变的前提下，城乡居民食品支出的自价格弹性绝对值不断上升，表明价格上升会导致支出大幅减少，均体现出第 Ⅰ 类消费升级。文教娱乐、医疗保健等服务类支出始终缺乏弹性，价格上升所导致的支出减少较小，体现出第 Ⅱ 类消费升级的特征。

综上可见，实证分析结果均表明城乡居民的消费结构演变都在一定程度上有消费结构升级的特征和趋势，但同时其消费结构的动态变化也存在异质性。因此，应正确理解和把握城乡居民消费结构变化的现象与本质，使促进城乡消费的政策着力点有所差别，更具针对性地引导和促进城乡居民的消费结构优化和消费升级。

第五章　城镇居民服务消费分层研究

服务消费在总消费支出中的比重提升是新阶段我国居民消费升级的主导方向，服务消费需求的持续增长关系国内市场的高质量发展。近年来，随着我国居民的消费结构不断升级，居民医疗保健、交通通信、旅游、教育、休闲娱乐等服务消费增长迅速。服务消费作为居民消费结构升级的重要内容和重要趋势，作为新的消费增长点备受关注，推动居民服务消费增长和消费结构升级已上升为国家经济政策的重要关切点和着力点。可以看到，尽管从宏观层面来看，居民服务类消费支出不断上升，消费升级趋势在整体上提升了居民的生活水平，但是从微观结构来看，在居民服务消费总额增长的过程中，家庭消费能力和消费意愿随着家庭资产、家庭生命周期、教育程度等家庭特征的异质性而产生分化，表现为消费分层趋势。消费分层趋势会影响未来家庭的消费支出，会制约国民经济的高质量发展，影响未来共同富裕社会的构建，进而影响居民幸福感和社会信任。由此，本章采用CFPS数据，分别从消费能力、消费意愿和消费行为等方面，以家庭为单位考察城镇居民服务消费的分层趋势和发展动态，为深入理解新时代城镇居民消费结构特征与发展状况，促进城镇居民服务消费增长提供更具针对性的依据和建议。

一、简短的文献述评

（一）服务消费相关研究

服务消费占比逐渐增大是消费升级的重要表现。对于服务消费的定义，马克思在其对消费结构的研究中指出："在消费品中，除了以商品形式存在的消费品以外，还包括一定量的以服务形式存在的消费品"①。福克斯（Fuchs，1968）在其著作《服务经济》里提到人们服务消费的比重将随着收入水平的提高而增加，服务消费是一种"高档消费"。大部分研究认为，服务消费是对非生活必需品、非实物商品的消费，是一种享受性、发展性的消费（张颖熙和夏杰长，2017；杨碧云等，2014；沈家文和刘中伟，2013；郭怀英，2011）。程大中和陈宪（2006）将无形服务划分为生产者服务和消费者服务，其中消费者服务是市场化的最终消费服务。服务消费较一般的商品消费有更大的收入弹性，具有奢侈品的特征（叶胥和毛中根，2015），主要特点体现在其劳动要素的高投入性（商海岩和胡欢欢，2017）。依据国家统计局的统计口径，大部分实证研究将交通通信、医疗保健、教育和文化娱乐服务这四大项纳入服务消费的范畴进行分析，部分学者还加入居住和家庭服务消费（夏杰长和齐飞，2014；史清华和徐翠萍，2008；杨碧云等，2014；张颖熙和夏杰长，2017）。

随着消费驱动已成为增强经济内生增长动力的关键，越来越多的学者关注居民的服务消费。有关研究主要集中在三个方面：一是从宏观视角探讨我国服务消费的发展趋势、特征及制约因素等；二是考察城乡居民服务消费的影响因素，包括收入、价格、城镇化、微观层面的家庭资产配置、家庭人口性别结构等对城乡居民服务消费支出规模及结构的影响；三是结合供给侧，探讨服务消费与服务业的发展，以及居民消费结构升级与产业结构升级的互动关系。

在第一类研究中，大部分研究认为我国已进入服务消费转型升级阶段，城乡居民服务消费的支出比重显著提升，但同时服务消费的发展存在地区差异并受到诸多因素的制约（刘涛和袁祥飞，2019；郭怀英，2011），如居民收入差距的扩大，服务业发展不平衡导致的供需矛盾突出和农村市场环境有待改善等（夏杰长和张颖熙，2012）。同时，我国居民的服务消费结构还存在地区差异，住房信贷的挤出、价格上涨等因素都将制约服务消费的增长（沈家文和刘中伟，2013）。除此之外，还存在实物消费升级和价格替代效应对服务消费可能形成挤压，以及社会保障体系的不完善对消费增长的限制（郭怀英，2011）。

对于服务消费的影响因素，大部分研究认为收入与价格是影响居民服务消费规模的主要因素（刘辉煌和徐华亮，2008；邹红和喻开志，2013），

---

① 马克思，恩格斯．马克思恩格斯全集：第 33 卷．北京：人民出版社，2004：230.

收入弹性、相对价格、收入分配和时间效应等将影响服务消费在总消费支出中的占比（黄少军，2000）。除此之外，技术发展所带来的商业模式创新也显著推动了居民消费升级和服务消费的发展（张颖熙和夏杰长，2017）。还有部分学者认为城镇化通过其收入效应、集聚消费的规模效应、传播城市消费文化所带来的示范效应等显著促进了居民服务消费的增长（夏杰长，2014；商海岩和胡欢欢，2017）。沈鸿和顾乃华（2016）认为，传统文化如儒家思想等通过影响家庭形成和家庭规模提高了社会服务支出，如医疗、教育支出。部分学者也从家庭微观视角考察居民的服务消费，普遍认为家庭的当期消费会受制于前期消费水平、家庭生命周期阶段、家庭人口性别年龄结构、习惯性偏好等都显著影响家庭服务消费支出（夏杰长和齐飞，2014；杨碧云等，2014）。家庭收入和资产对服务消费有显著的正向效应（Min et al.，2004；Ferrer and Dardis，1991）。进一步地，家庭资产的配置也会影响消费者的家庭消费行为，高流动性和低流动性资产带来的流动性约束的差异将使消费者的预防性储蓄与消费行为存在显著差异（臧旭恒和张欣，2018）。

有关服务业与服务消费的研究，部分学者从供给侧的角度讨论了如何促进服务业的发展以更好地满足居民服务消费需求，还有部分学者从需求侧的角度考察服务消费的增长和消费结构的合理对产业结构升级及经济增长的促进作用。夏杰长等（2019）认为，成本较高是当前制约我国服务业高质量发展的重要因素之一，应推进减税改革，降低制度性交易成本。此外，服务消费的增长和对专业化高技能劳动力的需求，是服务业发展和服务经济崛起的重要原因（Buera and Kaboski，2012）。许多实证研究表明，服务消费将通过增强消费者对增加服务支出带来的未来收益的稳定预期，即降低消费者的时间偏好率，促进服务业的发展和人力资本的形成与积累，从而影响经济增长（程大中和汪蕊，2006；王晶晶和黄繁华，2014）。

（二）消费分层相关研究

随着现代社会由生产社会向消费社会的转化，学者们开始关注消费分层这一现象，并将它作为社会分层的有效指标。有学者认为消费分层的核心内涵是消费资源、消费机会和消费能力在不同社会群体中的不均衡配置（林晓珊，2017）。也有学者认为消费分层指的是不同社会经济地位家庭之间消费能力和消费偏好的分化（宋泽和邹红，2021）。已有文献对消费分层的研究主要有三个方面：一是对消费分层指标的考察，主要将收入水平、恩格尔系数、耐用品消费量等作为划分消费群体的主要依据；二是考察消费分层的影响因素；三是对消费分层与社会分层关系的研究。

有关消费分层的指标，已有研究普遍认为收入差距是造成我国消费分层的核心因素（刘欣，2007；张翼，2016）。国家统计局对消费采用五分法或七分法进行统计，按收入高低把居民划分为不同的消费群体，收入位于后 5% 的居民称为"困难户"。宋则（2002）将不同收入的居民划分为"先导型""升级型""培育型""更低收入"四类消费群体。卢嘉瑞等（2003）则按照收入差异将居民划分为贫困、温饱、小康、富裕、富有和富豪等类型。除按收入水平划分外，李培林和张翼（2000）以恩格尔系数为依据，将消费类型划分为"最贫困阶层"到"最富裕阶层"七个类型，对居民的消费分层状况进行了研究。李春玲（2007）则采用家庭耐用品指数估计方法，分析了中国社会消费分层的基本形态。林晓珊（2020）通过构建包括消费能力、消费结构、消费质量和消费方式四个维度的消费分层指标体系，将我国居民家庭消费分为富奢型、新兴型、负重型和边缘型四个消费阶层。

消费分层影响因素的研究大多集中在微观层面。许多研究关注了家庭年龄结构层面的消费分层，这主要体现在老龄化程度对家庭消费水平和消费结构的影响上。许多研究认为，老龄家庭消费水平较低，在发展性消费和享受性消费等方面远低于年轻家庭（樊茂清和任若恩，2007；杨碧云等，2014；魏瑾瑞和张睿凌，2019）。同时，家庭老龄化程度越高，消费水平下降越快，并且越高消费阶层的家庭，由于家庭老龄化造成的消费分层和不平等越大（林晓珊，2018）。除年龄结构外，部分研究也关注了家庭教育程度、保险状况、住房状况等对消费分层的影响（祝仲坤，2020；孟祥轶等，2010；祁慧博，2017；张传勇等，2020）。如孟祥轶等（2010）研究认为教育程度将影响工作环境和收入水平，从而影响家庭的消费支出。张传勇等（2020）从产权、面积、社区品质等层面考察了居民住房消费的分层及其对居民阶层地位认同的影响。宏观层面的影响因素上，林晓珊和张翼（2014）从制度变迁的角度分析认为，制度性的身份安排将不同社会群体的集体消费进行了人为的分割，造成群体之间在享有社会福利方面的差异，从而形成了日趋结构化的消费分层。

由此，本章将采用 2011 年、2013 年、2015 年和 2017 年的 CFPS 数据库，研究城镇居民服务消费的分层结构与发展动态。本部分充分利用了微观数据库较全面的家庭特征信息，结合加入家庭特征的 AIDS 消费结构模型，从家庭异质性考察城镇居民服务消费的消费分层趋势。研究有助于把握新时代不同特征城镇家庭的服务消费在增长过程中的分层特征，探讨可能制约居民消费升级的潜在因素，从而更具针对性地引导城镇居民的服务消费增长，促进城镇居民消费结构升级。

二、城镇居民服务消费分层的基本分析

本部分通过对不同特征家庭的总服务消费和各服务消费分项的绝对量进行描述性统计分析，从整体上反映我国城镇居民消费能力的差异。研究采用 CFPS 2011 年、2013 年、2015 年、2017 年的家庭数据作为样本。根据国家统计局的分类标准以及 CFPS 数据的消费支出分类，家庭消费支出包括家庭消费总支出、食品支出、衣着支出、居住支出、设备及日用品支出、交通通信支出、医疗保健支出、文教娱乐支出、旅游支出和美容支出等 10 个类别支出项目，并将重点关注服务类消费的增长态势。为更详细地考察城镇居民的服务消费支出，研究将旅游支出从文教娱乐支出中分离，作为单独分项进行考察。参照已有文献的划分方式（杨碧云等，2014；张颖熙和夏杰长，2017），研究将交通通信支出、医疗保健支出、文教娱乐支出、旅游支出和美容支出等 5 个消费支出分项纳入服务消费的范畴进行考察。

表 5.1 为各项消费支出的定义。由表 5.1 可知，在 CFPS 调查问卷的定义中，许多服务类支出项目包括了与之相关的部分实物类消费，如旅游支出包括旅游期间的食宿支出，美容支出包括购买化妆品支出等。由于服务消费的显著特征是满足基本生活需要之外的支出（夏杰长和齐飞，2014），居民的服务消费需求是纯粹的服务类消费与伴随服务产生的实物消费的结合，如在享受美容服务时购买商家推荐的美容产品等。因此，将该类与服务相关的实物支出一起纳入对城镇居民服务消费需求的考察具有一定的合理性。另外，在目前可获得的微观数据库中，居民消费类别的划分大多按照国家统计局分类标准的八大类别或需求层次，几乎没有完全将实物消费与服务消费清晰区别的居民消费数据。从可行性的角度，下文将部分伴随服务消费产生的实物消费纳入了对城镇居民服务消费需求的考察。

表 5.1　城镇居民家庭各项消费支出定义

消费支出	定义
食品	自家消费食品（含购买自家消费的零食饮料烟酒、外出就餐）
衣着	衣着消费
居住	房租，水电费，燃料费
设备及日用品	集中供暖取暖费，物业费（含车位费），购买汽车支出，购买及维修汽车外的其他交通工具支出，购买家具和其他耐用消费品支出，家庭日用品支出
交通通信	邮电、通信支出，本地交通费（包括汽油费）
文教娱乐	教育支出，文化娱乐支出
医疗保健	直接支付的医疗费用，保健及健身费用
旅游	旅游的交通费、食宿费、景点门票等
美容	理发、美容支出（包括购买美容化妆品、美容护理、按摩等）

资料来源：中国家庭追踪调查（CFPS）。

在剔除了消费总额巨大且超出收入总额的少数极端值后，城镇家庭2011年、2013年、2015年、2017年的最终样本量分别为 4 820、5 064、5 986 和 6 673。表 5.2 为根据 CFPS 微观数据整理的 2011 年、2013 年、2015 年、2017 年的城镇居民各项消费支出的平均值及增长率，根据问卷问题进行了调整，保证每年的消费支出的统计口径是一致的。结果显示，城镇居民的消费总支出与各项服务消费支出均不断提升。从增长率上看，随着城镇居民家庭总收入和消费总支出的增长，实物类消费上，食品消费的增长率 2015 年后呈下降趋势，衣着消费增长率呈波动下降趋势，而设备及日用品消费呈现出一定的耐久性，在 2015 年增长迅速，2017 年相较于 2015 年却略有下降。服务类消费上，总体来看，我国城镇居民服务消费及其分项支出的均值基本呈现出持续上升的趋势，但其每年的增长率表现出一定的波动性。其中，交通通信和医疗保健消费增速呈下降趋势，而文教娱乐消费增速不断增长。与此同时，旅游和美容消费 2013 年增长迅速，2015 年增速下滑，而后 2017 年增速略有上升。总体而言，2011—2017 年间我国城镇居民服务消费支出不断提高，但消费总支出和服务消费总支出的增速却呈下降趋势，这表明在消费绝对量增长的同时，微观层面可能还存在着制约消费增速的负面因素。

在总体呈现出的服务消费增长趋势下，研究进一步考察我国城镇居民服务消费分项增长的分化。微观层面上，家庭消费能力和消费意愿的差

表 5.2 城镇居民家庭消费支出结构

单位：元，%

	2011	2013		2015		2017	
	金额	金额	增长率	金额	增长率	金额	增长率
食品	14 762.680	15 627.640 0	5.86%	17 940.420 0	14.80%	19 643.590 0	9.49%
衣着	2 161.414 0	2 839.719 0	31.38%	3 255.051 0	14.63%	3 915.501 0	20.29%
居住	2 890.100 0	7 480.126 0	158.82%	8 929.768 0	19.38%	14 965.600 0	67.59%
设备及日用品	4 015.155 0	5 692.398 0	41.77%	11 594.330 0	103.68%	11 451.540 0	−1.23%
交通通信	3 373.505 0	4 472.953 0	32.59%	5 326.150 0	19.07%	6 189.793 0	16.22%
医疗保健	2 928.258 0	4 048.148 0	38.24%	5 518.399 0	36.32%	6 702.614 0	21.46%
文教娱乐	3 268.827 0	3 615.401 0	10.60%	4 476.754 0	23.82%	6 098.035 0	36.22%
旅游	759.649 3	1 262.810 0	66.24%	1 794.112 0	42.07%	2 610.912 0	45.53%
美容	288.928 7	581.503 0	101.26%	725.515 7	24.77%	990.609 4	36.54%
服务消费总支出	10 619.168	13 980.815 0	31.66%	17 840.930 7	27.61%	22 591.963 4	26.63%
消费总支出	35 756.320	50 034.220 0	39.93%	63 967.950 0	27.85%	77 774.850 0	21.58%
家庭总收入	46 945.180	53 081.640 0	13.07%	66 015.320 0	24.37%	70 459.130 0	6.73%

资料来源：中国家庭追踪调查（CFPS）。

异，可能使服务消费支出逐渐分化，从而使消费分层现象日益突出，正确地理解与把握城镇居民服务消费的分层现象将有助于更具针对性地促进和引导不同群体的服务消费增长与消费结构升级。相关研究表明，家庭人口结构特征与居民的消费阶层密切相关（林晓珊，2020），同时，教育程度、是否拥有养老或医疗保险、住房数量等也都是影响居民消费支出、刻画消费分层的重要因素（李培林和张翼，2000；祁慧博，2017；林晓珊，2018；张传勇等，2020）。因此，基于相关文献，下文在进一步从微观家庭视角探讨分析城镇居民服务消费需求的消费分层时，选取的家庭特征因素包括是否为老龄家庭（Age）、家庭生命周期（Lifecycle）、家庭房产数量（House）、家庭教育程度（Education）和家庭医疗保险状况（Medical _ ins）。其中，商业医疗保险灵活性强，可以帮助城镇居民承担高昂的医疗支出，在一定程度上降低了居民的预防性储蓄偏好，提高了居民的消费信心。因此，是否拥有商业医疗保险是导致不同群体服务消费支出分层的重要影响因素之一。并且，商业医疗保险作为一项补充医疗保险，与基本医疗保险相比，能够更好地体现不同城镇居民家庭在潜在医疗负担与其他不确定性上的差异，进而更好地刻画出异质性家庭在服务消费上体现的消费分层。根据 CFPS 的问卷设置，家庭特征因素的具体定义如表 5.3 所示。

表 5.3　家庭特征因素及定义

名称	定义
是否为老龄家庭（Age）	Age＝1：老龄家庭，即家庭成员中有 60 岁及以上老人；Age＝0：非老龄家庭，即家庭成员中无 60 岁及以上老人
家庭生命周期（Lifecycle）	通过问卷中的户主年龄将家庭生命周期分为：户主年龄在 20～39 岁、40～59 岁、60 岁及以上家庭
家庭房产数量（House）	House＝0：无房产；House＝1：有一套房产；House＝2：有两套及以上房产
家庭教育程度（Education）	Education＝1：家庭成员中有本科及以上学历者；Education＝0：家庭成员均为本科以下学历
家庭医疗保险状况（Medical _ ins）	Medical _ ins＝1：家庭成员中至少有一人有商业医疗保险；Medical _ ins＝0：家庭成员均无商业医疗保险

资料来源：中国家庭追踪调查（CFPS）。

基于以上家庭特征因素，下文首先通过描述统计比较了不同特征家庭的各项服务消费支出，从而分析不同特征家庭的服务消费在消费能力上的差异和反映出的分层结构。

（一）我国城镇老龄家庭和非老龄家庭服务消费支出的基本分析

图 5.1 所示为家庭成员中有 60 岁及以上老人的老龄家庭和家庭成员中无 60 岁及以上老人的非老龄家庭 2011—2017 年各项服务消费支出的增长趋势。其中，"----"代表非老龄家庭的平均服务消费支出，"——"代表老龄家庭的平均服务消费支出。如图 5.1 所示，非老龄家庭交通通信、文教娱乐和美容消费的平均支出均高于老龄家庭，而老龄家庭的平均医疗保健支出远高于非老龄家庭。同时，2015 年后，老龄家庭的平均旅游消费支出高于非老龄家庭，这有可能是由于 60～70 岁之间的老龄家庭在退休后，其闲暇时间增加并且基本有退休金使得这一年龄阶段的老龄家庭的旅

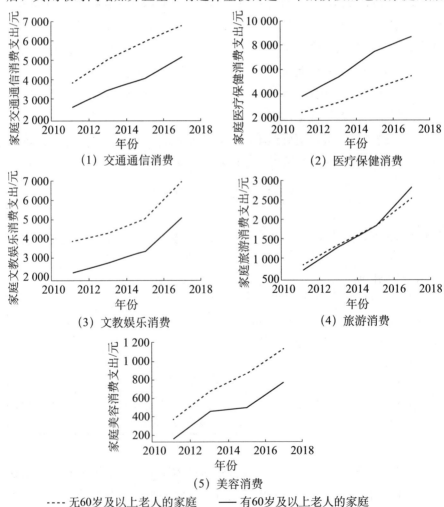

图 5.1　老龄家庭和非老龄家庭各项服务消费的平均支出

游需求增长，表现为银发经济，同时该需求有可能随着年龄的增长和身体状况的下降而增速放缓。为印证该观点，进一步考察了家庭成员中有70岁及以上老人的老龄家庭与非老龄家庭的平均旅游支出。研究发现，若以70岁为分界点，非老龄家庭的平均旅游支出明显高于老龄家庭。总体来看，老龄家庭和非老龄家庭的服务消费分层主要体现在老龄家庭的娱乐休闲和美容等享受性、发展性消费支出的减少，医疗保健支出的增加，还包括了60~70岁年龄阶段银发经济中的旅游消费支出的增加。

老年人是具有特定需求和活力的消费群体。尽管老年群体并不是促进消费、扩大内需的主力军，没有在居住、教育等方面的刚性支出，但随着我国老龄化社会的快速到来，老年群体的增加仍然会对家庭消费造成一定冲击（石明明等，2019）。由于老年人在医疗保健、养老服务、银发经济等方面同样有着突出的消费需求，在当前养老保障制度还有待完善、公共养老服务能力不足、养老金支出规模有限的背景下，未来的供给侧依然应当重视对老年市场的开发，满足老年人对晚年美好生活的需求。

（二）我国城镇不同生命周期家庭服务消费支出的基本分析

研究进一步按照户主年龄结构对家庭进行细分，分别考察不同生命周期家庭（包括户主年龄在20~39岁、40~59岁、60岁及以上家庭）的服务消费分项及其增长。如图5.2所示，"----"代表户主年龄在40~59岁的家庭平均服务消费支出，"——"代表户主年龄在20~39岁的家庭平均服务消费支出，"–––"代表户主年龄在60岁以上的家庭平均服务消费支出。处在不同生命周期的家庭，其服务消费需求表现出不同的特征。户主年龄为60岁及以上家庭的平均医疗保健支出远高于其他两类家庭。由于子女的教育投资需求，户主年龄为40~59岁的家庭平均文教娱乐支出最高。除这两类支出外，户主年龄在20~39岁的家庭，其交通通信、旅游和美容支出的平均值均高于其他两类家庭，这表明正处在家庭形成和扩展生命周期阶段的"80后""90后"家庭是促进服务消费需求增长的着力点。

（三）我国城镇不同房产数量家庭服务消费支出的基本分析

该部分考察了不同房产数量家庭的服务消费支出情况。从图5.3可以看出不同房产数量家庭各项服务消费支出的增长趋势。其中，"----"为有一套房产家庭的平均服务消费支出，"——"为无房产家庭的平均服务消费支出，"–––"则代表有两套及以上房产家庭的平均服务消费支出。图5.3

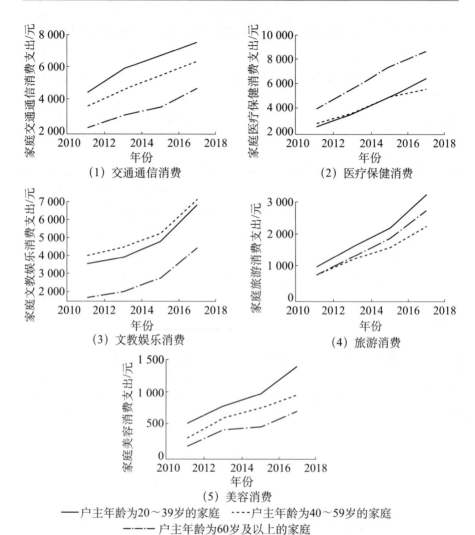

（1）交通通信消费　　　　　（2）医疗保健消费

（3）文教娱乐消费　　　　　（4）旅游消费

（5）美容消费

——户主年龄为20～39岁的家庭　----户主年龄为40～59岁的家庭
—·—·户主年龄为60岁及以上的家庭

图5.2　不同生命周期家庭各项服务消费的平均支出

显示，房产数量作为当前家庭财富多少的标志之一，拥有不同房产数量家庭的服务消费分层明显。有两套及以上房产家庭各分项服务消费的平均支出远高于无房家庭和只有一套房产的家庭。从住房的财富效应来看，具有投资属性的房产，多套房的财富效应十分明显，特别是在交通通信、旅游和美容消费上，有两套及以上房产家庭的平均消费支出远高于其他两类家庭。当然，拥有多套房产的家庭，可能由于更高的经济社会地位和拥有更多的财富、收入，其平均服务消费支出也更高。而无房家庭和仅有一套房产的家庭各项服务消费的平均支出差别不大。有一套房产的家庭，其平均服务消费支出略高于无房家庭。这表明，一套房产是家庭的刚需，财富效

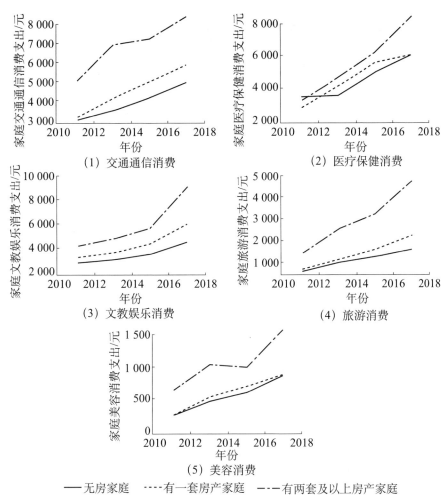

（1）交通通信消费

（2）医疗保健消费

（3）文教娱乐消费

（4）旅游消费

（5）美容消费

——— 无房家庭　　···· 有一套房产家庭　　 — · — 有两套及以上房产家庭

图 5.3　不同房产数量家庭各项服务消费的平均支出

应不显著。

　　房价的迅速增长带来巨大的财富和收入再分配效应，上述描述统计分析显示，居民住房不平等将显著影响其服务消费支出。住房作为家庭资产的重要组成部分，具有消费品和投资品的双重属性。住房资产还具有信贷效应（邓健和张玉新，2011；尹志超等，2021）。房产数量更多的家庭可以通过租金收益和抵押贷款等渠道，获得收入和减轻流动性约束，而只有一套房产和无房产家庭则可能受到房贷压力和买房目标性储蓄的影响，从而导致了多套房产家庭和其他两类家庭之间的收入差异和服务消费支出差异。

　　综上，不同房产数量家庭之间表现出明显的消费分层，房价高企和住房消费不平等成为制约居民消费升级和服务消费增长的重要因素之一。

（四）我国城镇不同教育程度家庭服务消费支出的基本分析

该部分考察不同教育程度家庭的服务消费支出。如图 5.4 所示，实线代表的是具有较高教育程度的家庭，其各项服务消费的平均支出持续高于虚线代表的中低教育程度家庭的各项服务消费平均支出，特别是在文教娱乐、旅游、美容等服务消费分项上，不同教育程度家庭的消费支出差距较大且呈扩大趋势。这表明，教育程度不同的家庭存在着明显的消费能力的差异，由教育程度反映的消费分层主要体现在对旅游、美容等消费需求上。

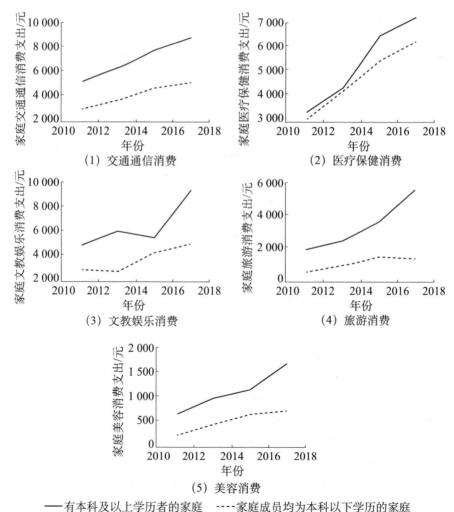

—— 有本科及以上学历者的家庭 ---- 家庭成员均为本科以下学历的家庭

图 5.4　不同教育程度家庭各项服务消费的平均支出

基本分析结果表明，不同教育程度的家庭消费分层明显。同时，结果还表明教育程度较高的家庭在子女教育的服务消费支出上也更高，这意味着教育支出服务消费具有代际传递的特点。教育程度较高的家庭更有意愿或经济支付能力投资在子女的教育或培训支出上。张翼和林晓珊（2015）认为，消费能力是消费者经济资本和文化资本的总和。文化资本衡量的是消费的品质和品位，它将影响居民对精神层面更高层次的服务类消费的需求，而这与教育程度及社会出身密切相关。

（五）我国城镇购买医疗保险数量不同的家庭服务消费支出的基本分析

这部分考察不同医疗保险状况家庭的服务消费支出。图 5.5 所示为购买医疗保险数量不同的家庭服务消费平均支出，其中，实线代表家庭成员中至少有一人有商业医疗保险的家庭服务消费的平均支出，虚线代表家庭成员均无商业医疗保险的家庭服务消费的平均支出。可以看到，家庭成员中至少有一人有商业医疗保险的家庭各项服务消费平均支出均高于无商业医疗保险的家庭。这可能表明，商业医疗保险作为医疗保障的一部分，会影响城镇居民的服务消费支出。没有商业医疗保险的家庭可能由于收入的差距和消费观念相对保守等，将面对更多的不确定性，预防性储蓄意愿较高，从而抑制了其服务消费的增长。考虑到购买商业医疗保险的家庭可能收入较高，本研究进一步控制不同家庭收入的组间差异，针对同一收入水平的家庭进行分析，结果显示有商业医疗保险家庭和无商业医疗保险家庭服务消费分项支出的绝对值在组内也表现出上述消费分层的特征。

综合以上的基本分析，城镇居民各项服务消费平均支出基本呈上升趋势，但在增长的过程中，不同特征家庭体现出在消费能力上的较大差异，从是否为老龄家庭、家庭生命周期、家庭房产数量、家庭教育程度和家庭医疗保险状况等方面看出我国家庭服务消费支出分层非常明显：第一，老龄化带来的消费分层主要体现在退休后与工作相关的交通通信支出下降，以及随着身体健康状况的下降，娱乐休闲和美容等享受性、发展性消费支出减少，而医疗保健支出增加。这意味着尽管老龄家庭总体上消费支出降低，但在医疗保健、养老服务、银色经济等方面同样有着较高的消费需求。针对老龄化社会中可能存在的消费分层，应切实满足老年人对晚年美好生活的需求。第二，房产数量不同的家庭消费分层明显。结果显示，有两套及以上房产家庭的服务消费平均支出远高于其他两类家庭，而无房家庭和仅有一套房产的家庭各项服务消费的平均支出差别不大。这表明，房

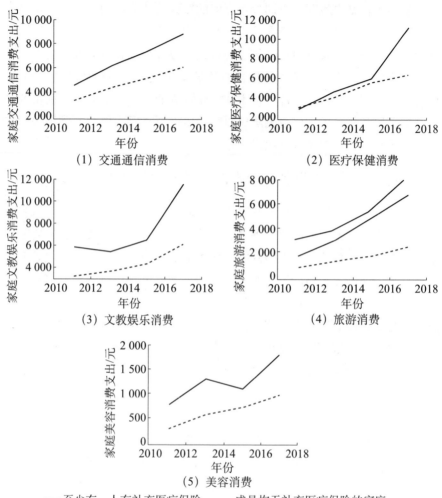

—— 至少有一人有补充医疗保险　----成员均无补充医疗保险的家庭

图 5.5　不同医疗保险购买情况的家庭各项服务消费的平均支出

价高企和住房不平等是制约居民消费升级和服务消费增长的重要因素之一。第三，由于消费能力和消费机会上的差异，教育程度不同的家庭在旅游、美容等更高层次的消费支出上存在较大差异。同时，教育支出服务消费呈现出代际传递的特点。第四，商业医疗保险作为医疗保障的一部分，会显著影响城镇居民的服务消费支出。有商业医疗保险家庭的文教娱乐、医疗保健和美容消费支出增长迅速，使两类家庭的消费差距持续呈扩大趋势，消费分层明显。这可能的原因是，没有商业医疗保险的家庭由于收入的差距和消费观念相对保守等，将面对更多的不确定性，预防性储蓄意愿较高，从而抑制了服务消费的增长。

三、城镇居民服务消费支出意愿的分层

从上述关于家庭服务消费支出分项绝对值的比较分析可以看到，城镇居民家庭的服务消费支出会随着异质性的家庭特征而表现出明显的消费分层。这显示了城镇居民服务消费的分层现状，而该趋势的动态发展则取决于不同特征家庭各项服务消费的增长速率，即各项服务消费的支出意愿。在消费升级的过程中，把握异质性家庭对各项服务消费的支出意愿，掌握其动态发展趋势，将有助于更具针对性地促进城镇居民服务消费支出的增长和消费结构的升级。由此，下文进一步构建了城镇居民各项服务消费的AIDS模型，通过估计城镇居民各项服务消费的支出弹性来考察不同特征家庭各项服务消费的发展动态，分析服务消费支出意愿的分层。服务消费的支出弹性表示的是该项服务消费支出与总支出的相对增速。支出弹性大于1表示该项服务消费的支出份额变化大于总支出的变化，即随着收入提高，居民在增加消费支出时，更倾向于增加该项服务消费支出，支出意愿较高。相反，支出弹性小于1则表示该项服务消费的支出份额变化小于总支出的变化，即其需求增加的速度慢于总支出或收入增加的速度，支出意愿较低。

由于AIDS模型是对总需求函数的估计，因此在使用AIDS模型估计支出弹性时考察了实物消费和服务消费支出，并同时在表中对结果进行了汇报，以此分析其消费结构的动态特征并重点关注服务消费的动态变化及消费意愿。各项商品或服务的价格，下文使用各省市居民消费价格分类指数作为价格指标。其中，旅游支出使用各省市旅游价格指数，美容支出使用各省市其他服务类价格指数。各类消费的历年价格指数均以2010年的价格为定基指数，进行指数化处理。根据波伊（Poi, 2012）的研究，本研究采用似不相关回归（SUR, seemingly unrelated regression）估计AIDS消费结构模型。为了防止过度识别产生奇异矩阵的问题，在估计参数时只选择8个方程，美容服务的需求方程中各个参数可通过方程的约束条件求出。

（一）是否为老龄家庭的服务消费支出意愿的分层分析

这部分首先考察了老龄家庭和非老龄家庭各项服务消费支出意愿。表5.4所示为老龄家庭和非老龄家庭各项消费的支出弹性。结果显示，除2011年外，老龄家庭的交通通信支出弹性持续小于非老龄家庭，而其医

疗保健支出弹性持续高于非老龄家庭，且在 2011 年后持续大于 1，2017 年为 1.57，表现出较快的增速。老龄家庭的文教娱乐支出弹性 2011 年后陡然下降并持续小于 1，而非老龄家庭的文教娱乐支出弹性持续大于 1，整体远高于老龄家庭，表明非老龄家庭的文教娱乐消费增速更快。旅游消费上，两类家庭均有较高的消费意愿，支出弹性均持续大于 1，同时非老龄家庭的旅游消费支出弹性持续高于同期老龄家庭该项支出的支出弹性。美容消费上，老龄家庭的美容支出弹性不断下降，2017 年仅为 0.58，表现出较低的消费意愿，而非老龄家庭的美容支出弹性虽略有下降，但持续大于 1，2017 年为 1.06，表明其基本与总支出同步增长。

表 5.4　老龄家庭和非老龄家庭的各项消费支出弹性

| 年份 | Age=1 | | | | | | | | |
	食品	衣着	居住	设备及日用品	交通通信	医疗保健	文教娱乐	旅游	美容
2011	0.938 1	0.908 9	0.419 8	2.580 7	1.019 4	0.381 2	3.147 6	1.361 4	1.783 3
2013	0.924 5	0.631 0	1.075 5	1.633 5	0.754 6	1.550 2	0.701 1	1.468 1	0.922 9
2015	0.921 0	0.572 7	0.994 9	1.949 8	0.555 6	2.537 2	0.263 7	1.391 7	0.631 8
2017	0.899 2	0.663 2	0.999 8	1.788 7	0.664 5	1.572 5	0.069 1	1.667 1	0.575 1
年份	Age=0								
2011	0.940 6	0.828 1	0.226 4	2.510 6	0.891 6	0.343 2	1.995 1	1.467 9	1.492 3
2013	0.770 0	0.982 2	1.173 1	2.474 2	0.981 2	0.559 2	1.895 8	1.723 4	1.104 6
2015	0.663 1	0.869 3	1.126 1	3.728 5	0.750 8	0.303 1	1.714 8	1.945 0	1.008 1
2017	0.699 8	0.903 2	1.029 9	2.847 6	0.858 8	0.783 7	1.829 4	2.092 5	1.060 4

资料来源：作者利用 stata 软件计算。

　　总体而言，老龄家庭退休之后与工作相关的交通通信类消费增速放缓，消费意愿降低，这也可能由于许多省市实施对 60 岁或 70 岁以上老人乘坐本地公共交通免票的福利政策。而由于身体状况下降，老龄家庭的医疗保健消费支出增长较快，需求较高。非老龄家庭则由于身体状况更好，收入更高，其旅游支出增长更快，同时对美容也有更高的消费意愿。

（二）不同生命周期家庭的服务消费支出意愿的分层分析

　　其次，我们考察了不同生命周期家庭的各项服务消费支出意愿。表 5.5 所示为户主年龄分别在 20～39 岁、40～59 岁和 60 岁及以上家庭的各项消费支出弹性。结果显示，随着户主年龄的增长，交通通信支出弹性不断下降。2017 年，户主年龄在 60 岁以上的家庭，其交通通信支出弹性仅为 0.60。而与之形成鲜明对比的是，随着户主年龄的增长，医疗保健支出弹性不断上升。户主年龄在 60 岁以上的老龄家庭，其医疗保健支出弹性虽略有波动，但 2013 年后持续大于 1，表现出较快的增速。文教娱乐支出上，随着户主年龄的增加，文教娱乐支出弹性逐渐下降。2013 年和2015 年户主年龄大于 60 岁的家庭，其文教娱乐支出弹性仅为 0.36 和0.84。这表明老龄家庭虽然空闲时间更多，但可能由于收入下降、身体状况下降等因素，其文教娱乐消费需求降低，而年轻人对新兴的娱乐消费项目有更高的接受度，加上子女处于教育投资阶段，其文教娱乐消费意愿较高。旅游消费上，三类家庭的支出弹性均持续大于 1，表现出高于总支出的增速，表明各年龄阶段均对旅游消费有较高的消费意愿。随着户主年龄的增长，美容消费的支出弹性呈下降趋势。户主年龄在 20～59 岁的家庭，其美容消费支出弹性基本保持在 1 左右，与总支出同步增长；而户主年龄在 60 岁以上的家庭，其美容消费支出弹性 2011 年后均小于 1，增速较缓，消费意愿较低。

表 5.5　不同人口年龄结构家庭的各项消费支出弹性

年份	食品	衣着	居住	设备及日用品	交通通信	医疗保健	文教娱乐	旅游	美容
20≤户主年龄≤39									
2011	0.959	0.763	0.311	2.162	0.828	0.957	1.741	1.462	1.259
2013	0.763	0.954	1.144	2.227	0.936	0.519	2.255	1.783	1.034
2015	0.689	0.897	1.098	3.031	0.789	0.451	1.830	1.862	0.961
2017	0.698	0.861	1.084	2.462	0.852	1.154	1.801	1.991	1.088
40≤户主年龄≤59									
2011	0.952	0.750	0.330	2.360	0.828	0.810	1.825	1.467	1.428
2013	0.811	0.773	1.147	2.411	0.865	0.922	1.878	1.640	0.926
2015	0.716	0.786	1.071	3.379	0.720	0.961	1.703	1.870	0.883
2017	0.725	0.798	1.072	2.636	0.824	1.355	1.772	1.960	1.018
户主年龄≥60									
2011	0.946	0.347	0.393	2.708	0.840	0.703	1.809	1.363	1.764
2013	0.897	0.397	1.145	2.045	0.440	1.606	0.364	1.726	0.678
2015	0.812	0.350	1.068	3.865	0.291	1.355	0.836	1.657	0.624
2017	0.743	0.563	1.067	2.872	0.599	1.414	1.651	1.895	0.825

资料来源：作者利用 stata 软件计算。

　　综上，随着户主年龄的增长，城镇居民家庭的医疗保健支出弹性呈上升趋势，而交通通信、文教娱乐和美容消费的支出弹性呈下降趋势，同时三类家庭的旅游支出弹性持续较高。这表明，从消费意愿上看，在不同的家庭生命周期阶段，家庭服务消费的偏好具有较大差异。老龄家庭除医疗保健支出增速较快外，其他类别的服务消费均显示出更低的消费能力与消费意愿，这意味着老龄家庭与非老龄家庭的消费差异将呈扩大趋势。户主年龄为 40～59 岁的家庭其文教娱乐的消费能力较高，但消费意愿却低于户主年龄在 20～39 岁的年轻家庭，这表明中年家庭和年轻家庭在文教娱乐消费上的消费差距呈缩小趋势。除此之外，户主年龄在 20～39 岁的年轻家庭对其他类别的服务消费均表现出较高的支出和较快的增速，这再次表明年轻人对旅游、美容等享受性和发展性消费的消费意愿较高，应是促进服务消费增长的目标群体和着力点。

（三）不同房产数量家庭的服务消费支出意愿的分层分析

　　这部分考察了不同房产数量家庭各项服务消费支出意愿。表 5.6 所示为不同房产数量家庭的各项消费支出弹性。结果显示，三类家庭的交通通信支出弹性持续小于 1。医疗保健支出弹性均呈波动上升趋势，2017 年，两套及以上房产家庭的医疗保健支出弹性最高，为 1.351，表明其增速最快，消费意愿较高。文教娱乐消费上，三类家庭的文教娱乐消费支出弹性持续大于 1，表现出高于总支出的增速。同时，2013 年后，拥有两套及以上房产的家庭，其文教娱乐消费增速最快，而无房家庭的文教娱乐支出弹性略高于有一套房产家庭。这表明，作为投资性需求，多套房产的财富效应促进了文教娱乐消费的快速增长，而对于仅有一套房产的家庭而言，房产作为刚需，其财富效应具有局限性，甚至房贷压力的存在使其文教娱乐消费的增速还略低于无房家庭。

表 5.6　不同房产数量家庭的各项消费支出弹性

年份	House＝2								
	食品	衣着	居住	设备及日用品	交通通信	医疗保健	文教娱乐	旅游	美容
2011	0.959	0.775	0.351	2.142	0.836	0.788	1.999	1.384	1.287
2013	0.745	0.892	1.177	2.246	0.925	0.812	2.176	1.861	1.054
2015	0.675	0.679	1.107	3.267	0.673	0.869	1.665	1.776	0.848

续表

年份	食品	衣着	居住	设备及日用品	交通通信	医疗保健	文教娱乐	旅游	美容
2017	0.670	0.788	1.076	2.479	0.803	1.351	1.926	1.969	1.045
House＝1									
2011	0.950	0.619	0.336	2.416	0.828	0.825	2.238	1.448	1.471
2013	0.832	0.741	1.120	2.227	0.775	1.027	1.558	1.668	0.884
2015	0.741	0.746	1.052	3.353	0.634	1.000	1.538	1.865	0.847
2017	0.748	0.755	1.068	2.663	0.763	1.316	1.676	1.901	0.961
House＝0									
2011	0.952	0.733	0.383	2.655	0.841	0.771	2.141	1.501	1.429
2013	0.852	0.471	1.247	2.490	0.600	1.180	1.762	1.614	0.740
2015	0.768	0.574	1.155	3.809	0.534	0.721	1.539	1.671	0.800
2017	0.691	0.692	1.095	2.833	0.757	1.269	1.831	2.113	1.007

资料来源：作者利用 stata 软件计算。

三类家庭的旅游消费支出弹性均不断上升，2013 年和 2015 年，拥有两套及以上房产的家庭，其旅游消费增速最快。同时，无房家庭旅游消费支出弹性增长迅速，2017 年为 2.11，高于其他两类家庭，这表明随着收入和总支出的增加，无房家庭旅游消费的增速较快。这可能是由于无房家庭大多数为年轻家庭，消费观念上更为超前，旅游休闲等服务消费支出意愿更高。美容消费上，三类家庭的美容支出弹性在 2011—2015 年间均不断下降，2017 年有所回升，呈现出波动下降的趋势。有两套及以上房产家庭的美容消费支出弹性除 2015 年外持续大于 1，基本表现出与总支出同步增长的趋势，且 2011 年后持续高于其他两类家庭。同时，无房家庭美容消费的支出弹性总体上略低于有房家庭。这表明，在美容消费上，多套房产家庭作为高收入家庭，其消费支出增速最快，消费意愿较高，而无房家庭受到买房目标性储蓄的影响，同时作为更年轻的人群，对美容消费的需求较低。

总体来看，房产数量多少反映出的城镇居民服务消费支出意愿的分层十分明显。在医疗保健、交通通信和美容消费上，房产数量越多的家庭，其消费支出与支出意愿均更高，表明拥有更多财富的家庭，对高层次的医疗、交通和美容消费具有较高的需求和支出意愿。由此，在这三类消费上，消费差距将呈扩大趋势。而就文教娱乐和旅游消费而言，无房的年轻家庭的增速更快，消费意愿更高，这表明无房家庭虽然可能受到买房目标性储蓄的影响挤出部分服务消费，但作为年轻一代，对旅游等休闲娱乐消费仍有较高的支出意愿。

（四）不同教育程度家庭的服务消费支出意愿的分层分析

这部分考察了不同教育程度家庭各项服务消费支出意愿。表 5.7 所示为不同教育程度家庭的各项消费支出弹性。结果显示，两类家庭的交通通信支出弹性均持续小于 1，差异较小。医疗保健支出弹性波动上升，且 2015 年后较高学历家庭的医疗保健支出弹性高于同期中低学历家庭的医疗保健支出弹性。两类家庭的文教娱乐、旅游支出弹性总体上较高，表明这两类消费增速较快，消费意愿较高。同时，2013 年后，较高学历家庭这两项消费的支出弹性持续高于同期中低学历家庭。这可能是由于家庭成员的教育程度越高，越重视子女的教育，教育投资更多，文教娱乐消费支出意愿更高。美容消费上，中低学历家庭的美容消费支出弹性呈下降趋势，2013—2017 年均小于 1，而较高学历家庭的美容消费支出弹性除 2015 年略小于 1 外均保持较高水平，2017 年为 1.21，表明其增速较快，消费意愿更高。

表 5.7　不同教育程度家庭的各项消费支出弹性

年份	食品	衣着	居住	设备及日用品	交通通信	医疗保健	文教娱乐	旅游	美容
Education＝1									
2011	0.962 8	0.689 6	0.284 8	2.420 5	0.893 6	0.352 9	2.047 2	1.275 5	1.372 2
2013	0.751 5	0.979 5	1.084 7	2.422 4	0.970 0	0.439 7	2.364 2	1.966 6	1.238 9
2015	0.554 9	0.843 7	1.010 3	3.831 7	0.733 4	2.263 9	1.770 2	2.262 8	0.988 7
2017	0.664 9	0.959 5	0.953 3	2.707 3	0.871 9	1.714 3	1.783 2	2.368 6	1.207 0
Education＝0									
2011	0.932 2	0.912 8	0.300 6	2.573 0	0.951 4	0.358 9	2.474 4	1.576 1	1.677 4
2013	0.862 2	0.798 9	1.158 7	2.042 1	0.864 7	1.174 2	0.981 7	1.337 1	0.943 1
2015	0.811 6	0.743 0	1.094 5	2.875 7	0.665 8	0.861 9	1.409 8	1.548 3	0.842 6
2017	0.818 3	0.756 8	1.047 9	2.364 8	0.754 1	1.242 6	1.039 0	1.580 2	0.741 3

资料来源：作者利用 stata 软件计算。

总体来看，不同教育程度家庭服务消费的支出意愿具有一定差异。教育作为促进社会流动和整合社会阶层的重要途径，刻画和反映了服务消费支出意愿的分层。较高学历家庭可能具有更高的收入和社会经济地位，对文教娱乐、旅游、美容等更高层次的新型消费具有更高的消费能力和消费意愿，从而其服务消费的增速更快，处于更高的需求层次和消费阶层。

（五）不同医疗保险状况家庭的服务消费支出意愿的分层分析

这部分考察了不同医疗保险状况家庭各项服务消费支出意愿。表 5.8 所示为不同医疗保险状况家庭的各项消费支出弹性。结果显示，2011 年后有商业医疗保险的家庭，其交通通信支出弹性略高于无商业医疗保险的家庭。两类家庭医疗保健支出弹性 2011 年后迅速上升且持续保持在 1 左右，表现出与总支出同步增长。2011 年后，有商业医疗保险家庭的医疗保健支出弹性持续高于无商业医疗保险家庭，表明其该项消费支出增长更快，消费意愿更高。两类家庭的文教娱乐和旅游支出弹性在 2011—2017 年间持续较高，表现出高于总支出的增速，同时 2011 年后有商业医疗保险家庭的这两项消费支出弹性总体上高于同期无商业医疗保险家庭（2017 年旅游消费支出除外）。美容消费上，两类家庭的支出弹性略有波动，总体上保持在 1 左右，表现与总支出同步增长的趋势，2011 年后有商业医疗保险家庭的美容消费支出弹性总体上高于无商业医疗保险家庭，表现出更高的消费意愿。

表 5.8　不同医疗保险状况家庭的各项消费支出弹性

年份	食品	衣着	居住	设备及日用品	交通通信	医疗保健	文教娱乐	旅游	美容
Medical _ins＝1									
2011	0.961	0.62	0.359	1.896	0.863	0.494	1.597	1.392	1.219
2013	0.782	0.911	1.116	2.253	0.865	1.110	2.076	1.714	1.128
2015	0.691	0.842	1.053	2.983	0.706	1.071	1.772	1.830	0.941
2017	0.651	0.812	1.052	2.854	0.794	1.352	2.273	1.681	1.106
Medical _ins＝0									
2011	0.948	0.708	0.352	2.383	0.874	0.649	2.311	1.407	1.475
2013	0.825	0.773	1.166	2.365	0.774	1.077	1.662	1.696	0.953
2015	0.742	0.73	1.104	3.386	0.647	0.995	1.56	1.818	0.897
2017	0.73	0.766	1.093	2.619	0.784	1.286	1.894	1.881	1.050

资料来源：作者利用 stata 软件计算。

　　综上，家庭成员是否有商业医疗保险将从社会保障状况及消费观念等侧面反映出城镇居民服务消费支出意愿的分层。作为自愿购买的非强制医疗保险，商业医疗保险对消费的影响将体现在保费对消费的挤出效应和预防性储蓄释放效应两方面（Guariglia and Rossi，2004）。研究显示，商业医疗保险的预防性储蓄释放效应将大于保费的挤出效应，将促进服务消费的增长，这与郑莉莉和范文轩（2020）以及袁成和刘舒亭（2018）等的研究结论一致。没有商业医疗保险的家庭可能由于收入和消费能力的差距，以及社会保障不足，预防性储蓄较高，消费观念趋于保守等，总体上，其各项服务消费的支出意愿均低于有商业医疗保险的家庭，这表明由医疗保险状况导致的服务消费支出差距将呈扩大趋势。

　　研究结果表明，是否为老龄家庭、家庭生命周期、家庭房产数量、家庭教育程度、家庭医疗保险状况等都将影响城镇居民服务消费的支出意愿，反映出城镇居民服务消费的动态变化趋势。

　　第一，老龄家庭与非老龄家庭服务消费支出意愿的分层主要体现在老龄家庭退休之后与工作相关的交通通信类消费意愿的下降，而由于对健康更加关注，其医疗保健消费支出增长较快，消费意愿较高。第二，在不同的家庭生命周期阶段，家庭服务消费的支出意愿具有较大差异。除医疗保健消费外，户主年龄在 20～39 岁的年轻家庭对其他类别的服务消费均表现出较快的增速，这表明年轻一代的消费观念更加开放，对新型消费、享受性和发展性消费的消费意愿较高。第三，房产数量多少反映出的城镇居民服务消费支出意愿的分层也十分明显。房产数量越多的家庭，其医疗保健、交通通信和美容消费意愿更高，而就文教娱乐和旅游消费而言，无房的年轻家庭支出增速更快。这表明虽然可能受到买房目标性储蓄的影响挤出部分服务消费，但年轻一代对旅游等休闲娱乐消费仍有较高的支出意愿。第四，家庭教育程度也将影响服务消费的支出意愿。较高学历家庭可能由于更高的收入和社会经济地位，对文教娱乐、旅游、美容等更高层次的消费具有更高的消费能力和消费支出意愿，其服务消费的增速更快。第五，家庭成员是否有商业医疗保险将从社会保障状况和消费观念等侧面反映出城镇居民服务消费支出意愿的分层。上述结果显示，没有商业医疗保险的家庭可能由于消费能力的差距，以及社会保障不足，预防性储蓄较高，消费观念趋于保守等，总体上，其各项服务消费的增速均低于有商业医疗保险的家庭，支出意愿较低。这表明由医疗保险状况导致的服务消费支出差距将呈扩大趋势。

四、城镇居民服务消费增长的行为特征

通过对城镇居民各项服务消费支出绝对值和支出弹性的分析可以看出，从总体上来看，我国城镇居民服务消费规模逐渐扩大，消费结构不断改善，呈现出消费升级的态势，这与大多数文献对我国居民消费情况的判断相符合（唐琦等，2018；张翼，2016）。但同时，我国城镇居民服务消费支出的增长率表现出一定的波动下降趋势，表明消费结构的升级出现一定程度的放缓。从微观家庭来看，家庭异质性特征显著影响了城镇居民服务消费的消费能力和消费支出意愿，服务消费表现出分层特征。为进一步探究城镇居民服务消费行为，本部分将通过对面板数据的回归分析，进一步考察城镇居民服务消费增长的行为特征。

已有研究表明，消费增长相较于收入总是表现出一定的平滑特征，会受到习惯形成（Muellbauer，1988）、黏性消费（Carroll et al.，2003 & 2011）或耐久效应的影响。由此，为探究城镇居民家庭服务消费行为是否存在这种消费黏性或耐久效应，以及不同家庭特征对这种消费效应可能的调节作用，本研究构建了如下计量模型：当 $\beta_1 = \beta_2 = 0$，居民消费行为符合 Hall（霍尔，1978）的随机游走模型；当 β_1 显著为正，居民消费行为表现为习惯形成（Muellbauer，1988；Dynan，2000）或黏性消费增长（Carroll and Slacalek，2006）；当 β_2 显著为正，居民消费行为符合坎贝尔和曼昆（Campbell and Mankiw，1990）的经验法则；当 β_1 显著为负，则居民的消费行为表现为耐久效应。

$$\ln C_{it} = \beta_0 + \beta_1 \Delta \ln C_{i,t-1} + \beta_2 \Delta \ln Y_{it} + \beta_3 cha_{it} + \beta_4 cha_{it} \times \Delta \ln C_{i,t-1} + \eta Z_{it} + \varepsilon_{it}$$

其中，被解释变量 $\Delta \ln C_{it}$ 表示城镇居民总体服务消费支出的对数差分。解释变量 $\Delta \ln C_{it-1}$ 为滞后一期城镇居民总体服务消费支出的对数差分，其估计系数 β_1 为消费黏性系数。$\Delta \ln Y_{it}$ 为城镇居民家庭年收入的对数差分，其估计系数 β_2 代表居民服务消费行为的收入敏感性。cha_{it} 为家庭特征虚拟变量，包括是否为老龄家庭、是否为无房家庭、家庭成员是否均为本科以下学历以及家庭成员是否均无商业医疗保险四个维度。Z_{it} 为其他与家庭消费支出相关的控制变量，包括家庭规模（$familysize$）、家庭净资产（对

数差分）（$\Delta lnasset$）、户主性别（$gender$）以及户主婚姻状况（$marriage$）。加入这些变量，进一步控制了其他微观家庭因素对城镇居民家庭收入与服务消费决策行为的潜在影响。ε_{it}为随机扰动项。表 5.9 给出了回归模型中变量的类型、名称及定义。

表 5.9　回归模型的变量及其定义

变量类型	变量名称	定义
被解释变量	城镇居民总体服务消费支出（对数差分）（ΔlnC_{it}）	城镇居民家庭服务消费总支出取对数差分
主要解释变量	滞后一期城镇居民总体服务消费支出（对数差分）（ΔlnC_{it-1}）	滞后一期的城镇居民家庭服务消费总支出取对数差分
	城镇居民家庭年收入（对数差分）（ΔlnY_{it}）	调整后的上期可比城镇居民家庭年收入取对数差分
家庭特征虚拟变量（cha）	老龄家庭虚拟变量（Age_60）	$Age\_60=1$：老龄家庭，即家庭成员中有 60 岁及以上老人；$Age\_60=0$：非老龄家庭，即家庭成员中无 60 岁及以上老人
	无房家庭虚拟变量（$None\_house$）	$None\_house=1$：无房家庭，即没有房产的家庭；$None\_house=0$：有房家庭，即至少有一套房产的家庭
	低教育程度家庭虚拟变量（Low_edu）	$Low\_edu=1$：低教育程度家庭，即家庭成员均为本科以下学历的家庭；$Low\_edu=0$：高教育程度家庭，即家庭成员至少有一名本科及本科以上学历者的家庭
	无商业医保家庭虚拟变量（$None\_ins$）	$None\_ins=1$：无商业医保家庭，即家庭成员均无商业医疗保险的家庭；$None\_ins=0$：有商业医保家庭，即家庭成员至少有一人有商业医疗保险的家庭
控制变量（Z）	家庭规模（$familysize$）	家庭总人口数
	家庭净资产（对数差分）（$\Delta lnasset$）	城镇居民家庭拥有的家庭净资产取对数差分
	户主性别（$gender$）	$gender=1$：户主为男性的家庭；$gender=0$：户主为女性的家庭
	户主婚姻状况（$marriage$）	$marriage=1$：户主婚姻状况为已婚（有配偶）的家庭；$marriage=0$：户主婚姻状况为未婚、离婚或丧偶的家庭

资料来源：中国家庭追踪调查（CFPS）。

　　研究使用随机效应极大似然估计（RE-MLE）方法对上述模型进行估计。表5.10所示为城镇居民家庭服务消费总支出的回归结果。结果显示，在控制了家庭规模、家庭净资产（对数差分）、户主性别以及户主婚姻状况后，城镇居民的服务消费行为整体呈现出显著的耐久效应和收入敏感性。这表明城镇居民的服务消费支出受收入预期、宏观经济环境和习惯形成影响较大，消费前后期替代性较强。其中，老龄家庭、无房家庭和无商业医保家庭的家庭特征虚拟变量与滞后一期城镇居民总体服务消费支出（对数差分）交乘项的估计系数为负，表明这类家庭服务消费支出表现出的耐久效应更强。低教育程度家庭则表现出更弱的耐久效应，但这种效应并不显著。这反映了家庭成员中有60岁及以上老人的家庭、无房家庭、无商业医疗保险的家庭等这类弱势家庭表现为更大的消费黏性，延迟服务消费的倾向更强，跨期服务消费支出之间具有更高的替代性。

表 5.10　城镇家庭总体服务消费支出回归结果

因变量：$\Delta \ln C_{it}$	(1)	(2)	(3)	(4)	(5)
$\Delta \ln C_{it-1}$	−0.412*** (0.013)	−0.372*** (0.02)	−0.402*** (0.015)	−0.445*** (0.03)	−0.371*** (0.085)
$\Delta \ln Y_{it}$	0.053*** (0.011)	0.029** (0.012)	0.025** (0.012)	0.025** (0.012)	0.026** (0.012)
Age_60		0.083*** (0.029)			
$Age\_60 \times \ln C_{it-1}$		−0.077*** (0.028)			
$None\_house$			−0.055 (0.044)		
$None\_house \times \ln C_{it-1}$			−0.074* (0.042)		
Low_edu				−0.067** (0.034)	
$Low\_edu \times \Delta \ln C_{it-1}$				0.044 (0.034)	
$None\_ins$					−0.023 (0.078)

续表

因变量：$\Delta \ln C_{it}$	(1)	(2)	(3)	(4)	(5)
$None\_ins \times \Delta \ln C_{it-1}$					-0.041 (0.086)
$familysize$		0.056*** (0.008)	0.056*** (0.009)	0.056*** (0.008)	0.057*** (0.008)
$\Delta \ln asset$		0.058*** (0.012)	0.057*** (0.012)	0.055*** (0.012)	0.057*** (0.012)
$gender$		-0.046 (0.028)	-0.043 (0.028)	-0.042 (0.028)	-0.043 (0.028)
$mariage$		0.076** (0.035)	0.061* (0.034)	0.059* (0.034)	0.061* (0.034)
$Cons\_$	0.261*** (0.014)	-0.018 (0.045)	0.036 (0.043)	0.083 (0.052)	0.046 (0.087)
$Observations$	4 872	4 471	4 471	4 471	4 471

　　城镇居民的各分项服务消费支出同样表现出显著的耐久效应。表5.11 所示为城镇家庭交通通信支出、医疗保健支出、文教娱乐支出、旅游支出和美容支出的回归结果。估计结果显示，家庭成员中有 60 岁及以上老人的老龄家庭在交通通信、医疗保健、文教娱乐等方面均表现出更强的耐久效应。无房家庭在医疗保健、文教娱乐等方面也存在更大的耐久效应。这可能是因为无房家庭受到买房目标性储蓄的影响等，服务消费的增长意愿较差。无商业医保家庭在医疗保健、旅游等方面呈现具有更高耐久效应的趋势，可能的原因是无商业医保家庭预防性储蓄动机更强，更倾向于延迟消费。研究结果表明，政府在制定居民服务消费相关政策中需要考虑家庭的异质性效应。

表 5.11　城镇家庭分项服务消费支出回归结果

	(1)		(2)		(3)		(4)	
	Age_60		$None\_house$		Low_edu		$None\_ins$	
	$\ln C_{it-1}$	$Age\_60 \times \ln C_{it-1}$	$\Delta \ln C_{it-1}$	$None\_house \times \ln C_{it-1}$	$\Delta \ln C_{it-1}$	$Low\_edu \times \ln C_{it-1}$	$\Delta \ln C_{it-1}$	$None\_ins \times \ln C_{it-1}$
交通通信	-0.372*** (0.019)	-0.064** (0.027)	-0.406*** (0.014)	0.013 (0.043)	-0.425*** (0.029)	0.026 (0.033)	-0.511*** (0.085)	0.109 (0.086)

续表

	(1)		(2)		(3)		(4)	
	Age_60		$None\_house$		Low_edu		$None\_ins$	
	$\ln C_{it-1}$	$Age\_60 \times \ln C_{it-1}$	$\Delta\ln C_{it-1}$	$None\_house \times \ln C_{it-1}$	$\Delta\ln C_{it-1}$	$Low\_edu \times \ln C_{it-1}$	$\Delta\ln C_{it-1}$	$None\_ins \times \ln C_{it-1}$
医疗保健	−0.428*** (0.022)	−0.057* (0.032)	−0.442*** (0.017)	−0.092** (0.046)	−0.462*** (0.031)	0.009 (0.036)	−0.37*** (0.084)	−0.087 0.086
文教娱乐	−0.323*** (0.026)	−0.094** (0.043)	−0.333*** (0.022)	−0.186*** (0.063)	−0.363*** (0.035)	0.01 (0.044)	−0.51*** (0.101)	0.159 (0.104)
旅游	−0.418*** (0.052)	−0.085 (0.079)	−0.433*** (0.041)	−0.122 (0.158)	−0.432*** (0.059)	−0.026 (0.079)	−0.373** (0.177)	−0.074 (0.181)
美容	−0.435*** (0.023)	0.056 (0.037)	−0.41*** (0.019)	−0.026 (0.058)	−0.432*** (0.032)	0.027 (0.039)	−0.455*** (0.085)	0.044 (0.087)

五、研究结论与启示

本章基于 2011 年、2013 年、2015 年和 2017 年的 CFPS 数据，在消费能力、消费意愿和消费行为三个层面考察分析了我国城镇居民服务消费的分层结构及其动态变化趋势。研究分析发现，不同特征家庭在服务消费的消费能力和消费意愿上存在较大差异，呈现出分层特征。具体而言，城镇老龄家庭对医疗保健消费有较高的支出意愿，而交通通信和文教娱乐消费增速放缓，消费意愿较低；从家庭生命周期来看，户主年龄在 20～39 岁的年轻家庭服务消费的支出意愿更高，增速更快；房产数量多少反映出的城镇居民服务消费的分层也十分明显，房产数量越多的家庭，其服务消费的消费能力和消费意愿更高，无房的年轻家庭对旅游等休闲娱乐消费有较高的支出意愿；较高学历家庭对文教娱乐、旅游、美容等更高层次的新型消费具有更高的消费能力和消费支出意愿，其服务消费增速更快；缺乏商业医疗保险的家庭由于预防性储蓄较高，消费观念趋于保守等，其各项服务消费的消费意愿均低于有商业医疗保险的家庭。从消费增长的行为特征来看，我国城镇居民的服务消费总支出和各分项服务消费支出均表现出显著的耐久效应，这表明城镇居民服务消费的增长意愿表现出更为明显的黏性特征，跨期消费支出的波动性较大，为服务消费升级埋下了不良影响因素。

本部分研究结论具有如下启示意义：

第一，服务消费增长和消费意愿的分层表明消费升级不仅是从总支出的需求侧增长，而且是更多地从供给侧关注如何满足不平衡不均等的异质性家庭的服务需要。通过对城镇居民家庭服务消费能力、消费意愿和消费行为的分层分析发现，异质性家庭的服务消费需求存在显著差异。老龄家庭和非老龄家庭、不同生命周期家庭、不同房产数量家庭、不同教育程度家庭和不同医疗保险状况家庭对各项服务消费具有不同的消费能力、消费意愿和消费行为。由此，在服务消费不断提质扩容，成为推动转型发展新动能的背景下，进一步释放服务消费的潜力，应关注不均等的异质性家庭的服务需要，进一步深化供给侧结构性改革，提升服务供给水平和服务供给的针对性。

第二，应重视引起家庭服务消费分层的影响因素，如住房资产、老龄化问题、社会影响因素。已有研究表明，居民的住房不平等将显著影响其服务消费支出，多套房产家庭和其他家庭的服务消费支出差距呈扩大趋势。这意味着房价高企和住房消费不平等可能成为制约居民消费升级和服务消费增长的重要因素之一。同时，研究也表明，较高教育程度的家庭对文教娱乐、旅游、美容等更高层次的消费具有更高的消费能力和消费意愿。其中，教育支出服务消费显示出代际传递的特点。教育程度更高的家庭更有意愿或经济支付能力投资在子女的教育或培训支出上。这表明教育机会的分配也越来越显示出代际传递的特点。教育公平受到复杂社会因素的影响，也会影响到居民的社会身份和收入水平，是一个较为复杂的影响变量。

第三，应重视老龄家庭的服务消费需求。本章研究结果的一个重要启示是家庭人口年龄结构对城镇居民服务消费支出影响显著，老龄家庭和非老龄家庭的服务消费呈现出显著的分层。估计结果显示，城镇老龄家庭随着收入和服务消费总支出的增长，医疗支出份额增速较快，消费意愿较高，而交通通信和文教娱乐的支出弹性较小，增速较慢。这表明，退休后健康状况的变化使老龄家庭的医疗类消费不断增长，而与工作相关的交通通信支出增速放缓，同时由于收入下降等因素影响，娱乐消费增速也有所放缓，消费意愿降低。因此，在促进服务消费增长的过程中，应针对老龄人口的特殊消费需求和习惯，促进老龄产业的发展，引导和促进其服务消费增长，更好地满足老龄人口对高质量晚年生活的消费需求和美好生活的需要。

第四，应构建多层次的医疗保障体系，减少居民的预防性储蓄。本章研究结果显示，是否有商业医疗保险将显著影响城镇居民的服务消费支出，反映出社会保障视角下的消费分层。没有商业医疗保险的家庭由于消费能力的差距以及社会保障不足，预防性储蓄较高，消费观念趋于保守等，总体上，其各项服务消费的消费意愿均低于有商业医疗保险的家庭。这表明由医疗保障状况导致的服务消费的支出差距将呈扩大趋势。由此，为减少居民的预防性储蓄，应持续完善医疗保障制度，推动基本医疗保险待遇水平随经济发展逐步提高，同时，应积极构建多层次的医疗保障体系，促进商业健康保险对基本医疗保险进行补充，切实保障居民的基本生活和基本公共服务，使其没有后顾之忧地消费。

第六章　制约居民消费持续增长的深层因素Ⅰ：
住房资产价格对居民消费的影响分析

　　基于前几章有关居民消费升级和结构演变及其影响因素的研究，自本章开始继续深入探讨制约居民消费持续增长的深层因素和重点问题，本章探讨研究住房资产价格问题。住房是中国家庭最重要的财富组成部分，近年来随着房产价格不断上升，居民杠杆率逐年攀升。住房价格上涨会抑制居民消费吗？根据经典的生命周期假设，消费者的现期消费不仅与现期收入相关，而且与消费者未来各期收入的期望值、初期的资产数量以及消费者的年龄相关，即消费者一生中的消费支出流量的现值等于其一生中各期收入流量的现值。这意味着，房价的迅速增长会带来巨大的财富和收入再分配效应。在第四章中，我们发现，不同房产数量家庭之间表现出明显的消费分层，房产数量更多的家庭可以通过租金收益和抵押贷款等渠道，获得收入和减轻流动性约束，而只有一套房产和无房产家庭则可能受到房贷压力和买房目标性储蓄的影响，从而导致多套房产家庭和其他两类家庭之间的收入差异和服务消费支出差异。本章将聚焦分析住房资产价格上涨对居民消费的具体效应。首先，研究数据方面，使用 CFPS 匹配后的面板数据，对我国目前家庭消费所经受的房价冲击进行分析，通过控制目前实证研究中广泛存在的内生性问题，识别住房资产对城镇家庭居民消费的资产效应和财富效应；其次，考虑住房资产财富效应的家庭异质性表现，分组检验住房财富效应在不同家庭中的差异；最后，采用倾向得分匹配（PSM）的方法纠正家庭购房这一自我选择偏差，估计家庭购房对居民消费的净效应。在此基础上，厘清住房价格波动影响居民消费的理论机制和现实机制。

一、典型事实与问题的提出

　　近年来，全国尤其是大中城市住宅商品房销售价格飞涨（如图 6.1 中

实线所示），而居民消费占 GDP 的比重却逐年下降。虽然我国社会最终消
费率距最低水平有所提升，但依然不高，社会消费品零售总额的年增长比
例在逐年下降（如图 6.1 中虚线所示）。2016 年我国社会消费品零售总额
占 GDP 比率为 44.7%，依然远远低于主要发达国家的消费水平。同时，
我们也可以看到，中国经济发展的区域和家庭的不平衡不充分也对房价波
动对消费冲击的理论机制研究的复杂性提出了新的要求。一二线城市消费
受高房价影响的同时，低线城市（三四五线城市）消费水平正迅速提升，
表现出消费下沉的特征。根据国家统计局数据，在 2016 年，三四线城市
的消费增速超过了一二线城市增速，且在 2017 年占社会消费品零售总额
的 48.8%，受益于加速的城镇化、棚改货币化与房产财富效应及消费金
融的普及，三四线城市的消费能力和消费水平快速增强并有可能拉动未来
的全国消费增长。此外，不同家庭生命周期、家庭人口特征、风险偏好、
收入来源、心理预期等都对房价波动对消费的冲击产生不同的影响。因
此，关于住房资产的财富效应是否存在以及在不同家庭样本中的表现如何
是值得进一步研究的问题。

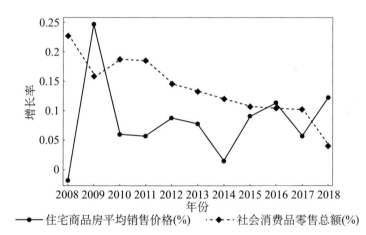

图 6.1　住宅商品房平均销售价格和社会消费品零售总额的年增长率（%）

已有的经验研究对我们研究房价波动对消费的冲击依然有借鉴意义。
例如，20 世纪欧美国家的股市暴跌并没有导致居民消费的大幅下跌，格
林斯潘指出问题的核心是房产价值上升，由此开启了国际学界对于房产财
富效应的研究热潮。国际研究普遍认同财富效应的存在，并且对消费具有
正向影响。尽管部分文献认为住房“财富效应”显著为正（Engelhardt，
1996；Gan，2010；Case，2005），部分文献认为住房“财富效应”很小且

不显著（Hoynes & McFadden，1997；Ludwig，2002；Calomiris，2009；等等），但迄今尚未有国外研究得出住房"财富效应"为负的结论。

　　在我国房价普遍上涨的背景下，国内学者普遍关注住房价格对消费的影响。但不论是基于全国总体时间序列数据、省际或城市面板数据，还是微观家庭数据的实证研究都出现了相互"掐架"的现象。一些观点认为我国"房价上涨促进居民消费"（即住房"财富效应"为正），还有观点认为我国"房价上涨抑制居民消费"（即住房"财富效应"为负）。我国住房价格上涨对消费到底有何影响？为什么我国住房价格上涨会出现负向的实证结果？目前的实证研究结果为什么大相径庭甚至互相矛盾？为了识别住房资产的"资产效应"和房价波动带来的"财富效应"，本章研究采用 CFPS 采集的 2010 年、2012 年、2014 年、2016 年和 2018 年的微观面板数据，分别估计住房资产的资产效应和财富效应，同时还根据是否有住房贷款、住房数量、购房或建房时间、家庭收入、家庭主事者年龄等因素分组估计了住房财富效应的家庭异质性表现，以及购房行为对家庭消费的净影响。

二、简短的文献述评

　　从已有研究的理论机制来看，家庭住房资产价格的波动影响居民消费的理论机制主要基于生命周期理论和持久收入理论。一方面，基于生命周期理论（Ando & Modigliani，1963），为了实现跨期优化，家庭会将其拥有的包括人力资产、金融资产和固定资产在内的总资产分配到生命周期的不同阶段进而平滑其消费，因此，消费水平会随着家庭资产的增加而提升，李涛和陈斌开（2014）将这种效应称为"资产效应"；另一方面，基于持久收入假说（Friedman，1957；Hall，1978），由未预期到的资产价格上涨而带来的家庭财富的增长，会导致居民消费的增加，以往的文献中将这种效应称为"财富效应"（Campell & Cocco，2007）。两种效应的区别在于前者研究资产水平对居民消费的影响，而后者更关心资产价值的变化和波动对居民消费的影响。本章集中于探究住房资产的财富效应，即房价的上涨能否带来居民消费水平的提升。路德维希和斯洛克（Ludwig & Sloek，2002）将住房资产纳入该框架后，依据房价波动对消费影响方式的不同，将财富效应的传导机制进一步划分为兑现的财富效应（realized wealth effect）、未兑现的财富效应（unrealized wealth effect）、流动性约束效应（liquidity constraints effect）、预算约束效应（budget constraints effect）、替代效应（substitution effect）和信心效应（confidence effect）。这些效应有积极的也有消极的，正负效应的综合作用导致财富效应的真实存在性难以确定，基于理论的实证研究所得结论也莫衷一是。

从已有实证研究的数据来源来看，目前关于房产价格波动对消费支出的影响主要使用了聚合的时间序列证据和家庭层面的微观数据。使用聚合的时间序列数据的研究主要是凯斯、奎格利和席勒（Case，Quigley and Shiller，2013）与卡罗、大冢和斯拉克拉（Carroll，Otsuka and Slacalek，2011）。凯斯、奎格利和席勒（Case，Quigley and Shiller，2013）研究发现非耐用品消耗的弹性范围在 0.03 到 0.18 之间，多数结果集中在 0.10 附近。卡罗、大冢和斯拉克拉（Carroll，Otsuka and Slacalek，2011）使用时间序列分析了利用黏性消费增长，研究区分了下一期和终期的财富影响，研究使用了美国数据估计下一期 1 美元的住房财富变化导致的消费倾向变化大约 2 美分，终期对消费倾向的影响大约 9 美分。伯格、格雷里里、洛伦佐尼和瓦夫拉（Berger，Guerrieri，Lorenzoni and Vavra，2018）使用一个具有收入不确定性和不完全市场的生命周期模型为住房-消费响应推导了新的理论基准价格走势。艾迪登格迪（Aladangady，2017）使用了地理上相关联的微观数据来探究房地产市场的区域异质性，研究了房价波动对消费者支出的因果效应。研究结果认为住房价值增加 1 美元，会使房主的支出增加 0.047 美元，但对租房者的影响却微不足道。另外，艾迪登格迪（Aladangady，2017）的研究还表明住房价值的上升提高了生活成本，抵消了其对消费的影响。然而，额外的住房抵押贷款可以放宽借贷限制，增加家庭的消费支出，因此信贷约束对家庭的消费影响很大。

在中国，上述住房财富效应的传导机制是不同的。首先，美国住房的财富效应可以通过住房的再融资（re-finance）来实现，而中国银行体系中住房的再融资受到严格监管。其次，东亚文化的传统家庭观念具有极强的遗赠动机，诸如替代效用中的"绝望消费"等住房财富效应传导机制效果甚至可以被忽略。因此，完全套用路德维希和斯洛克（Ludwig and Sloek，2002）的住房财富效应的六种传导机制可能并不符合中国实际。同时，颜色和朱国钟（2013）构建的理论模型也指出中国的住房财富效应会受到"房奴效应"的制约，即无房家庭在购房前为凑够首付而减少消费，购房后迫于还贷而牺牲日常消费。因此，财富效应的作用机理在中国是具有理论复杂性的，同时，考虑到国别、经济和文化的差异，欧美等国的实证研究结果对于我国可能也不具有太大的参考意义，基于国内数据的实证研究很有必要。就国内研究而言，2009 年以前，由于微观数据的缺乏，研究普遍采用宏观数据对这一问题进行讨论。基于全国总体时间序列数据利用协整和误差修正模型（ECM）或向量自回归模型（VAR）的研究大都得出了住房财富效应为正的结论（宋勃，2007；王子龙，2008；赵杨，等，2011）。但是，在同样的时间序列下运用其他计量方法得出的结论却相反，基于城市和省级的面板数据普遍认为我国房价的财富效应为负（谭政勋，2010；戴颖杰，2012；等等）。由于宏观数据包含的信息量远远不如微观数据，同时微观数据还可以解释房价的异质性影响以及消费者的异质性特征，随着近年来微观数据的不断丰富，基于家庭调查的住房资产财富效应的研究也逐渐涌现。我国利用微观数据研究住房财富效应起步较晚，2009 年才有了第一篇利用国内大型微观家庭调查数据研究住房财富效应的文献。但是运用微观数据得出的结论也是有正（黄静，2009；谢垩，2012；张大永，2012；赵西亮，2013；赵卫亚，2013；杜莉，2013；刘也，等，2016；宋明月，等，2016）有负（谢洁玉，2012；陈健，2012；陈斌开，2014；张浩，2017）。学界还未就住房财富效应的存在性和正负性达成一致的结论。

针对已有微观数据实证结果的分歧，本部分对已有的研究进行一个简短的评述。第一，目前部分微观研究依然存在着内生性问题。一方面，家庭资产（或家庭收入）和居民消费同时受到家庭成员能力和偏好的影响，而且通常不容易由定量指标来衡量，这些缺失变量会导致回归系数的不一致性；另一方面，居民预期会影响到家庭资产与居民消费的关系，导致回归系数的不稳定性，遭遇著名的"卢卡斯批判"（Lucas，1976）。正因为如此，霍尔（Hall，1978）构建了现代消费理论（生命周期理论和持久收入假说）的实证检验框架。其核心思想是，居民会根据现有的信息（包括资产、收入、能力、偏好和预期）做出最优的消费决策，因此，李涛和陈斌开（2014）在计量模型中引入了上期消费水平，以控制上期信息集中的各种因素，比如容易造成内生性问题的家庭成员能力、偏好和预期等。但目前已有最新的微观研究并没有注意到这个问题，可能导致结果的可信度不高。同时，这样的估计因为无法排除居民已经预期到的房产价格变化影响，实际上也并不能较好地估计出住房资产的真实财富效应。但是，李涛和陈斌开的研究由于数据所限（只有 2008 年和 2009 年两年收入和消费的数据），也没有得到理想中的结果。第二，将家庭异质性纳入分析框架中的微观实证研究还很少。房价的上涨对不同家庭意义不同，房价上涨过快使得年轻无房的一代为了购房而极力储蓄，压缩消费，也可能导致已购房家庭背负沉重的房贷负担，有时甚至不仅是年轻无房一代压缩消费，父母也为了资助子女购房而节衣缩食，拿出一辈子积蓄购房。这些家庭不仅在购房前为了支付首付而拼命压缩消费，而且在购房后由于沉重的还贷压力也被迫牺牲日常消费。颜色和朱国钟（2013）构建的理论模型就指出了"房奴"其实也是房产财富效应的另一种体现。对于拥有不止一套住房的家庭，住房价值的上升带来的是资产的增长，将直接促进消费；对于近期购房的家庭，房价上涨一方面将带来对住房装修、家电购买等支出的带动效应，另一方面可能因为购房支出掏空了积蓄而抑制其他日常消费。因此住房财富效应对不同家庭群体的消费影响存在着很大差异。目前几乎还没有比较是否有住房贷款、住房数量差异、购房时间等因素与消费的异质性关系研究，探讨住房财富效应的家庭异质性也许能够从另一个角度理解房价影响居民消费的内在机理。第三，数据来源的限制。目前使用较多的是CFPS 2010 年、2012 年和 CHFS（China household finana survey）2011年的数据。考虑到 2012 年以后，我国大中城市基本都经历了多轮新的房价上涨，上涨幅度和范围都较大，对居民消费的影响也值得关注。通过合并处理目前最新的 CFPS 2014 年、2016 年和 2018 年的调查数据，本章构建了 CFPS 2010 年、2012 年、2014 年、2016 年和 2018 年五期的面板数据来检验这一时期住房资产和房价波动对居民消费造成的综合性和异质性影响。

三、住房的资产效应、财富效应及其异质性

（一）数据来源

研究采用了 CFPS 2010 年、2012 年、2014 年、2016 年和 2018 年采集的五期面板数据。CFPS 的样本覆盖全国除内蒙古、青海、宁夏、新疆、西藏和港澳台地区外的 25 个省/自治区/直辖市，代表了中国 95％的人口，调查信息包括基本的人口统计学特征、家庭资产和负债情况等。2010 年基线调查共采访了 14 960 户家庭，2012 年采访了 13 315 户家庭（包括12 625 户追访成功的家庭和 690 户 2012 年另组家庭），2014 年采访了13 946 户家庭（包括 12 625 户追访成功的家庭和 1 250 户 2014 年另组家

庭），2016 年采访了 14 019 户家庭（包括 12 855 户追访成功的家庭和 1 164 户 2016 年另组家庭），2018 年采访了 12 216 户家庭（包括 11 067 户追访成功的家庭和 1 149 户 2018 年另组家庭）。在数据处理过程中，考虑到农村地区的住房不能在市场上流通买卖以及房价波动带来的财富效应并不影响租房家庭，我们只保留居住地为城市的家庭以及至少拥有一套住房的家庭。在删除样本中有关变量的缺漏值并且处理极值后，我们得到一个包含 6 445 个样本的平衡面板数据集，每年样本量为 1 289 户家庭。

（二）变量与描述统计

基于国家统计局发布的消费者价格指数（CPI），本部分将包括消费变量和资产金额变量在内的主要价值变量做了平减（以 2009 年为基期①），以确保五期的价值数据具有可比性。

本部分所研究的因变量为居民家庭消费，五期数据均包含总消费性支出以及详细的各分项支出，包括食品、衣着、住房、日用品、医疗保健、交通通信、文教娱乐和其他，各消费变量的含义和具体构成详见表 6.1。关于各项消费支出变量的全样本和分年度描述统计如表 6.2 所示，全样本统计中，消费性支出最多的前三项为食品支出、日用品支出以及文教娱乐支出。从分年度统计中可以看出，居民总消费支出以及各分项消费性支出基本随时间而增加，其中占比最高的依然是食品支出，占比其次的分项发生了变化，在 2010 年，消费性支出占比第二和第三的分别是文教娱乐支出和医疗保健支出，而 2010 年之后，日用品支出迅速上升，成为家庭中占比第二的消费性支出，而文教娱乐支出保持着第三的所占比重。

表 6.1　消费变量的含义及具体构成

变量	含义及具体构成
消费支出	家庭消费性总支出
食品支出	家庭购买的各类食品
衣着支出	家庭在衣着服饰上的支出
居住支出	租房支出（不包括住房按揭)＋家庭居住支出（如物业、取暖等，不含住房按揭及房租）
日用品支出	购买日常用品支出＋购买家电支出＋家庭杂项商品、服务支出
医疗保健支出	家庭除去医保的医疗支出

---

① 因为 CFPS 调查的是家庭在调查年度上一年的消费情况，因此基期为 2009 年。

续表

变量	含义及具体构成
交通通信支出	出行支出（用于日常交通的费用）＋通信支出（用于如电话、手机、互联网接入、邮寄信件的费用）
文教娱乐支出	家庭文化、娱乐、休闲、教育支出

注：CFPS中，消费支出包括食品、衣着、居住、日用品、医疗保健、交通通信、文教娱乐和其他支出。由于居住支出与居民拥有住房资产的情况以及购买住房的行为紧密相关，其他支出的具体内容不明确，本部分数据分析除去了居住支出和其他支出。

表 6.2　消费支出变量描述统计

变量	全样本 N＝6 445	2010 N＝1 289	2012 N＝1 289	2014 N＝1 289	2016 N＝1 289	2018 N＝1 289
	平均值	平均值	平均值	平均值	平均值	平均值
消费支出（元）	38 129	25 255	33 867	38 988	45 564	46 971
食品支出（元）	16 119	9 964	14 969	17 243	18 824	19 593
衣着支出（元）	2 179	1 434	2 048	2 350	2 395	2 666
日用品支出（元）	6 517	3 431	6 092	5 852	8 407	8 804
医疗保健支出（元）	4 572	3 463	3 202	4 805	5 753	5 635
交通通信支出（元）	3 833	3 418	3 285	3 892	4 282	4 285
文教娱乐支出（元）	4 895	3 545	4 270	4 768	5 904	5 986

表 6.3 统计了 2010 年到 2018 年调查期间样本家庭各项消费支出的增长率。整体而言，各项消费支出在 2010—2018 年间均有一定幅度的增长，其中涨幅最大的为衣着支出，增长了 25.2%，涨幅最小的为交通通信支出，仅增长了 9.7%。从具体年度来看，衣着支出在 2014—2016 年减少了 2.2%，交通通信支出在 2016—2018 年减少了 0.3%，其他各项消费支出增长率均为正，总消费支出增长率呈现递减趋势，从 2010—2012 年的 25.3% 的增长率下降到 2016—2018 年的 5.1% 的增长率，居民消费增速的下降可见一斑（从微观上印证了图 6.1 的社会消费品零售总额增长率的逐年下降）。

表 6.3　家庭各项消费支出 2010 年到 2018 年的增长率

类别	2010—2018	2010—2012	2012—2014	2014—2016	2016—2018
△消费支出（%）	13.8%	25.3%	14.3%	10.4%	5.1%
△食品支出（%）	16.4%	33.3%	20.2%	9.3%	2.9%

续表

类别	2010—2018	2010—2012	2012—2014	2014—2016	2016—2018
△衣着支出（%）	25.2%	87.0%	5.1%	−2.2%	10.8%
△日用品支出（%）	13.8%	5.3%	25.4%	7.5%	16.8%
△医疗保健支出（%）	10.6%	14.3%	3.0%	21.5%	3.5%
△交通通信支出（%）	9.7%	14.2%	16.8%	8.3%	−0.3%
△文教娱乐支出（%）	19.5%	23.0%	18.9%	20.8%	15.5%

　　本研究的核心解释变量为住房资产价值，同时控制了包括房贷余额、房贷支出、家庭收入、金融资产、公司资产、应收账款（别人欠自己的钱）、房贷变量、住房数量、购房时间、家庭规模等家庭特征变量，另外，还控制了家庭主事者个人特征变量[①]，包括主事者年龄、[②] 主事者性别、主事者婚姻状态、主事者健康状态、主事者受教育年限、主事者户口类型。其中，为了避免极端值的干扰引起的回归偏误，控制变量中的房贷余额、房贷支出、家庭收入、金融资产、公司资产、应收账款和家庭储蓄均进行了对数化处理。[③] 表 6.4 呈现了核心解释变量和相关控制变量的描述统计分析情况，去除变量中存在缺失值的样本后，得到 6 445 个观测值，可以看出，家庭住房资产的平均值为 48.53 万元，高于家庭收入（5.26万元），也高于金融资产（4.54 万元）和家庭储蓄（4.53 万元），住房资产是家庭资产中最重要也是占比最大的组成部分。从家庭特征来看，约12% 的家庭背负住房贷款，中国城镇家庭平均拥有 1.17 套住房，只有 6%的家庭在近两年内购买或建造了住房，一户家庭平均有 3.5 人。

表 6.4　核心解释变量和相关控制变量描述统计

变量	平均值	标准差	最小值	最大值	样本量
住房价值（万元）	48.53	120.7	0	6 749	6 442
房贷余额（万元）	1.55	8.18	0	284.9	6 445
房贷支出（万元）	0.18	1.92	0	77.15	6 445
家庭收入（万元）	5.26	6.3	0	250	6 347

---

① 由于 CFPS 数据中没有户主的概念，因此我们采用家庭财务回答者作为家庭主事者。

② 为了控制主事者年龄的非线性影响，我们在回归过程中加入主事者年龄的平方项。

③ 我们的对数化处理采用 Inverse Hyperbolic Sine Transformation，即 $IHS(x) = \ln(x + \sqrt{1 + x^2})$。

续表

变量	平均值	标准差	最小值	最大值	样本量
金融资产（万元）	4.54	14.87	0	389.4	6 429
公司资产（万元）	0.51	7	0	344.4	6 429
应收账款（万元）	0.67	5.79	0	325.6	6 436
家庭储蓄（万元）	4.53	13.47	0	569.8	6 445
房贷变量	0.12	0.33	0	1	6 445
住房数量	1.17	0.4	1	7	6 445
购房时间	0.06	0.24	0	1	6 445
家庭规模	3.51	1.51	1	14	6 445
主事者年龄	51.76	12.52	14	93	6 445
主事者性别	0.52	0.5	0	1	6 441
主事者婚姻状态	0.89	0.31	0	1	6 442
主事者健康状态	2.92	1.24	1	5	6 445
主事者受教育年限	7.33	5.36	0	22	6 428
主事者户口类型	0.55	0.5	0	1	6 431

（三）住房的资产效应和财富效应

本部分综合坎贝尔和科克（Campbell and Cocco，2007），阿塔纳西奥、布洛、汉密尔顿和李斯特（Attanasio，Blow，Hamilton and Eicester，2008），卡罗尔、大冢和斯拉卡勒（Carroll，Otsuka and Slacalek，2011），卡斯、奎格利和席勒（Case，Quigley and Shiller，2013），米扬、苏菲和拉奥（Mian，Sufi and Rao，2013）的已有研究，从经典的生命周期-持久收入假说出发研究中国房价波动对消费冲击的可能的理论机制。根据生命周期-持久收入假说，消费者现期的消费不仅与现期的收入相关，而且与消费者以后各期劳动收入的期望值相关、开始时的资产数量和年龄相关，即消费者一生中的消费支出流量的现值要等于一生中各期收入流量的现值。假设消费者第 t 期的消费是 C_t，消费者第 t 期的收入是 Y_t，r 为贴现率，H_t 是第 t 期的住房消费，P_t 是第 t 期的住房价格，δ 是房产折旧率，那么根据生命周期-持久收入假说，基于消费者一生各期收入加总与期初财富的总预算约束下的效用最大化可以通过构造拉格朗日函数并求解。

$$L(C_1, C_2, \cdots, C_t, \lambda)$$

$$= U(C_1, C_2, \cdots, C_t) + \lambda \Big(\sum_{t=1}^{t} \frac{Y_t}{(1+r)^{t-1}} + P_0 H_0 - \sum_{t=1}^{t} \frac{C_t}{(1+r)^{t-1}}$$

$$- \sum_{t=1}^{t} \frac{P_t(r+\delta)H_t}{(1+r)^{t-1}} \Big)$$

解出消费者的消费函数 $C_t^* = C_t(Y_t, Y_t, \cdots, Y_t, H_t, r)$，这是消费者的最优消费路径。假设在不完美金融市场下，预期住房价格发生变化，贷款者一般要求借款人以一定的房产作为抵押，并对借款人实行差别化的利率（Bernanke，1989）。假设两期的消费，贷款的金融机构要求借款人隔期还本付息，那么第 t 期的贷款额是预期下一期住房价值现值的 k 倍，那么消费者的跨期流动性约束发生改变，下一期的房价上涨的预期改变了家庭的资产状况，增加了金融机构的信贷，借贷数量和消费支出会呈现出上升的特点。如果住房的消费量没有发生变化，消费者有限理性的情况下，房价上涨可能对消费者的支出没有实际的影响。

但是如果消费者是首次购买房子或是改善型的住房需求，那么消费者需要更多的住房支出，房价上涨意味着消费者劳动收入货币的实际贬值，会降低并挤出消费者的其他商品消费支出，从而降低消费者的福利。如果消费者拥有多套住房，并且在每 t 期进行多套住房的投资，那么房价上涨也可以增加消费者的总资本收入，带来收入效应，从而提高消费水平和消费倾向。

根据生命周期理论（Ando & Modigliani，1963），家庭会将其拥有的资产分配到生命周期的不同阶段进而平滑其消费，以实现跨期优化，因此，家庭资产的增加将直接提升家庭消费。为探究住房资产对居民消费的影响，构造如下实证模型：

$$\ln C_{i,t} = \beta_0 + \beta_1 \ln H_{i,t} + \sum_{j=1}^{n} \gamma_j \ln X_{ij,t} + \sum_{k=1}^{m} \lambda_k Z_{ik,t} + \varepsilon_{i,t} \tag{1}$$

$$\ln C_{i,t} = \beta_0 + \beta_1 \ln H_{i,t} + \beta_2 \ln C_{i,t-1} + \sum_{j=1}^{n} \gamma_j \ln X_{ij,t}$$

$$+ \sum_{k=1}^{m} \lambda_k Z_{ik,t} + \varepsilon_{i,t} \tag{2}$$

$$\Delta \ln C_{i,t} = \beta_0 + \beta_1 \Delta \ln H_{i,t} + \sum_{j=1}^{n} \gamma_j \Delta \ln X_{ij,t}$$

$$+ \sum_{k=1}^{m} \lambda_k Z_{ik,t-1} + \varepsilon_{i,t} \tag{3}$$

其中，因变量 C 表示家庭各期消费（包括总消费支出和各分项消费支出），核心解释变量 H 是住房资产价值（包括现住房资产和其他住房资产，即家庭拥有产权的住房的总价值），X 代表一系列家庭资产控制变量（包括房贷余额、房贷支出、家庭收入、金融资产、公司资产、应收账款），Z 代表一系列家庭特征变量（包括是否有住房贷款、住房数量、购房或建房时间、家庭规模）和家庭主事者特征变量（包括主事者年龄、性别、婚姻状态、健康状态、受教育年限和户口类型），ε 是均值为零方差为常数的随机扰动项，式中的金额变量均采用取对数的方式以尽可能实现变量的正态分布。(1) 式是目前研究中最常用的模型，系数 β_1 衡量的是住房资产的消费弹性，是住房资产对居民消费的"资产效应"，即住房资产水平的增长对家庭消费的影响。在霍尔（Hall，1978）的现代消费理论的实证检验框架下，参考李涛和陈斌开（2014）的研究，(2) 式控制了家庭上一期的消费情况，可以减少因为缺失家庭能力、偏好、预期等重要变量带来的内生性问题，这也是目前新的微观实证文章中几乎都没有考虑和试图解决的问题。基于持久收入假说（Friedman，1957；Hall，1978），由未预期到的资产价格上涨而带来的家庭财富的增长，会导致居民消费的增加，房价的上涨带来的是住房资产的升值，因而家庭财富增加，居民消费水平也会提升，表现为住房资产价值波动对家庭消费的"财富效应"。理论指出，资产的"财富效应"受家庭预期的影响，在资产价格波动被家庭完美预期到的情况下，家庭消费并不会调整；而只有在预期之外的资产价格的波动导致的家庭消费的调整才是真实的"财富效应"。一般情况下，很难确定家庭是否预期到了房价的上涨，因此以往的文献中所估计的并非"真实"的财富效应，通过（2）式估计所得的系数可视为住房资产的"财富效应"，即未预期到的住房资产的增加对消费的影响。为了进一步检验住房资产的"财富效应"是否存在以及其大小和正负性，参考坎贝尔和科克（Campbell & Cocco，2007）的做法，(3) 式采用更为常见的差分模型设定，检验住房资产的增长率对家庭消费增长率的影响。在住房面积不变（控制住房数量）的情况下，住房资产的对数差分等同于住房资产的回报率，即（3）式中的系数 β_1 可近似为房价的波动对居民家庭消费增长率的影响。考虑到对一些随时间变化较小而不适用于差分的变量如家庭规模、年龄、性别等，为避免反向因果内生性，采用家庭上一期的数值进行控制，即式中的控制变量 Z_{t-1}。本部分按全样本对（1）式、（2）式和（3）式进行基准回归，并逐步控制时间效应和家庭效应，得出全样本的住房资产对居民总消费支出以及各分项消费支出的"资产效应"

和"财富效应"。

表 6.5 报告了对基本模型的回归结果,解释变量均为总消费支出。其中前两列为对第四部分中(1)式的回归结果,第一列是未控制家庭固定效应的混合一般最小二乘回归(pooled OLS)的结果,第二列为控制了时间和家庭双向固定效应的回归结果。第三列、第四列和第五列是对(2)式的回归结果,其中第三列是不控制时间效应的混合一般最小二乘回归的结果,第四列是控制了时间效应的混合一般最小二乘回归的结果,第五列是采用两步法系统广义矩估计(system-GMM)的结果。最后一列是对(3)式差分模型的估计结果,采用了时间和家庭固定效应模型。综合来看,本部分所关心的系数(β_1)均在 1% 的统计水平上显著,上一期的消费水平对当期的消费有着显著的积极影响,控制上一期的消费有助于减少回归的偏误,提高估计的准确性,区别"资产效应"和"财富效应"。第一列和第二列住房资产的系数表示住房资产水平对居民消费的"资产效应",在控制家庭固定效应后,系数从 0.109 下降到 0.059,可见通过家庭固定效应可以控制一些影响家庭消费的不随时间而变化的无法观测到的因素。根据第二列的估计结果,住房资产对中国城镇居民家庭的消费弹性为 0.059,即住房资产增加 1%,城镇居民家庭消费增长 0.059%。表明住房资产对居民消费轻微的"资产效应"虽然在统计学意义上显著,但经济意义上并不显著,这一结论与前人研究结果基本一致(李涛和陈斌开,2014;万晓莉,等,2017)。第三列至第六列估计的是住房资产的"财富效应",其中第三列至第五列是对(2)式控制了上一期消费的动态面板模型的估计,第六列是对(3)式的差分模型的估计。可见,在各种模型估计下,住房资产的"财富效应"在 1% 的统计水平上显著为正,且在 0.059 到 0.074 之间。比较第三列和第四列,控制时间效应后,住房资产的消费弹性从 0.066 增加到 0.070,从第五列来看,利用系统 GMM 控制内生性后,消费弹性下降到 0.059。第六列显示,基于差分模型的估计系数略微大于控制上一期消费的估计系数,住房价值的增长率增加 1 个百分点,居民家庭消费增长率增加 0.074 个百分点,这一"财富效应"在 1% 的统计水平上显著。这一显著为正的估计结果似乎与李涛和陈斌开(2014)以及万晓莉等(2017)的估计结果不符,但是考虑到前两者的研究所使用的皆是 2009 年以前的微观数据,而本部分的实证检验是基于 2010 年以后的家庭调查数据,研究的时间跨度与前者文献并不重合,本部分的结论或许为新时期住房资产的财富效应提供了证据。

表 6.5　住房资产对居民消费的影响

	混合 OLS	固定效应	混合 OLS	混合 OLS	系统 GMM	固定效应
	(1)	(2)	(3)	(4)	(5)	(6)
上一期消费			0.372*** (0.014)	0.349*** (0.015)	0.114*** (0.026)	
住房价值	0.109*** (0.007)	0.059*** (0.010)	0.066*** (0.007)	0.070*** (0.007)	0.059*** (0.014)	
△住房价值						0.074*** (0.015)
家庭财政变量	Yes	Yes	Yes	Yes	Yes	Yes
家庭特征变量	Yes	Yes	Yes	Yes	Yes	Yes
时间固定效应	Yes	Yes	No	Yes	Yes	Yes
家庭固定效应	No	Yes	No	No	No	Yes
N	6 273	6 272	5 001	5 001	5 001	4 888
调整的 R^2	0.423	0.225	0.447	0.482		0.051

注：括号内为异方差稳健的标准误，***、** 和 * 分别表示在1%、5%和10%的显著性水平上显著，下同。

表 6.6 是在表 6.5 第六列差分模型估计的基础上分别以家庭总消费、食品支出、衣着支出、日用品支出、医疗保健支出、交通通信支出以及文教娱乐支出为解释变量的对（3）式的回归结果，检验了住房资产对居民消费的财富效应在不同消费分项上的表现。结果显示，除了医疗保健支出，住房资产对上述六大类别的消费支出均有着统计意义上显著的财富效应，住房的财富效应显著为正，其系数在 0.051 到 0.225 之间，其中住房资产的增长对家庭文教娱乐支出的增长影响最大，为 0.225，即住房资产升值 1 个百分点，居民的食品支出增长率增加 0.225 个百分点；对食品支出的增长影响最小，仅为 0.051，即住房资产升值 1 个百分点，居民的食品支出增长率增加 0.051 个百分点。可见，房价上涨带来的住房资产升值对城镇居民家庭的享受性消费影响较大，而对生存性消费影响较小。

表 6.6　住房资产对居民分项消费的影响（财富效应）

	△总消费	△食品	△衣着	△日用品	△医疗保健	△交通通信	△文教娱乐
△住房价值	0.074*** (0.015)	0.051** (0.023)	0.090** (0.042)	0.138*** (0.037)	0.035 (0.065)	0.095*** (0.025)	0.225*** (0.069)

续表

	△总消费	△食品	△衣着	△日用品	△医疗保健	△交通通信	△文教娱乐
家庭财政变量	Yes	Yes	Yes	Yes	Yes	Yes	Yes
家庭特征变量	Yes	Yes	Yes	Yes	Yes	Yes	Yes
时间固定效应	Yes	Yes	Yes	Yes	Yes	Yes	Yes
家庭固定效应	Yes	Yes	Yes	Yes	Yes	Yes	Yes
N	4 888	4 888	4 888	4 888	4 888	4 888	4 888
调整的 R^2	0.051	0.023	0.048	0.026	0.011	0.032	0.012

（四）住房财富效应的家庭异质性

考虑到家庭本身的特征如拥有住房数量、是否有住房贷款、购房或建房时间、家庭收入以及主事者年龄等因素都会影响住房财富效应的方向和大小，得益于 CFPS 的微观家庭数据涵盖了丰富的家庭人口学变量，笔者可按是否有住房贷款、住房数量、是否在近期购房（建房）、家庭收入和主事者年龄对家庭进行分组，检验房价波动对异质性家庭的不同影响。

表 6.7 报告了住房价值波动对不同家庭的居民消费的影响（财富效应的家庭异质性）。通过对比可以看出，住房资产的财富效应在无房贷家庭中显著存在，而在有房贷家庭中无论是总消费还是各分项消费支出均不显著。具体而言，在无房贷家庭中，住房资产升值一个百分点，其总消费增长率增加 0.078 4 个百分点，与全样本的估计结果一致，住房的财富效应在文教娱乐支出上最大，在食品支出上最小。

就住房数量而言，从总消费来看，拥有多套房家庭中住房资产的财富效应远大于只拥有一套房的家庭中住房资产的财富效应，可以看出，在拥有多套房的家庭中，住房的投资属性较强，住房财富效应的显著存在符合日常认知。从消费类别来看，房价波动对只有一套房的家庭的衣着支出、日用品支出、交通通信支出和文教娱乐支出均有显著影响，而在拥有多套房的家庭中，房价波动只显著影响交通通信支出。

对于购房或建房时间在两年以上的家庭，房价波动带来的财富效应显著存在于总消费以及除医疗保健支出以外的各分项支出方面。其中，与对全样本的估计结果一致，房价波动对文教娱乐支出的影响最大，对食品支出的影响最小；而对于近期（两年或两年以内）购房或建房的家庭，财富

表 6.7　房价波动对不同家庭居民消费的影响（家庭异质性）

家庭异质性		Δ总消费	Δ食品	Δ衣着	Δ日用品	Δ医疗保健	Δ交通通信	Δ文教娱乐
住房贷款	无房贷家庭 N=4 256	0.078 4*** (0.015 7)	0.056 7** (0.026 0)	0.077 3* (0.043 4)	0.121** (0.040 0)	0.049 2 (0.070 0)	0.091 1*** (0.028 5)	0.246*** (0.073 4)
	有房贷家庭 N=632	0.053 6 (0.075 1)	0.085 9 (0.105)	0.178 (0.166)	0.279 (0.170)	-0.049 4 (0.341)	0.045 7 (0.086 8)	-0.526 (0.385)
住房数量	有一套房家庭 N=4 09 6	0.064 7*** (0.016 3)	0.043 8 (0.026 9)	0.113** (0.048 4)	0.154*** (0.040 5)	0.074 1 (0.072 6)	0.099 0*** (0.026 8)	0.251*** (0.073 9)
	有多套房家庭 N=792	0.113** (0.049 3)	-0.016 4 (0.052 8)	-0.040 7 (0.096 4)	0.166 (0.118)	-0.067 3 (0.226)	0.171*** (0.054 7)	0.133 (0.266)
购房时间	近期购房家庭 N=365	-0.384** (0.187)	-0.399 (0.354)	-1.931*** (0.605)	0.647 (0.463)	-0.026 6 (0.738)	-0.378 (0.238)	1.017 (0.923)
	非近期购房家庭 N=4 523	0.074 0*** (0.014 8)	0.040 6* (0.021 7)	0.093 2* (0.043 0)	0.114*** (0.038 0)	0.060 3 (0.064 6)	0.080 2*** (0.027 1)	0.235*** (0.072 8)

续表

家庭异质性		Δ总消费	Δ食品	Δ衣着	Δ日用品	Δ医疗保健	Δ交通通信	Δ文教娱乐
家庭收入	低收入家庭 N=1 482	0.052 3 (0.031 9)	0.038 6 (0.051 0)	0.041 5 (0.095 3)	−0.037 6 (0.073 9)	0.015 1 (0.113)	0.012 7 (0.066 9)	−0.015 3 (0.122)
	中等收入家庭 N=1 592	0.072 9** (0.034 9)	0.001 91 (0.049 6)	0.077 5 (0.090 5)	0.132* (0.074 6)	−0.163 (0.141)	0.137*** (0.047 0)	0.264 (0.188)
	高收入家庭 N=1 814	0.079 8*** (0.024 2)	0.006 32 (0.027 7)	−0.008 61 (0.083 1)	0.206*** (0.068 7)	0.150 (0.139)	0.080 4*** (0.030 9)	0.384*** (0.103)
主事者年龄	年轻主事者 N=443	0.018 5 (0.062 8)	0.012 8 (0.075 8)	−0.103 (0.109)	0.015 5 (0.380)	0.336 (0.350)	0.038 1 (0.105)	0.099 5 (0.313)
	中年主事者 N=2 519	0.065 4*** (0.022 3)	0.082 2** (0.039 7)	0.144*** (0.045 1)	0.140** (0.056 2)	−0.006 67 (0.113)	0.0813** (0.034 1)	0.191* (0.109)
	老年主事者 N=1 926	0.061 8** (0.024 3)	0.032 1 (0.034 9)	0.059 7 (0.084 4)	0.062 1 (0.056 8)	0.066 2 (0.085 1)	0.108** (0.052 0)	0.240* (0.131)

注：近期购房家庭定义为购房或建房时间在两年以内的家庭（由于购房或建房在一年以内的家庭太少，故本部分以两年为界限来定义近期购房或建房行为）；高中低收入家庭的划分按家庭收入的分布来划定；年轻、中年、老年家庭分别为主事者年龄在 16 岁至 35 岁、36 岁至 55 岁及 56 岁以上的家庭。

效应系数普遍为负，且在总消费和衣着支出上显著，说明购房行为很有可能抑制了房价波动带来的财富效应，而对许多消费类别统计上不显著可能是因为样本量过少（365 个观测值，即 73 户家庭）。

考虑到家庭收入是影响居民消费的最重要因素，笔者把样本按家庭收入的分布分成三部分，前三分之一为低收入家庭，中间三分之一为中等收入家庭，最高的三分之一为高收入家庭。从家庭收入方面来看，住房资产的财富效应在低收入家庭中并不存在，而只存在于中等收入家庭和高收入家庭中，并且在高收入家庭中效应更大。

坎贝尔和科克（Campbell & Cocco，2007）的研究表明财富效应在不同年龄段的个体中存在显著差异，由于预期的生命周期期限随着年龄而缩短，年龄越大，财富效应也越大。本部分按家庭主事者年龄把样本分为三类，分别为主事者年龄在 16 岁至 35 岁的年轻家庭，36 岁至 55 岁的中年家庭，以及 56 岁以上的老年家庭。与理论预期一致的是，估计结果表明，住房资产的财富效应只在中年家庭和老年家庭中显著存在，而在年轻家庭中不存在。然而，对比中年家庭和老年家庭，房价波动影响了中年家庭的总消费和除医疗保健支出以外的各项消费性支出，而财富效应在老年家庭总消费上的表现主要来源于对交通通信和文教娱乐支出的影响。这一发现比较符合中国的国情，虽然年龄越大，住房资产的财富效应理应越大，但东亚文化圈的家庭具有强烈的遗赠动机，老年家庭往往倾向于把房产留给下一代，房价上涨并不会显著提升这一类家庭的消费水平。

总体来看，在中国，2010 年以后，住房资产对城镇家庭的消费存在显著为正的财富效应，并且住房贷款、住房数量、是否近期购房、家庭收入和家庭主事者年龄均对住房财富效应的表现有显著影响。

四、异质性家庭购房行为对消费的影响

基于上述讨论，家庭购房（包括建房）作为一项重大支出可能挤出了家庭的其他日常消费，并抑制了住房的财富效应。面对高涨的房价，不少家庭购房前节衣缩食筹款购房，购房后为了偿还房贷而成为"房奴"，极力压缩其他消费支出。李江一（2018）通过中国家庭金融调查 2011 和 2013 两年的数据，发现购房动机和偿还住房贷款分别挤出了 7.4% 和 15.8% 的家庭消费。本章在这一部分验证了在 2010—2018 年期间，家庭

购房行为对居民消费造成的影响。

　　检验家庭购房是否挤出了居民消费面临一个挑战，即样本自我选择偏差问题。由于是否购房是家庭自愿选择的结果，购房的家庭可能本身在购房前已经储蓄了很长时间，抑制了日常消费以准备购房，也可能本身收入较高，有足够的能力购房，其边际消费倾向可能本身就低于其他家庭，所以通过 OLS 估计的结果可能是样本本身自我选择带来的偏差，而不是购房行为带来的真实的影响。倾向得分匹配（PSM）的方法能够较好地纠正样本选择偏差带来的内生性问题。这一方法的基本思想是通过寻找与处理组（购房的家庭）特征相近但没有购房的家庭作为控制组，然后在此基础上计算处理组与控制组家庭消费的平均差异，即购房家庭的平均处理效应（average treatment effect on the treated，ATT）。

　　首先，估计倾向得分函数 $p(X)$，即通过家庭的经济、人口统计特征估计家庭购房的概率。倾向值得分指的是处理效应模型中在给定特征条件下接受处理的条件概率（Rosenbaum & Rubin，1983），即：

$$p(X) = \Pr[D = 1 \mid X] = E[D \mid X] \tag{4}$$

　　其中，X 表示控制组的多维特征向量（在本部分，控制变量包括住房价值、房贷支出、家庭收入、金融资产、公司资产、应收账款、家庭储蓄、是否有房贷、住房数量、家庭规模、主事者年龄、主事者性别、主事者婚姻状况、主事者健康状况、主事者受教育水平、主事者户口类型、家庭所在地），D 是模型中的指示变量（家庭是否购房或建房），取 1 表示样本接受处理，即家庭购买了住房，取 0 表示样本未接受处理，即家庭没有购买住房。一般使用 Logit 模型估计倾向得分：

$$p(X_i) = \Pr(D_i = 1 \mid X_i) = \frac{\exp(\beta X_i)}{1 + \exp(\beta X_i)} \tag{5}$$

　　其次，根据每个家庭的倾向得分为购房的家庭寻找最佳匹配对象。基于 CFPS 2010 年、2012 年、2014 年、2016 年和 2018 年的面板数据，本部分按照 1∶20 采用最近邻匹配法（nearest-neighbor matching）选取与购房的家庭倾向得分值差别最小的没有购房的家庭与其配对，然后进行平衡性检验以检验匹配的有效性。需要注意的是，这一部分的实证检验所使用的样本不同于第四部分关于住房的资产效应和财富效应的检验所使用的样本，由于农村地区的居民通常可以购买或自建住房，并且在期初租房的家庭可能在后续调查期限内买房或建房，因此，匹配时包括了农村地区的家庭和租房的家庭。表 6.8 汇报了匹配变量的平衡性检验结果。结果表明，匹配后的处理组和控制组在匹配变量上不存在显著差异，且匹配后的标准偏差的绝对值均不高于 5%。根据罗森鲍尔和吕安（Rosenbaum & Ru-in，1985）的经验，若匹配后的标准偏差绝对值在 20% 以下，则认为匹配效果较好。总体来看，本部分的匹配效果较为理想。

表 6.8　倾向得分匹配平衡性检验

匹配变量	均值		标准偏差（%）	标准偏差减少幅度（%）	t 检验伴随概率
	处理组	控制组			
ln（住房价值）	2.89	2.92	−1.6	89.2	0.289
ln（家庭收入）	1.66	1.68	−1.8	82.2	0.263
ln（金融资产）	0.60	0.65	−4.5	77.4	0.002
ln（公司资产）	0.07	0.08	−2.4	30.8	0.118
ln（应收账款）	0.17	0.19	−2.6	32.9	0.104
ln（家庭储蓄）	0.63	0.65	−1.8	94.2	0.189
房贷变量	0.13	0.14	−1.6	72.8	0.324
住房数量	1.22	1.22	−0.7	98.8	0.660
家庭规模	3.91	3.88	1.2	81	0.435
主事者年龄	50.01	50.08	−0.6	96.2	0.702
主事者性别	0.70	0.68	2.9	90.3	0.053
主事者婚姻状态	0.91	0.91	1.7	78.5	0.255
主事者健康状态	2.28	2.28	0.1	999	0.957
主事者受教育年限	6.76	6.77	−0.3	98.9	0.872
主事者户口类型	0.29	0.31	−5.0	−48.5	0.002
家庭所在地	0.44	0.45	−3.9	−120.1	0.014

在倾向得分匹配并通过平衡性检验之后，本部分估计了全样本和按家庭异质性分类样本中家庭购房行为对各项消费类别的平均处理效应，即家庭的购房行为给居民消费带来的净影响。表 6.9 报告了最近邻匹配方法、半径匹配以及核匹配下的家庭购房对各项消费类别的平均处理效应。① 结

① 为检验结论的稳健性，除了最近邻匹配，我们同时采用半径匹配和核匹配这两种最常见的匹配方法进行平均处理效应的估计，结果表明，这两种方法估计的家庭购房对家庭消费的平均处理效应与最近邻匹配估计的结果并无显著差别，说明估计结果是稳健的。

果表明，在全样本中，家庭购房对医疗保健支出产生了积极的影响，而对
总消费、食品、衣着、日用品、交通通信和文教娱乐均产生了负面的影
响，并且所有影响均至少在 5% 的统计水平上显著。其中，家庭购房对衣
着支出影响最大，挤出了 64.4% 的家庭衣着支出；对日用品支出的影响
最小，挤出了 14.5% 的家庭日用品支出。比较合理的解释是，家庭在购
买住房以后往往需要添置日用品，因此在家庭总预算受限的情况下，相较
于其他消费性支出，日用品支出受到的影响会比较小。

表 6.9　家庭购房对家庭消费的影响

变量	最近邻匹配		半径匹配		核匹配	
	ATT	t-value	ATT	t-value	ATT	t-value
消费支出（对数）	−0.179	−10.67***	−0.173	−10.68***	−0.176	−11.09***
食品支出（对数）	−0.260	−11.73***	−0.254	−11.63***	−0.257	−12.01***
衣着支出（对数）	−0.644	−14.91***	−0.645	−15.39***	−0.632	−15.36***
日用品支出（对数）	−0.145	−4.12***	−0.124	−3.65***	−0.142	−4.25***
医疗保健支出（对数）	0.184	3.54***	0.170	3.44***	−0.176	3.63***
交通通信支出（对数）	−0.232	−8.07***	−0.227	−8.07***	−0.234	−8.48***
文教娱乐支出（对数）	−0.202	−2.46**	−0.235	−2.99***	−0.183	−2.37**

考虑到是否使用贷款购房，以及所购买的住房是否是第一套住房均是
影响家庭消费的重要因素，探讨家庭购房行为对家庭消费的异质性影响很
有必要。表 6.10 汇报了按是否有住房贷款和所购买的住房是否是第一套
住房分类的家庭购房对各项消费的净效应。通过对比可以看出，购房行为
对家庭消费的挤出效应在有房贷的家庭中要大于无房贷的家庭，因为有房
贷的家庭本身预算有限，购买住房后面临着还款压力，因此消费支出下降
幅度略大于无房贷的家庭。比较一套房家庭和多套房家庭，结果显示购房
行为对一套房家庭的影响远大于有多套房家庭的影响，并且购房对有多套
房家庭的医疗保健、交通通信和文教娱乐支出没有显著影响。可以看出，
如果购买的住房是家庭的第一套房，住房往往呈现消费属性，购房的支出
会影响家庭的预算约束从而挤出其他的日常消费，而如果购买的住房是家
庭的第二套或第三套住房，住房往往呈现投资属性，购房的支出并不会过
度挤压其他的日常消费。

表 6.10　家庭购房对异质性家庭消费的影响

变量	无房家庭		有房贷家庭		一套房家庭		多套房家庭	
	ATT	t-value	ATT	t-value	ATT	t-value	ATT	t-value
消费支出（对数）	−0.173	−9.53***	−0.197	−4.18***	−0.173	−9.40***	−0.104	−2.65***
食品支出（对数）	−0.261	−10.60***	−0.213	−3.60***	−0.260	−10.25***	−0.144	−3.02***
衣着支出（对数）	−0.637	−13.45***	−0.582	−5.54***	−0.672	−13.48***	−0.186	−2.27**
日用品支出（对数）	−0.132	−3.45***	−0.257	−2.88***	−0.096	−2.43**	−0.180	−2.26**
医疗保健支出（对数）	0.154	2.71***	0.284	2.02*	0.244	4.12***	−0.031	−0.26
交通通信支出（对数）	−0.226	−7.12***	−0.271	−4.00***	−0.244	−7.28***	−0.093	−1.59
文教娱乐支出（对数）	−0.209	−2.35**	−0.284	−1.26	−0.136	−1.47	−0.004	−0.02

注：一套房家庭表示所购买的住房是这类家庭的第一套住房，多套房家庭表示所购买的住房至少是这类家庭的第二套住房。

最后，基于 CFPS 五期的数据，本部分对购房行为抑制居民消费的平均处理效应做一个模拟测算。首先，CFPS 家庭平均每年食品支出为 16 119 元，衣着支出为 2 179 元，日用品支出为 6 517 元，交通通信支出为 3 833 元，文教娱乐支出为 4 895 元；其次，根据表 6.9 的结果，家庭购房行为减少了 26% 的食品支出，64.4% 的衣着支出，14.5% 的日用品支出，23.2% 的交通通信支出，20.2% 的文教娱乐支出；最后，购房家庭的比例为 29.9%，据此测算，购房行为降低了家庭年均食品支出约 1 253 元（16 119×26%×29.9%），年均衣着支出约 420 元（2 179×64.4%×29.9%），年均日用品支出约 283 元（6 517×14.5%×29.9%），年均交通通信支出约 266 元（3 833×23.2%×29.9%），年均文教娱乐支出约 296 元（4 895×20.2%×29.9%）。

综上研究，从 CFPS 数据来看，虽然有住房贷款的家庭占所有家庭的比重仅为 12.9%，但 83.8% 的家庭只拥有一套住房，拥有多套住房的家庭在中国仍是少数（16.2%）。受传统的家庭观念影响，购房在中国几乎成为刚性需求，在房价上涨的背景下，家庭购房必然对居民消费产生显著的抑制作用，房价的持续上涨并不利于消费升级和扩大内需。

五、研究结论与启示

房价上涨和消费率低是我国新时期经济发展中并存的两个现象，住房资产的财富效应也一直是学界非常关注的话题。为了克服以往国内同类研究的不足（包括采用宏观数据的样本不足、数据"可加性"问题和采用微观数据的内生性问题），本部分利用 CFPS 采集的 2010 年、2012 年、2014 年、2016 年和 2018 年五期微观面板数据，基于对数模型和差分模型分别估计了住房价值的"资产效应"和"财富效应"，并分组检验了住房的财富效应的家庭异质性。最后从基于倾向得分匹配的方法，纠正了自我选择偏差带来的偏误，实证检验了家庭购房对居民消费的净效应。

研究发现，住房资产对家庭消费表现出统计上显著但经济意义上微弱的正"资产效应"，住房资产的消费弹性约为 0.059，即住房资产增加 1%，城镇居民家庭消费增加 0.059%，这一结论与部分前人文献基本保持一致。基于差分模型的估计表明，住房资产存在统计上显著的正"财富效应"，住房资产每升值一个百分点，城镇居民家庭消费增长率增加

0.074个百分点。从家庭异质性的角度来看，住房资产的财富效应只存在
于无房贷的家庭、中高等收入家庭和中年家庭，并且财富效应在拥有多套
住房的家庭中更大。倾向得分匹配的检验结果表明家庭购房显著挤出了除
医疗保健支出以外的所有消费性支出，家庭购房行为在整体上对居民消费
的影响是负面的。同时，购房行为对有住房贷款家庭和只有一套住房的家
庭的消费支出有很强的抑制作用。

　　本研究的政策启示在于：住房资产对家庭消费仅存在微弱的资产效应
和正向的财富效应，房价上涨无助于居民扩大消费，相反，家庭的购房行
为会对居民消费产生挤出效应，整体而言，扩大内需和消费升级应依赖于
家庭收入的持续增长和社会保障体系的完善。另外，考虑到家庭购房已经
成为中国家庭的刚性需求，一方面，政府需要增加土地和住房供给，从供
给侧调控住房价格；另一方面，需完善租房市场，引导理性购房需求，抑
制投资需求。对于已购房的家庭，政府应采取措施减轻背负住房贷款的家
庭的还款负担，缓和房贷对家庭消费的负面影响。

第七章 制约居民消费持续增长的深层因素Ⅱ：老龄化对居民消费的影响分析

本章继续深入探讨制约居民消费持续增长的深层因素和重点问题之二：人口老龄化问题。家庭生命周期是影响居民消费的重要因素。2021 年 5 月，第七次全国人口普查结果公布，显示我国 60 岁及以上人口为 26 402 万人，占 18.70%，其中，65 岁及以上人口为 19 064 万人，占 13.50%。人口老龄化程度进一步加深。同期，国家统计局数据显示，2019 年新出生人口比 2018 年减少 58 万人。老龄化问题的超预期发展再一次引发社会各界的高度忧虑。老龄化如何影响我国的家庭消费，现有研究仍然存在着争议。一方面，以李宏彬等（Li et al.，2015）在《美国经济评论》上发表的论文为代表的研究显示，老龄化对我国居民消费的冲击十分严重，老龄家庭受退休等因素的影响，非耐用品消费平均降幅高达 20%；另一方面，以李文星等（2008）在《经济研究》、石贝贝（2017）在《人口研究》上发表的论文为代表的研究显示，老龄化对我国家庭的总体消费影响并不显著。老龄化究竟如何影响居民消费这一研究问题对我国经济社会的现实发展具有十分重要的意义，不同的答案意味着完全不同的长期效应和公共政策取向，必须予以审慎、充分而细致的分析。本章将基于中国综合社会调查（Chinese general social survey，CGSS）的数据为这一问题提供新的微观证据。

一、简短的文献述评

老龄化对供给侧的影响在经济学界富有共识。一般而言，老龄化会同时影响劳动参与率和人力资本质量，从而对生产率产生持久的负面冲击。但其对消费侧的影响则充满争议。通常分析老龄化对消费影响的基准框架是莫迪利亚尼（Modigliani）的生命周期消费模型。这一框架的核心含义是理性消费者会根据效用最大化原则来安排其一生的消费与储蓄，即在不同的年龄阶段根据不同的消费需求将其一生的预期总收入进行跨期资源配置，如在可预期的高收入阶段和低收入阶段对消费进行有效平滑，以实现跨期效用最大化（Modigliani & Brumberg，1954）。在最基本的生命周期模型中，假设边际效用是连续且递减的，消费者的最优消费路径由效用函数中的利率、死亡风险等参数决定，路径水平取决于其一生的预算约束。这一理论的一个合理的推论是，由于老龄化是一个可以充分预期的事件，该阶段的消费不会发生重大变化。这一理论暗示，由于个体存在生命周期消费平滑，经济体中的所有参与者的加总消费将与整体的年龄结构无关。这一结论与年龄结构对供给侧的影响形成鲜明对比。

在实证研究方面，总体上出现了三类结论。第一类是支持生命周期消费理论，即老龄化阶段的消费支出与前期相比并未发生明显变化。第二类是发现老龄阶段消费支出确实出现了明显下降，但强调这种下降并未降低实际的效用水平，对支出水平的下降从两个主要方面进行解释：一是老龄化带来与工作相关的支出的下降。即退休之后与工作相关的服装、交通通信等支出会显著下降。所以，在其他支出不变的情况下，这部分支出的下降会导致总消费的下降。二是闲暇时间的出现使得家庭生产代替了原有的购买从而减少了支出。部分学者，如阿吉亚尔和赫斯特（Aguiar & Hurst，2007）、赫德和罗韦德尔（Hurd & Rohwedder，2013）强烈质疑退休时实际消费效用下降的说法。他们认为，由于退休后机会成本的变化，个人通过更高效的购物和家庭生产来降低支出，因此是货币支出而非消费减少。阿吉亚尔和赫斯特（Aguiar & Hurst，2007）研究发现，退休后用于购物的时间增加可以增加购物的搜寻能力从而降低消费支出。第三类是认为老龄化确实会带来居民实际消费水平的下降，工作相关支出下降、家庭生产替代等不足以完全解释退休后消费的大幅下降（Banks et al.，1998）。

由于近年来我国人口老龄化的超预期发展，老龄化对家庭消费的可能影响在我国也引发许多学者的关注，本章对近年有关研究做了一个简要的梳理，如表7.1所示。总体来看，研究结论莫衷一是，三类观点均不乏支持者。一方面，可以看到，无论是在肯定还是否定结论的研究中，都存在一些学者运用不同的数据库、不同的数据定义、不同的模型和计量方法得到了类似的结论；另一方面，也可以看到，不仅使用不同数据库的学者得到的结论出现差异，使用同一数据库的学者中也不乏结论大相径庭。这些研究暗示，关于人口老龄化对家庭消费影响的研究中，部分研究的结论可能对数据、定义、模型和方法较为敏感。

表 7.1　近年我国学者关于老龄化对消费影响的研究

作者	消费变量	老龄人口定义	数据库	方法	老龄化对消费的影响
老龄化对消费无显著负面影响					
石贝贝 (2017)	家庭消费支出	户主年龄 60 岁及以上	CHARLS	单因素方差分析十多元回归	退休后老年人口消费水平提高
朱勤和魏涛远 (2015)	家庭人均消费支出	家庭中有 65 岁及以上老人	CFPS2010	SUR	2010—2050 年在总量层面上影响不大
赵昕东和王昊 (2018)	家庭消费支出	户主年龄 60 岁及以上	CHARLS	RDD	不存在 "退休消费之谜"
黄娅娜等 (2016)	城镇居民家庭人均消费支出	户主是否退休	国家统计局的中国城镇居民收入与支出调查	RDD	中国城镇居民在退休前后的消费基本平滑
老龄化对消费存在显著负面影响					
殷俊茹 (2016)	人均消费	受访者年龄在 60 岁及以上	CHARLS2013	OLS	年龄与消费水平负相关，但在高龄老人中这一关系可能不显著。身体越健康的居民和老龄居民均有相对较高的消费水平，受教育程度较高的居民和老龄居民均有相对较高的消费水平
李宏彬等 (2015)	家庭消费支出		UHS	RDD	家庭非耐用品消费减少 21%；工作相关的支出减少 13%；在家的食品支出减少 13%

续表

作者	消费变量	老龄人口定义	数据库	方法	老龄化对消费的影响
林晓珊 (2018)	人均消费支出及分项支出	60岁及以上老年人口占户内总人口数的比重	CFPS2012	QR	负面的冲击
张克中和汇永川 (2013)	城镇家庭食物消费支出	家庭退休成员个数	中国城市居民食物消费数据	OLS, IV	食物消费下降，家庭生产作用不明显；机关单位人员负面影响并不明显，而企业人员显著降低
邹红和喻开志 (2015)	城镇家庭消费支出	男性户主是否退休	UHS 2000—2009	RDD	非耐用品消费支出−9%；与工作相关支出−25.1%；文化娱乐支出−18.6%；在家食物支出−7.4%
范叙春 (2015)	家庭消费支出	城镇户口退休人群	CHIP1995、2002、2007	RDD	家庭总消费−17.5%（男性）和−10.5%（女性）
黄明清和聂高辉 (2015)	消费率	65岁及以上人口占总人口的比重	中国统计年鉴	面板数据协整检验、面板数据因果检验	老年抚养比增加1%时，消费率将下降0.485%
刘子兰和朱泽 (2013)	城镇家庭消费支出	户主已退休	UHS2007	RDD	强制退休在一定程度上降低了家庭消费，其影响程度则取决于异质性家庭特征

资料来源：根据相关参考文献整理得到。

综合近年已有的研究成果，可以看到有以下三类重要特征：

一是尽管研究结论可能存在差异，但有关研究普遍基于微观家庭调查数据，CHARLS、CHNS、CFPS、UHS 已经成为研究者较为集中的主要数据来源。当然，也有部分研究采用了宏观数据。

二是尽管研究的主题类似，但关键变量定义和测度方法存在巨大差异。以被解释变量"消费"为例，存在"人均消费""家庭消费""个人消费"三类不同的度量方式。关键解释变量方面，以"老龄化"的定义为例，部分研究以"户主"或"受访者"的年龄是否超过 60 岁为界定依据，而部分研究则以家庭中 60 岁及以上老年人口占比为依据。其中：赵昕东和王昊（2018）、石贝贝（2017）均以户主的年龄为依据，得到的一致结论为无显著负面影响或存在正面影响；而殷俊茹等（2016）以受访者年龄为依据，得到的结论则为存在负面影响。

三是研究方法趋于多样化，更加注重"因果推断"和结论的稳健性。尽管从文献比较的角度推测部分研究结论可能并不"稳健"，但从文章研究的规范性和发展趋势角度看，面板数据更加注重应用断点回归设计（RDD）、双重差分（DID）等方法进行因果推断，横截面数据更加注重排除不同方法、不同模型设定以及遗漏变量等内生性问题对结论稳健性的影响。

在人口老龄化与居民消费之间关系的相关研究中，除了考虑以年龄结构改变带来消费能力变化这一视角外，还有一类是以年龄结构改变带来消费者偏好变化为视角，注重研究人口老龄化对消费结构的影响。对于后者，人口老龄化对医疗保健消费的正向效应是大多数研究得出的共识（郑妍妍，等，2013；Van Groezen et al.，2005）。封进等（2015）研究发现城乡居民在医疗支出上的年龄效应存在明显差距，乡村 65 岁及以上老人医疗支出只有城市老人的 40%。而老龄化对其他消费支出的影响却有不同的结论。例如，李中斌等（2016）提出，在短期中，人口老龄化的变动对食品消费支出的变动是负向效应，而对医疗保健消费、教育文娱消费的支出变动是正向效应；在长期中，人口老龄化的变动与食品消费、医疗保健消费、教育文娱消费的支出变动存在着正向均衡关系。类似的，郑妍妍等（2013）利用中国家庭住户收入调查 1988—2007 年数据和 2007 年投入产出表，发现受老龄化影响比较大的消费支出为医疗保健支出、交通和通信支出、教育文化娱乐服务支出和居住支出。徐国祥和刘利（2016）选取中国内地 31 个省/自治区/直辖市 2001—2012 年的年度省级数据，提出老龄化抑制了人均食品支出和人均教育文化娱乐支出。同样利用我国 31 个省/自治区/直辖市城镇居民消费结构数据，向晶（2013）却得出与其相反的结论，认为随着老龄化程度的加深，未来我国居民消费结构升级表现为娱乐文化和教育等支出的提高。杨赞等（2013）也认为老年家庭在退休后医疗保健支出和教育文娱支出显著提高。

　　总结上述研究，无论是探讨人口老龄化对消费水平的影响还是探讨其对消费结构的影响，不同研究呈现出较大的结果差异。这种差异固然与各自研究所基于的理论、方法及选择的观察期有关，但同时也说明了在老龄化发展进程中，老龄化与消费之间存在非常复杂的作用机制。因此，在研究中应更加重视个体消费行为的异质性（如消费偏好、财产状况等）和不同群体的消费行为差异（乐昕，2015；乐昕和彭希哲，2016）。同时，一些全国层面的居民消费研究忽视了中国的二元经济特征。不区分城乡的统一指标或人均指标往往脱离实际，造成较大的估算误差。石明明和刘向东（2015）、陈斌开等（2010）的研究表明，城乡居民的消费偏好和边际消费倾向等存在较大差异。

二、基本模型与主要变量定义

　　考察老龄化对家庭消费的影响，第一个重点是需要很好地定义"家庭"的概念，在此基础上，需要更为准确地度量家庭中的"老龄人口"和定义"拥有老龄人口的家庭"（以下简称"老龄家庭"）。这一定义和度量对问题的分析非常关键，因为有关的"测量误差"既与调查对象对"家庭"和"家庭内老龄人口"的主观认知这一个性化特征相关，同时也与不同调查时段同一家庭不同受访成员的认知差异相关，由此产生的内生性问题可能无法清晰区分个体效应和时间效应，因此很难通过面板数据分析或其他计量技术手段予以消除。此外，对"老龄家庭"的一些技术性定义可能也会产生非常严重的后果，在随后的分析中将会揭示，如果把"受访者"或"户主"是否超过 60 岁作为老龄家庭的测量指标，其测量误差足以导致"统计不显著"，而这一处理方法正为当前很多研究所采用。

　　第二个重点是要关注家庭的异质性。生命周期消费理论强调了完全理性经济人对一生消费的最优安排，但是在现实经济生活中信息并不完全，同时居民也并不是完全理性人。一方面，我国改革开放 40 多年的短暂历史，不足以培育居民"总体"具有充分理性和拥有较强的未来预见力，接近或完全理性经济人的假定可能非常苛刻；另一方面，我国 40 多年经济社会结构剧烈变动还意味着生命周期中的最优消费安排，即各期收入流量的现值等于各期消费支出的现值这一均衡条件无法实现，表现为家庭在进入老龄家庭阶段之前难以预期的住房、医疗、教育、子女婚嫁等特定类别支出水平大幅上升，使得家庭的生命周期消费计划在这一阶段就变得难以实施，表现为对收入的过度敏感，还可能表现为家庭进入老龄家庭阶段之后因为预防性储蓄不足难以平滑家庭消费支出，使得消费支出出现大幅波动，从而增加了陷入老年贫困的风险。以上这些因素意味着老龄化对不同的家庭会产生非常不同的经济后果。此时，如果不加分析地把受老龄化冲击严重的消费者群体"平均掉"，则会产生非常大的分析盲区，而政策建议中忽视可能被平均掉的人口，其现实意义和针对性也将大为削弱。

　　第三个重点是考察老龄化对家庭消费的影响，还要关注老龄化影响消费的宏观效应。即使家庭消费的下降不对微观家庭的实际福利状况产生重大影响，但也可能会产生严重的宏观经济后果，即出现加总后总消费需求的萎缩，从而在需求侧对宏观经济中长期的增长形成负面冲击，这可能意味着在新的经济增长稳态下家庭消费与生产率会同步下降。

　　以上三个方面实际上是回答"老龄化如何影响家庭消费"这一问题的核心，也是本章真正关心和需要解决的现实问题。可以看到，在当前的研究文献中，由于种种原因，很少有学者对上述层层相因、环环相扣的问题进行深入考察，从而在回答有关问题上莫衷一是。基于 2010 年中国综合社会调查项目（CGSS）中的家庭背景和家庭消费支出调查数据，本章对上述问题展开研究。主要的贡献体现在以下方面：第一，与大多数相关主题的研究文献不同，本章的研究重新审慎、清晰地定义了家庭的概念和测度了老龄家庭。在家庭界定方面，CGSS 数据库相比于其他数据库具有十分独特的优势。CGSS 问卷对所有可能的家庭成员进行了穷举，并要求对每位成员说明其年龄、是否居住在一起、经济上是否独立，在此基础上，在问卷的其他部分，还要求回答赡养性支出的情况。后一问题与前述定义构成了一个相互印证的、逻辑自洽的整体。居民消费支出主要是一种家庭行为，因此本章特别地将"共同居住"作为家庭的关键特征，由此可以排除那些虽然有一定经济联系但实际上并不一同生活的成员，后者主要通过赡养性支出来体现。这一定义的合理性主要源于家庭消费具有明显的规模经济性，经济上有联系但不在一起居住实际上其消费行为在很大程度上是独立的。这一定义由于采集的是客观的关系型数据，从而也排除了自我报告对"家庭"认知的主观性。第二，在研究方法上，充分注意到居民消费支出往往是一种家庭行为，因此，与大多数相关主题的研究文献不同，本章更加注重以家庭为单位，回归方法与匹配方法相结合，以系统科学评估老龄化影响居民家庭消费支出的效应。在这一过程中，审慎考虑了样本中可能存在的选择性偏误问题（如世代结构带来的内生性问题）。在此基础上，进一步考虑家庭的异质性，评估城乡分类与城镇分层样本中的有关效应。第三，在结论方面，基于 CGSS 数据的研究为老龄化对我国家庭消费的影响提供了重要的、新的微观证据。研究显示，老龄化对居民家庭的消费支出规模和支出结构均存在非常明显的冲击，同时也发现，乡村家庭和城镇低分位家庭受老龄化的冲击尤为严重。

（一）基本模型

本研究用于检验老龄化对家庭消费影响的基本模型是：

$$y_i = \alpha + \beta D_i + \delta X_i + u_i \tag{1}$$

上式中，被解释变量 y_i 为家庭消费，本章将区分三类总支出，即总消费支出、非耐用品支出和不含购房的总支出，同时还将考察分类支出。本章关注的解释变量为老龄化变量 D，我们将重新定义家庭，并且依据共同居住标准来界定"老龄家庭"，考察老龄家庭虚拟变量和老龄人口对消费的影响。按照以往的研究惯例，设置绝对家庭收入、相对相同收入、家庭资产、家庭规模、家庭规模的平方、居住位置、是否参与社会以及医疗保险、家庭消费观念等变量为主要控制变量。由于收入可能是老龄化影响家庭消费的重要中介变量，因此，在讨论中我们将关注是否包含收入变量对模型结论的影响。

在计量方法选择方面，本部分首先选择 OLS 方法对老龄化的效应进行基础性评估。在此基础上，本部分审慎考虑了样本中可能存在的选择性偏误问题（如世代结构带来的内生性问题），通过控制家庭的异质性特征，应用匹配方法，分析评估老龄化影响居民家庭消费支出的净效应，进一步确认二者之间的因果关系。在上述基础上，本章进一步考虑家庭的异质性，分别考察老龄化对城乡家庭以及城镇不同群体家庭消费的冲击。最后，我们将简要分析老龄化影响消费的宏观效应和计量模型中的"统计不显著"问题。

(二) 家庭、老龄人口与老龄家庭的定义与度量

如前所述，不同定义下的主要解释变量会对结论产生重要影响。因此，研究老龄化对消费的影响的首要任务是较好地定义"家庭"和"老龄家庭"。表 7.2 中列示了 CGSS 调查中三类不同定义下的家庭内老龄人口描述统计情况，可以看到按照不同条件定义老龄人口数量，其度量值会出现极大的差异。从表 7.2 可以看出，按照不同条件"不限制是否一起居住""限制一起居住""受访者年龄"进行老龄人口数量定义，老龄人口的均值分别为 0.556、0.520 和 0.232，三者的差异十分明显，尤其是仅仅通过"受访者年龄"来定义老龄家庭，与另外两种方式存在极大的偏差。从老龄家庭的分布来看，我们发现三者频率分别 0.373、0.355、0.231，差异同样十分巨大。因此，需要非常谨慎地考虑老龄家庭的定义，尤其是仅仅基于受访者年龄（很多文献中默认为户主年龄）的度量方式。从文献述评中我们已经发现，后者正为很多研究所采用。

表 7.2　不同家庭和老龄化定义下老龄人口的数量：CGSS 数据库

变量	条件	样本量	均值	标准差	最小值	最大值
老龄人口数量	不限制是否一起居住	11 783	0.56	0.79	0.00	4.00
老龄人口数量	限制一起居住	11 783	0.52	0.77	0.00	4.00
老龄化虚拟变量	受访者年龄	11 783	0.23	0.42	0.00	1.00
老龄化虚拟变量	限制一起居住：虚拟	11 783	0.36	0.48	—	—
老龄化虚拟变量	不限制是否一起居住：虚拟	11 783	0.37	0.48	—	—
低龄人口数量	不限制一起居住	11 780	0.64	0.81	0.00	8.00
低龄人口数量	限制一起居住	11 783	0.57	0.77	0.00	7.00

资料来源：根据 CGSS 数据整理计算得到。

那么，进行"是否居住在一起"的条件限制是否有意义呢？CGSS 提供了家庭的两种定义方式。我们在表 7.2 中也列示了对不同度量方式下低龄人口的度量，研究发现差异还是比较显著的，原因是很多老龄人口并不同子女居住在一起，或者户籍并不在一起。由于消费具有很强的规模经济性，因此采用"是否住在一起"为标准是一个比较直接有效的方法。我们的家庭观念并不完全以户籍为准，如低保的发放等其他因素都可能影响户籍的安排，且不同的人对家庭的理解存在巨大差异。如果以"共同居住"

定义家庭，则可简单推论出：居住在一起的老龄人口数量少的家庭由于需要转移部分支出，所以该家庭的赡养性支出高。

研究把 CGSS 数据库中的家庭赡养性支出与家庭老龄人口数量进行匹配，有关描述统计如表 7.3 所示。

表 7.3　老龄人口数与赡养性转移支出

变量	样本量	均值	标准差	最小值	最大值
老龄人口数＝0					
赡养性转移支出	7 388	1 111.18	5 603.18	0.00	200 000.00
老龄人口数＝1					
赡养性转移支出	2 290	533.16	2 306.60	0.00	40 000.00
老龄人口数＝2 及以上					
赡养性转移支出	2 054	487.68	2 329.81	0.00	40 000.00

资料来源：根据 CGSS 数据整理计算得到。

表 7.3 显示：家庭中老龄人口数量为 0 的家庭，其赡养性支出为 1 111 元；老龄人口数量为 1 的家庭，其赡养性支出为 533 元；老龄人口数量为 2 及以上的家庭，其赡养性支出为 488 元。随着家庭中老龄人口数量的增加，家庭的赡养性支出减少。这与我们的推论一致。

下面再来观察老龄人口与家庭总人口之间的关系。匹配有关数据，表 7.4 显示，尽管非老龄家庭在我国仍然占大多数，但我国老龄人口与非老龄人口共同居住的情况也非常普遍，拥有老龄人口的家庭规模平均值均在 3.0 以上，这也印证了我国现实中居民观念中的"家庭"与户籍制度中的"家庭"或"户"在概念上存在巨大的结构性差异。同时，与后续的分析相互印证，这一描述统计还暗示：基于共同居住标准来定义的"家庭"概念，我国老龄家庭的规模总体上并不小于非老龄家庭，因此其消费支出下降在总体上可能并不是由家庭规模缩减（或户籍拆分）引起的。

表 7.4　老龄人口与家庭总人口

变量	样本量	均值	标准差	最小值	最大值
老龄人口＝0	7 388	2.87	1.23	1.00	10.00
老龄人口＝1	2 290	3.01	1.62	1.00	10.00
老龄人口＝2 及以上	2 105	3.09	1.60	1.00	13.00
总体样本	11 783	2.93	1.39	1.00	13.00

资料来源：根据 CGSS 数据整理计算得到。

(三) 其他变量的度量

本文被解释变量为家庭消费支出。根据 CGSS 问卷，研究将家庭消费支出分为家庭总体消费支出、食品支出、服装支出、公共事业支出、住房支出、耐用品支出、日用品支出、交通通信支出、娱乐支出、礼品支出、教育支出、医疗支出等。模型中共涉及 10 个控制变量，主要变量的定义如表 7.5 所示。

表 7.5　主要变量的定义

名称	变量	定义
老龄家庭	D	老龄家庭虚拟变量：家庭中至少有一位 60 岁及以上老人＝1，家庭中无 60 岁及以上老人＝0（共同居住标准）
绝对家庭收入	$Finc$	家庭年收入
相对家庭收入	Inc_level	家庭经济状况在所在地属于哪一档？1＝远低于平均水平；2＝低于平均水平；3＝平均水平；4＝高于平均水平；5＝远高于平均水平
家庭规模	$Scale$	家庭总人口数：共同居住标准
家庭财产	$Housing$	家庭拥有住房数量
家庭轿车	$Auto$	是否拥有家用小汽车？有＝1，没有＝0
居住地	$City$	居住地：城市社区＝0，乡村居委会＝1
医疗保险	$MIns$	目前是否参加了以下社会保障项目？城市基本医疗保险/新型乡村合作医疗保险/公费医疗＝1，其他＝0
养老保险	$EIns$	目前是否参加了以下社会保障项目？城市/乡村基本养老保险＝1，其他＝0
储蓄偏好	Att_sav	有了多余的钱是否首先考虑存起来：完全不同意＝1，比较不同意＝2，无所谓同意不同意＝3，比较同意＝4，完全同意＝5

资料来源：根据 CGSS 数据整理得到。

在控制变量中，是否参加医疗保险和养老保险将对家庭的医疗支出规模和家庭消费支出的结构产生直接影响；家庭财产状况与收入相关，但作为存量，相较于收入会与老龄化的关系有所弱化，将其加入控制变量可以降低未考虑收入而带来的遗漏变量风险；考虑到中国城乡的二元差异，城镇居民和乡村居民不一样的消费习惯和消费空间等，我们将居住地纳入控制变量。表 7.6 所示为主要变量的描述统计情况。

表 7.6　描述统计：分项描述

变量	老龄人口=0			老龄人口=1			老龄人口=2 及以上			总体样本		
	样本量	均值	标准差	样本量	均值	标准差	样本量	均值	标准差	样本量	均值	标准差
食品支出	7 388	9 698.20	45 920.00	2 290	7 737.50	1 5451.00	2 105	9 667.00	48 168.90	11 783	9 311.50	42 230.20
服装支出	7 388	2 645.30	5 875.00	2 290	1 779.60	4 717.30	2 105	1 462.00	3 117.60	11 783	2 265.70	5 286.90
公共事业支出	7 388	2 069.50	12 979.80	2 290	1 659.90	4 360.70	2 105	1 906.00	5 014.90	11 783	1 960.70	10 669.60
住房支出	7 388	9 006.30	89 256.60	2 290	3 505.90	3 3158.80	2 105	5 948.40	75 727.10	11 783	7 391.00	78 978.20
耐用品支出	7 388	2 374.40	12 494.70	2 290	1 968.50	1 8405.50	2 105	1 688.30	17 348.50	11 783	2 172.90	14 748.50
日用品支出	7 388	1 105.30	2 624.10	2 290	9 47.90	3 349.50	2 105	921.60	2 925.70	11 783	1 041.90	2 834.20
交通通信支出	7 388	2 009.50	4 533.00	2 290	1 375.00	4 108.10	2 105	1 136.60	2 706.00	11 783	1 730.30	4 195.90
娱乐支出	7 388	758.20	5 119.80	2 290	474.70	2 693.70	2 105	1 028.40	22 110.80	11 783	751.40	10 255.60
礼品支出	7 388	2 167.40	4 995.20	2 290	1 515.40	3 330.10	2 105	1 605.00	3 870.10	11 783	1 940.20	4 534.40
教育支出	7 388	3 518.40	8 611.10	2 290	1 834.10	5 064.70	2 105	1 817.80	6 039.20	11 783	2 887.20	7 658.80
医疗支出	7 388	3 029.80	12 041.20	2 290	4 067.30	14 062.90	2 105	6 002.80	24 383.20	11 783	3 762.50	15 386.70
赠养支出	7 388	1 111.20	5 603.20	2 290	533.20	2 306.60	2 105	488.90	2 315.30	11 783	887.70	4 664.70
绝对家庭收入	6 500	45 686.80	120 538.10	1 974	34 305.70	65 505.00	1 860	36 853.00	59 603.30	10 334	41 922.80	103 060.40
非耐用品支出	7 388	30 487.20	61 466.20	2 290	23 893.00	40 547.40	2 105	27 724.50	66 455.00	11 783	28 712.10	59 021.10
总支出	7 388	39 493.60	114 108.10	2 290	27 399.00	55 223.00	2 105	33 672.9	104 334.10	11 783	36 103.20	103 551.80
不含住房总支出	7 388	30 487.20	61 466.20	2 290	23 893.00	40 547.40	2 105	27 724.5	66 455.00	11 783	28 712.10	59 021.10

资料来源：根据 CGSS 数据整理计算得到。

三、老龄化对居民消费影响的经验证据

(一) 基本回归

根据以上建模思路，表 7.7 报告了应用普通最小二乘回归（OLS）方法的基准回归结果。左列 (1) ～ (6) 为不包含收入变量的回归结果，右列 (7) ～ (14) 为包含收入变量的回归结果，收入变量主要包括绝对收入、相对收入、收入与老龄家庭的交叉项。总体来看，老龄家庭组的回归系数均为负且统计意义上显著。这一初步回归结果表明，老龄家庭的平均消费支出要显著低于总体家庭的平均消费支出。具体来看，在不包含收入变量的回归模型中，控制其他变量，模型 (2) ～模型 (6) 显示，老龄家庭的平均消费支出会下降 4 782～6 984 元；在包含收入变量的回归模型中，控制其他变量（包括交叉项），模型 (8) ～模型 (14) 显示，老龄家庭的平均消费支出会下降 8 159～12 397 元。

老龄家庭虚拟变量与家庭收入交叉项（$D \times finc$）的系数显示，老龄家庭消费的收入弹性远远高于平均水平，显示其对收入变化极其敏感，这与人们的直观认知相符，即老龄家庭消费水平下降很大程度上是由收入水平下降引起的。据此，我们可以推断，收入水平是老龄化影响家庭消费的重要中间变量。如果我们将收入理解为中间变量，此时：模型 (1) ～模型 (6) 中，老龄家庭的估计系数体现的是老龄化影响家庭消费的总体效应；模型 (7) ～模型 (8) 的有关估计系数体现的是仅控制收入变量后老龄化影响家庭消费的直接效应；模型 (9) ～模型 (14) 则有助于评估是否包含收入变量对估计系数的影响。此时：

$$y_i = \alpha + \beta D_i + \gamma I_i + \rho D \times I_i + \delta X_i + \varepsilon_i$$
$$= \alpha + (\beta + \rho I_i) D + \gamma I_i + \delta X_i + \varepsilon_i \tag{2}$$

以模型 (14) 为例，老龄化的影响可以直接表示为：

$$\hat{\delta} = \hat{\beta} + \hat{\rho} I_i = -9\ 483.6 + 0.123 \times I_i \tag{3}$$

采用这一思路，我们进一步测算模型 (9) ～模型 (14) 中的 $\hat{\delta}$ 值。基于样本中家庭收入有关统计数据，估计的有关效应报告如表 7.8 所示。从表中可知，有关效应与模型 (1) ～模型 (6) 比较接近。

表 7.7　基本回归结果

	不含收入						包含收入							
	(1)	(2)	(3)	(4)	(5)	(6)	(7)	(8)	(9)	(10)	(11)	(12)	(13)	(14)
D	-8 793.10*** (-4.45)	-5 589.10*** (-2.85)	-4 782.10** (2.45)	-6 344.20*** (-3.22)	-6 983.60*** (-3.49)	-6 471.80*** (-3.23)	-5 544.20*** (-2.81)	-8 159.30*** (-4.16)	-12 396.50*** (-5.60)	-9 485.00*** (-4.28)	-8 599.60*** (-3.89)	-9 670.40*** (-4.34)	-9 707.60*** (-4.34)	-9 483.60*** (-4.23)
$Finc$							0.27*** (29.86)		0.25*** (25.73)	0.21*** (20.33)	0.20*** (19.59)	0.20*** (19.61)	0.20*** (19.79)	0.20*** (19.64)
Inc_level								15 846.80*** (12.93)		3 679.30*** (2.88)	3 524.70*** (2.76)	3 456.70*** (2.71)	3 498.50*** (2.71)	3 414.40*** (2.64)
$D \times Finc$									0.19*** (6.77)	0.15*** (5.35)	0.14*** (4.80)	0.13*** (4.60)	0.12*** (4.38)	0.12*** (4.37)
$Housing$		21 133.10*** (12.42)	22 405.50*** (13.18)	21 940.30*** (12.91)	21 910.40*** (12.72)	21 753.10*** (12.61)				14 014.80*** (7.90)	15 349.40*** (8.62)	15 037.40*** (8.45)	15 010.30*** (8.41)	15 001.60*** (8.40)
$Auto$		49 806.60*** (16.27)	44 348.70*** (14.31)	43 579.60*** (14.05)	44 684.50*** (14.13)	43 530.20*** (13.70)				32 275.30*** (9.72)	29 284.60*** (8.77)	28 880.60*** (8.64)	30 047.10*** (8.92)	29 652.70*** (8.77)
$City$			19 038.50*** (9.79)	20 160.90*** (10.33)	17 965.30*** (8.56)	17 230.90*** (8.18)					13 591.70*** (6.96)	14 395.60*** (7.34)	13 376.80*** (6.41)	13 110.10*** (6.26)
$Scale$				-2 383.00 (-1.05)	-2 721.00 (-1.19)	-2 630.70 (-1.15)						-4 230.00* (-1.79)	-4 694.60** (-1.98)	-4 660.90* (-1.96)
$Scale\_sq$				859.50*** (2.85)	944.30*** (3.11)	925.80*** (3.05)						942.60*** (2.95)	1022.40*** (3.20)	1 015.50*** (3.18)
$Mins$					-4 641.70 (-1.60)	-4 330.10 (-1.50)							-4 973.50* (-1.69)	-4 804.50 (-1.63)
$Eins$					6 712.10*** (3.23)	6 614.40*** (3.18)							2 353.90 (1.14)	2 322.90 (1.12)
Att_sav						-3 932.00*** (-4.24)								-1 669.10* (-1.81)
截距项	38 339.30*** (32.53)	8 514.50*** (3.93)	-4 229.00* (-1.68)	-5 836.60 (-1.29)	-3 239.60 (-0.63)	13 066.60*** (2.04)	25 842.90*** (20.79)	-3 306.90 (-0.96)	26 887.10*** (21.51)	134.10 (0.04)	-8 606.10** (-2.23)	-5 565.30 (-1.02)	-1 413.80 (-0.24)	5 661.70 (0.80)
观测值	11 783	11 669	11 669	11 669	11 222	11 203	10 334	11 754	10 334	10 242	10 242	10 242	9 891	9 873

表 7.8　有关估计效应的平均值

模型	(9)	(10)	(11)	(12)	(13)	(14)
$\bar{\delta}$	−6 504.65	−4 833.54	−4 413.28	−5 670.14	−5 893.40	−5 669.40

资料来源：根据 CGSS 数据整理计算得到。

总体来看，加入各类控制变量以后，老龄化影响的估计值逐渐趋于稳定，综合包含收入与不含收入两类模型，消费支出的降幅分布在 4 413～6 984 元，与所有家庭样本的平均消费总支出相比，占比 13.36%～21.14%，与对照组非老龄家庭的平均消费总支出相比，降幅在 12.44%～19.69%。

为了考虑耐用品消费、住房支出的可能影响，做了进一步回归分析，回归结果报告如表 7.9 所示。

从表 7.9 中我们看到，与前述基本回归结果类似，不同消费支出口径下，所有模型中老龄家庭的估计系数均为负数，显示老龄化对家庭消费的效应显著为负。

值得注意的是，尽管数据源不同、测算方法不同，我们的上述估计与李宏彬等（Li et al.，2015）利用 CFPS 数据库、基于断点回归方法估计的结果（即非耐用消费平均降幅 20%）非常接近，范叙春（2015）的估计结果也落在我们估计的区间内，几者可以交叉印证。在这里，我们利用 CGSS 微观家庭调查数据再次表明，老龄化对家庭消费的影响在统计意义上显著，同时其降幅与所有家庭样本的平均消费支出相比，达到 13.36%～21.14%。

（二）匹配方法：自选择效应问题

为了避免选择性偏误等可能影响，研究进一步采用以下建模思想：假定存在两个潜在的家庭消费水平：y_{0i} 是家庭 i 未进入老龄化时的正常消费支出，y_{1i} 是该家庭进入老龄化后的消费支出。（$y_{1i}-y_{0i}$）度量了老龄化对家庭消费支出的净影响。但由于不能同时得到 y_{0i} 和 y_{1i}，因此研究的思路是，寻找与老龄家庭 x 具有尽可能相似特征的另一组家庭 z，然后将 z 组家庭的消费支出 y_{0j} 作为假定 x 组家庭未进入老龄化时的消费支出 y_{0i} 的估计值，此时二者进行比较（$y_{1i}-y_{0j}$）就可以近似测度老龄化对家庭消费支出的净影响。这一估计方法的优势是降低不同特征家庭（例如高消费家庭与低消费家庭）之间进行平均从而夸大或低估消费支出差异的概率。

表 7.9 不同消费支出定义下的回归估计结果

模型	不含收入变量								包含收入变量					
	(1)	(2)	(3)	(4)	(5)	(6)	(7)	(8)	(9)	(10)	(11)	(12)	(13)	(14)
非耐用品消费支出														
D	$-8\,120.30^{***}$ (-4.22)	$-5\,432.90^{**}$ (-2.84)	$-4\,640.80^{*}$ (-2.43)	$-6\,135.20^{**}$ (-3.19)	$-6\,765.90^{***}$ (-3.46)	$-6\,224.60^{**}$ (-3.18)	$-4\,967.90^{*}$ (-2.57)	$-7\,568.10^{***}$ (-3.96)	$-11\,468.80^{***}$ (-5.28)	$-9\,157.40^{***}$ (-4.20)	$-8\,259.40^{***}$ (-3.80)	$-9\,260.20^{***}$ (-4.22)	$-9\,346.90^{***}$ (-4.25)	$-9\,079.60^{***}$ (-4.12)
$D\times Finc$									0.18^{***} (6.54)	0.15^{***} (5.30)	0.13^{***} (4.75)	0.13^{***} (4.54)	0.12^{***} (4.34)	0.120^{***} (4.33)
控制变量		控制	控制	控制	控制	控制	控制	控制	控制	控制	控制	控制	控制	控制
不含购房的消费支出														
D	$-4\,392.40^{***}$ (-3.95)	$-2\,113.90^{*}$ (-1.92)	$-1\,512.70$ (-1.38)	$-1\,988.30^{*}$ (-1.80)	$-2\,956.30^{**}$ (-2.73)	$-2\,767.00^{**}$ (-2.55)	$-2\,126.60^{*}$ (-1.92)	$-3\,838.40^{***}$ (-3.47)	$-7\,550.10^{***}$ (-6.10)	$-4\,789.30^{***}$ (-3.87)	$-4\,037.50^{***}$ (-3.28)	$-3\,987.80^{***}$ (-3.21)	$-4\,568.10^{***}$ (-3.80)	$-4\,444.80^{***}$ (-3.68)
$D\times Finc$									0.15^{***} (9.57)	0.12^{***} (7.55)	0.11^{***} (6.74)	0.10^{***} (6.39)	0.09^{***} (6.20)	0.09^{***} (6.18)
控制变量		控制	控制	控制	控制	控制	控制	控制	控制	控制	控制	控制	控制	控制

说明：以上模型（1）～模型（14）的控制变量与前表相同。括号中为相应的 t 值。* $p<0.1$，** $p<0.05$，*** $p<0.01$。

　　我们基于倾向值得分方法来进行样本间的匹配，处理步骤如下：（1）引入可观测控制变量（混淆变量），根据倾向得分对所选样本进行匹配，匹配的目的在于从控制组中找到与处理组具有类似特征的家庭，消除样本间的选择性偏差。我们在匹配过程中将样本分为两组：一组为处理组（T），表示老龄家庭；另一组为对照组（C），表示非老龄家庭，然后进行平衡性检验。（2）通过估计处理组与控制组家庭消费支出的平均差异推断老龄化冲击消费的净效应，即估计参与者平均处理效应（ATT）：

$$\begin{aligned} \mathrm{ATT} &= E[y_{1i} - y_{0i}) \mid D_i = 1] = E\{E[y_{1i} - y_{0i} \mid D_i = 1, P(x_i)]\} \\ &= E\{E[y_{1i} \mid D_i = 1, P(x_i)] - E[y_{0i} \mid D = 0, Px_i)] \mid D_i = 1\} \end{aligned}$$

$$(4)$$

　　其中：D_i 为"处理变量"，反映个体 i 是否得到了"处理"，本部分 $D_i = 1$ 表示老龄家庭。y_{1i} 表示老龄家庭的消费支出，y_{0i} 则表示该家庭未进入老龄化时的正常消费支出。

　　在选择控制变量时，关注以下两个条件：一是尽可能选择关键的影响居民消费的共同特征变量；二是这些变量应不受处置的影响。设置控制变量的一个难点是是否应该把家庭收入纳入模型的控制变量。收入变量无疑会影响家庭的消费支出，但同时，老龄化也是家庭收入差异的系统性影响因素。从基础回归中，我们发现，家庭收入是老龄化影响消费的重要（甚至可能是关键）中间变量。这一特性意味着它将受处置变量的强烈影响，如果纳入收入变量可能会产生新的选择性偏误，得出误导性结论。

　　根据以上模型设定，采用有回放的一对一临近匹配方法估计控制组与处理组的消费支出差异（即参与者平均处理效应 ATT）。首先，对匹配情形进行平衡性检验，表 7.10 为平衡性检验结果。可以看到，匹配以前，大部分控制变量的 t 统计量均在 1% 的水平上显著，显示处理组和控制组之间存在显著差异。匹配以后，所有控制变量在 5% 的显著性水平上均不能拒绝原假设，显示匹配后二者之间不存在显著差异。从偏离程度来看，匹配以后，所有控制变量处理组、对照组的偏离程度均大幅下降，偏离最大的（Auto）绝对值也仅为 2.8%。因此，总体上看匹配效果较好。

表 7.10　样本倾向值匹配后的平衡性检验

变量	匹配前后	均值		偏离（%）	偏离下降程度（%）	T检验	p>t	V(T)/V(C)
		处理组	控制组					
Housing	匹配前	1.09	1.10	−2.10	11.10	−1.04	0.30	0.87*
	匹配后	1.09	1.08	1.80		0.89	0.37	1.19*
Auto	匹配前	0.07	0.13	−19.50	85.50	−9.54	0.00	—
	匹配后	0.072	0.06	2.80		1.52	0.13	—
City	匹配前	0.57	0.63	−11.40	95.50	−5.80	0.00	—
	匹配后	0.57	0.58	−0.50		−0.23	0.82	—
Scale	匹配前	3.09	2.86	16.20	85.50	8.55	0.00	1.73*
	匹配后	3.09	3.05	2.40		0.94	0.35	1.01
Scale _sq	匹配前	12.20	9.69	22.90	91.10	12.21	0.00	2.06*
	匹配后	12.14	11.92	2.00		0.80	0.42	0.99
Mins	匹配前	0.90	0.85	13.50	87.70	6.69	0.00	—
	匹配后	0.89	0.87	1.70		0.80	0.43	—
Eins	匹配前	0.48	0.43	8.60	82.00	4.39	0.00	—
	匹配后	0.48	0.47	1.60		0.69	0.49	—
Att _sav	匹配前	4.17	4.02	15.10	91.30	7.56	0.00	0.81*
	匹配后	4.17	4.19	−1.30		−0.63	0.53	1.04

资料来源：根据 CGSS 数据整理计算得到。

表 7.11 报告了匹配后处理组与对照组消费支出差异的估计情况。有关估计结果再一次确认和支持了老龄化对家庭消费产生负面冲击的结论。匹配所有特征变量以后，老龄化将使每户家庭平均减少 8 022 元消费支出，t 统计量显示这一结果在 1‰ 水平上显著。值得注意的是，这一冲击效应接近前述基准回归的上限，达到全部家庭样本平均消费总支出的 24.3%、控制组家庭平均消费总支出的 21.2%，这意味着老龄家庭平均比非老龄家庭的消费支出下降幅度达 20% 以上。

表 7.11　匹配估计结果

变量	样本	处理组	控制组	差值	标准差	t统计量
总支出	未匹配	29 846.05	39 488.09	−9 642.04	2 037.08	−4.73
	ATT	29 846.40	37 868.57	−8 022.17	2 242.24	−3.58

资料来源：根据 CGSS 数据整理计算得到。

从估计效率角度看，由于匹配方法更好地匹配家庭特征因素，一定程度上减少了因城乡间居民流动、高家庭财产存量与低家庭财产存量、高家庭规模与低家庭规模、积极参保人群与消极参保人群、高储蓄偏好与低储蓄偏好家庭之间相互比较而偏离估计效应的风险，故而具有更高的估计效率。以上估计的代价是，由于考虑处置效应而剔除了家庭收入变量，因此可能会引致遗漏变量的风险，但从包含收入与不包含收入的基础回归结果比较、匹配方法估计结果与基准回归结果比较两个方面综合分析，有关风险是基本可控的。

(三) 稳健性：内生性问题

居民消费受到多种因素的影响，遗漏变量可能造成重要的估计偏差。

第一，我们评估基础回归部分遗漏变量的风险。借鉴阿尔顿吉和马茨金 (Altonji & Matzkin, 2005) 的思想，考虑控制主要变量 $\theta = |\beta^F/(\beta^F - \beta^R)|$ 的变化，其中：β^F 为控制主要控制变量后关键变量的估计系数，β^R 为控制所有变量后关键变量的估计系数。从理论上看，如果已经控制住了最主要的变量，随后进一步引入其他变量，核心变量的系数将不会发生重大变化。此时，由于 β^F 和 β^R 非常接近，因此 θ 应该较大。表7.12测算了我们模型重点关注变量的 θ 值。

表 7.12　依据可观测变量选择对非可观测变量影响的评估

控制的主要解释变量	其他解释变量限制	(1)	(2)	(3)	(4)	(5)
D, Housing, Auto	顺次控制其他解释变量	6.90	7.40	4.00	6.30	
D, Finc, D×Finc	顺次控制其他解释变量	4.30	3.30	4.50	4.60	4.30

从表7.12中可以知道，不包含收入的模型，在控制住老龄化、家庭资产两大变量以后，与重点关注变量相关的 θ 均在4.0以上；包含收入的模型，在控制住老龄化、家庭收入、家庭收入与老龄化交叉项以后，θ 均在3.3以上。这显示，模型中的估计系数在控制主要的控制变量以后，不同模型的估计结果非常接近，模型遗漏重要变量的风险已经大幅降低。

第二，关于估计结果对不同匹配方法的敏感性。为了检验不同匹配方法对ATT估计值的影响，分别应用卡尺匹配、核匹配等方法对有关效应做了估计，结果如表7.13所示。

表 7.13　不同匹配方法对老龄化冲击效应的估计比较

模型	差值	t 统计量
（1）卡尺匹配		
ATT	−8 610.39	−3.88
（2）核匹配		
ATT	−7 467.66	−3.83

资料来源：根据 CGSS 数据整理计算得到。

结果显示，卡尺匹配、核匹配估计出来的结果与我们前述结果比较接近，同时在 1% 的水平上显著。

第三，其他可能的内生性问题。我们的估计中，老龄人口世代消费特征是一个值得考虑的问题。当前年龄在 60 岁及以上人群的消费观念都有一定的年代特征，童年与成年时期的生活经历会对其一生消费行为产生潜移默化的持久影响，既可能与老龄化产生自然关联，也与消费行为关系密切。为了消除可能的内生性问题，研究将储蓄偏好（Att_sav）纳入控制变量的范围。

四、老龄化对不同消费分项和城乡居民消费的影响

（一）老龄化对不同消费分项支出的影响

老龄化对家庭消费分项支出的影响见表 7.14 中的估计结果。平均来看，老龄家庭将缩减服装、公共事业、住房、日用品、交通通信、教育、礼品等方面的支出，缩减金额分别为 698 元、702 元、4 316 元、112 元、392 元、1 393 元和 556 元，其中，除日用品支出具有一定刚性，降幅相对较小（11%）外，其他分项支出均出现较大幅度下降。形成鲜明对比的是，老龄家庭的医疗支出则大幅增加，增幅高达 52%。食品支出、耐用品支出显示出一定程度的刚性，老龄化对其冲击并不显著。娱乐支出由于闲暇时间的增加而出现正增长，但在统计意义上并不显著。

表 7.14　老龄化对户均消费冲击效应的估计

变量	样本	处理组	控制组	差异	标准差	t 统计量	差异/均值
食品支出	未匹配	8 275.88	9 770.50	−1 494.62	784.10	−1.91	−15.30%
	ATT	8 276.26	9 306.10	−1 029.84	875.14	−1.18	−11.07%

续表

变量	样本	处理组	控制组	差异	标准差	t统计量	差异/均值
服装支出	未匹配	1 596.15	2 621.39	−1 025.25	104.49	−9.81	−39.11%
	ATT	1 594.95	2 293.15	−698.21	107.27	−6.51	−30.45%
公共事业支出	未匹配	1 753.87	2 084.56	−330.70	214.52	−1.54	−15.86%
	ATT	1 754.44	2 456.41	−701.97	234.44	−2.99	−28.58%
住房支出	未匹配	4 679.76	8 963.11	−4 283.35	1 577.47	−2.72	−47.79%
	ATT	4 682.10	8 998.01	−4 315.91	1 735.20	−2.49	−47.97%
耐用品支出	未匹配	1 764.22	2 438.13	−673.91	297.12	−2.27	−27.64%
	ATT	1 765.11	2 166.31	−401.20	341.81	−1.17	−18.52%
日用品支出	未匹配	913.24	1 098.20	−184.96	56.17	−3.29	−16.84%
	ATT	913.45	1 025.27	−111.82	65.36	−1.71	−10.91%
交通通信支出	未匹配	1 221.48	1 995.01	−773.53	81.53	−9.49	−38.77%
	ATT	1 221.72	1 613.77	−392.05	85.21	−4.60	−24.29%
娱乐支出	未匹配	753.32	734.18	19.14	205.26	0.09	2.61%
	ATT	753.69	498.10	255.60	267.58	0.96	51.32%
教育支出	未匹配	1 742.20	3 446.36	−1 704.16	143.05	−11.91	−49.45%
	ATT	1 742.42	3 135.26	−1 392.83	149.40	−9.32	−44.42%
医疗支出	未匹配	5 106.82	3 072.04	2 034.78	306.48	6.64	66.24%
	ATT	5 105.12	3 364.28	1 740.84	376.61	4.62	51.74%
礼品支出	未匹配	1 550.93	2 165.12	−614.19	90.14	−6.81	−28.37%
	ATT	1 549.20	2 105.34	−556.14	97.32	−5.71	−26.42%

资料来源：根据 CGSS 数据整理计算得到。

　　老龄化对家庭消费冲击的内在机理是什么呢？从已有估计结果可以看到，住房支出、教育支出是所有支出类别中缩减量最大的两项，缩减比例高达48%和44%。从支出属性上看，对于老龄家庭，人力资本投资会发生大幅自然衰减，其支出的大幅下降符合直观感受。服装、交通通信支出显著下降，在一定程度上印证了前述"退休-消费之谜"中关于"退休之后与工作相关的服装、交通通信等支出会显著下降"的解释。礼品支出的减少则显示老龄家庭在社交方面的需要也出现较大幅度的下降。值得关注的是医疗支出的巨幅上升，一方面可能源于老龄化带来健康状况的自然变化，另一方面也可能是随着年龄增长老龄家庭对健康问题更加关注，从而引致有关方面支出的大幅增加。

（二）老龄化对城乡家庭的冲击效应分析

多项研究表明，城乡作为两类消费空间存在巨大的差异（石明明和刘向东，2015；陈斌开，等，2010）。老龄化对城乡家庭的影响存在多大差异呢？研究进一步将前述总体样本分割为城镇、乡村两类样本，分别估计老龄化对城乡家庭消费的不同冲击效应。估计结果见表7.15。

表7.15的估计结果显示，与总体样本结果一致，老龄化对城镇、乡村居民的家庭消费支出在总量和结构上都产生显著影响，但同时又显示出异质性。

（1）总量冲击效应比较。结果显示，城镇老龄家庭的消费支出下降8 364元，下降幅度为17%；与之相比，老龄化对乡村家庭消费支出的冲击则更加严重，乡村老龄家庭消费总支出下降7 880元，由于总体支出水平基数较低，其下降幅度高达32%，降幅远远高于城镇居民家庭，接近城镇居民家庭的2倍。

（2）结构冲击效应比较。从各项支出分项来看，老龄化对城镇家庭消费冲击主要集中在住房、教育两个大类上，缩减金额分别高达6 905元、1 623元，而对食品、公共事业、耐用品、日用品、娱乐等与日常生活密切相关的支出影响均不显著，由于住房、教育具有一定投资属性，因此，总体而言，老龄化对城镇家庭日常生活的实际影响相对较小。其他估计效应显著的分项支出中，服装、交通通信和礼品支出均与老龄人口"与工作相关的支出"降低和社交范围缩减相关。最值得注意的是医疗支出显著增长，城镇老龄家庭的医疗支出增加2 979元，增加幅度高达81%。

与城镇家庭形成鲜明对比，老龄化对乡村家庭的支出冲击程度几乎在所有方面均大于城镇居民，形势不容乐观。乡村老龄家庭在大多数支出分项上，不仅基数较低，而且降幅巨大，仅在住房、医疗两类支出上例外，前者反映了我国乡村住房制度在乡村养老中的独特作用，后者则反映了我国乡村老年人口医疗保障存在的巨大短板。具体而言，乡村老龄家庭在食品、服装、公共事业、耐用品、日用品、交通通信、娱乐、教育、礼品等方面支出分别下降1 415元、376元、1 611元、427元、151元、409元、69元、1 022元和659元，降幅分别高达25%、31%、68%、31%、24%、37%、52%、42%和34%。这与城镇老龄家庭日常生活支出几乎不受影响的情况形成强烈对比。尤其值得注意的是，乡村家庭的医疗支出不仅基数较低，进入老龄化以后有关支出的变化在统计意义上也不显著，显示出我国乡村老龄人口医疗问题面临异常严峻的形势。

表 7.15 老龄化对城乡分类样本的消费冲击效应估计

变量	样本	城镇样本					乡村样本				
		处理组	控制组	差值	t统计量	差异/均值	处理组	控制组	差值	t统计量	差异/均值
						总量冲击效应					
总支出	未匹配	39 710.76	48 446.96	−8 736.20	−2.67	−18.03%	16 554.17	24 250.96	−7 696.79	−6.29	−31.74%
	ATT	39 710.76	48 074.89	−8 364.13	−2.22	−17.40%	16 535.14	24 415.25	−7 880.11	−6.16	−32.28%
						结构冲击效应					
食品支出	未匹配	11 296.63	12 179.50	−882.87	−0.68	−7.25%	4 205.66	5 673.30	−1 467.63	−7.7	−25.87%
	ATT	11 296.63	11 923.23	−626.60	−0.42	−5.26%	4 200.97	5 615.63	−1 414.66	−7.04	−25.19%
服装支出	未匹配	2 160.98	3 421.25	−1 260.27	−7.57	−36.84%	835.09	1 261.01	−425.92	−7.15	−33.78%
	ATT	2 160.98	3 081.96	−920.99	−5.16	−29.88%	830.49	1 206.86	−376.38	−6.27	−31.19%
公共事业支出	未匹配	2 480.40	2 471.79	8.60	0.05	0.35%	774.93	1 425.97	−651.04	−1.36	−45.66%
	ATT	2 480.40	2 631.37	−150.98	−0.79	−5.74%	774.73	2 385.46	−1 610.73	−3.12	−67.52%
住房支出	未匹配	6 190.41	11 620.95	−5 430.54	−2.12	−46.73%	2 644.28	4 442.70	−1 798.43	−2.06	−40.48%
	ATT	6 190.41	13 095.76	−6 905.34	−2.34	−52.73%	2 650.29	4 087.24	−1 436.95	−1.52	−35.16%
耐用品支出	未匹配	2 375.81	2 868.90	−493.10	−1.06	−17.19%	940.17	1 705.48	−765.32	−2.99	−44.87%
	ATT	2 375.81	2 544.65	−168.85	−0.31	−6.64%	937.05	1 364.45	−427.41	−1.82	−31.32%

续表

变量	样本	城镇样本					乡村样本				
		处理组	控制组	差值	t统计量	差异/均值	处理组	控制组	差值	t统计量	差异/均值
日用品支出	未匹配	1 239.86	1 373.92	−134.06	−1.50	−9.76%	473.16	629.27	−156.11	−4.4	−24.81%
	ATT	1 239.86	1 291.41	−51.54	−0.48	−3.99%	472.19	623.05	−150.85	−3.91	−24.21%
交通通信支出	未匹配	1 615.81	2 501.54	−885.73	−6.94	−35.41%	690.16	1 133.51	−443.35	−7.06	−39.11%
	ATT	1 615.81	1 973.72	−357.91	−2.56	−18.13%	690.01	1 098.52	−408.51	−6.83	−37.19%
娱乐支出	未匹配	1 264.62	1 090.90	173.71	0.51	15.92%	64.38	127.47	−63.09	−2.89	−49.49%
	ATT	1 264.62	784.47	480.15	1.03	61.21%	64.57	133.35	−68.78	−3.2	−51.58%
教育支出	未匹配	1 980.99	3 924.26	−1 943.27	−9.03	−49.52%	1 420.46	2 633.56	−1 213.10	−8.02	−46.06%
	ATT	1 980.99	3 604.31	−1 623.33	−7.03	−45.04%	1 420.16	2 442.42	−1 022.25	−6.23	−41.85%
医疗支出	未匹配	6 655.30	3 217.54	3 437.76	7.14	106.84%	3 020.36	2 824.56	195.80	0.79	6.93%
	ATT	6 655.30	3 676.80	2 978.50	4.76	81.01%	3 012.95	3 053.63	−40.69	−0.15	−1.33%
礼品支出	未匹配	1 763.95	2 341.16	−577.21	−4.47	−24.65%	1 263.90	1 865.72	−601.82	−5.25	−32.26%
	ATT	1 763.95	2 265.71	−501.76	−3.44	−22.15%	1 260.85	1 920.10	−659.25	−5.41	−34.33%

资料来源：根据 CGSS 数据整理计算得到。

为了进一步分析老龄化对城镇家庭的影响，我们基于分位回归分析不同城镇家庭群体对老龄化的敏感程度。表 7.16 报告了主要消费分项的回归结果。研究发现，尽管总体上城镇老龄家庭在食品、公共事业、日用品支出方面受老龄化因素影响较小，但处于不同分位的城镇家庭受到的影响呈现出异质性。处于较低分位的老龄家庭仍然会受到老龄化因素的强烈冲击，而处于较高分位的家庭则受到的影响相对较小或不显著。对于医疗支出，25％分位的家庭尽管在统计意义上显著，但仅增加 186 元，与较高分位家庭相比差距甚远。

表 7.16　老龄化对城镇不同分位家庭的影响

	25％分位	50％分位	75％分位	最小二乘法
总支出	−3 816.41*** (−7.28)	−3 500.00*** (−5.60)	−4 850.00*** (−3.72)	−6 464.41** (−1.97)
食品支出	−1 066.67*** (−6.24)	−259.46 (−1.46)	500.00* (1.93)	−641.38 (−0.48)
服装支出	−400.00*** (−9.02)	−746.67*** (−11.78)	−1 200.00*** (−12.56)	−1 031.32*** (−6.29)
公共事业支出	−117.33** (−2.55)	10.41 (0.17)	202.45*** (2.82)	4.10 (0.02)
日用品支出	−127.78*** (−6.07)	−133.33*** (−4.46)	−187.13*** (−4.83)	−94.88* (−1.69)
交通通信支出	−282.14*** (−10.50)	−453.56*** (−12.55)	−747.83*** (−10.35)	−505.24*** (−6.62)
医疗支出	186.36*** (3.54)	1 056.18*** (8.48)	2 928.57*** (12.88)	1 945.86*** (6.22)

说明：括号中为相应的 t 值，$* p<0.1$，$** p<0.05$，$*** p<0.01$。
资料来源：根据 CGSS 数据整理计算得到。

五、老龄化影响居民消费的宏观加总效应

以上研究确认了老龄化对家庭消费的冲击效应，这种效应加总后还会体现为宏观消费的萎缩。根据国家统计局公布的全国人口普查数据，2010 年我国"有 60 岁及以上老年人口"的家庭户数为 1.23 亿户，占全国总户

数的 30.59％。在 CGSS 调查样本中，按照"共同居住"标准定义的老龄家庭占比为 36％，较大幅度高于统计部门按"户籍"标准统计的数据，显示混合居住在我国仍然较为普遍；按照"受访者年龄"标准定义的老龄家庭占比为 23％，较大幅度低于统计部门数据，显示"受访者年龄"标准会遗漏样本，从而出现较大的误差。无论是官方数据还是 CGSS 数据，老龄家庭的数量均在 30％以上，结合以上实证结果并进行测算，由老龄化带来的潜在家庭消费支出净缩减在 8 000 亿元以上，占当年 GDP 的 2％左右。

值得关注的是，尽管微观层面，老龄化对部分家庭实际效用影响较小，却可能带来严重宏观后果。依据前述测算，城镇老龄家庭的住房支出会出现大幅下降（我们基于 CGSS 数据和匹配方法测算的降幅高达 53％）。这意味着如果我国老龄化的发展速度不能延缓，宏观住房需求可能也会出现快速回落，这将对相关行业的景气产生深刻影响，从而引发宏观经济的波动。

此外，在家庭消费总支出大幅缩减的同时，社会整体医疗支出将出现增长。依据前述估计结果简单测算，由老龄化带来的潜在医疗支出净增加额高达 1 700 亿元以上。考虑到我国城乡医疗服务不平衡不充分发展的状况，该估计显示出乡村老年医疗服务存在较大潜在缺口。除了我们基于 CGSS 数据和匹配方法所测算的医疗支出外，老龄家庭消费分项支出中老年照顾支出即对老龄人口的护理、看护支出等也可能成为老龄化所带来的潜在消费增加项。老年人口由于患病概率增加，随着年龄的增长生活可能逐渐无法自理，家庭养老负担的增加将使老龄家庭特别是城市老龄家庭雇用护理、看护人员的需求增加，可以预见，由此产生的老年护理支出或与之相关的老年护理保险支出等均会增长。

在我国老龄化与家庭消费关系的研究中，经常出现估计结果的统计不显著问题，受到传统生命周期消费理论的影响，很容易认为这是一种符合理论预期的结果，从而忽视对样本细节的深入分析。在本部分讨论一种重要的、也是最为常见的可能导致统计不显著的情况，即我们如果使用较差的"老龄家庭"定义会带来什么样的结果呢？我们以"受访者年龄"（很多文献中将受访者默认为户主）为标准来定义老龄家庭，变量 D_age 为老龄家庭虚拟变量，户主年龄大于等于 60 岁时 $D\_age=1$，否则 $D\_age=0$。以 CGSS 数据库为例，如前所述，对比不同定义数据的描述统计就可以发现，它的分布与基于"共同居住"标准的老龄家庭分布相去甚远。我们采用与前述基础回归模型基本相同的控制变量进行回归分析，估计结果报告如表 7.17 所示。

表7.17 老龄化对家庭消费的影响：基于受访者年龄标准的老龄家庭定义

	(1)	(2)	(3)	(4)	(5)	(6)	(7)	(8)
D_age	-12 070.00*** (-5.34)	-5 888.30*** (-2.62)	-11 303.40*** (-5.05)	-3 242.60 (-1.45)	-3 374.20 (-1.51)	-2 712.90 (-1.18)	-3 359.20 (-1.46)	-2 956.80 (-1.27)
Finc		0.28*** (30.78)		0.23*** (23.77)	0.22*** (22.68)	0.21*** (22.66)	2.00 (22.80)	0.22*** (22.63)
Inc_level			16 303.50*** (13.21)	4 529.20*** (3.54)	4 288.50*** (3.36)	4 204.80*** (3.29)	4 213.60*** (3.26)	4 125.30*** (3.18)
Housing				13 926.40*** (7.81)	15 391.20*** (8.60)	15 086.00*** (8.43)	15 018.90*** (8.37)	15 009.40*** (8.36)
Auto				34 532.60*** (10.37)	31 063.20*** (9.27)	30 855.80*** (9.20)	31 966.5*** (9.46)	31 532.30*** (9.30)
City					14 837.30*** (7.59)	15 611.00*** (7.95)	14 396.00*** (6.88)	14 092.50*** (6.71)
Scale						-3 426.40 (-1.42)	-3 982.00* (-1.65)	-3 902.40 (-1.61)
Scale_sq						821.40*** (2.56)	909.00*** (2.83)	899.00*** (2.80)
Mins							-5 018.40* (-1.70)	-4 847.30 (-1.64)
Eins							2 768.60 (1.33)	2 726.30 (1.31)
Att_sav								-1 879.90** (-2.02)
截距项	38 898.60*** (35.79)	25 713.10*** (22.26)	-3 889.00 (-1.14)	-3 137.20 (-0.86)	-12 233.70*** (-3.21)	-10 827.70** (-1.97)	-6 317.60 (-1.07)	1 549.80 (0.22)
观测值	11 783	10 334	11 754	10 242	10 242	10 242	9 891	9 873

说明：括号中为相应的 t 值。* $p < 0.1$，** $p < 0.05$，*** $p < 0.01$。

与前文基准回归报告结果相比较，不难看到，应用"受访者年龄"定义的"老龄家庭"变量，产生了非常严重的后果：随着控制变量的逐渐增加，模型（4）～模型（7）显示，老龄化对消费的影响均不再显著。这一结果似乎与生命周期消费理论的预期完美契合。但是，我们可以看到，老龄家庭变量的估计系数波动较大，显示上述估计存在较为严重的内生性问题，结论不再稳健。

六、研究结论与启示

老龄化对家庭消费有着深刻的影响。本章基于2010年中国综合社会调查（CGSS）的10 000多户微观家庭调查样本数据，谨慎定义了老龄家庭，从微观层面考察了我国人口老龄化与家庭消费之间的关系。基于基准回归分析和匹配方法，研究发现老龄化对我国居民家庭消费支出会形成较大的冲击，其中收入是老龄化影响家庭消费的重要中间变量。基于匹配方法，从总量上看，老龄化将使每户家庭的消费支出平均下降8 022元，下降幅度达20%以上；从结构上看，老龄化会对大多数消费分项支出产生负面影响，其中住房与教育支出降幅较大，同时也会大幅提升家庭医疗支出。考虑到家庭异质性，基于城乡分类的子样本回归分析发现，相较于城镇家庭，乡村家庭受老龄化冲击的影响异常严重，其平均消费总支出降幅高达32%，降幅接近城镇居民家庭的2倍。结果也显示，乡村老龄人口的医疗问题面临非常严峻的形势，老龄人口医疗保障存在巨大的缺口。基于城镇家庭的分位回归分析发现，老龄化对城镇家庭消费的冲击集中体现在低分位家庭，较高分位家庭的消费支出受老龄化的影响并不显著。我们为考察老龄化对家庭消费的深层影响这一重大理论和现实问题提供了新的研究证据，也更全面系统地回应了当前存在的研究争议。本部分结论有以下启示意义：

首先，要正确理解和把握人口老龄化趋势与消费驱动的内在要求。老龄人口或退休人群占比的上升将对社会总消费支出和消费结构产生深远的影响。通过微观数据的实证研究发现，老龄化对居民消费的抑制作用十分显著。具体来看，老龄化的影响主要体现为服装、住房、教育、交通通信、公共事业、礼品、日用品等分项支出的减少和医疗支出的大幅增加，而其对于食品、耐用品和娱乐支出的影响并不显著。老龄化对家庭消费的冲击对我国经济消费驱动的现实需要构成了挑战。在我国老龄化进程较快发展的现实社会背景下，其消费抑制效应将会抵消扩大消费政策的部分潜在效果。

其次，老龄化对家庭消费支出的影响存在着家庭异质性。在基于城乡分类的子样本回归分析中发现，老龄化对城镇家庭和乡村家庭消费支出影响存在异质性。城镇家庭在食品、公共事业、耐用品、日用品、娱乐等消费分项的支出未受到老龄化的影响，而乡村家庭受老龄化冲击的影响异常严重。除住房和医疗支出外，老龄化对乡村家庭其他类别支出均有显著影响。基于城镇家庭的分位回归结果显示，老龄化对城镇家庭消费的冲击集中体现在低分位家庭。由此，在制定和落实推进促消费政策的过程中，需重视老龄化对城乡老龄家庭和城镇不同分位家庭消费冲击的异质性。

再次，要高度重视乡村老龄家庭医疗服务消费需求如何保障的政策问题。我们研究的一个重要启示是，在我国社会保障制度还不完善、乡村医疗保障体系还存在巨大缺口的背景下，要高度重视人口老龄化可能对乡村家庭医疗消费支出能力的冲击问题。封进等（2015）的研究也表明我国乡村地区的老人医疗消费水平低，有病不医等现象仍然普遍存在，认为应根据年龄和病种实施差异化的"新农合"补贴政策。上述研究结论与我们的估计结果相互印证，我国乡村医疗服务供给存在缺口。由于乡村家庭特别是老龄家庭的医疗服务需求将受到未来老龄化的进一步冲击，因此需要对相关形势做出全面、科学、准确的预判，充分评估乡村老龄家庭医疗需求的发展趋势，综合施策，切实做好有关补短板、惠民生工作。例如，提高新农合的待遇水平，实施健康扶贫，重点关注有大病、慢性病老年人口的家庭，完善乡村居民的大病保险制度，并对患有慢性病的乡村老龄人口实施门诊费用补贴等，以缓解乡村老龄家庭有病不医、医疗服务消费能力弱的现状。乡镇卫生院、村卫生室等基层医疗机构可以加强对乡村地区的健康教育宣传，切实关注乡村老龄家庭的健康状况，提高乡村家庭的健康效用水平。

最后，要推进老龄产业与养老事业的发展，更好满足老龄人口美好生活的需要。老龄产业的发展应针对老龄人口的特殊消费需求和习惯，满足其对高质量的晚年生活的消费需求，促进居民消费结构的合理化，创造老年人消费环境，缓解养老压力所带来的消费冲击。尤其是要重视老龄人口的医疗保健需求，推动养老模式的创新，合理引导与开发老龄人口消费。与此同时，也应不断推进养老事业的发展，加强医疗卫生基础设施建设，减少老龄人口的医疗支出压力，不断提高居民的健康需求。社会养老服务的发展，养老改革政策和老年福利制度的不断完善，也将影响老龄家庭的消费预期、消费倾向与消费决策。因此，要积极推动老龄产业与养老事业的发展，推动新环境新技术下的医养结合和养老模式创新，丰富老龄人口的退休生活，更好满足老龄人口对美好生活需求并引导其积极健康消费。

第八章　制约居民消费持续增长的深层因素Ⅲ：
社会流动对居民消费的影响机理研究

本章继续深入探讨制约居民消费持续增长的深层因素和重点问题之三：社会流动对居民消费的影响机理。居民消费作为内需体系的重要构成，在国民经济循环中起基础性作用。扩大中间阶层尤其是中等收入群体，成为进一步释放消费潜力、推动消费增长的关键政策举措（王一鸣，等，2020）。然而，一个典型事实是，长期以来刻画我国居民消费的关键词是"低消费率之谜"（石明明，等，2015）。2005 年以来我国居民消费率始终低于 40%，并未随着中间阶层规模的持续扩大而同步提升。从国际比较来看，2019 年我国居民消费率为 38.8%，远低于美国 68%、德国 52%、韩国 49% 的水平；2018 年美国人均收入是中国的 8.4 倍，但人均消费美国是中国的 15.2 倍。相关事实表明，扩大中间阶层和扩大消费之间存在一定逻辑"断层"。厘清这一关系，对于理解居民消费如何在国民经济循环中扮演的基础性角色、居民消费在增长动力机制中如何发挥支撑作用，以及理解社会性流动政策（如 2019 年 12 月中办、国办印发的《关于促进劳动力和人才社会性流动体制机制改革的意见》等）的短期和长期作用机理至关重要。本章研究表明，社会性流动可以通过黏性与预期两种机制对消费-阶层关系产生潜在影响。社会流动性低，消费与阶层的相关性稳固；社会流动性高，二者相关性相对弱化；如果忽视社会流动的影响，则会出现各有理据的混杂结论。基于中国综合社会调查数据和 CLAD 等方法的经验研究显示，现阶段我国居民消费具有明显的分层特征，过去阶层流动对当期居民家庭消费存在显著负向影响，未来阶层流动预期则会显著正向提升家庭消费，基于不完美工具变量等方法的交叉稳健性分析表明有关估计效应非常稳健。社会性流动对分项支出、不同分位样本分项支出具有不同影响，大多数影响的估计效应也都比较稳健。本章研究为更好地理解社会流动对需求侧的影响机理提供了新的视角。

一、简短的文献述评

社会阶层与消费之间的理论逻辑关系的建立，较早可以追溯到亚伯拉罕·马斯洛（Abraham Maslow）的需求层次理论。该理论在社会层级、心理动机与消费行为之间建立起映射关系。泰勒和霍撒克（Taylor & Houthakker，2010）从实证角度，建立了五种需求层次与饮食消费、住房消费、公共事业消费、交通通信消费、卫生保健消费、其他杂项支出等消费项目之间的对应关系，表明大多数消费活动服务于多样性需求，需求层次与社会层级之间关系的验证非常复杂。一些学者关注到社会阶层的文化资本特征，将重点聚焦于社会阶层与文化消费之间的关联关系，比较典型的，陈和德索普（Chan & Goldthorpe，2007a，2007b）将有关的观点归纳为同源论（homology argument）、个性论（individualization argument）和杂食-纯食论（omnivore-univore argument）。总体来看，关于阶层与消费之间的关系，当前主要存在相关论、无关论、调和论三种观点，各种观点均有理据支持。

第一种观点"相关论"基于凡勃伦的炫耀性消费理论、布迪厄的文化资本理论等，认为社会阶层与居民消费具有明确的对应关系。基本的逻辑，一是不同社会阶层拥有不同层次的社会、经济、文化资本，从而决定生活方式的差异，最终会体现为收入的利用方式或饮食、休闲娱乐等各项消费支出的差异；二是富裕阶层更倾向于通过奢侈消费物品或浪费性活动显示财富和地位。格哈德斯等（Gerhards et al.，2013）基于 27 个欧洲国家的数据研究结果表明，高雅的生活方式受到社会阶层的强烈影响，在高度现代化的社会中，阶层的影响尽管有所减小但还没有完全消失。格兹-格罗（Katz-Gerro，2002）研究了意大利、瑞典、以色列、美国等国家的高雅文化消费行为，发现在给定其他重要差异如种族、道德、性别、信仰等因素，阶层通过不同的方式与高雅文化消费关联。另外一些国别研究也验证了上述结论，如艾丁（Aydin，2006）应用土耳其数据，汤姆林森（Tomlinson，2003）应用英国 1984 年、1985 年健康和生活方式调查及 1992 年随访数据，比哈根（Bihagen，1998）应用瑞典数据，格兹-格罗（Katz-Gerro，1999）应用美国社会调查数据，都发现不同收入、职业阶层存在显著消费差异。

　　第二种观点"无关论"基于杜森贝尔的消费外部性理论、鲍德里亚的消费理论等，认为在后现代社会中社会阶层因素对居民消费的影响正在消退甚至消失（Katz-Gerro，2002）。基本的逻辑是，在后现代社会中消费可以先行于生产。传统社会，人们往往先获取收入再去消费商品和服务（"生产先行于消费"），但在后现代社会，由于流动性约束弱化等原因，人们在没有足够积累的情况下也可以获得理想中的物品和服务（"消费先行于生产"），消费的全球化还意味着不同收入水平、不同社会地位、不同种族、不同地区和国家的人都有可能消费同一种产品。加尔布雷斯（Galbraith，1958）等学者很早就发现，随着中产阶层兴起，富人的消费方式与中产阶层越来越难以有效区分，炫耀性消费逐渐失去作为显示财富的优势。陈和德索普（Chan & Goldthorpe，2007）也指出，文化品位和消费以及生活方式的差异不再以社会分层为基础，而更多地表现为个体的自我实现。应等（Ying et al.，2016）应用美国数据研究发现社会阶层差异对部分旅游产品或服务等的消费不存在显著影响。威特克（Witek，2010）发现，随着波兰中产阶层规模的扩大，家庭对设备、家电、奢侈品的需求也在不断增加，出现了更多消费型社会的特征，但对于低收入阶层，这种变化则非常缓慢。万洛尼等（Vannoni et al.，2003）应用欧洲癌症与营养前瞻性调查（EPIC）的意大利数据发现，饮食习惯与教育水平高度相关，而与社会阶层的关系不大。托伊沃尔（Toivonen，1992）研究了1955—1985年芬兰不同雇佣阶层消费模式的变迁，发现在这30年里社会阶层对消费模式差异的解释力逐渐减弱，消费支出方式的差异不再主要取决于社会阶层或经济资源，而是取决于生命周期或生活方式。

　　第三种观点"调和论"综合考虑了上述两种观点，集中体现在文化消费领域。基本的立足点是在现代消费型社会，中上阶层的消费偏好越来越多元化，呈现既爱好高雅文化同时也不排斥大众文化和低俗文化、但前者更占主导地位的特征。陈和德索普（Chan & Goldthorpe，2007）研究英格兰居民消费特征后发现，音乐消费总体上与社会地位和教育的相关度更加紧密，其研究结论并不支持社会分层和音乐消费同源，也不支持文化消费纯粹只是个性化消费的观念。

　　国内有关研究重在确认阶层与消费之间的相关关系，多数都给出了肯定性结论。比较典型的，孟祥轶等（2010）发现，在我国现阶段的经济环境下，北京城市居民炫耀性消费与教育程度、行业、职业等因素有关。李培林和张翼（2000）发现，高消费阶层和低消费阶层具有较高的消费欲望，而中等消费阶层（占各消费阶层家庭的 60%）的消费态度则比较保守，存在"无消费欲望"现象。

如引言所述，与静态地关切社会阶层与消费关系的事实相比，我国经济社会发展中的一个典型事实是较短时间尺度下社会结构的剧烈变动。大量研究表明，1978 年以来，我国社会维持着较高的社会流动水平。胡建国等（2019）基于 2006—2015 年中国社会调查（CSS）合并数据集的分析显示，无论是代际间还是代内我国均维持着很高的社会流动水平，并且主要是向上流动；中国总体社会结构已从过去的"倒丁字型"转变为"土字型"社会结构。如果把社会阶层理解为文化资本，从而影响消费模式、品味和习惯（Bernthal et al.，2005；Carfagna et al.，2014；Coskuner Balli & Thompson，2013；Holt，1998；Moisio et al.，2013；Ulver & Ostberg，2014；Stüner & Holt，2007，2010），那么社会阶层的这种快速流动会如何影响居民消费呢？对此，国内相关研究较少，国际上近年来有部分学者开始关注社会流动对传统消费理论空间的拓展（Paulson，2018；Ulver & Ostberg，2014）。其中，鲍尔森（Paulson，2018）提出了一个把握居民消费与社会流动关系解释性框架，论证社会流动方向对居民消费和消费习惯形成的影响。基本的逻辑是，个人原先所处的阶层会留下重要印记，社会流动意味着个人的习惯和偏好会停留在原来和现在的阶层习惯之间，即存在"分裂的习惯"（divided habitus 或 habitus clivé）。布迪厄在《向下社会流动研究》中论述了向下流动对连续的身份认同的影响。对于向上流动，阿尔赛斯等（Aarseth et al.，2016）论述了从农村农耕到中产阶级城市生活方式的跨代向上流动导致的习惯冲突。根据鲍尔森（Paulson，2018）等学者的解释框架，一个可预期的结果是，这种结构变化会带来消费的保留倾向。对于这一理论预期，我国部分学者从习惯形成的角度给出了部分经验证据。

但是，理性的消费者对阶层变化的适应是被动的吗？部分学者如艾米森（Emmison，2003）提出了文化流动（cultural mobility）和策略性习惯（strategic habitus）概念，消费者可以策略性或战略性地选择消费习惯，即个人可以更自由地选择自己的品位、文化资本和消费方式，更好地管理自身的消费习惯。德米特等（Demetry et al.，2015）的研究表明，个人可以策略性地利用社会流动性和对文化资本、消费习惯的占有。这一理论逻辑预期，无论是向上流动还是向下流动，人们都可以及时调整适应正在流向的社会阶层，而不会受到原先阶层的影响。这意味着，人们有能力自由地选择不同阶层的消费行为。

总体来看，无论是国外还是国内的"消费-阶层"关系研究，考察的重点大多是当期阶层与居民消费的紧密关系，而对阶层与消费关系的弱化或消费不能被当前阶层所解释的部分，大多采用了社会消费文化或消费外部性的因果解释。加之检验这一关系的数据大多数为横截面调查数据，因此，无论是在理论研究还是在经验研究上，大多放弃了对时间因素的考察。但是，对时间因素的这一隐含假定与现代消费理论之间存在着明显的差异。例如，卡罗尔等（Carroll et al.，2011，2018）发展的黏性消费增长（sticky consumption growth）理论指出，居民的当期消费实际上受到过去消费习惯形成（consumption formation）等的重要影响，这在很多动态随机一般均衡（DSGE）模型中已成为一项标准假定。再如，无论是永久收入理论还是生命周期理论都明确指出，居民的当期消费不仅与当期的收入相关，而且还与整个生命周期的收入预期密切相关。这些理论进展都清晰表明，时间因素对于当前消费的分析是非常重要的，而且在一条时间轴上考虑消费问题，其不仅仅是后顾式，还是前瞻式的。因此，讨论阶层与消费的关系，需要在时间流上来考察阶层与阶层流动对消费的影响，不仅要考虑当期所处的社会阶层，还必须考虑居民过去所处的阶层以及对未来社会阶层变化的预期。这可能意味着，我国当期消费与社会阶层关系的变异、偏离，可能不仅仅是一种文化现象，更深层次的还可能是一种经济现象。有关理论研究和经验证据中出现的分歧，其紧张和对立可以通过揭示更为基础的理论逻辑来统一或缓解。近期出现的部分文献表明，将社会流动纳入消费研究的视角，可以大大拓展理论对消费行为复杂特征的解释能力，这为本章的理论逻辑和经验验证提供了重要启示。

二、社会流动影响居民消费的理论机制

生命周期理论强调，理性消费者在整个生命周期上调整消费决策。该理论表明，消费者在 t 时期的消费取决于一生可利用的资源，消费的模式不是由生命周期中劳动收入短期模式决定的，而是由偏好和生命周期的需求决定的。如果消费者不受流动性约束，可预期的收入变动就不会影响消费。消费者跨期决策意味着，现时收入变化对现时消费的影响程度，取决于未来收入和现时收入的关联方式。例如，工资合同就常常被视为是一个

排除了大部分不确定性扰动的、可合理预期的重要关联机制，因此经常被认为是永久性收入的重要构成。但是，在一个社会结构剧烈变迁的环境中，假定消费者有能力充分预期未来不确定性并为其做出合理保险安排，是一个非常强的假定。石明明等（2018）的实证研究清晰表明，面对老龄化这一完全确定性事件，居民也很难完全平滑消费。在一个更复杂动态、更具流动性的模型中，必须考虑现实世界中的理性和信息不完全对未来预期的影响。消费者 t 时期的预期 $E_t(u(C_t, Z_t) | \Omega_t)$ 受到 t 时可利用的信息集 Ω_t 的限制，而为了应对未来不确定性的影响，风险厌恶型消费者需要在当期更好地平衡消费和储蓄。在这一过程中，消费者对未来不确定性非常敏感，信息集 Ω_t 构成当期消费行为的关键约束。

　　未来不确定性的测量一直以来是一个重要的难点。以收入的不确定性为例，人们往往很难找到度量这种变化预期的外生且具有良好预测能力的可行工具，只能退而求其次，选择使用外部信息来识别，而非直接的统计程序，如采用退税、失业、贷款偿还后的可支配收入等实证策略。调查消费者对未来变化的主观预期是一个重要的策略，调查的优势在于，不需要计量经济学者知道个人在形成预期时会考虑哪些变量。在本章中，社会流动将作为一个可观测的环境信息变量，为人们的理性预期提供基本依据。消费者将根据自身的阶层流动状况、对整体社会流动状况的观察来调整对未来阶层流动状况的预期和自己的努力程度，动态优化当期的消费决策。

　　社会阶层属于涵盖范围更广的复合概念，它与财产、收入、职业、职位、社会地位等密切相关，但一般不呈一一对应关系。社会流动性描述了个人或家庭从下层向上层变动、从上层向下层变动的难易程度。对于社会流动性的观测，深刻反映了收入、教育、职业、职位、社会地位等复合因素共同作用于当下消费行为的传导渠道，形成未来对当下的映射，并有效刻画了未来各类经济、文化、社会地位流动通过影响消费者的预期和信念，在深层次上影响消费者对消费支出在生命周期上的配置（同时也会影响消费者的消费信贷行为），引导社会消费文化。具体作用渠道包括：

　　（1）社会流动的强度即社会流动性作为一种信号传递机制会影响个体未来状态的可预期性和社会的整体预期。在流动性较高的社会，居民会更为明确地预期到未来自己或家庭成员有更加平等的机会向上层流动，从而会更加注重平滑整个生命周期的消费水平。乐观居民在"贴现效用"的情况下会更加倾向于增加当期的消费水平，降低当期的储蓄或增加消费信贷。同时对于整个社会而言，高流动性社会作为一个概念，不仅传达了一个人的经济状况信息，也传达了参与者处于一个流动性社会的意识。流动性约束理论强调，消费者不同阶段的消费会受到流动性因素的制约。库斯内特等（Kusnet et al.，2006）的研究发现，在流动性较高的社会，金融机构会基于对整体社会的流动性预期，倾向于放宽对当前信贷条件的约束，增强居民的消费信贷可获得性。

（2）社会流动性不仅仅是一种生命周期消费可预期状态的信号传递机制，还是一种消费行为的激励机制。流动性较高的社会可以能动地激励个体进行超前消费，形成努力与消费的正反馈循环。正如韦斯曼（Wisman，2009）在一篇研究社会阶层与储蓄关系的文献中暗示，在具有较高社会（垂直）流动性的社会中，人们的阶层认同感较弱，他们会强烈地相信自己对社会地位富有个人责任，从而倾向于效仿更高地位消费者的消费标准来强化身份认同，也传递出一种努力工作的信号。高流动性社会可以有效地将个体的未来预期映射到当前的消费行为中，从而使得当前的消费行为成为未来阶层流动预期和当期努力程度的一个显示指标，从而形成努力工作/生产与消费的良性循环。而卡罗和史密斯（Carole & Smith，2009）应用苏格兰地区的数据研究发现，向下的社会性流动与不良饮酒行为相关。

过去阶层流动如何影响消费者行为？当居民不具备完全理性或完全信息时，"分裂的习惯"描述了社会流动中，居民具有保留原有消费方式的倾向（Paulson，2018）。卡罗尔等（Carroll et al.，2011，2018）的黏性消费增长理论提出，消费者当期的消费决策受到习惯形成（habit formation）与黏性信息（sticky information）两类因素的影响。习惯形成强调过去消费形成的心理、文化等惯性因素对当期消费的影响，习惯的力量越强，个体平滑消费的意愿越强烈，消费对冲击的反应越平缓。安杰利尼（Angelini，2009）提出，习惯形成的影响越大，消费者就会变得越谨慎，收入风险对消费的影响也就越小。黏性信息假定消费者预期调整存在一个过程（例如遵循泊松过程），这一假设使得当期消费既受对未来消费预期的影响，也受滞后信息的影响。在黏性信息下，虽然消费者的预期是理性的，但只会间隔一段时间更新其信息和调整计划，新信息是渐进地传播到消费者中的，当出现永久性收入等冲击时，只有一部分消费者注意到这一冲击并及时做出反应，此时总消费对永久性收入冲击的敏感性较低，会出现迟滞，迟滞程度取决于信息成本与收入波动的大小。综合来看，无论黏性是通过自己过去的消费经验累积而成，还是通过人际间比较或者跨代传递形成的消费外部性，都使得当期消费决策对当期信息和未来预期变化的调整出现迟滞，这意味着在过去出现阶层流动的消费者，当期消费行为会具有保留原有消费水平的倾向，即 $\partial C_t / \partial Mob_t^p < 0$，消费者阶层向上流动时，其消费决策会受到前期所处较低阶层形成的消费习惯的潜在影响；消费者阶层向下流动时，其消费决策会受到前期所处较高阶层形成的消费习惯的潜在影响。

未来的阶层流动预期如何影响消费者行为？考虑标准的消费者生命周期决策模型：

$$E\Big[\sum_{t=1}^{N}\beta^t u(C_t, Z_t) + \beta^{N+1}V_{N+1}(W_{N+1})\Big]$$

模型中，C_t 代表消费者在 t 时间的消费，Z_t 是其家庭特征，在本章中为社会阶层或文化资本。W_{N+1} 代表了财富水平，V_{N+1} 代表了遗产。假定社会阶层 Z_t 通过以下方式进入效用函数：

$$u(C, Z) = v(Z_t + \theta Z_{t-1})\frac{C^{1-\rho}}{1-\rho}$$

通过欧拉方程可知消费者的消费路径为：

$$\frac{C_t}{C_{t+1}} = \Big(\beta R \frac{v(Z_{t+1}+\theta Z_t)}{v(Z_t+\theta Z_{t-1})}\Big)^{\frac{1}{\rho}}$$

展开为：

$$C_t^{-\rho} = \beta R G_{t+1}^{-\rho}\frac{v(Z_{t+1}+\theta Z_t)}{v(Z_t+\theta Z_{t-1})}E_t(C_{t+1}^{-\rho}N_{t+1}^{-\rho})$$

$$\ln C_t^{-\rho} = \ln\beta R G_{t+1}^{-\rho}E_t(C_{t+1}^{-\rho}N_{t+1}^{-\rho}) + \ln v(Z_{t+1}+\theta Z_t) - \ln v(Z_t+\theta Z_{t-1})$$

我们看到，本期消费的变动路径，受到预期阶层相对变化 $v(Z_{t+1})/v(Z_t)$ 的直接影响。

综合来看，无论是阶层流动预期还是过去实际发生的阶层流动，都会对当期消费产生影响。因此，仅考虑当前所处社会阶层与当期消费之间映射关系的理论观点，本质上是静态的。考虑到消费黏性和预期激励的双重作用，社会性流动将会对当期消费产生正反两方面的复杂影响。前述理论显示，未来阶层流动预期对当前消费决策产生正向影响，但同时，阶层变动对消费的影响还受到另一个相反力量即消费黏性的制约。上述两方面因素，都一致倾向于削弱当前社会阶层对居民消费的直接影响。这显示，在社会流动较弱（$v(Z_{t+1})/v(Z_t)=1$）的状况下，当前社会阶层与居民消费之间的关系会倾向于更加稳定稳固，这也意味着"相关论"更为适用。在社会流动性较强的状况下，当前社会阶层与居民消费之间的关系则会倾向于相对弱化，从而出现适用"无关论"和"调和论"的现象。如果忽视了社会流动性对社会阶层与消费之间关系的这种影响，则会出现"相关论""无关论""调和论"各有理据、相互对立的混杂结论。我们在后续模型的论证中还会更为清晰地看到这一点。

更深层次地，我们看到，中等收入阶层扩大与消费型社会的产生是与高社会流动联系在一起的。当前社会出现的"消费先行于生产"的消费平等现象，其深层原因可能并不在于消费商品和消费信贷的可获得性，它们是居民持续扩大消费的重要条件而非关键原因，而是在于比任何历史阶段更高水平且更稳定的社会流动性，如前所述，金融体系流动性约束放松是社会流动性大幅改善的中介变量。

三、社会流动影响居民消费的经验证据

（一）基本的可检验假说

我国近年来社会流动性水平总体上低于主要高收入国家。何石军和黄桂田（2013）发现，我国 2000 年、2004 年、2006 年和 2009 年的代际收入弹性为 0.66、0.49、0.35 和 0.46，与国外相比数值较高。结合我国当前社会流动性的基本情况，依据前述理论论述，我们可以推导出以下三项主要的可被检验的假说：

$$H1: \frac{\partial Expenditure_i}{\partial stra_i}>0$$

根据我们的基本分析框架，基于我国社会流动性低于国外发达国家的现实，我们推断我国居民家庭的当期消费支出与当前所处的阶层呈现显著的正相关关系。

$$H2: \frac{\partial Expenditure_i}{\partial Mobe_i}>0$$

当期消费与阶层流动预期正相关。根据研究的前述理论，预期阶层向

上流动会增加当期消费，预期阶层向下流动会减少当期消费。

$$H3: \frac{\partial Expenditure_i}{\partial Mobp_i} < 0$$

当期消费与过去的消费阶层流动负相关。由于消费黏性的存在，过去阶层向上流动的，受到前期所处较低阶层所形成的消费习惯等的影响，当期消费水平会低于平均水平；过去阶层向下流动的，受到前期所处较高阶层所形成的消费习惯等的影响，当期消费水平会高于平均水平。

（二）基础回归模型

基于研究框架，我们用于检验社会阶层、社会阶层流动对家庭消费影响（H1—H3）的基准设定是：

$$Expenditure_i = \alpha + \beta Stra_i + \gamma Mobe_i + \lambda Mobp_i + \sum \delta_i^j X_i^j + u_i$$

其中：$Expenditure_i$ 代表居民家庭的消费支出，它可以表示为收入流的概率函数，即 $Expenditure_i = e(P_i; x = P_i y)$，支出结构由序列 $\{P_1, P_2, \cdots, P_n\}$ 来定义；$\beta = \frac{\partial Expenditure_i}{\partial Stra_i}$ 代表阶层差异对当期消费支出的影响，$\gamma = \frac{\partial Expenditure_i}{\partial Mobe_i}$ 代表阶层流动预期对当期消费支出的影响，$\lambda = \frac{\partial Expenditure_i}{\partial Mobp_i}$ 代表过去阶层流动对当期消费支出的影响。X_i^j 代表其他控制变量。

（三）主要变量与数据

研究数据来源于 2010 年我国社会综合调查（CGSS）。有关数据的总体情况如下：

（1）家庭消费支出。居民家庭消费支出具体分为总支出、食品支出、服装支出、公共事业支出、住房支出、耐用品支出、日用品支出、交通通信支出、休闲娱乐支出、礼品支出、教育支出、医疗支出等总计 12 项，表 8.1 报告了主要的描述统计情况。研究样本中每户家庭总支出的均值为 39 286 元。根据国家统计局的数据，2010 年我国的人均居民支出为 10 919 元。根据 2010 年第六次全国人口普查统计口径，我国平均每户家庭的人口为 3.10 人，据此简单推算我国每户家庭的平均支出大约为 33 849 元，研究所采用的样本的均值与之相差不大，反映出样本数据具有较高的质量和较好的代表性。

表 8.1　研究抽样样本中家庭支出和主要支出类别的描述统计

	均值	标准差	95％置信区间		变异系数
总支出	39 286.07	1 104.327	37 121.37	41 450.78	2.81％
食品	10 044.31	445.147 6	9 171.734	10 916.89	4.43％
服装	2 475.43	55.498 41	2 366.642	2 584.218	2.24％
公共事业	2 007.399	56.752 25	1 896.153	2 118.645	2.83％
住房	8 290.458	854.753 9	6 614.966	9 965.95	10.31％
耐用品	2 364.681	155.977 2	2 058.934	2 670.428	6.60％
日用品	1 135.771	28.977 41	1 078.97	1 192.573	2.55％
交通通信	1 866.315	43.598 81	1 780.852	1 951.777	2.34％
休闲娱乐	816.822 9	111.859 4	597.555 7	1 036.09	13.69％
礼品	2 118.918	47.907 72	2 025.009	2 212.827	2.26％
医疗	4 117.837	164.568 3	3 795.25	4 440.424	4.00％
教育	3 077.599	80.920 85	2 918.978	3 236.221	2.63％

变异系数反映了样本中各类别支出的离散程度。总体来看，所有类别消费支出的变异系数均在 15％以内，离散程度较为适中。其中，住房和休闲娱乐支出的变异系数分别为 10.31％和 13.69％，离散程度明显较高，反映出不同家庭在这两项支出上的差异较为明显，与人们的直观感受基本相符。值得注意的是，在我们的样本中还存在一类特殊的样本，它们在问卷的消费支出项目中表现为缺省值，部分问卷仅填写了个别支出类别。这类项目我们不能想当然地认为是一个无效问卷，更不能简单将其视为消费支出为 0。因为它也可能是消费支出的非货币化占据较大份额或者统计期内缺乏大件消费因而总体消费支出较低所致。我们需要综合家庭收入、其他问题的回答率等情况予以判断和辨别。

考虑到不同家庭在成员数量上的差异，我们对居民家庭的各类消费支出取算术平均并在模型回归运算中进行对数化。

（2）社会阶层与阶层流动性。考虑到社会阶层属于复合概念，它与财产、收入、职业、职位、社会地位等密切相关，但又不呈一一对应关系，我们使用居民自我报告（self-reported）的数据来度量其所处的社会阶层，从低到高，分为 10 个阶层。通过当前社会阶层与十年前社会阶层的差值来测量过去阶层的垂直流动性，用预期十年后所处的阶层与当前阶层的差值来度量预期阶层的垂直流动性。样本各阶层家庭分布曲线显示，位于阶层两端的家庭数目较少，中间阶层的家庭数较多，超过 30% 的家庭自我评价处于中间阶层（阶层＝5），同时处于较低阶层和中间偏低阶层的家庭数多于高端和中端偏高社会阶层的家庭数。

（3）主要控制变量。参考拉万和赞纳（Lawan & Zanna，2013）等人的研究，我们将其他控制变量划分为地理区位、经济条件、社会制度、文化心理、人口统计学特征五大类，具体选取的控制变量为：（1）地理区位，主要采用"是否居住在城镇"这一虚拟变量来代理城乡这两类不同消费地理空间，在后续的讨论中，我们还将考虑各省的情况，同样通过设置虚拟变量的方法来实现；（2）经济条件，主要采用财产状况、收入水平两类变量，具体用家庭拥有不动产、家庭轿车来代理存量财产，用相对收入水平来代理收入流量变量；（3）社会制度，包括医疗保险、养老保险等制度因素，使用是否参保这一虚拟变量来代理；（4）文化心理，包括价格偏好、品牌偏好、储蓄偏好等，使用 1—5 标度的心理量表来测度；（5）人口统计学特征，主要通过家庭规模、家庭年龄构成来反映。主要变量的定义如表 8.2 所示。

表 8.2　研究涉及主要解释变量的名称、代码与含义

变量名	代码	定义
当前社会阶层	Strat	当前的社会阶层，从低到高分为 10 个层次，数值取 1 至 10
过去阶层流动	Mobp	与十年前相比，个人社会阶层变化
预期阶层流动	Mobe	与十年后相比，预期个人社会阶层变化
地理区位		
居住地	Loc	是否居住在城镇，是＝0，否＝1
所属省份	D1-D30	是否居住在某省，是＝1，否＝0
经济因素		
财产：不动产	Est	是否拥有不动产所有权，是＝1，否＝0
财产：家庭轿车	Auto	是否拥有家庭轿车，是＝1，否＝0
相对收入水平	Inc	您家的家庭经济状况在所在地属于哪一档？远低于平均水平＝1，远高于平均水平＝5
社会制度		
养老保险	EIns	是否参加了养老保险，是＝1，否＝0
医疗保险	MIns	是否参加了医疗保险，是＝1，否＝0

续表

变量名	代码	定义
消费偏好		
价格偏好	*Price*	商品价格多大程度上影响消费决策：没有影响＝1，很小＝2，一般＝3，明显＝4，非常大＝5
品牌偏好	*Brd*	商品品牌多大程度上影响消费决策：没有影响＝1，很小＝2，一般＝3，明显＝4，非常大＝5
储蓄偏好	*Sav*	有了多余的钱是否首先考虑存起来：完全不同意＝1，比较不同意＝2，无所谓同意不同意＝3，比较同意＝4，完全同意＝5
人口统计特征		
家庭规模	*Scale*	家庭人口数
家庭年龄构成	*Stru*	16 周岁～65 周岁人口占家庭总人口的比重

我们的控制变量既有客观指标，同时也囊括了一系列测量主观心理状态和观念信念的指标，从而有助于我们更为全面地捕捉家庭的异质化特征。值得注意的是，当前大多数研究表明，家庭消费具有明显的规模经济性，因此我们除了利用家庭规模对消费支出进行平均化以外，还将其一并纳入控制变量，后续的计量回归结果也证实这一设置具有合理性。

(四) 基本结果

由于研究抽样样本中涉及的各项消费数据均属于截尾数据（censored data），通过对正态性假设进行条件矩检验，我们发现条件矩统计量均拒绝扰动项服从正态分布的原假设。为此，我们采用更为稳健的"归并最小绝对离差法"（CLAD）对模型进行参数估计。参数估计的表达式：

$$S_n(\beta) = \sum_{i=1}^{n} (X_i'\beta) \,|\, y_i - X_i'\beta |$$

其中，估计量 $\hat{\beta}$ 被称为绝对离差估计量，需要满足的渐近 FOC 为：

$$\sum_{i=1}^{n} (X_i'\hat{\beta}) x_i \,\mathrm{sgn}(y_i - X_i'\hat{\beta}) = 0$$

CLAD 方法的优势是，只要求扰动项满足独立同分布假设，而不要求其服从正态分布，故而在非正态分布或存在异方差的情况下也能得到一致估计。表 8.3 报告了总消费支出模型的回归结果。

表 8.3　基础回归结果

变量	(1)	(2)	(3)	(4)	(5)	(6)	(7)	(8)	(9)	(10)	(11)	(12)
Stra	0.188*** (22.48)	0.133*** (18.79)	0.153*** (24.84)	0.077 1*** (11.11)	0.080 3*** (13.15)	0.082 3*** (12.47)	0.084 2*** (14.32)	0.062 5*** (11.98)	0.060 9*** (10.25)	0.058 3*** (9.74)	0.054 0*** (9.65)	0.061 6*** (8.79)
Mobp	−0.048 6*** (−5.21)	−0.030 7*** (−4.02)	−0.039 8*** (−5.86)	−0.038 6*** (−5.58)	−0.025 7*** (−4.29)	−0.029 7*** (−4.54)	−0.031 0*** (−5.30)	−0.023 1*** (−4.52)	−0.015 2*** (−2.62)	−0.020 5*** (−3.45)	−0.019 3*** (−3.42)	−0.023 0*** (−3.25)
Mobe	0.122*** (14.06)	0.057 8*** (7.99)	0.045 1*** (7.12)	0.038 5*** (5.92)	0.038 0*** (6.71)	0.054 6*** (8.76)	0.053 5*** (9.52)	0.043 2*** (9.00)	0.045 2*** (8.27)	0.036 9*** (6.63)	0.036 2*** (7.05)	0.042 8*** (6.65)
Loc		−0.896*** (−40.11)	−0.777*** (−38.24)	−0.727*** (−35.48)	−0.720*** (−39.34)	−0.630*** (−32.20)	−0.604*** (−33.13)	−0.580*** (−36.52)	−0.606*** (−33.21)	−0.554*** (−29.91)	−0.516*** (−29.12)	−0.497*** (−22.04)
Scale			−0.199*** (−30.39)	−0.226*** (−34.36)	−0.223*** (−38.09)	−0.215*** (−34.84)	−0.223*** (−39.53)	−0.232*** (−46.57)	−0.228*** (−40.24)	−0.214*** (−36.89)	−0.218*** (−40.10)	−0.223*** (−33.27)
Inco				0.314*** (22.20)	0.293*** (23.14)	0.244*** (17.78)	0.220*** (17.85)	0.205*** (18.94)	0.187*** (14.97)	0.163*** (13.02)	0.212*** (17.92)	0.180*** (12.06)
Est					0.027 3 (0.95)		0.089 6*** (3.13)	0.069 7*** (2.87)	0.043 8 (1.59)	0.122*** (4.31)	0.093 3*** (3.52)	0.110*** (3.27)

续表

变量	(1)	(2)	(3)	(4)	(5)	(6)	(7)	(8)	(9)	(10)	(11)	(12)
Auto						0.713*** (22.94)	0.734*** (26.32)	0.708*** (29.35)	0.707*** (25.53)	0.747*** (26.42)	0.728*** (27.56)	0.705*** (21.51)
Price								−0.048 4*** (−7.75)	−0.053 4*** (−7.48)	−0.058 8*** (−8.17)	−0.039 5*** (−5.80)	−0.060 2*** (−7.12)
Brd								0.109*** (18.90)	0.114*** (17.12)	0.107*** (15.97)	0.096 5*** (15.32)	0.110*** (13.95)
Sav									−0.033 9*** (−4.21)	−0.028 0*** (−3.45)	−0.026 8*** (−3.52)	−0.025 7*** (−2.71)
Mins										0.032 8 (1.30)		−0.010 5 (−0.35)
EIns											0.174*** (10.39)	0.227*** (10.60)
_cons	8.106*** (215.02)	8.660*** (255.51)	9.172*** (270.57)	8.729*** (211.79)	8.762*** (233.01)	8.775*** (219.93)	8.834*** (239.38)	8.843*** (204.96)	9.056*** (150.85)	9.000*** (143.85)	8.793*** (153.51)	8.886*** (120.08)
N	9 688	9 685	9 721	9 704	9 704	9 669	9 660	9 576	9 575	9 538	9 274	9 227

注：* $p<0.1$，** $p<0.05$，*** $p<0.01$，括号内为 t 统计量。因不同控制变量对应问卷回答回答率不同，各模型样本数量存在差异。下表同。

回归结果显示，无论是模型（1）还是模型（2）—模型（12），在控制了其他变量以后，居民家庭的当前社会阶层、过去阶层流动、预期阶层流动的估计系数均与我们的理论预期一致。

具体结果：（1）与 H1 的理论预期一致，在当前的经济社会条件下，家庭消费总支出与当前所处社会阶层之间在 1% 的显著性水平上存在显著的正相关关系，证实"相关论"在我国现阶段仍然成立。（2）与 H2 的理论预期一致，对未来阶层流动的预期与当期居民家庭总消费支出在 1% 的显著性水平上具有显著的正相关关系，说明对社会阶层流动的预期会明显影响家庭消费支出的配置。（3）与 H3 的理论预期一致，过去阶层流动状况对当期居民家庭总体消费支出在 1% 的显著性水平上存在显著负向影响，证明消费黏性在家庭消费决策中具有显著影响。居民家庭过去阶层向下垂直流动时，存在保留原有较高消费水平的倾向，当前消费支出高于所处阶层的平均消费水平；居民家庭过去阶层向上垂直流动时，同样存在保留原有较低消费水平的倾向，当前消费支出低于所处阶层的平均消费水平。这意味着，对于向上垂直流动，当目前处于同一阶层时，十年前阶层越低，则越倾向于节约消费。对于向下流动，处于同一阶层的家庭，十年前阶层越高，则当前越倾向于过度消费。

控制变量的估计情况，与经济理论的预期基本相符。地理因素、经济因素、社会制度因素、家庭消费偏好因素、人口统计学因素等对消费支出的影响都十分显著。在地理因素中，地理区位变量（是否居住在城镇）在所有估计方程中都十分显著。经济因素方面，拥有不动产和家庭轿车、相对收入高的家庭，其消费水平也较高。社会保险制度、医疗保险制度等也为家庭消费支出提供了保障。家庭消费偏好方面，对价格敏感的家庭和有较明显储蓄偏好的家庭，其消费总水平显著低于平均水平；而具有一定品牌偏好的家庭，其消费水平则显著高于平均水平。人口统计学特征方面，家庭规模与所有家庭消费类别支出均显著负相关，显示各类家庭消费均呈现一定的规模经济性，与有关的理论和经验研究相符。

以下我们通过两种方式来评估内生性对模型估计的可能影响。首先，我们借鉴艾托杰等（Altonji et al., 2005）的思想，考虑控制主要变量后 $\theta = |\beta^F/(\beta^F - \beta^R)|$ 的变化。其中，β^F 为控制主要控制变量后关键变量的估计系数，β^R 为控制所有变量后关键变量的估计系数。从理论上看，如果我们已经控制住了最主要的变量，随后进一步引入其他变量，核心变量的系数将不会发生重大变化。此时，由于 β^F 和 β^R 非常接近，因此 θ 应该较

大。表 8.4 测算了研究模型重点关注变量的 θ 值。

表 8.4　依据可观测变量选择对非可观测变量影响的评估

控制的主要解释变量	其他解释变量限制	当前社会阶层	过去阶层流动	预期阶层流动
Stra、*Mobp*、*Mobe*、*Loc*、*Scale*、*Inco*	控制所有解释变量	8.1	10.2	6.2
Stra、*Mobp*、*Mobe*、*Loc*、*Scale*、*Inco*、*Est*、*Auto*	控制所有解释变量	3.0	2.4	3.4

从表 8.4 中可以知道，在我们控制住家庭规模、居住地、收入、家庭资产等变量以后，与我们重点关注的模型变量相关的 θ 均在 2.0 以上。这显示，研究模型中三类变量的估计系数在控制主要的控制变量以后，不同模型的估计结果非常接近，模型遗漏重要变量的风险已经大幅降低。

其次，我们考虑应用工具变量（Ⅳ）方法来考察内生性的可能影响。由于性质良好的Ⅳ需要同时严格满足与内生变量相关、排他性约束（exclusion restriction）两大条件。其中，工具变量的排他性约束往往难以严格证明，常用的理论解释方法往往会引来很多争议。同时，不当的工具变量选择还会将估计误差带入方程，引来更严重的估计问题。基于审慎原则，研究借鉴内沃和罗斯（Nevo & Rosen，2012）、克拉克和玛塔（Clarke & Matta，2017）的思路，假定工具变量是近似外生的（plausibly exogenous），应用不完美工具变量（ⅡⅤ）模型进行进一步估计。这一方法使用不完美工具变量边界取代了传统Ⅳ有效性所需的零协方差假设，基于工具变量与未观测误差项之间的相关性与原内生回归量与误差项之间的相关性方向相同等假设，估计出应用不完美工具变量的上下边界。对于当前社会阶层，我们所选的工具变量是户主父亲的教育程度，这一变量与户主当前所处的社会阶层具有理论上的相关关系，但也难以严格排除与其他控制变量（如预期阶层流动）和误差项之间的复杂相关关系。对于过去阶层流动，我们选择户主最高学历的毕业时间作为工具，主要考虑是学校毕业初期，其对阶层提升的作用非常敏感；距离毕业时间越长，其对阶层流动的边际效应递减（Carneiro et al.，2010）；考虑到阶层流动的预期可能与居民观察到的宏观层面的不平等状况相关，因此我们选择各省前一年的基尼系数作为预期阶层流动的工具变量。我们分别估计有关参数，并将有关结果列示为表 8.5。

表 8.5　CLAD 模型与 ⅠⅤ 模型主要变量估计结果的比较

重点关注的变量	CLAD 模型	ⅠⅤ 模型			
		下边界(5%置信水平)	下界估计量	上界估计量	上边界(5%置信水平)
Stra	0.061 6	—	—	0.062 210 79	0.074 999 26
Mobp	−0.023 0	−1.128 096 5	−0.705 115 86	−0.035 632 03	−0.022 953 71
Mobe	0.042 8	—	—	0.038 638 65	0.052 031 05

理论上，我们选择的工具与内生变量之间的相关关系为正，表 8.5 中当前社会阶层（Stra）和预期社会阶层（Mobe）的 ⅠⅤ 估计报告了单侧边界（上边界），过去阶层流动（Mobp）的 ⅠⅤ 估计报告了双侧边界。以上估计结果显示，当前社会阶层、过去阶层流动、预期阶层流动的估计系数均与我们的理论预期保持一致，原 CLAD 模型的估计结果与 ⅠⅤ 模型的估计结果也比较接近，且均落在后者上下边界之内。这一结论与前面对 $\theta = |\beta^F/(\beta^F - \beta^R)|$ 的分析结论一致，即内生性对模型主要变量估计产生重大影响的风险已经得到了较好的控制。

四、社会流动影响消费支出结构的经验证据

社会阶层是如何影响家庭内部的消费结构的呢？正如我们在表 8.3 中看到的，消费支出与社会阶层密切相关。而我们在综述中也看到，不同的理论常常深入家庭的内部支出结构，由于不同的消费类别可能具有不同的经济功能和社会功能，因此进一步考察社会阶层与不同类别消费支出之间的关系也具有重要意义。表 8.6 报告了分项支出模型的回归结果。

回归结果显示：

（1）食品、服饰、公共事业、耐用品、日用品、交通通信、休闲娱乐、礼品等类别的支出与居民所处社会阶层在 1% 的显著性水平上呈现正相关关系，其中：以休闲娱乐、礼品为典型代表的文化类消费很明显地与阶层相关，证明文化消费理论中的"同源论（homology argument）"在我国现阶段的确成立。住房、教育、医疗三大类支出与所处社会阶层的关系在 10% 的显著性水平上不显著，显示其阶层属性并不明显，这可能说明我国在住房、教育、医疗等领域普遍实施的公共保障制度对弱化阶层差异发挥了非常基础的重要作用。

表 8.6　分项支出回归结果

变量		(1) 食品	(2) 服饰	(3) 公共事业	(4) 住房	(5) 耐用品	(6) 日用品	(7) 交通通信	(8) 休闲娱乐	(9) 教育	(10) 医疗	(11) 礼品
Stra	系数	0.058 6***	0.094 7***	0.053 0***	0.005 99	0.062 7***	0.080 6***	0.061 4***	0.104***	0.026 4	0.003 10	0.053 7***
	t值	(10.16)	(10.86)	(6.96)	(0.18)	(4.03)	(8.18)	(7.36)	(7.45)	(1.55)	(0.25)	(5.19)
Mobp	系数	−0.012 4*	−0.072 3***	0.013 2*	−0.066 3**	0.0070 4	−0.016 9*	−0.080 3***	−0.048 8***	−0.003 61	0.088 8***	−0.017 8*
	t值	(−2.08)	(−8.67)	(1.74)	(−2.15)	(0.47)	(−1.75)	(−9.69)	(−3.72)	(−0.22)	(7.25)	(−1.72)
Mobe	系数	0.040 0***	0.060 7***	0.042 8***	−0.069 1**	0.032 3**	0.049 4***	0.039 5***	−0.011 4	0.069 5***	0.068 3***	0.036 1***
	t值	(7.38)	(7.71)	(5.97)	(−2.26)	(2.24)	(5.46)	(5.13)	(−0.95)	(4.52)	(5.93)	(3.83)
Loc	系数	−0.703***	−0.689***	−0.908***	−0.306**	−0.323***	−0.529***	−0.538***	−0.595***	−0.190***	−0.272***	−0.172***
	t值	(−37.93)	(−25.43)	(−36.90)	(−2.45)	(−6.42)	(−16.91)	(−20.28)	(−10.77)	(−3.54)	(−6.74)	(−5.33)
Est	系数	−0.008 64	−0.006 40	0.066 6*	−0.870***	−0.142**	0.072 3	0.078 6*	−0.061 7	0.066 0	−0.243***	−0.187***
	t值	(−0.32)	(−0.16)	(1.88)	(−8.01)	(−2.02)	(1.55)	(1.97)	(−1.07)	(0.86)	(−3.96)	(−3.79)
Auto	系数	0.382***	0.913***	0.434***	0.627***	0.538***	0.542***	1.157***	0.814***	0.386***	0.233***	0.459***
	t值	(14.04)	(23.31)	(12.36)	(4.29)	(9.03)	(11.74)	(30.39)	(17.06)	(5.49)	(3.77)	(10.00)
Incol	系数	0.174***	0.264***	0.177***	0.394***	0.279***	0.229***	0.196***	0.185***	0.182***	−0.0491*	0.236***
	t值	(14.27)	(14.38)	(11.04)	(5.49)	(8.37)	(10.95)	(11.05)	(6.34)	(5.13)	(−1.85)	(10.69)

续表

变量	(1) 食品	(2) 服饰	(3) 公共事业	(4) 住房	(5) 耐用品	(6) 日用品	(7) 交通通信	(8) 休闲娱乐	(9) 教育	(10) 医疗	(11) 礼品
$Pric$	-0.056 1*** (-8.07)	-0.082 6*** (-7.87)	-0.045 9*** (-5.02)	-0.077 2* (-1.79)	-0.091 1*** (-4.91)	0.000 375 (0.03)	-0.100*** (-10.03)	-0.099 8*** (-5.85)	-0.009 58 (-0.47)	-0.010 7 (-0.71)	-0.072 1*** (-5.79)
Brd	0.061 1*** (9.40)	0.164*** (17.01)	0.085 0*** (10.05)	0.149*** (3.77)	0.107*** (6.17)	0.0887*** (8.04)	0.087 9*** (9.48)	0.114*** (7.17)	0.087 6*** (4.67)	0.016 5 (1.18)	0.100*** (8.69)
$MIns$	-0.078 6*** (-3.23)	0.028 9 (0.80)	-0.057 2* (-1.80)	-0.093 4 (-0.69)	-0.091 2 (-1.34)	-0.018 7 (-0.45)	0.030 9 (0.88)	-0.004 92 (-0.08)	-0.068 7 (-0.94)	0.245*** (4.40)	-0.004 89 (-0.11)
$EIns$	0.243*** (13.71)	0.158*** (6.07)	0.253*** (10.77)	0.024 4 (0.22)	0.063 0 (1.35)	0.249*** (8.31)	0.223*** (8.75)	0.276*** (6.30)	0.266*** (5.35)	0.151*** (3.94)	0.098 6*** (3.24)
Sav	-0.009 70 (-1.24)	-0.071 2*** (-6.07)	0.000 612 (0.06)	-0.086 6* (-1.95)	-0.023 7 (-1.14)	-0.082 3*** (-6.21)	-0.065 7*** (-5.89)	-0.147*** (-8.70)	-0.024 4 (-1.12)	-0.028 6* (-1.68)	-0.102*** (-7.39)
$Scale$	-0.239*** (-43.51)	-0.212*** (-26.05)	-0.261*** (-35.06)	-0.242*** (-6.82)	-0.271*** (-18.41)	-0.259*** (-27.46)	-0.205*** (-25.77)	-0.402*** (-29.38)	-0.377*** (-22.51)	-0.309*** (-26.08)	-0.276*** (-27.84)
$\_cons$	8.068*** (132.94)	5.842*** (63.23)	6.295*** (78.27)	7.551*** (20.19)	6.726*** (39.39)	5.354*** (51.40)	5.993*** (67.75)	6.104*** (40.71)	7.538*** (40.48)	7.422*** (55.65)	6.713*** (59.67)
N	10 008	8 925	9 498	1 844	3 670	9 172	9 029	2 787	4 824	8 060	7 658

（2）食品、服装、公共事业、住房、日用品、休闲娱乐、医疗、礼品等支出项目更易受消费黏性的影响；而耐用品、教育等支出项目在10％的显著性水平上受消费黏性的影响并不显著。教育支出不受消费黏性的影响这一结果与我国文化传统中家庭历来高度重视教育这一典型事实相符。

（3）阶层流动预期的影响体现在食品、服装、公共事业、耐用品、日用品、交通通信、休闲娱乐、礼品等几乎所有的消费支出领域。这一现象表明，预期未来阶层向上流动的家庭会在当期超前消费，并在食品、服装、耐用品、日用品、交通通信、休闲娱乐、礼品等方面增加支出；预期未来阶层向下流动的家庭也会在当期调减消费支出和调整消费的结构，从而实现更加平滑的消费。这一现象表明，在一个社会流动性较健康的社会中，受到未来乐观预期和普遍机会平等的激励，人们可能会更倾向于超前消费，从而出现消费超前于当期社会阶层的现象或阶层弱化的表象。

值得注意的是，教育支出除了不受消费黏性的影响以外，也不受是否拥有不动产、储蓄偏好、价格偏好等的影响，多个侧面都佐证我国家庭对教育支出的高度重视或教育支出的刚性特征。

讨论 1：不同计量方法如何影响结论的稳健性

为了验证上述结论的稳健性，排除不同回归方法可能的影响，我们分别应用一般最小二乘法（OLS）、加权最小二乘法（WLS）、加权 Tobit 回归、考虑聚类和抽样概率加权的 OLS（SVYOLS）、考虑聚类和抽样概率加权的 Tobit（SVYTobit）等五种回归方法对模型进行了检验，发现不同方法下社会阶层、过去阶层流动、阶层流动预期等主要变量对家庭总消费支出的影响仍然十分显著，且方向没有发生改变，显示我们的结论具有一定的稳健性。表 8.7 报告了 SVYTobit 方法估计的结果。

表 8.7 与表 8.3 回归结果一致，家庭消费总支出与当前所处阶层显著正相关、与过去阶层流动显著负相关、与预期阶层流动显著正相关，方向没有反转。采用 SVYTobit 方法估计的当前社会阶层、过去阶层流动、预期阶层流动的系数分别是 0.068 0、−0.038 1 和 0.039 8，与我们采用 CLAD 模型的估计结果（0.058 6、−0.012 4、0.040 0）相比，当前社会阶层、预期阶层流动的系数与原结果的数值大小相近，过去阶层流动的系数估计值比原结果大 1.4 倍。由于 SVYTobit 模型的设定对于扰动项的分布比较敏感，因此总体上我们更倾向于 CLAD 模型的估计结果。

分项支出中，SVYTobit 估计的 11 类消费支出模型主要回归结果均表现稳定，方向也没有出现反转。出现细微变化的是，过去阶层流动对耐用

表 8.7 不同计量方法对估计结果的影响评估：SVYTobit 回归

变量	(1) 总支出	(2) 食品	(3) 服饰	(4) 公共事业	(5) 住房	(6) 耐用品	(7) 日用品	(8) 交通通信	(9) 休闲娱乐	(10) 教育	(11) 医疗	(12) 礼品
$Stra$	0.068 0*** (9.70)	0.049 3*** (7.51)	0.094 5*** (11.91)	0.062 0*** (8.62)	0.044 2 (1.51)	0.060 0*** (3.70)	0.061 7*** (7.93)	0.059 8*** (7.67)	0.097 5*** (5.39)	0.027 4 * (1.90)	0.007 59 (0.63)	0.036 4*** (4.30)
$Mobp$	−0.038 1*** (−5.43)	−0.011 4 * (−1.74)	−0.074 1*** (−9.56)	−0.015 9** (−2.23)	−0.074 3*** (−2.65)	−0.020 3 (−1.31)	−0.029 0*** (−3.80)	−0.058 7*** (−7.67)	−0.042 2** (−2.48)	−0.000 510 (−0.04)	0.059 5*** (5.02)	−0.002 71 (−0.32)
$Mobe$	0.039 8*** (6.00)	0.040 7*** (6.69)	0.043 1*** (5.95)	0.040 2*** (6.07)	−0.048 6* (−1.82)	0.049 7*** (3.48)	0.042 9*** (6.03)	0.027 1*** (3.79)	0.040 8*** (2.63)	0.042 2*** (3.31)	0.055 1*** (5.02)	0.019 1** (2.47)
Loc	−0.538*** (−24.74)	−0.725*** (−34.66)	−0.627*** (−24.84)	−0.900*** (−39.26)	−0.106 (−0.98)	−0.223*** (−4.37)	−0.550*** (−22.28)	−0.478*** (−19.12)	−0.530*** (−7.44)	−0.248*** (−5.48)	−0.276*** (−7.27)	−0.209*** (−7.81)
Est	0.024 6 (0.75)	0.041 1 (1.32)	0.050 2 (1.35)	−0.039 6 (−1.16)	−0.810*** (−8.28)	−0.062 4 (−0.85)	0.051 3 (1.40)	0.067 6 * (1.85)	−0.035 8 (−0.49)	0.013 3 (0.20)	−0.163*** (−2.81)	−0.105*** (−2.56)
$Auto$	0.650*** (18.09)	0.375*** (12.26)	0.843*** (23.83)	0.510*** (15.25)	0.677*** (5.30)	0.803*** (12.91)	0.589*** (16.42)	1.118*** (31.54)	0.718*** (11.85)	0.368*** (6.11)	0.156*** (2.72)	0.500*** (13.14)
$Incol$	0.172*** (11.41)	0.189*** (13.72)	0.292*** (17.40)	0.166*** (10.95)	0.362*** (5.86)	0.296*** (8.64)	0.211*** (12.94)	0.181*** (10.98)	0.212*** (5.64)	0.120*** (3.98)	0.005 08 (0.20)	0.237*** (13.18)
$Pric$	−0.066 6*** (−7.43)	−0.062 2*** (−7.83)	−0.086 2*** (−8.98)	−0.055 8*** (−6.42)	−0.116*** (−3.13)	−0.086 0*** (−4.47)	−0.008 46 (−0.90)	−0.110*** (−11.70)	−0.135*** (−6.16)	−0.015 4 (−0.89)	0.000 292 (0.02)	−0.054 8*** (−5.38)

续表

变量	(1) 总支出	(2) 食品	(3) 服饰	(4) 公共事业	(5) 住房	(6) 耐用品	(7) 日用品	(8) 交通通信	(9) 休闲娱乐	(10) 教育	(11) 医疗	(12) 礼品
Brd	0.093 8*** (11.54)	0.065 0*** (8.86)	0.144*** (16.32)	0.084 6*** (10.52)	0.165*** (4.75)	0.125*** (6.98)	0.104*** (12.07)	0.113*** (12.89)	0.084 8*** (4.08)	0.047 1*** (2.94)	−0.009 05 (−0.68)	0.082 3*** (8.69)
$MIns$	−0.002 32 (−0.07)	−0.080 4*** (−2.90)	−0.023 0 (−0.69)	−0.037 1 (−1.22)	−0.071 4 (−0.61)	−0.097 9 (−1.40)	−0.039 1 (−1.20)	−0.036 3 (−1.10)	−0.152* (−1.93)	−0.045 7 (−0.75)	0.287*** (5.49)	0.044 6 (1.23)
$EIns$	0.170*** (8.14)	0.240*** (12.03)	0.211*** (8.82)	0.248*** (11.35)	0.071 1 (0.76)	0.158*** (3.31)	0.240*** (10.21)	0.207*** (8.73)	0.238*** (4.25)	0.186*** (4.38)	0.176*** (4.86)	0.087 6*** (3.46)
Sav	−0.028 9*** (−2.84)	−0.010 2 (−1.15)	−0.067 0*** (−6.30)	−0.020 0** (−2.06)	−0.083 1** (−2.21)	−0.030 0 (−1.45)	−0.077 8*** (−7.43)	−0.045 0*** (−4.29)	−0.130*** (−5.92)	−0.048 3*** (−2.62)	−0.018 4 (−1.13)	−0.059 5*** (−5.31)
$Scale$	−0.203*** (−25.45)	−0.247*** (−39.34)	−0.228*** (−30.30)	−0.254*** (−36.84)	−0.250*** (−8.20)	−0.283*** (−18.86)	−0.271*** (−36.75)	−0.220*** (−29.37)	−0.417*** (−23.30)	−0.363*** (−25.23)	−0.312*** (−27.73)	−0.277*** (−34.10)
_cons	8.998*** (114.69)	8.047*** (116.17)	5.861*** (69.17)	6.358*** (83.61)	7.685*** (24.34)	6.463*** (36.93)	5.534*** (67.43)	6.007*** (71.68)	6.584*** (33.68)	7.779*** (49.94)	7.216*** (56.60)	6.565*** (71.74)
sigma												
_cons	0.841*** (91.41)	0.893*** (141.46)	1.013*** (133.81)	0.953*** (137.80)	1.789*** (60.53)	1.300*** (85.69)	1.008*** (135.54)	1.007*** (134.39)	1.254*** (74.38)	1.328*** (98.02)	1.462*** (126.96)	0.997*** (124.05)
N	9 252	10 006	8 953	9 494	1 832	3 673	9 185	9 030	2 768	4 804	8 060	7 694

品支出的影响由正转负，但与 CLAD 估计结果相同，其在 10% 水平并不
显著；对礼品支出的影响由在 10% 水平上显著（t＝－1.72）变为不显著
（t＝－0.23）。预期阶层流动对休闲娱乐的影响由不显著（t＝－0.95）变
为显著（t＝2.63），且方向由负转正。

讨论 2：家庭年龄构成如何影响结论的稳健性

为了进一步检验结论的稳健性，我们进一步对模型设定进行调整，以
排除不同模型设定可能的影响。表 8.3 已经显示，在保留当前社会阶层、
过去阶层流动、阶层流动预期三项变量的同时，逐次调整方程控制变量设
定，我们重点考察的前述变量对总消费支出的影响仍然十分显著，且方向
没有发生改变。进一步地，考虑到不同家庭儿童和老人的数量（如：少子
化和老龄化）可能会对消费产生影响，这一影响可能难以通过考虑家庭的
规模经济性予以消除，我们在模型中增加一项体现家庭年龄构成的控制变
量。新增变量"家庭年龄构成"的定义为"16 周岁～65 周岁人口占家庭
总人口的比重"。值得注意的是，CGSS 原问卷中"16 周岁～65 周岁人口
数"这一问题的回答率较低，有效样本量仅为 5 022 份。因此，采用这一
变量存在损失较多的样本信息的代价和风险。但考虑到这一问题并不过多
涉及具体家庭利益动机，也不涉及复杂的计算，我们基本可以排除选择性
回避或虚报的可能，因此我们仍然假定采集到的数据符合随机抽样的原
则。基于这一假定，应用 CLAD 方法得到的回归结果报告如表 8.8 所示。

表 8.8 报告结果显示，当前社会阶层、过去阶层流动、阶层流动预期
等主要变量对总消费支出的影响在增加新控制变量以后仍然十分显著，且
方向没有发生反转，显示我们的结论确实具有一定的稳健性。

分项支出中，11 类消费支出模型主要回归结果总体上表现稳定，出
现较大变化的是，过去阶层流动对住房和礼品支出的影响由显著（t 统计
量分别为 － 2.15 和 － 1.72）转变为不显著（t 统计量分别为 0.1 和
－0.33），预期阶层流动对住房和礼品支出的影响同样由显著（t 统计量分
别为 － 2.26 和 3.83）转变为不显著（t 统计量分别为 1.18 和 1.59）。这
说明家庭年龄构成对于这两类支出的影响可能非常敏感。

讨论 3：不同省份如何影响结论的稳健性

在我们的原模型中，条件矩检验拒绝原假设的一个可能原因是存在异
方差问题，为此我们考虑不同省份之间的差异，以省为单位设置不同的虚
拟变量。应用普通最小二乘（OLS）进行回归运算，报告结果见表 8.9
（括号内为稳健性标准误）。

表 8.8 家庭年龄构成对估计结果的影响评估

变量	(1)总支出	(2)食品	(3)服饰	(4)公共事业	(5)住房	(6)耐用品	(7)日用品	(8)交通通信	(9)休闲娱乐	(10)教育	(11)医疗	(12)礼品
Stra	0.048 2*** (5.41)	0.047 0*** (3.66)	0.062 9*** (5.34)	0.080 2*** (6.70)	0.023 8 (0.53)	−0.084 9*** (−4.17)	0.052 1*** (3.88)	0.059 8*** (5.83)	0.076 6** (2.53)	0.096 3*** (4.54)	−0.050 3*** (−3.32)	0.028 3** (2.45)
Modp	−0.054 8*** (−6.11)	−0.042 8*** (−3.29)	−0.070 6*** (−6.03)	−0.041 8*** (−3.50)	0.003 96 (0.10)	0.022 3 (1.15)	−0.045 3*** (−3.43)	−0.084 2*** (−8.73)	−0.090 2*** (−3.17)	−0.052 0** (−2.57)	0.005 28 (0.35)	−0.003 80 (−0.33)
Mode	0.040 7*** (4.81)	0.037 3*** (3.00)	0.048 0*** (4.34)	0.031 4*** (2.77)	0.048 6 (1.18)	−0.038 8** (−2.04)	0.054 4*** (4.32)	0.032 8*** (3.41)	0.090 3*** (3.24)	0.076 4*** (3.89)	0.043 1*** (3.07)	0.017 3 (1.59)
Loc	−0.303*** (−9.72)	−0.326*** (−7.07)	−0.488*** (−12.09)	−0.660*** (−15.46)	0.087 2 (0.63)	−0.019 3 (−0.27)	−0.290*** (−6.14)	−0.361*** (−10.16)	−0.390*** (−4.06)	−0.048 2 (−0.69)	0.057 4 (1.09)	−0.008 83 (−0.22)
Est	0.112* (1.90)	0.210** (2.47)	0.148** (1.99)	−0.064 7 (−0.78)	−0.395** (−2.22)	0.042 0 (0.33)	0.195** (2.31)	0.259*** (4.08)	−0.031 9 (−0.20)	0.010 2 (0.08)	−0.210** (−2.07)	−0.154*** (−2.08)
Auto	0.579*** (10.76)	0.428*** (5.60)	0.738*** (10.32)	0.595*** (8.31)	0.280 (1.27)	0.628*** (6.06)	0.450*** (5.70)	0.916*** (14.76)	0.804*** (5.98)	−0.060 0 (−0.51)	0.336*** (3.61)	0.592*** (8.52)
Incol	0.140*** (7.62)	0.140*** (5.29)	0.317*** (12.71)	0.142*** (5.69)	0.438*** (4.74)	0.527*** (11.61)	0.229*** (8.15)	0.201*** (9.43)	0.224*** (3.57)	0.036 5 (0.81)	0.066 6** (2.10)	0.232*** (9.75)
Pric	−0.086 5*** (−8.23)	−0.091 0*** (−6.15)	−0.100*** (−7.31)	−0.078 8*** (−5.66)	−0.056 7 (−1.04)	−0.172*** (−7.06)	0.004 48 (0.29)	−0.132*** (−11.06)	−0.185*** (−5.21)	−0.001 82 (−0.07)	0.025 2 (1.43)	−0.074 1*** (−5.44)

续表

变量	(1) 总支出	(2) 食品	(3) 服饰	(4) 公共事业	(5) 住房	(6) 耐用品	(7) 日用品	(8) 交通通信	(9) 休闲娱乐	(10) 教育	(11) 医疗	(12) 礼品
Brd	0.076 0*** (7.87)	0.060 1*** (4.27)	0.128*** (9.91)	0.077 9*** (6.01)	0.199*** (3.97)	0.156*** (6.89)	0.104*** (6.98)	0.061 9*** (5.56)	−0.069 4** (−1.97)	0.018 8 (0.81)	0.002 85 (0.18)	0.105*** (8.32)
$MIns$	0.034 3 (0.85)	−0.130** (−2.23)	−0.118** (−2.22)	−0.153*** (−2.75)	−0.005 15 (−0.03)	−0.367*** (−3.73)	−0.168*** (−2.75)	−0.070 2 (−1.48)	−0.216* (−1.67)	0.088 9 (0.90)	0.112 (1.53)	0.122** (2.22)
$EIns$	0.058 5** (2.17)	0.058 7 (1.49)	0.013 1 (0.37)	0.159*** (4.33)	0.385*** (2.67)	−0.084 7 (−1.37)	0.194*** (4.61)	0.115*** (3.72)	−0.055 4 (−0.60)	0.237*** (3.77)	0.074 4 (1.62)	−0.104*** (−3.02)
Sav	−0.023 6* (−1.97)	−0.019 4 (−1.10)	−0.028 2* (−1.73)	−0.005 88 (−0.36)	−0.004 14 (−0.08)	−0.062 4** (−2.30)	−0.027 8 (−1.54)	−0.008 94 (−0.62)	0.027 0 (0.74)	−0.088 0*** (−3.28)	−0.081 1*** (−3.95)	−0.074 0*** (−4.71)
$Scale$	−0.093 3*** (−11.57)	−0.156*** (−13.08)	−0.097 5*** (−8.76)	−0.185*** (−16.54)	0.020 2 (0.42)	−0.139*** (−6.73)	−0.130*** (−10.40)	−0.106*** (−10.94)	−0.228*** (−7.86)	−0.275*** (−12.50)	−0.205*** (−15.08)	−0.204*** (−18.19)
$Struc$	0.277*** (17.07)	0.294*** (12.95)	0.336*** (14.74)	0.142*** (5.83)	0.650*** (7.74)	0.346*** (7.76)	0.323*** (12.65)	0.343*** (16.48)	0.291*** (5.01)	0.327*** (6.23)	0.099 5*** (3.94)	0.214*** (8.84)
$\_cons$	8.288*** (86.52)	7.499*** (53.59)	5.051*** (38.82)	5.817*** (44.58)	5.155*** (10.26)	6.098*** (25.90)	4.301*** (29.68)	5.215*** (44.97)	5.570*** (16.93)	7.091*** (28.90)	6.617*** (40.50)	5.987*** (44.14)
N	4 643	5 022	4 391	4 593	751	1 652	4 586	4 411	725	2 384	4 071	3 937

表 8.9　省份差异对估计结果的影响评估

变量	(1) 总支出	(2) 食品	(3) 服饰	(4) 公共事业	(5) 住房	(6) 耐用品	(7) 日用品	(8) 交通通信	(9) 休闲娱乐	(10) 教育	(11) 医疗	(12) 礼品
$Stra$	0.052 0*** (8.24)	0.039 7*** (6.39)	0.082 4*** (10.68)	0.046 4*** (6.80)	0.026 7 (0.91)	0.052 6*** (3.28)	0.053 5*** (7.16)	0.044 3*** (5.81)	0.078 6*** (4.48)	0.029 8** (2.09)	0.012 0 (1.02)	0.031 7*** (3.87)
$Mobp$	-0.042 9*** (-6.88)	-0.022 6*** (-3.69)	-0.084 4*** (-11.24)	-0.021 8*** (-3.24)	-0.063 7** (-2.28)	-0.036 2** (-2.37)	-0.039 6*** (-5.42)	-0.059 2*** (-7.95)	-0.048 4*** (-2.94)	-0.017 1 (-1.26)	0.050 5*** (4.34)	-0.020 7** (-2.56)
$Mobe$	0.022 7*** (3.92)	0.019 2*** (3.34)	0.024 8*** (3.53)	0.020 4*** (3.25)	-0.044 5* (-1.67)	0.028 0** (1.98)	0.030 6*** (4.47)	0.011 1 (1.59)	0.023 3 (1.55)	0.027 0** (2.15)	0.047 4*** (4.40)	0.008 57 (1.15)
Loc	-0.432*** (-20.17)	-0.539*** (-25.73)	-0.480*** (-18.54)	-0.701*** (-30.44)	-0.088 5 (-0.78)	-0.169*** (-3.16)	-0.383*** (-15.31)	-0.321*** (-12.40)	-0.409*** (-5.67)	-0.149*** (-3.16)	-0.150*** (-3.78)	-0.121*** (-4.47)
Est	0.009 16 (0.31)	0.000 665 (0.02)	0.015 9 (0.44)	-0.127*** (-3.89)	-0.787*** (-7.77)	-0.059 9 (-0.82)	-0.030 2 (-0.85)	0.012 9 (0.36)	-0.153** (-2.13)	-0.039 4 (-0.61)	-0.263*** (-4.61)	-0.073 2* (-1.84)
$Auto$	0.558*** (18.79)	0.275*** (9.48)	0.714*** (20.64)	0.374*** (11.75)	0.652*** (5.07)	0.758*** (12.27)	0.439*** (12.69)	1.015*** (29.14)	0.596*** (9.97)	0.258*** (4.32)	0.013 3 (0.24)	0.451*** (12.15)
$Incol$	0.210*** (15.93)	0.198*** (15.29)	0.309*** (19.12)	0.182*** (12.80)	0.334*** (5.45)	0.295*** (8.77)	0.220*** (14.14)	0.210*** (13.12)	0.262*** (7.22)	0.123*** (4.20)	0.015 3 (0.62)	0.225*** (12.97)
$Pric$	-0.040 0*** (-5.22)	-0.049 0*** (-6.44)	-0.082 1*** (-8.69)	-0.034 9*** (-4.18)	-0.084 0** (-2.25)	-0.049 5** (-2.57)	-0.008 57 (-0.94)	-0.085 9*** (-9.17)	-0.101*** (-4.63)	-0.034 6** (-2.01)	-0.000 155 (-0.01)	-0.070 2*** (-7.00)

续表

变量	(1) 总支出	(2) 食品	(3) 服饰	(4) 公共事业	(5) 住房	(6) 耐用品	(7) 日用品	(8) 交通通信	(9) 休闲娱乐	(10) 教育	(11) 医疗	(12) 礼品
Brd	0.101*** (14.42)	0.057 3*** (8.26)	0.137*** (15.92)	0.077 7*** (10.20)	0.138*** (3.98)	0.104*** (5.84)	0.095 7*** (11.51)	0.108*** (12.66)	0.090 5*** (4.48)	0.055 9*** (3.52)	−0.015 0 (−1.15)	0.080 5*** (8.78)
$MIns$	−0.005 78 (−0.21)	−0.063 2** (−2.42)	−0.004 98 (−0.15)	−0.036 1 (−1.26)	−0.021 2 (−0.18)	−0.062 4 (−0.90)	−0.035 3 (−1.13)	−0.076 7** (−2.37)	−0.190** (−2.50)	−0.008 45 (−0.14)	0.256*** (4.99)	0.098 0*** (2.80)
$EIns$	0.122*** (6.20)	0.174*** (8.98)	0.112*** (4.72)	0.171*** (8.10)	0.132 (1.38)	0.167*** (3.44)	0.162*** (7.02)	0.122*** (5.11)	0.130** (2.35)	0.113*** (2.65)	0.075 9** (2.08)	0.060 6** (2.41)
Sav	−0.037 8*** (−4.47)	−0.008 45 (−1.01)	−0.070 6*** (−6.87)	−0.023 3* (−2.55)	−0.097 7*** (−2.61)	−0.038 1* (−1.88)	−0.073 4*** (−7.32)	−0.050 2*** (−4.93)	−0.138*** (−6.48)	−0.027 2 (−1.50)	−0.020 6 (−1.29)	−0.052 6*** (−4.86)
$Scale$	−0.184*** (−29.47)	−0.211*** (−34.18)	−0.190*** (−25.01)	−0.225*** (−33.10)	−0.263*** (−8.15)	−0.254*** (−16.18)	−0.228*** (−31.02)	−0.206*** (−27.05)	−0.378*** (−20.46)	−0.319*** (−21.56)	−0.270*** (−23.54)	−0.246*** (−30.19)
_cons	8.775*** (131.96)	7.844*** (119.87)	5.729*** (69.66)	6.202*** (86.17)	7.840*** (24.75)	6.290*** (36.41)	5.385*** (68.36)	5.913*** (72.21)	6.403*** (33.63)	7.505*** (48.57)	7.093*** (56.61)	6.454*** (72.97)
prov	控制	控制	控制	控制	控制	控制	控制	控制	控制	控制	控制	控制
N	9 252	10 006	8 953	9 494	1 832	3 673	9 185	9 030	2 768	4 804	8 060	7 694
R2	0.458	0.479	0.468	0.500	0.223	0.302	0.423	0.423	0.424	0.256	0.199	0.337
F	287.0	287.6	323.3	306.8	24.16	64.36	221.0	276.3	81.32	56.20	57.90	154.3

表 8.9 结果显示，与表 8.3 一致，在进一步控制了省份因素的影响以后，当前社会阶层、过去阶层流动、阶层流动预期三项变量对消费支出的影响仍然十分显著，且方向没有发生反转。

分项支出中，11 类消费支出模型主要回归结果总体表现仍然比较稳定。结论出现细微变化的是，过去阶层流动对耐用品的影响由原模型中的不显著（t 统计量为 0.47）转变为显著（t 统计量为 −2.37），预期阶层流动对交通通信、礼品支出的影响由显著（t 统计量分别为 5.13 和 3.83）转变为在 10% 的水平上不显著（t 统计量分别为 1.59 和 1.15），尤其是礼品支出有关估计的 t 统计量下降较大，显示其可能具有比较明显的地域特征。

讨论 4：结论对不同分位样本子集的敏感性

我们进一步考察原有结论对不同分位观测样本的敏感性，集中分析原有结论是否受到不同分位样本子集的影响。如果结论是肯定的，那么说明原有的结论可能只能在特定的消费群体中成立。表 8.10 报告了分位回归方法的结果，分位点分别是 0.10、0.25、0.5、0.75 和 0.90 分位。因不影响分析，表中省略了其他控制变量的参数估计值和 t 统计量。

表 8.10　社会阶层对主要消费支出项目的影响：分位回归

变量	0.1 分位	0.25 分位	0.5 分位	0.75 分位	0.9 分位
（1）总支出					
Stra	0.057 6***	0.067 9***	0.055 1***	0.056 6***	0.065 1***
Mobp	−0.023 9*	−0.026 8***	−0.020 3***	−0.033 0***	−0.054 4***
Mobe	0.044 3***	0.041 0***	0.042 4***	0.031 9***	0.030 9*
（2）食品					
Stra	0.055 2***	0.049 8***	0.051 0***	0.047 2***	0.046 3***
Mobp	−0.005 52	0.006 25	−0.011 7	−0.010 3	−0.013 5
Mobe	0.062 4***	0.041 8***	0.040 7***	0.039 5***	0.039 5***
（3）服饰					
Stra	0.091 3***	0.089 4***	0.085 4***	0.099 7***	0.092 9***
Mobp	−0.091 7***	−0.080 9***	−0.065 9***	−0.061 0***	−0.068 8***
Mobe	0.029 5**	0.039 9***	0.043 8***	0.048 2***	0.048 1***
（4）公共事业					
Stra	0.066 9***	0.065 3***	0.055 9***	0.048 0***	0.052 7***
Mobp	−0.018 2	−0.009 72	−0.009 52	−0.014 1	−0.011 8

续表

变量	0.1分位	0.25分位	0.5分位	0.75分位	0.9分位
Mobe	0.045 9***	0.048 0***	0.039 9***	0.034 9***	0.036 8**
（5）住房					
Stra	0.011 0	0.003 59	0.063 4	0.064 1	0.109*
Mobp	−0.086 8*	−0.090 4**	−0.073 6*	−0.094 9	−0.071 4
Mobe	−0.060 8	−0.095 3*	−0.047 8	−0.010 7	−0.008 59
（6）耐用品					
Stra	0.055 9	0.048 3*	0.052 1**	0.063 4***	0.085 8***
Mobp	−0.032 7	−0.000 672	−0.001 31	−0.037 7*	−0.014 7
Mobe	0.113***	0.064 3**	0.048 3**	0.026 9	0.027 2
（7）日用品					
Stra	0.069 5***	0.074 0***	0.069 2***	0.060 1***	0.054 1**
Mobp	−0.038 2**	−0.032 1***	−0.022 5*	−0.018 5	−0.013 5
Mobe	0.033 7**	0.043 3**	0.039 1**	0.049 7***	0.040 8*
（8）交通通信					
Stra	0.073 3***	0.070 2***	0.056 8***	0.059 4***	0.056 3***
Mobp	−0.056 4***	−0.074 6***	−0.068 4***	−0.053 1***	−0.046 8***
Mobe	0.040 5*	0.031 2**	0.022 9*	0.031 8**	0.025 2*
（9）休闲娱乐					
Stra	0.068 3*	0.072 5**	0.117***	0.110***	0.138***
Mobp	−0.035 6	−0.055 4*	−0.071 4***	−0.031 6	−0.066 1
Mobe	0.021 3	0.023 1	0.041 1*	0.056 0*	0.075 1**
（10）教育					
Stra	0.010 2	0.002 60	0.037 7*	0.049 6*	0.037 6*
Mobp	−0.032 9	0.046 3*	−0.011 7	0.004 49	−0.004 79
Mobe	0.040 9	0.044 6*	0.062 9***	0.048 9*	0.034 8*
（11）医疗					
Stra	−0.006 78	−0.000 403	−0.007 29	0.020 3	0.025 6
Mobp	0.045 4*	0.087 0***	0.065 4***	0.055 2***	0.034 8
Mobe	0.046 6*	0.049 1***	0.059 2***	0.060 9***	0.056 8*
（12）礼品					
Stra	0.037 0*	0.020 4	0.035 3**	0.038 6**	0.058 3***
Mobp	−0.007 31	0.000 276	0.001 67	0.003 08	0.003 03
Mobe	0.027 5	0.011 0	0.020 9*	0.016 0	0.028 4*

表 8.10 同表 8.3 至表 8.9 的有关估计结果一致，在所有分位上当前社会阶层、过去阶层流动、阶层流动预期三项变量对总消费支出的影响均十分显著，且方向没有发生反转。具体来看：

（1）居民家庭当前所处的社会阶层对两端消费群体的影响相对较大，而对中间消费群体的影响相对较小。这意味着对于中间群体的居民家庭，社会阶层的影响尽管在统计意义上显著但其影响程度相对较弱，而两端居民的消费则存在较强的阶层特征。从具体支出类别来看，对于食品、公共事业、日用品、交通通信等支出类别，当前所处社会阶层因素对中低分位的居民家庭群体的影响最大，随着分位的增加，其影响程度也逐渐衰减；对于服装支出，居民家庭当前所处的社会阶层对两端消费群体的影响较大，而对中间消费群体的影响较小；对于耐用品、休闲娱乐、礼品等支出类别，随着分位的增加，社会阶层的影响也越来越大，显示出较为明显的阶层特征。对于住房支出，尽管随着分位的增加，社会阶层的影响越来越大，但在统计意义上，对中低消费群体（0.1—0.75 分位）的影响均不显著，而仅在 0.9 分位上显著，显示高消费群体对住房较为敏感。教育支出方面，较低分位（0.1—0.25 分位）的居民家庭群体的支出对社会阶层并不敏感，在较高分位上社会阶层对居民家庭教育支出的影响开始出现，显示中高消费阶层对教育支出仍然比较敏感。医疗支出方面，尽管阶层因素随着分位的增加影响越来越大，但在统计意义上均不显著。

（2）过去阶层流动同样对两端消费群体的影响较大，而对中间消费群体的影响较小。这意味着消费黏性对于低消费群体和高消费群体均具有一定影响。从具体支出类别来看，对于食品支出，尽管过去阶层流动随着分位的增加对居民家庭群体的影响越来越大，但在统计意义上并不显著。对于服装和日用品支出，过去阶层流动对其影响随着分位的增加递减，且对高消费群体的日用品支出不再显著，显示消费黏性对中低消费群体的有关消费支出的影响较大。交通通信方面，过去阶层流动对中间群体的影响较大，而对两端群体的影响相对较小。对于教育支出，只有 0.25 分位的群体对其比较敏感。另外，过去阶层流动对中低消费群体的休闲娱乐支出较为敏感，所有分位上过去阶层流动对礼品支出的影响都不显著。

（3）居民家庭阶层流动预期对低消费群体的影响较大，随着分位的增加，其影响程度也逐渐衰减。从具体支出类别来看，对于食品、公共事业、住房、耐用品、交通通信等支出类别，阶层流动预期因素对中低分位的居民家庭群体的影响最大，随着分位的增加，其影响程度也逐渐衰减。

对于服装和休闲娱乐支出，随着分位的增加，阶层流动预期的影响也越来越大，显示其具有较大的消费弹性。对于中等偏高消费者群体，阶层流动预期对旅游消费支出的影响比较敏感。而对于教育支出，阶层流动预期对于中间群体的影响较大，而对两端消费群体的影响较小。对于礼品消费，阶层流动预期对于中间群体的影响较小，而对两端消费群体的影响较大。但0.5分位和0.9分位具有统计意义上的显著影响。

　　总的来看，在我们以上的讨论中，无论是考虑结论对模型设定、特定计量方法的稳健性，还是考虑结论对样本子集的敏感性，分析结果都一致显示，当前社会阶层、过去阶层流动、阶层流动预期对总消费支出的影响均非常显著且方向没有发生反转，这说明它们对消费支出的估计效应非常稳健。这一发现与研究的理论预期相符。我们还进一步讨论了当前社会阶层、过去阶层流动、阶层流动预期对各个消费支出类别的影响，稳健性分析和敏感性分析的结果显示，大多数估计效应也都比较稳健。分位回归结果还显示了随着不同分位样本子集变化有关估计效应的相应变化，进一步揭示出当前社会阶层、过去阶层流动、阶层流动预期对不同消费群体的影响。

五、相关理论再回顾与现实含义分析

　　在2017年10月召开的中国共产党第十九次全国代表大会上，习近平总书记所作的报告第一次在中央文件中将"完善促进消费的体制机制"明确作为我国社会主义市场经济体制的重要内容，提出要"完善促进消费的体制机制，增强消费对经济发展的基础性作用"，同时还特别指出将"破除妨碍劳动力、人才社会性流动的体制机制弊端，使人人都有通过辛勤劳动实现自身发展的机会"。研究表明，家庭消费与社会流动之间存在十分密切的联系，而这一点往往被人们所忽略。居民的消费行为不仅仅取决于当前的收入、教育、社会地位等的综合状况，还取决于过去阶层流动的状况和对未来阶层流动的预期，二者均强烈地影响居民当前的消费行为。只有当过去与预期的阶层流动均为0时，消费才会完全体现当前所处的阶层状态。当过去与预期的阶层流动不为0时，当前消费将会深刻地受到消费黏性和预期的影响。我们将原模型的右侧部分进一步展开：

$$\beta Stra_i + \gamma Mobe_i + \lambda Mobp_i = \beta Stra_i + \gamma(Strae_i - Stra_i)$$
$$+ \lambda(Stra_i - Strap_i) = (\beta + \lambda - \gamma)Stra_i - \lambda Strap_i + \gamma Strae_i$$
$$= \theta_1 Stra_i + \theta_2 Strap_i + \theta_3 Strae_i$$

上式中，$Strap_i$ 代表居民过去所处社会阶层，$Strae_i$ 代表居民预期所处社会阶层。由此可知：$\theta_1 = \beta + \lambda - \gamma$，$\theta_2 = -\lambda$，$\theta_3 = \gamma$。据此可以推算出研究模型中当前社会阶层、过去社会阶层、预期社会阶层的影响系数，如表 8.11 所示。

表 8.11　当前社会阶层、过去社会阶层、预期社会阶层对消费支出的影响系数

变量	总支出	食品	服饰	公共事业	住房	耐用品	日用品	交通通信	休闲娱乐	教育	医疗	礼品
当前社会阶层	0.00	0.01	−0.04	0.02	0.01	0.04	0.01	−0.06	0.07	−0.05	0.02	0.00
过去社会阶层	0.02	0.01	0.07	−0.01	0.07	−0.01	0.02	0.08	0.05	0.00	−0.09	0.02
预期社会阶层	0.04	0.04	0.06	0.04	−0.07	0.03	0.05	0.04	−0.01	0.07	0.07	0.04

我们看到，在考虑了过去社会阶层、预期社会阶层以后，当前社会阶层与消费的关联变得更为复杂，θ_1 的估计体现了 β、λ、γ 的复合影响而非 $\theta_1 = \beta$。预期对消费行为产生了十分关键的影响，表 8.11 显示，当前社会阶层对对数化总消费支出的边际影响接近 0，形成鲜明对比的是，预期社会阶层的边际影响则高达 0.04。以上分析表明仅考虑消费与当前社会阶层之间的关系，即：

$$Expenditure_i = \alpha + \beta stra_i + \sum \delta_i^j X_i^j + u_i$$

所得到的估计可能是不一致的。这也能够在一定程度上解释了为什么消费与阶层关系的部分研究会出现结论的重大分歧。

研究结论对于构建消费型社会具有重要启示意义。我们强调，消费型社会的含义不仅仅是拥有广大的中等收入群体，而且还意味着机会平等成为一种普遍的社会共识。强烈的未来拥有中等收入预期，同时还有未来通过努力可以成为中间阶层或更高阶层的预期，是促进现实消费繁荣的重要

因素。前述研究表明，社会流动性趋势实际上会对消费型社会的形成构成潜在的影响。值得深思的是，早期的研究发现，我国在某一历史阶段社会流动出现僵化趋势，例如尹恒等（2006）发现，1998—2002 年间，中国城镇个人收入流动性较 1991—1995 年间显著下降。而近期的一些重要研究，如阳义南和连玉君（2015）使用 2006 年、2008 年、2010 年 CGSS 及 CLDS 混合横截面数据研究发现，该阶段我国社会流动性出现趋于上升的变化趋势。这显示，我国社会流动性状况在政府致力于建设公平公正社会的努力下可能已经出现了一些积极变化，结合研究结果可知，这与我国建立消费型社会的愿景在深层次上内在契合。此外，研究也凸显了正确理解生命周期消费、经济社会含义的重要性。当前社会舆论对于超前消费存在一种担忧，往往不加区别地将其视为过度消费，并将个别事例推广到整个社会消费。研究的结论表明，超前消费不等同于过度消费，更不等同于奢侈性消费或不可持续消费。当前的大部分超前消费实际上应该纳入理性消费的范畴，是家庭和个人健康、理性的消费决策，本质上是我国当前制度结构优化、社会流动性改善在微观行为上的映射。我们需要从人民追求美好生活的向往来深刻理解家庭和居民合理规划生命周期消费的行为和我国的快速消费升级。

六、研究结论与启示

扩大中间阶层和扩大消费之间的内在逻辑主要建立在阶层与消费之间的逻辑关联上。与此相关的重要事实是，改革开放 40 多年来，在略超一代人的时间尺度下，国民财富总量快速积累，经济社会制度结构、人力资本结构、社会人口特征等发生极为快速的、非均衡性的调整，市场经济扩展、压缩工业化（compressed industrialization）和快速城镇化，不断塑造着新的机会结构与社会流动渠道，农业人口大量向其他阶层流动和转移（陆学艺，2002），居民的职业流动、收入流动、地位流动非常频繁（胡建国等，2019），中间阶层日益扩大，推动社会结构快速从倒 T 字形向橄榄型方向转变。这种社会结构快速变化表明，有必要在动态情境中分析阶层与居民消费的关系。这构成本章考虑的中心议题。

基于我国的问题情境，本章重点聚焦居民消费与社会流动的关系，考虑到 40 年这一时间尺度和其间社会结构的剧烈变化，尤其关注代内社会流动。与关注永久性收入、生命周期、流动性约束、不确定性等因素对居民消费影响的多数研究不同，本章将视野扩展向消费所发生的具体经济社会情境，分析在一个流动社会中阶层流动对消费行为的深层次影响机制。与本章主题直接相关的讨论是鲍尔森（Paulson，2018）。鲍尔森（Paulson，2018）对社会流动与居民消费的关系提出了一个创新性的解释框架，基于丰富文献与典型案例，交叉论证了社会流动方向对居民消费行为和习惯形成（consumption formation）的深层影响。基于鲍尔森（Paulson，2018）的讨论，本章建立了一个新的解释框架，用来把握和刻画社会流动与消费行为内在的结构化、边际变化特征。主要贡献表现在两个方面：在理论贡献方面，大幅拓展了鲍尔森建立的阐释框架，从黏性与预期的双重视角论证并检验了社会流动对居民消费的深层次影响机理。与大多数关注阶层对消费影响的研究不同，通过这一框架，本章将社会阶层与消费关系研究中既有的三类传统理论观点即相关论、无关论和调和论，整合为统一的理论阐释框架。本章构造的理论逻辑强调，社会流动性是影响社会阶层与消费关系的深层次变量，社会流动性越低，社会阶层与消费之间的相关性越稳固，而社会流动性越高，社会阶层与消费之间相关性越弱。这表明，让·鲍德里亚论述的后现代社会中的"消费先行于生产""消费平等"等现象是后工业化国家社会流动性大幅改善的镜像。在经验研究方面，研究表明，我国居民消费与过去社会流动显著负相关，显示出尽管居民可以根据收入等变化策略性调整当下支出，但社会阶层作为一种特殊的文化资本仍然具有塑造习惯形成的重要作用。无论是向下流动还是向上流动的家庭，都显示出强烈的保留原有消费特征的倾向；同时，居民消费与社会流动预期正相关，这显示社会流动性作为一种信息显示机制，一定程度上可以结构化未来的不确定性，预期社会流动的方向与当下消费的调整方向一致。无论是过去社会流动还是预期社会流动，都削弱了当前社会阶层与消费行为之间的固化关系。这在一定程度上对当前社会结构变动与居民消费率的"大幅偏离"提供了合理解释。一系列稳健性分析表明，这一估计效应非常稳健，符合理论预期。进一步研究发现，阶层流动对消费分项支出、不同分位家庭消费分项支出会产生不同影响，大多数影响的估计效应也都比较稳健。

本部分研究一个明显的政策含义是，居民消费的不充分不平衡发展在深层次上与阶层流动之间存在内在紧密关联，扩大中间阶层以提振消费的政策要致力于系统性改善阶层流动状况，推动建立社会流动性更加合理和稳定的社会环境，这不仅仅会在供给侧对长期经济增长潜力等变量产生影响，还会在需求侧深层次地优化消费环境、改善消费者预期、激励消费行为，从而与消费型社会耦合，形成生产、流通、消费正反馈循环的共同基础。此外，研究显示，居民家庭当前所处的社会阶层对两端消费群体的影响相对较大，而对中间消费群体的影响相对较小。这意味着对于中间群体的居民家庭，社会阶层的影响尽管在统计意义上显著但其影响程度相对较弱，而两端居民的消费则存在较强的阶层特征。中间消费群体活跃的消费，是消费型社会富有强大活力和动力的基石。我国需要更加注重为所有人营造公平发展的社会环境，改善居民的社会流动预期，促进居民更合理配置生命周期消费，发挥消费的激励和信号显示机制作用，不断扩大中间消费水平居民的规模，推动居民消费率向合理水平收敛，推动形成供需互济的良性发展格局。

第九章　居民消费均衡发展研究Ⅰ：
我国居民消费不平等问题

党的十九大报告指出，我国社会主要矛盾已经转变为人民日益增长的美好生活需要和不平衡不充分的发展之间的矛盾。在以国内大循环为主构建新发展格局的政策背景下，居民消费持续增长不仅包括消费总量的持续增长，表现为居民整体消费能力的持续提高，还应包括居民消费升级和消费均衡发展，表现为居民消费意愿的整体提升和不同居民群体之间消费的均衡发展。有关消费不平等的测算可以直观地了解我国居民消费不平衡不充分发展的现状，研究我国居民消费不平等发展程度可以了解人民生活真实效用水平的差距程度。由收入差距、消费差距导致的消费需求不振、居民消费率不高等经济现象，是我国新阶段经济发展进程中需要面对的重要问题，如何有效地解决居民消费不平等中的突出问题关系到人民美好生活的实现、人民生活的幸福感和获得感，关系到如何实现共同富裕的合理路径设计。我国相关消费政策的制定需要立足解决居民消费不平等突出的城乡消费差异问题，将消费平等纳入对消费持续增长目标的内涵中，研究如何有效促进居民消费需求的长期持续发展。当然，本章拟通过研究消费不平等测度探究其间发生的突出问题和居民消费差距程度，并不是要求绝对的消费平均。为此，下文将从探讨消费不平等的演变趋势、消费分项和消费群体支出不平等的分解及潜在的可能影响因素等几个角度分别展开研究。

一、简短的文献综述

自20世纪90年代以来，国内外学者逐渐开始关注消费不平等问题。卡特勒和卡茨（Culter & Katz，1992）率先研究了消费不平等的演变趋势，随后学者们对消费不平等问题进行延伸探究，主要包括三个方面：动态演变趋势、不平等分解以及影响因素（邹红，等，2013a；李涛和么海亮，2013；赵达，等，2017）。

一是消费不平等测度及其动态演变趋势，并与收入不平等的演变趋势进行对比研究（Krueger & Perri，2006；Cai et al.，2010；Aguiar & Bils，2015；Attanasio et al.，2012；Meyer & Sullivan，2017）。已有文献大体使用了如下方法来度量消费不平等：不平等指数，包括基尼系数、泰尔指数或阿特金森指数等（Barrett et al.，2000；邹红，等，2013b；孙豪，等，2017），直接反映不平等程度；分布模拟法，包括分位数差距趋势图等（曲兆鹏和赵忠，2008；Jappelli & Pistaferri，2010），反映不平等的变化规律；计量模型法，阿吉亚尔和比尔斯（Aguiar and Bils，2015）提出恩格尔指数弹性法的两阶段计量模型修正原始消费支出数据的误差以合理估计消费不平等的演变趋势，周龙飞和张军（2019）则基于有效混合模型（finite mixture model，FMM）测算中国城镇消费不平等。

二是消费不平等的分解问题，已有文献主要使用了如下几种方法：分项消费支出分解、子样本分解和基于计量模型的分解（万广华，2008；陈志刚和吕冰洋，2016）。分项消费支出分解主要探究各项消费支出的不平等及其对总消费不平等的作用。夏洛克斯（Shorrocks，1982）、莱曼和伊扎克（Lerman and Yitzhaki，1985）提出的基尼系数分解法是比较直观的使用工具。戈纳（Garner，1993）基于基尼系数方法计算1987年美国消费不平等分解问题，研究表明美国家庭总消费基尼系数为0.33，食品、交通和住房支出对消费不平等的贡献达到50%以上。伊德莱斯和阿哈默德（Idrees and Ahmad，2010）选取巴基斯坦家庭综合经济调查（HISE）1992—2005年数据，研究发现非食品支出的不平等程度显著高于食品支出，教育支出不平等程度在分项支出中最高，且高于总消费不平等。陈志刚和吕冰洋（2016）利用2002—2009年UHS数据，分解城镇居民消费不平等的分项构成，发现食品、交通通信支出是影响城镇居民消费不平等的主要因素。子样本分解主要探究不同组别间以及组内不平等，如收入、城乡、区域、年龄、教育水平或性别等组别。基于生命周期理论、持久收入假说（LC-PIH），迪顿和帕克森（Deaton and Paxson，1994）、大竹和萨伊托（Ohtake and Saito，1998）将消费不平等分解为年龄效应、代际效应和时间效应，研究发现组内消费不平等随着年龄的增长而增加。曲兆鹏和赵忠（2008）、邹红等（2013a）、余玲铮（2015）等研究了中国消费不平等年龄效应和代际效应，同样发现消费不平等随着年龄的增长而扩大，且存在较强的代际差异。大多文献基于家庭或个人层面（采用等值算子或人均标准）测度消费不平等，而这隐含了不存在家庭内部不平等的假设。丽丝和塞茨（Lise and Seitz，2011）打破既有假设研究家庭内部消费不平等问题，基于 1968—2001 年英国家庭支出调查（U. K. family expenditure survey，FES）数据研究指出，家庭内部丈夫和妻子的收入差距会导致家庭内部消费分配的较大差异。基于计量模型的分解主要用来识别和量化影响不平等因素的贡献，将目标变量消费与影响因素（如收入、家庭特征、人口统计特征等）建立数量关系，分解影响因素对消费不平等的贡献。陈志刚和吕冰洋（2016）使用再中心化影响函数（RIF）的回归方法研究发现，收入不平等是影响消费不平等的重要原因，同时家庭社会保险、住房和消费信贷状况、地区教育医疗等资源都对消费不平等有重要影响。

　　三是探究消费不平等的形成机制或影响因素，包括微观层面的收入、年龄、教育等因素，宏观层面经济增长、资产价格、城镇化和全球化等因素。微观层面，消费不平等主要取决于收入不平等（邹红，等，2013b；陈志刚和吕冰洋，2016），其中持久收入冲击和暂时收入冲击均会产生影响（Blundell & Preston，1998）。消费不平等会随着年龄的增加而扩大（Deaton & Paxson，1994；Ohtake & Satio，1998；曲兆鹏和赵忠，2008），人口老龄化将会扩大整个社会消费差距（余玲铮，2015）。个体人口特征，如教育水平、性别、婚姻等，均会影响消费不平等（Cai et al.，2010；曲兆鹏和赵忠，2008；李涛和么海亮，2013）。家庭层面特征，如家庭人口规模、家庭资产，均会影响消费不平等（Krueger & Perri，2002；李涛和么海亮，2013）。宏观层面，埃瑟里奇（Etheridge，2019）基于英国 FES 数据研究发现，住房价格冲击会影响消费不平等。蔡洪斌等（Cai et al.，2010）研究发现中国重要的结构性变化，包括国有企业改革、城镇化和全球化均加剧城镇消费不平等。

二、我国居民消费不平等演变趋势

　　与前述数据研究周期保持一致，本部分将 1998—2017 年中国 31 个省/自治区/直辖市的省级面板数据用于居民消费不平等的趋势研究。根据国家统计局的分类标准，我国居民消费支出划分为八类，包括食品支出、衣着支出、居住支出、设备及日用品支出、交通通信支出、文教娱乐支出、医疗保健支出以及其他项支出。为控制区域和年份的价格水平差异性，本研究以国家统计局颁布的 1998 年的消费者价格指数（CPI）为定基指数，使用各省/自治区/直辖市 CPI 对数据进行指数化处理。

（一）我国城乡居民人均消费支出的统计性描述

为更好地了解家庭消费不平等，与前文类似，本章借鉴王一鸣（2018）的时间阶段分类，将考察的时间阶段划分为 1998—2002 年（"入世"之前）、2003—2007 年（"入世红利期"）、2008—2012 年（全球金融危机之后）、2013—2017 年（经济发展新常态）阶段。其中，2002 年之前的宏观经济特征主要是应对亚洲金融危机；2002 年之后的特征主要是中国加入 WTO；2008 年爆发的全球金融危机则对宏观经济造成严重冲击，外部需求急剧收缩；2012 年底，中国从全面反危机的政策轨道逐步退出，且宏观经济失衡逐步由总量性失衡为主走向结构性失衡为主，经济发展进入新常态（黄群慧，2014；石明明，等，2019）。由于中国城乡居民消费行为具有异质性（石明明和刘向东，2015），本研究进一步区分城镇和乡村样本。表 9.1 显示城乡居民人均消费支出的描述性统计。如表中所示，1998—2017 年间城镇家庭人均消费支出呈现先升后降趋势，2012 年后有所下降。而乡村家庭人均消费支出则逐年递增。

表 9.1　城乡居民人均消费支出的描述性统计　　　单位：元

指标	地区	1998—2002	2003—2007	2008—2012	2013—2017
均值	城镇	5 377.461	6 942.630	8 496.759	6 386.490
	乡村	1 744.804	2 416.098	3 402.028	4 827.932
标准差	城镇	1 503.006	2 131.269	2 650.498	2 464.886
	乡村	784.273	1 202.752	1 521.349	1 861.236
最小值	城镇	3 149.681	4 607.341	5 480.885	3 096.047
	乡村	530.284	1 011.214	1 510.663	2 266.000
最大值	城镇	9 754.066	14 865.180	16 939.460	15 650.310
	乡村	4 849.667	7 724.074	8 677.621	10 281.700

注：人均消费支出已使用各省/自治区/直辖市 CPI 平减。

（二）我国居民消费不平等演变趋势分析

为较好地全面衡量消费不平等，借鉴克鲁格和佩里（Krueger and Perri，2002）、阿塔纳西奥（Attanasio et al.，2015）、迈耶和沙利文

(Meyer and Sullivan，2017)、曲兆鹏和赵忠（2008）等的文献，本研究
选取对数标准差、基尼系数、泰尔指数和阿特金森指数等指标衡量不平等
程度。同时，为反映不同消费群体的相对变化，进一步选取 90 分位数、
75 分位数、50 位数、25 分位数和 10 分位数之间的对比。表 9.2 报告了
1998—2017 年间城乡消费不平等指标的测算结果。

表 9.2　城乡消费不平等指标估计结果：宏观数据估计结果

指标	地区	1998—2002	2003—2007	2008—2012	2013—2017
对数标准差	城镇	0.264	0.260	0.272	0.323
	乡村	0.413	0.386	0.373	0.341
基尼系数	城镇	0.152	0.150	0.158	0.190
	乡村	0.230	0.229	0.219	0.200
泰尔指数	城镇	0.037	0.041	0.043	0.064
	乡村	0.089	0.098	0.084	0.066
阿特金森指数	城镇	0.035	0.037	0.039	0.056
	乡村	0.083	0.082	0.074	0.060
90 分位数/50 分位数	城镇	1.465	1.736	1.712	1.705
	乡村	1.733	1.932	2.009	1.907
50 分位数/10 分位数	城镇	1.393	1.177	1.198	1.291
	乡村	1.607	1.355	1.372	1.370
75 分位数/25 分位数	城镇	1.423	1.355	1.409	1.526
	乡村	1.545	1.495	1.470	1.537

1. 城镇居民消费不平等演变趋势

各项不平等指标显示，1998—2017 年间城镇地区消费不平等总体呈
上升趋势。与蔡洪斌等（Cai et al.，2010）、杨继东（2013）、陈志刚和吕冰
洋（2016）的研究结果基本一致。其中，2002 年后基尼系数略有下降至
0.150，而后持续上升至 0.190。然而，90 分位数与 50 分位数之比 2007
年达到高点而后稍有缓和，但总体来说是增加的，这表明中高消费群体消
费差距有所扩大；50 分位数与 10 分位数之比总体呈下降趋势，中低消费
群体消费差距缩小，2007 年达到低点而后持续上升。

2. 乡村居民消费不平等演变趋势

各项不平等指标显示，1998—2017 年间乡村居民消费不平等大体呈
现下降趋势，基尼系数由 1998—2002 年的 0.230 下降至 2013—2017 年的

0.200，但均高于城镇地区的基尼系数。其中，90 分位数与 50 分位数之比总体呈上升趋势，1998—2012 年持续上升而后稍有下降，说明中高消费群体差距持续扩大；50 分位数与 10 分位数之比总体呈下降趋势，说明中低消费阶层消费差距减小。与城镇家庭相比，乡村居民的分位数之比均高于城镇家庭，说明乡村居民消费群体之间的差距高于城镇。

综上所述，从演变趋势来看，城乡消费基尼系数的动态演变趋势存在异质性，城镇地区消费基尼系数自 2002 年以后持续上升，农村地区消费基尼系数持续下降，但农村消费基尼系数高于城镇家庭。

三、我国居民消费不平等的分解

研究借鉴夏洛克斯（Shorrocks，1982）、莱曼和伊扎克（Lerman and Yitzhaki，1985）的计算方法探究各项消费支出对总消费不平等的作用。该方法将总消费支出的基尼系数表示为：

$$G = \sum_{i=1}^{n} S_i G_i R_i \tag{1}$$

其中，G 表示家庭总消费支出的基尼系数，S_i 表示总消费支出中第 i 项分项消费支出的占比，G_i 表示第 i 项分项消费支出的基尼系数，R_i 表示总消费支出和分项支出 i 排序的相关性。$\dfrac{R_i S_i G_i}{G}$ 表示第 i 项分项消费对总消费基尼系数的相对贡献，可以体现消费不平等的主要构成部分。

莱曼和伊扎克（Lerman and Yitzhaki，1985）提出边际贡献的方法以分析某分项支出的边际变化对消费不平等的影响，即在现有分布不变的条件下某分项支出每增加 1%，总支出基尼系数的变化方向以及程度。若边际贡献率为正数，则说明该分项支出对总消费不平等有促进作用，反之为抑制作用。对于第 i 项分项消费支出的变动率 $e(0 < e < 1)$，由式（1）对 e 求偏导，得：

$$\frac{\partial G}{\partial e} = S_i(G_i R_i - G) \tag{2}$$

两边同时除以 G，得：

$$\frac{\frac{\partial G}{\partial e}}{G} = \frac{S_i G_i R_i}{G} - S_i = S_i \frac{G_i R_i - G}{G} \tag{3}$$

　　研究使用 1998—2017 年宏观消费数据探究消费分项的不平等情况，结果分析如下。

（一）城镇居民人均消费基尼系数的分项分解

　　表 9.3 报告了城镇居民人均消费支出基尼系数的分项结果。

表 9.3　城镇居民人均消费支出基尼系数的分项分解：宏观数据估计结果

年份	食品	衣着	居住	设备及日用品	医疗保健	交通通信	文教娱乐	其他
基尼系数								
1998—2002	0.151	0.134	0.201	0.201	0.289	0.216	0.220	0.172
2003—2007	0.148	0.143	0.159	0.184	0.238	0.206	0.182	0.195
2008—2012	0.147	0.148	0.155	0.190	0.244	0.236	0.168	0.226
2013—2017	0.178	0.173	0.313	0.183	0.215	0.201	0.208	0.257
相对贡献								
1998—2002	0.366	0.044	0.110	0.072	0.135	0.172	0.071	0.029
2003—2007	0.331	0.058	0.093	0.063	0.185	0.166	0.065	0.041
2008—2012	0.312	0.073	0.081	0.070	0.197	0.166	0.051	0.050
2013—2017	0.256	0.055	0.291	0.055	0.145	0.106	0.057	0.033
边际贡献								
1998—2002	−0.035	−0.059	0.013	−0.003	0.052	0.039	0.007	−0.013
2003—2007	−0.040	−0.044	−0.009	0.004	0.063	0.030	−0.008	0.005
2008—2012	−0.059	−0.036	−0.015	0.006	0.061	0.049	−0.017	0.011
2013—2017	−0.049	−0.029	0.090	−0.007	0.010	−0.007	−0.013	0.004

　　结果显示，1998—2012 年间中国城镇居民除衣着和交通通信支出外，其余分项消费不平等有所缓和，食品、医疗保健和交通通信支出对消费不平等的作用较大；2012 年后，食品、居住和文教娱乐分项消费不平等有所上升，其中居住分项基尼系数大幅度上升，且居住支出的相对贡献和边际贡献最大，说明居住不平等成为最重要的因素。

　　其中，食品支出的基尼系数在 1998—2012 年间持续下降，虽占总消费不平等的贡献最大但呈现不断下降的趋势，同时边际贡献均为负数且绝对值不断增加，说明食品支出对抑制消费不平等的作用增强，2012 年后食品的基尼系数开始反弹上升，但相对贡献仍然下降。体现生存和符号性消费的衣着支出的基尼系数从 1998—2002 年的 0.134 上升到 2013—2017 年的 0.173，虽对总消费不平等的相对贡献有所上升但都小于 8%，而边际贡献均为负数，抑制总消费不平等。居住支出的基尼系数和相对贡献 1998 年后持续下降，而 2012 年后大幅上升，对总消费不平等的相对贡献最大，并起极强的促进作用。设备及日用品的基尼系数呈现下降、上升再下降的震荡趋势，相对贡献的变化趋势也是如此，但均小于 8%。医疗保健、交通通信支出的基尼系数变化趋势也出现类似情况，但医疗保健对总消费不平等的相对贡献、边际贡献在 1998—2012 年内分别持续上升至约 20%、0.06，而后分别下降至 15%、0.01；交通通信的相对贡献则是不断下降，2012 年后对消费不平等的边际贡献由正转负，表明对消费不平等起抑制作用。文教娱乐支出的基尼系数和相对贡献则是 1998—2012 年持续下降，而后上升，而 2002 年后边际贡献由正转负，对消费不平等为抑制作用。

（二）乡村居民人均消费基尼系数的分项分解

表 9.4 显示了乡村居民人均消费支出基尼系数的分项分解。

表 9.4　乡村居民人均消费支出基尼系数的分项分解：宏观数据估计结果

年份	食品	衣着	居住	设备及日用品	医疗保健	交通通信	文教娱乐	其他
基尼系数								
1998—2002	0.214	0.217	0.294	0.273	0.378	0.277	0.289	0.323
2003—2007	0.190	0.261	0.310	0.295	0.323	0.325	0.301	0.298
2008—2012	0.202	0.268	0.235	0.260	0.286	0.323	0.279	0.274
2013—2017	0.207	0.225	0.252	0.230	0.242	0.206	0.207	0.262
相对贡献								
1998—2002	0.398	0.041	0.193	0.054	0.091	0.127	0.059	0.037
2003—2007	0.329	0.054	0.203	0.055	0.123	0.133	0.076	0.026
2008—2012	0.337	0.067	0.183	0.058	0.138	0.103	0.090	0.026
2013—2017	0.309	0.056	0.252	0.061	0.144	0.076	0.081	0.023
边际贡献								
1998—2002	−0.065	−0.023	0.032	0.003	0.031	0.011	0.003	0.008
2003—2007	−0.105	−0.007	0.040	0.010	0.030	0.029	−0.001	0.004
2008—2012	−0.062	0.001	−0.006	0.004	0.028	0.024	0.009	0.003
2013—2017	−0.022	−0.006	0.041	0.003	0.013	−0.018	−0.012	0.002

　　总体来看，居住、医疗保健和交通通信支出是乡村居民消费不平等的主要来源，其中 2012 年后居住的相对贡献大幅上升，成为不平等重要的来源。食品支出的基尼系数在 2002 年后有所下降，而后持续上升，对消费不平等的相对贡献持续最大，但边际贡献均负数，说明食品支出抑制总消费不平等。衣着支出的基尼系数和相对贡献 1998—2012 年持续上升，2012 年后均有所下降，除 2008—2012 年外，衣着支出的边际贡献均为负数，总体上抑制总消费不平等。居住支出的基尼系数和相对贡献呈现先上升后下降再上升的趋势，同时对总消费不平等的相对贡献仅次于食品支出，总体上促进消费不平等。设备及日用品和医疗保健的相对贡献在 1998—2017 年持续上升，但设备及日用品对总消费不平等的作用均小于 7%，医疗保健则在 2012 年后成为消费不平等的第三来源，二者均对消费不平等起促进作用。文教娱乐支出的相对贡献在 1998—2012 年内持续上升，而后略有下降，对消费不平等呈现促进作用与抑制作用相互交替。

　　综上可见，从人均消费基尼系数的分项分解来看，城乡家庭的设备及日用品、医疗保健、交通通信和文教娱乐支出不平等总体呈下降趋势，而 2012 年后城乡家庭居住支出不平等大幅上升；食品、医疗保健、交通通信和居住分项是不平等的主要来源，其中食品分项对消费不平等为抑制作用，医疗保健分项呈现促进作用；但 2012 年后城镇家庭消费不平等的主要来源是居住分项，农村家庭则仍为食品分项。

（三）我国居民消费不平等的出生组分解

　　该部分采用 CFPS 2009 年、2011 年、2013 年和 2015 年微观数据，选取家庭层面（消费支出、收入、家庭人口数量、城乡、地区等）和户主层面（性别、年龄、教育水平、婚姻状况等）变量数据，对我国居民消费不平等进行出生组分解，研究居民消费不平等的代际效应和年龄效应。为控制家庭规模的影响，借鉴曲兆鹏和赵忠（2008）、蔡洪斌等（Cai et al.，2010）、邹红等（2013b）的做法，研究对家庭所有消费数据均按家庭人口规模做了人均化处理，暂不考虑家庭内部不平等的情况。借鉴迪顿和帕克森（Deaton and Paxson，1994）、曲兆鹏和赵忠（2008）、邹红等（2013b）的做法，保留家庭消费为正的样本，去除消费数据中 1% 最高和最低的异常值。

　　由于社会、政治经济条件时刻变化和家庭异质性，进一步考察在不同年代出生的人的组间不平等以及同一年代出生群体的组内不平等情况，借鉴迪顿和帕克森（Deaton and Paxson，1994）、大竹和齐藤（Ohtake and Satio，1998）的方法，将消费不平等分解为代际效应和年龄效应。具体估计方程为大竹和齐藤（Ohtake and Satio，1998）的研究：

$$\text{Varln}c_{jk} = \sum_{m=j_0}^{J} \alpha_m cohort_m + \sum_{n=k_0}^{K} \beta_n age_n \tag{4}$$

其中，$\text{Varln}c_{jk}$ 表示第 j 个出生组和第 k 个年龄组的消费对数方差；$cohort_m$ 是出生组的虚拟变量；age_n 是年龄虚拟变量；α_m、β_n 分别表示代际效应和年龄效应。结合曲兆鹏和赵忠（2008）、邹红等（2013a）的做法，本研究使用户主作为家庭的代表性个体，保留户主年龄在 25～59 岁的家庭样本，并根据户主的出生年代每十年划分一个出生组。表 9.5 显示了城乡从 20 世纪 50 年代到 90 年代共 5 个出生组的观察值数量。根据 Hausman 检验结果，本部分将采取固定效应模型进行数据分析。

表 9.5　城乡各出生组各年的样本量

出生组	2009		2011		2013		2015	
	城镇	乡村	城镇	乡村	城镇	乡村	城镇	乡村
50 年代	1 266	980	760	770	495	480	237	238
60 年代	1 618	1 381	1 305	1 381	1 320	1 357	1 283	1 316
70 年代	1 285	956	1 161	1 013	1 237	1 028	1 218	1 012
80 年代	354	193	416	261	665	321	1 031	446
90 年代	0	0	0	0	52	9	353	84
总计	4 523	3 510	3 642	3 425	3 769	3 195	4 122	3 096

（1）消费不平等的代际效应分析。表 9.6 显示了城乡人均消费对数方差的出生组估计系数。城乡家庭代际效应不同，其中城镇地区 80 年代的出生组的相对不平等程度最高，而乡村地区则是 70 年代的出生组的相对不平等程度最高。

表 9.6　消费不平等的代际效应

出生组	城镇	乡村
60 年代	0.070 3*** (0.002 91)	0.070 6*** (0.002 60)

续表

出生组	城镇	乡村
70 年代	0.160*** (0.003 54)	0.161*** (0.003 20)
80 年代	0.163*** (0.004 78)	0.158*** (0.004 63)
90 年代	0.134*** (0.014 3)	0.130*** (0.013 9)
常数项	0.622*** (0.009 06)	0.597*** (0.007 45)
R-squared	0.778	0.801
N	16 053	13 223

注：***、** 和 * 分别表示在 10%、5% 和 1% 显著性水平上显著，括号内为稳健性标准误。

（2）消费不平等的年龄分析。年龄效应的分析是在出生组确定的情况下，探讨消费不平等随年龄变化的特征，分析基准年龄为 25 岁。表 9.7 结果显示，城乡回归方程的估计系数在 53 岁之前基本上显著为负数，而 53 岁以后显著为正数，这说明随着年龄的增长，消费不平等呈现先减后升的"U"型趋势，转折点为 53 岁，但相同年龄条件下，乡村家庭消费不平等高于城镇地区。根据大竹和齐藤（Ohtake and Satio，1998）的解释，受不可预期的冲击及其积累作用，消费不平等会随着年龄的增长而上升，最终会随着人口结构逐渐老化而增大。本研究回归结果显示，消费不平等的年龄效应并非呈现线性单调递增，而是呈现"U"型。

表 9.7　消费不平等的年龄效应

年龄	城镇	乡村	年龄	城镇	乡村
26	−0.030 4*** (0.010 6)	0.009 23 (0.010 3)	30	−0.042 9*** (0.007 97)	−0.015 7** (0.006 60)
27	−0.045 7*** (0.009 86)	−0.030 4*** (0.010 5)	31	−0.016 2** (0.007 74)	0.016 0** (0.006 23)
28	−0.045 8*** (0.008 09)	−0.021 6*** (0.006 22)	32	−0.127*** (0.008 11)	−0.093 6*** (0.006 60)
29	0.058 9*** (0.007 47)	0.089 0*** (0.005 76)	33	−0.029 6*** (0.007 86)	−0.00 182 (0.006 30)

续表

年龄	城镇	乡村	年龄	城镇	乡村
34	−0.068 4*** (0.008 85)	−0.042 7*** (0.008 10)	48	−0.012 5 (0.008 59)	0.010 8 (0.007 15)
35	−0.148*** (0.008 27)	−0.120*** (0.006 77)	49	−0.012 6 (0.008 60)	0.011 7* (0.007 10)
36	−0.098 0*** (0.008 59)	−0.069 2*** (0.007 35)	50	−0.052 0*** (0.008 60)	−0.028 2*** (0.007 15)
37	−0.128*** (0.008 56)	−0.098 4*** (0.007 06)	51	−0.011 7 (0.008 60)	0.013 6* (0.007 11)
38	−0.050 9*** (0.008 43)	−0.023 9*** (0.007 05)	52	−0.013 2 (0.008 63)	0.011 1 (0.007 19)
39	−0.129*** (0.008 41)	−0.102*** (0.006 90)	53	0.035 1*** (0.008 76)	0.061 2*** (0.007 26)
40	−0.042 0*** (0.008 46)	−0.016 4** (0.007 07)	54	0.034 3*** (0.008 88)	0.053 5*** (0.007 41)
41	−0.144*** (0.008 43)	−0.117*** (0.006 96)	55	0.060 9*** (0.008 69)	0.085 4*** (0.007 26)
42	−0.110*** (0.008 63)	−0.084 2*** (0.007 26)	56	0.063 5*** (0.008 76)	0.085 4*** (0.007 33)
43	−0.134*** (0.008 60)	−0.107*** (0.007 14)	57	0.106*** (0.008 94)	0.132*** (0.007 48)
44	−0.122*** (0.008 59)	−0.095 3*** (0.007 22)	58	0.145*** (0.008 83)	0.165*** (0.007 39)
45	−0.120*** (0.008 60)	−0.096 3*** (0.007 14)	59	0.187*** (0.008 84)	0.211*** (0.007 40)
46	−0.094 5*** (0.008 63)	−0.072 4*** (0.007 22)	常数项	0.622*** (0.008 99)	0.599*** (0.007 40)
47	−0.117*** (0.008 59)	−0.091 5*** (0.007 09)			
R-squared	0.778	0.801	R-squared	0.778	0.801
N	16 053	13 223	N	16 053	13 223

注：***、** 和 * 分别表示在10%、5%和1%显著性水平上显著，括号内为稳健性标准误。

四、我国居民消费不平等的影响因素

以上研究综合考察了城乡居民消费不平等的演变趋势及其分解，为进一步理解消费不平等的形成原因，研究使用微观数据探究影响城乡消费不平等的可能因素。借鉴蔡洪斌等（Cai et al.，2010）的做法，基本模型设定如下：

$$\text{Var}(\ln c) = \alpha + x'\beta + \varepsilon \tag{5}$$

其中，$\text{Var}(\ln c)$ 表示不同省份不同年份内的家庭人均消费方差；x' 为不同省份不同年份内的家庭人均收入方差以及其他家庭特征变量；ε 为随机扰动项。结合蔡洪斌等（Cai et al.，2010）、陈志刚等（2016）的研究，本部分选取户主年龄、性别、受教育程度、婚姻状况，家庭规模、60 岁及以上老人数量占比、16 岁及以下小孩数量占比、家庭人均净财产等作为解释变量[①]。由于已有微观数据为短面板，本部分同样使用 Hausman 检验来确定使用固定效应还是随机效应。检验结果显示，所有模型应采用固定效应模型。

（一）城镇居民消费不平等的影响因素分析

从表 9.8 估计结果可见，城镇家庭收入不平等显著正向影响消费不平等，是消费不平等的重要影响因素，即收入差距越大，消费差距也越大。户主年龄显著负向影响城镇家庭消费不平等，而年龄的平方则显著正向影响，说明户主年龄对家庭消费不平等的影响呈"U"型，与上文年龄效应估计结果一致。从家庭层面特征来看，60 岁以上老人占家庭人口规模比重越大，城镇家庭消费不平等程度越大，说明人口老龄化会增加城镇家庭消费不平等；然而，家庭规模、16 岁以下小孩变量的估计结果在统计上并不显著。家庭净财产越多，城镇家庭消费不平等程度显著越高。

---

① 户主性别：0＝女，1＝男；户主受教育程度：1＝小学及以下，2＝初中，3＝中专或高中，4＝大专或大学本科，5＝研究生；户主婚姻状况：0＝无配偶，1＝有配偶或同居。

表 9.8　城乡家庭消费不平等影响因素估计结果

人均消费方差	城镇		乡村	
	(1)	(2)	(3)	(4)
收入不平等	0.075 3***	0.081 3***	0.135***	0.141***
	(0.004 37)	(0.005 80)	(0.004 63)	(0.006 23)
户主年龄		−0.009 31***		−0.022 9***
		(0.002 06)		(0.002 51)
户主年龄的平方		0.000 126***		0.000 304***
		(2.38e−05)		(2.93e−05)
户主性别		−0.019 9***		−0.055 8***
		(0.003 40)		(0.003 39)
户主婚姻状况		−0.007 51		−0.025 2**
		(0.007 36)		(0.010 9)
户主受教育程度		0.000 412		0.002 18
		(0.002 43)		(0.003 43)
家庭规模		0.001 45		0.002 77*
		(0.001 67)		(0.001 57)
60 岁及以上老人占比		0.077 1***		0.118***
		(0.012 9)		(0.017 8)
16 岁以下小孩占比		−0.003 80		−0.007 76
		(0.009 78)		(0.011 2)
家庭净财产的对数		0.006 74***		0.027 2***
		(0.001 13)		(0.001 95)
常数项	0.463***	0.539***	0.390***	0.499***
	(0.003 27)	(0.043 3)	(0.003 58)	(0.055 6)
观测值	16 106	11 405	13 249	9 582
R-squared	0.033	0.070	0.097	0.251

注：***、** 和 * 分别表示在 10%、5% 和 1% 显著性水平上显著，括号内为稳健性标准误。

（二）乡村居民消费不平等的影响因素分析

从表 9.8 估计结果可见，与城镇家庭相似，乡村家庭的收入不平等、老龄人口占比和家庭净财产显著正向影响消费不平等，户主性别显著负向影响消费不平等，户主年龄对乡村家庭消费不平等的影响为非线性。与城镇家庭相比，收入不平等、老龄人口占比和家庭净财产对乡村家庭消费不平等正向影响程度更高，这说明乡村家庭应对永久性收入风险的能力不足，收入、财产等约束是影响乡村家庭消费不平等的重要因素。户主性别的负向影响更高；婚姻状况显著负向影响乡村家庭消费不平等，相对于没有配偶的家庭，有配偶或同居家庭的不平等程度更低。乡村家庭人口规模显著正向影响家庭消费不平等，即家庭人口数量越多，乡村家庭消费不平等程度越高。

五、研究结论与启示

本章研究考察了中国居民消费不平等的演变趋势、分解情况以及影响因素，其中不平等的分解综合使用了宏观数据与家庭微观数据。下文对上述研究进行总结归纳并提出启示建议。

宏观数据的分析表明，城乡居民消费不平等的演变趋势存在异质性和不稳定性。1998—2017 年，城镇居民消费不平等总体呈现增长趋势，乡村居民消费不平等呈现下降趋势，但乡村居民消费不平等程度高于城镇居民。其中，1998—2017 年城乡家庭医疗保健、交通通信和文教娱乐消费不平等趋势减小，2012 年后城乡家庭居住消费不平等程度大幅上升。食品、居住、医疗保健和交通通信是城乡消费不平等的重要来源，2012 年后城乡家庭居住支出对总消费不平等的贡献也大幅上升，居住消费不平等现象突出。食品、衣着支出总体上抑制消费不平等，2012 年后交通通信支出也呈现抑制作用，而医疗保健、居住支出则促进消费不平等。

微观数据的研究结果表明，城乡家庭消费不平等的代际效应存在差别，年龄效应则呈现"U"型趋势。城镇家庭 20 世纪 80 年代出生组的消费不平等程度更高，而乡村家庭则是 70 年代出生组的消费不平等程度更高，这深刻反映了改革开放以来宏观经济变化对不同地区、不同年代群体的影响，不同地区不同出生组的消费节点和消费方式存在差异。城乡家庭消费不平等随着年龄的增加而呈现"U"型趋势，波谷大约为 53 岁。从研究结果可见，收入不平等是消费不平等的重要因素，城镇家庭收入不平等对消费不平等的正向影响程度低于乡村家庭，具有更高的应对永久性收入冲击的能力，侧面反映社会保障体系相较于乡村更为完善，受预算约束较少。城乡家庭消费不平等随着年龄增加表现出的"U"型趋势也值得重视，一方面是年轻群体家庭的消费不平等程度高，另一方面是 60 岁以上老龄人口占比高的家庭消费不平等程度高，这一定程度说明人口老龄化有可能会加深家庭消费不平等的状况。

　　上述分析具有一定的政策启示。第一，要深刻理解和把握城乡消费不平等的演变趋势与本质，更具有针对性地控制或降低城乡家庭消费不平等程度。研究结果表明，乡村家庭消费不平等程度更高，且受收入不平等的影响更大，因此乡村政策着力点应更多体现在乡村振兴和提高乡村居民收入水平，尤其是应着重提升乡村低收入群体的收入水平。而城镇家庭消费不平等受预算约束的影响较少，可通过供给侧改革创新产品和消费模式，更好地满足其消费需求。第二，要进一步完善医疗保障体系，降低收入冲击的影响以及支出的不确定性，减少预防性储蓄。研究结果表明，医疗保健是消费不平等的重要来源，尤其是乡村地区，且对消费不平等起促进作用，应完善医疗保障体系和增加医疗保健服务供给，尤其是加强乡村医疗。第三，建立房地产市场调控的长效机制，加大住房保障力度。研究结果多次表明，居住支出是消费不平等的重要来源，应在政府引导下，加大经济适用房建设，完善廉租房、公租房体系，同时加强对当前房屋租赁市场秩序的维护，促进房屋租赁市场的合理健康发展。居住支出也是中青年家庭最为重要的消费支出，需要重视中青年家庭消费不平等程度。第四，进一步完善社会保障体系和养老保险制度。已有研究结果表明，消费不平等存在显著的代际效应和年龄效应，应充分重视代际间资源配置问题，建立健全社会利益分享机制。同时，消费不平等会随着年龄的增大呈"U"型趋势且受家庭老人数量的正向影响，即随着中国人口老龄化的进程，社会消费差距将会扩大，因此有必要进一步完善社会保障制度和养老保险制度，合理应对老龄化对社会的冲击，释放社会消费潜力、扩大内需。

第十章　居民消费均衡发展研究Ⅱ：
消费不平等与主观幸福感

　　居民消费需要作为人民美好生活需要中最直接、最现实的构成要素，为满足人民日益增长的美好生活需要发挥着至关重要的作用。促进居民消费高质量发展，满足居民美好生活消费需要，不仅是满足人民美好生活需要的重要手段，也是经济高质量发展的必然要求。一般而言，居民的消费状态可以概括为两个维度：一是消费充分，二是消费平衡。当前，我国正处于向高质量消费发展转变的重要历史时期，现有消费理论研究与政策选择主要聚焦于如何在既定生产力水平下满足消费需求、扩大居民消费，从而提高居民福利，需要对业已存在的消费不平等程度突出问题加以重视。如前文所述，消费不平等测度可以直观地了解我国居民消费不平衡不充分发展现实。消费平等与人民群众获得感、幸福感的关系是新时代亟须研究的命题，如何解答这一时代命题关系到共同富裕的实现路径设计，关系到居民消费可持续增长的现实需要。为回答以上问题，研究采用CFPS 2010—2018年数据进行实证检验，验证居民消费不平等对主观幸福感的影响，分析该影响的消费分项支出差异和城乡差异性。

一、简短的文献述评

　　消费不平等与主观幸福感的关系始于关于消费的示范效应与棘轮效应的研究。一些学者通过引入消费者行为和内生偏好理论，认为消费支出数量并不是主观幸福感的影响因素，而是强调相对消费支出水平的重要性，从而尝试得出更符合社会现实的相关结论。杜森贝利（Duesenberry，1949）将社会心理引入消费领域中，提出消费的示范效应与棘轮效应。经济学含义是在短期内个体的消费会受到经济波动的影响，而在长期内个体的消费还受到示范效应的影响。其基本思想是个体在消费中会互相影响，并且互相攀比。大多数研究认为，能够获得与同龄人相同或更高消费水平的消费者拥有更高的福利水平（MacDonald and Douthitt，1992；Fafchamps and Shilpi，2008；Bertram-Hümmer and Baliki，2015；Guillen-Royo，2011）。伯特兰和摩尔斯（Bertrand and Morse，2016）的研究表明美国中产阶级的消费确实会受到更高收入阶层的影响。赫希曼和罗斯柴尔德（Hirschman and Rothschild，1973）提出，个体可以从观察其他人的进展中获得积极效用，并将其与积极信号进行比较（他们称这种效应为隧道效应），即其他人的进步可以通过提供有关如何改善自身情况和成功的模板对个人的主观幸福产生积极影响。海利维尔（Helliwell，2010）引用心理学文献认为，社区中的社会资本可能会为其成员创造积极的外部性，比如通过社区参与，与收入水平或教育程度较高的人建立联系可以提高社区成员的利益等。

随着相对消费研究的进一步深入，消费不平等对福利的影响逐渐进入了研究者的视域。近年来，国内消费不平等研究议题主要集中在以下两个方面：一是借鉴收入不平等的测度指标和方法对消费不平等程度进行测算或分解我国消费不平等程度并进行趋势分析（赵达，等，2017；邹红，等，2013；周龙飞，等，2019；宋泽，等，2019；王琪延，等，2019；朱梦冰，等，2018）。二是探究消费不平等与其他经济因素之间的关系，包括收入不平等、社会资本、城乡二元差异、老龄化、流动人口、政府分配政策等（曲兆鹏，等，2008；方福前，2009；李林，等，2015；刘柏惠，等，2014；许宪春，2013；杨继东，2013；王子成，2016；陈志刚，等，2016；张涛，2016；赵广川，等，2019；杨晶，等，2019）。消费不平等的福利效应测度还存在文献缺口，在探究家庭消费与福利之间关系的大多数研究中，近年来大多研究基于补偿性等价变换思想，以卢卡斯（Lucas，1987）构建的福利测度框架为基础，从福利成本角度考察消费增长和消费波动的消费者福利影响，鲜少研究考察消费增长和消费不平等的福利效应。丁志帆等（2019a，2019b）在卢卡斯（Lucas，1987）和科尔多瓦（Córdoba，2008）研究的基础上，将消费习惯纳入福利效应模型来考察消费增长和消费不平等两个议题，认为在合理的参数取值下，消费的平等目标与增长目标对福利的影响同等重要。

二、计量模型、变量定义与数据处理

卢卡斯（Lucas，1987）研究的相关文献主要根据补偿性等价变换思想，从福利成本角度，通过运用补偿参数 λ，使用消费增长和消费不平等各自带来的效用与确定性消费序列效用相等的方法对消费者效用进行衡量。相比不能直接观测度量的效用函数，部分学者认为幸福感的内涵更加丰富，包含宜居性（livability of the environment）、生存能力（life-ability）、生活意义（usefulness of life）和生活满意度（satisfaction with life）等内容，丰富了对效用函数的理解。微观调研数据中含有的主观幸福感变量可以作为效用比较完美的替代变量（Stanca，2015；陆铭，2008；许玲丽，等，2016）。因此，在实证部分将以主观幸福感作为被解释变量衡量消费者效用，研究我国居民消费不平等对主观幸福感的影响。

为克服以往实证研究中由于反向因果可能带来的内生关系，建立计量模型时，参照理论模型给出的参数定义，增加消费滞后项，以对数消费增长率的均值和对数消费增长率的方差衡量消费增长和消费不平等。这种衡量方法有助于和理论模型进行更好的拟合。考虑数理模型中由于存在消费者同质化等假设和存在遗漏变量等造成的估计偏误，在计量模型中加入地区和时间固定效应并选择异方差稳健标准误以降低遗漏变量对回归结果的可能影响，充分利用微观数据的异质性，聚焦到微观主体层面，考虑家庭层面的异质性，分别从消费支出类型差异、城乡差异等角度，对研究假设进行实证检验。综上，用于检验居民消费对主观幸福感影响的基本模型如下：

$$y_{it} = \alpha_{it} + \beta_{it}CR_{it} + \gamma_{it}D_{it} + \sum \delta_{it}X_{it} + u_i + \tau_t + \varepsilon_{it}$$

式中，被解释变量 y_{it} 是 t 年受访者 i 的主观幸福感得分增长情况，CR_{it} 为 t 年受访者 i 的消费支出增长情况，D_{it} 为 t 年受访者 i 的居民消费支出不平等水平。X_{it} 为研究中的控制变量，u_i 是省份固定效应，τ_t 是年份固定效应，ε_{it} 表示未观察到的白噪声干扰。

研究中使用的数据来自 CFPS 2010—2018 年调查结果。研究的主要关注对象为居民消费不平等程度。由于问卷设计中，消费支出金额数据以家庭为单位进行收集，幸福感得分以个人为单位进行收集，因此为了消除由于家庭规模差异带来的影响，消费数量采用家庭人均消费进行衡量。C_{it} 表示受访者 i 在 t 时期的消费支出金额。CFPS 数据在家庭层面非常详细地记录了各类消费情况，除家庭消费总支出外，还根据分类标准将家庭消费支出分为食品支出、衣着支出、居住支出、设备与日用品支出、交通通信支出、文教娱乐支出、医疗保健支出等支出项目。研究以 2009 年为基年，通过不同省/自治区/直辖市城乡 CPI 指数进行平减，消除不同年份价格差异。在实际分析时，参照已有文献通常做法，对出现异常值和离群值的消费支出进行赋值缩尾处理，最终得到样本量为 167 503 的非平衡面板数据。各项支出项目及其内容如表 10.1 所示。

表 10.1　消费支出项目及其内容

支出项目	变量名称	支出项目内容
食品支出	*food*	包括自产和食用的食物和外出就餐，烟草和酒精等
衣着支出	*dress*	服装、鞋子、帽子和手套等
居住支出	*house*	水、电、燃料、供暖、物业管理和租金等
设备与日用品支出	*daily*	耐用品，家庭服务以及日用品和必需品，例如由管家、小时工提供的服务以及家具和其他耐用品购买等
医疗保健支出	*med*	包括自费医疗支出（即不包括私人/社会保险的可报销部分），以及健康相关设备和产品购买等
交通通信支出	*trco*	电话、互联网、邮政和本地交通等
文教娱乐支出	*eec*	书籍、报纸、杂志、CD/VCD/DVD 等支出和教育支出等

主观幸福感受到消费影响的同时，与受访者的年龄、受教育年限、就业和婚姻状况等家庭人口统计学特征密切相关。本研究通过对照家庭编码和家庭成员编码对家庭问卷结果和成人问卷（年龄大于 16 岁）结果进行匹配，以获取受访者的年龄、性别、婚姻情况、就业情况以及受教育程度等个人特征作为本研究控制变量。综合已有文献研究和数据情况，研究选取的控制变量包含家庭特征和个人特征两个方面。各变量的具体定义如表 10.2 所示。

表 10.2　变量名称、定义与取值

名称	变量	变量定义与取值
解释变量		
消费增长	CR_{it}	$CR_{it} = \ln(C_{it}/C_{it-1})$
消费不平等	D_{it}	$D_{it} = \mathrm{Var}[\ln(C_{it}/C_{it-1})]$
控制变量		
家庭特征		
人均家庭总资产对数值	$lnassetper$	ln［(土地价值＋房产价值＋存款＋股票基金等金融资产－房贷及其他负债)/家庭规模］
人均家庭收入对数值	$lnincome\_per$	ln［(过去一年家庭净收入/家庭规模)］
家庭收入主观评价	$incomelevel$	自我评价，得分越高，评价越好(分值1~5)
社会阶层比较	$statu$	自我评价，得分越高，评价越好(分值1~5)
城乡差异	$urban$	城镇＝1 乡村＝0
户口类型	$residence$	农业户口＝1；非农业户口＝0
个人特征		
性别	$gender$	男＝1；女＝0
年龄	age	根据受访时间和出生年份得到
年龄的平方项	$age2$	
婚姻情况	$marriage$	同居或在婚＝1；其他情况＝0
教育情况	$eduy$	受访者已完成的受教育年限
工作情况	$employ$	就业＝1；失业等其他情况＝0
健康情况	$healthlevel$	自我评价，得分越高，评价越好(分值1~5)

三、消费不平等与主观幸福感的关系研究

根据上述基本回归模型，表 10.3 报告了基准回归结果。总体来看，在控制相关变量和年份、省级固定效应后，消费总支出的增长和主观幸福

表 10.3　基准回归结果

变量	(1)	(2)	(3)	(4)	(5)	(6)	(7)	(8)
CR	0.007 (0.005)	0.007 (0.005)	0.008 (0.005)	0.007 (0.005)	0.007 (0.005)	0.006 (0.005)	0.008 (0.006)	0.007 (0.006)
D		-0.506** (0.240)	-0.521** (0.240)	-0.721*** (0.247)	-0.697*** (0.247)	-0.759*** (0.247)	-0.761*** (0.254)	-0.916*** (0.268)
age			0.012*** (0.002)	0.008*** (0.002)	0.011*** (0.002)	0.011*** (0.002)	0.011*** (0.002)	0.012*** (0.002)
age2			-0.000*** (0.000)	-0.000*** (0.000)	-0.000*** (0.000)	-0.000*** (0.000)	-0.000*** (0.000)	-0.000*** (0.000)
gender			0.018** (0.009)	0.021** (0.009)	0.011 (0.009)	0.030*** (0.009)	0.023** (0.010)	0.025** (0.010)
eduy				-0.005*** (0.001)	-0.006*** (0.001)	-0.008*** (0.001)	-0.007*** (0.001)	-0.006*** (0.001)
marriage				0.020 (0.014)	0.018 (0.014)	-0.008 (0.014)	-0.015 (0.015)	-0.028* (0.015)
employ				0.036*** (0.011)	0.026** (0.011)	0.016 (0.011)	0.013 (0.012)	0.011 (0.012)
healthlevel					-0.046*** (0.004)	-0.024*** (0.004)	-0.021*** (0.004)	-0.022*** (0.004)

续表

变量	(1)	(2)	(3)	(4)	(5)	(6)	(7)	(8)
urban						0.069*** (0.012)	0.074*** (0.012)	0.094*** (0.013)
residence						-0.022* (0.012)	-0.031** (0.013)	-0.028** (0.013)
statu						0.181*** (0.004)	0.163*** (0.005)	0.167*** (0.005)
lnincome_per							-0.013*** (0.004)	-0.012*** (0.004)
incomelevel							0.041*** (0.005)	0.040*** (0.005)
lnassetper								-0.009** (0.004)
年份固定效应	√	√	√	√	√	√	√	√
省份固定效应	√	√	√	√	√	√	√	√
样本量	82 149	82 149	82 148	77 138	77 135	76 470	71 158	64 554

注：括号内为相应的标准差。*、**和***分别代表 10%、5%和 1%的显著性水平。

资料来源：根据 CFPS 数据整理计算得到。

感之间的系数 β_{it} 均为正，但统计意义上不显著，即居民消费增长对消费者主观幸福感的提升作用并不显著，假设 1 未得到支持。居民消费不平等和主观幸福感之间的系数 γ_{it} 均为负且在统计意义上显著，即居民消费不平等程度加深会降低消费者主观幸福感，假设 2 得到了证实。这一结果表明降低居民消费不平等程度比刺激居民消费增长对提升居民主观幸福感更为重要。具体来看，通过逐步加入控制变量，模型（1）—模型（8）的结果均支持上述基本结论。通过比较不同模型中消费不平等对主观幸福感影响系数的大小，可以印证上文提出的如果忽视消费者异质性会导致估计结果产生偏误的猜想。如表 10.3 显示结果，随着控制变量的逐步加入，系数 γ_{it} 逐步增大，因此，由于以往研究采用数值模拟方法而保持消费者同质假设，将对系数 γ_{it} 存在明显低估，体现了探讨消费和幸福感关系时考虑消费者异质性特征存在必要性。

四、消费不平等与主观幸福感的结构效应

（一）消费分项不平等程度与主观幸福感研究

在基本回归部分中，根据实证结果，假设 1 并未得到支持，即消费增长对幸福感的影响并不显著。结合以往研究结果，主观幸福感不仅取决于消费数量，还取决于消费的商品和服务的类型；同时结合当前我国居民消费需要基本实现了从"基本生活消费需要"向"美好生活消费需要"的快速跃迁这一现实背景，本部分从消费分项支出角度，对研究假设进行进一步的验证，实证结果如表 10.4 所示。

在消费增长对主观幸福感的影响方面，实证结果证明并不是所有类型的消费都会对消费者的主观幸福感产生正向影响（DeLeire & Kalil，2010；胡荣华，等，2015；Wang et al.，2019），即基本回归中消费增长对主观幸福感的影响系数 β_{it} 不显著的原因可能在于总消费支出中包含不同类型消费支出，不同类型消费支出对幸福感的影响方向和显著性并不相同，假设 1 成立与否需要考虑不同消费分项支出之间的差异性。

在消费不平等对主观幸福感的影响方面，实证结果表明消费不平等程度越高，主观幸福感得分越低，这一研究假设在绝大部分的分项支出中得到证实。医疗保健支出的影响虽不显著但是系数依然为负。值得关注的是，文教娱乐支出的不平等程度系数为正且显著。这个结果与心理学相关

表 10.4　消费分项不平等程度对主观幸福感的影响

变量	(1) food	(2) dress	(3) house	(4) daily	(5) med	(6) trco	(7) eec
CR	-0.001 (0.004)	0.024*** (0.004)	0.010*** (0.004)	0.008*** (0.003)	-0.006* (0.003)	0.016*** (0.005)	0.006 (0.004)
D	-0.403* (0.218)	-0.289*** (0.054)	-0.487* (0.265)	-0.378* (0.206)	-0.446 (0.275)	-0.394* (0.211)	0.187*** (0.050)
age	0.011** (0.002)	0.012*** (0.002)	0.013*** (0.002)	0.012*** (0.002)	0.012*** (0.002)	0.013*** (0.002)	0.012*** (0.003)
age2	-0.000*** (0.000)	-0.000*** (0.000)	-0.000*** (0.000)	-0.000*** (0.000)	-0.000*** (0.000)	-0.000*** (0.000)	-0.000*** (0.000)
gender	0.023** (0.009)	0.023** (0.010)	0.024** (0.010)	0.026*** (0.010)	0.022** (0.010)	0.022** (0.010)	0.018 (0.012)
eduy	-0.005*** (0.001)	-0.005*** (0.001)	-0.006*** (0.001)	-0.006*** (0.001)	-0.004*** (0.001)	-0.005*** (0.001)	-0.006*** (0.002)
marriage	-0.031** (0.015)	-0.019 (0.016)	-0.039** (0.016)	-0.035** (0.015)	-0.034** (0.016)	-0.033** (0.015)	0.017 (0.021)
employ	0.010 (0.012)	0.012 (0.012)	-0.002 (0.013)	0.008 (0.012)	0.002 (0.013)	0.011 (0.012)	0.007 (0.016)
healthlevel	-0.021*** (0.004)	-0.021*** (0.004)	-0.019*** (0.004)	-0.022*** (0.004)	-0.018*** (0.004)	-0.019*** (0.004)	-0.021*** (0.005)

续表

变量	(1) food	(2) dress	(3) house	(4) daily	(5) med	(6) trco	(7) eec
$urban$	0.093*** (0.012)	0.084*** (0.013)	0.095*** (0.013)	0.093*** (0.012)	0.090*** (0.013)	0.092*** (0.012)	0.085*** (0.016)
$residence$	−0.023* (0.013)	−0.033** (0.013)	−0.018 (0.013)	−0.026** (0.013)	−0.021 (0.014)	−0.030** (0.013)	−0.020 (0.016)
$statu$	0.169*** (0.005)	0.165*** (0.005)	0.156*** (0.005)	0.170*** (0.005)	0.169*** (0.005)	0.168*** (0.005)	0.160*** (0.007)
$\text{ln}income\_per$	−0.011*** (0.004)	−0.010** (0.004)	−0.006 (0.004)	−0.010** (0.004)	−0.008* (0.004)	−0.010** (0.004)	−0.010* (0.005)
$incomelevel$	0.039*** (0.005)	0.043*** (0.005)	0.045*** (0.005)	0.041*** (0.005)	0.040*** (0.005)	0.042*** (0.005)	0.042*** (0.007)
$\text{ln}assetper$	−0.009** (0.004)	−0.010** (0.004)	−0.013*** (0.004)	−0.009** (0.004)	−0.006 (0.004)	−0.011*** (0.004)	−0.011** (0.005)
年份固定效应	√	√	√	√	√	√	√
省份固定效应	√	√	√	√	√	√	√
样本量	70 510	64 489	62 527	68 817	61 015	69 551	39 401

注：括号内为相应的标准差。*、**和***分别代表10%、5%和1%的显著性水平。

资料来源：根据CFPS数据整理计算得到。

文献中关于"隧道效应"的研究结果相吻合。文教娱乐支出作为一种用于自我提升的消费，被认为能够创造积极的外部性，即个体可以从观察其他人的良好进展中获得积极效用，其他人的进步可以通过提供有关如何改善自身情况和成功的模板对个人的主观幸福产生积极影响（Helliwell，2010）。

（二）城乡消费不平等程度与主观幸福感研究

在测算与比较消费增速与消费不平等的福利效应时，将城乡差异纳入考量是必要的。作为一个二元经济结构特征相当显著的发展中国家，中国城镇和乡村的发展并不均衡，消费文化、消费心理与消费行为存在分化，因此，消费对福利的影响将存在差异。结合文献述评内容，在探索消费增长、消费波动或不平等对幸福感影响的相关研究中，已有相当一部分研究关注城乡二元特征在其中的作用。因此，进一步将前述总体样本分为城镇、乡村两类样本，分别估计消费增长和消费不平等对城乡居民主观幸福感不同的冲击效应。实证结果见表 10.5。

表 10.5　城乡消费不平等对城乡分类样本幸福感的影响

	城镇样本		乡村样本	
	CR	*D*	*CR*	*D*
总支出	0.016 (0.011)	−0.988*** (0.310)	0.006 (0.007)	−1.694** (0.910)
食品支出	0.012 (0.008)	−0.110 (0.317)	−0.002 (0.005)	−0.593** (0.299)
衣着支出	0.021*** (0.007)	−0.110 (0.083)	0.026*** (0.006)	−0.448*** (0.077)
居住支出	0.006 (0.006)	−0.080 (0.400)	0.009** (0.005)	−0.710** (0.354)
设备与日用品支出	0.009** (0.004)	−0.104 (0.299)	0.007** (0.003)	−0.548* (0.283)
医疗保健支出	0.003 (0.005)	−0.024 (0.414)	−0.010*** (0.004)	−0.697* (0.367)
交通通信支出	0.027*** (0.008)	−0.113 (0.306)	0.010* (0.006)	−0.572** (0.290)
文教娱乐支出	0.008 (0.006)	0.109 (0.637)	0.004 (0.005)	1.329* (0.792)
年份固定效应	√	√	√	√
省份固定效应	√	√	√	√
控制变量	√	√	√	√

注：括号内为相应的标准差，*、** 和 *** 分别代表 10%、5% 和 1% 的显著性水平。
资料来源：根据 CFPS 数据整理计算得到。

表 10.5 回归结果表明，无论该消费者在城镇还是乡村，实证结果与总样本回归结果基本保持一致，即消费总支出的增长对主观幸福感的影响并不显著。其中，衣着支出、设备与日用品支出和交通通信支出等分项支出的增长对主观幸福感有正向影响，食品支出和文教娱乐支出增长对主观幸福感影响不显著。城乡之间的差异主要体现在：一是医疗保健支出的增长对乡村居民的幸福感有显著的降低作用，且与城镇居民产生明显的对比，显示出相对城镇居民而言，我国乡村居民的医疗问题仍然面临较为严峻的形势；二是居住支出增长对城镇居民的幸福感的正向影响并不显著，这一结果可能与城市消费者比乡村消费者面临更大的住房压力等实际情形息息相关。

在分项消费不平等程度对城乡消费者主观幸福感影响的差异性方面，城乡分样本结果和总样本结果的系数方向皆一致，即除文教娱乐支出外，其余分项消费不平等程度的加大会降低消费者的主观幸福感。同时城乡之间显示出较大的差异性，消费不平等对乡村消费者幸福感的负向影响程度在系数上皆大于城镇消费者，且消费分项支出的系数更加显著。结合目前我国城乡发展的差异，当消费不平等程度增大时，往往意味着乡村消费者的支出水平与城镇消费者的支出水平差距被逐步拉大，由此带来的差距感将会加大消费不平等对乡村居民主观幸福感的抑制作用。

针对消费不平等对主观幸福感影响存在的城乡差异现象的分析，本研究进行进一步的实证解读，以验证本研究样本是否存在这种情况。本研究借鉴王等（Wang et al.，2019）的方法针对每位消费者的消费支出构建排序比率（R_i）。该比率定义为同年同省的消费者中消费支出低于该消费者（$i-1$）的人数与除该消费者外同年同省的消费者总人数（$n-1$）之间的比率，其取值范围是 0～1，取值越高表明在同组消费者中消费数量排名越高，公式为：

$$R_i = \frac{i-1}{n-1}$$

根据表 10.6 回归结果，在参考群体中消费数量排名越高，主观幸福感越高，即幸福感受该消费者在参考人群中的消费排序的影响。同时，结合样本统计结果，在同组消费者中，无论总消费支出还是消费分项支出，总体而言，乡村样本消费支出的排名顺序明显低于城镇样本，从而验证随着消费不平等程度提升，乡村消费者的支出水平与城镇消费者的支出水平差距被逐步拉大导致乡村样本中消费不平等对主观幸福感的负向影响更显著这一影响路径。

表 10.6　组内消费排序对主观幸福感的影响

	(1)	(2)	(3)	(4)	(5)	(6)	(7)	(8)
	总支出	食品支出	衣着支出	居住支出	设备与日用品支出	医疗保健支出	交通通信支出	文教娱乐支出
R	0.105*** (0.032)	0.248*** (0.073)	1.384*** (0.217)	0.070 (0.049)	0.275*** (0.050)	−0.133 (0.123)	0.632*** (0.096)	0.114 (0.098)
年份固定效应	√	√	√	√	√	√	√	√
省份固定效应	√	√	√	√	√	√	√	√
控制变量	√	√	√	√	√	√	√	√

注：括号内为相应的标准差，＊、＊＊和＊＊＊分别代表 10％、5％和 1％的显著性水平。
资料来源：根据 CFPS 数据整理计算得到。

(三) 稳健性检验

由于被解释变量来自受访者的主观回答，为避免由此带来的偏差，本部分借鉴饶育蕾等 (2019) 的做法，使用对未来的信心程度以侧面衡量一个人是否认为自己的生活有价值，由此得到主观肯定进而提升幸福感。因此，本部分拟运用调查问卷中另一个问题"对自己未来信心程度"(主观打分 1~5) 作为主观幸福感的替代变量进行稳健性检验。如表 10.7 所示，通过对比上述实证结果，大部分相对应变量的系数符号相同且显著性不变，说明结论较为稳健。其中，居民消费不平等程度加深会降低消费者主观幸福感这一假设依然成立。同时，研究结果表明，当被解释变量的衡量变量为"对自己未来信心程度"时，居民消费增长的正向作用变得显著，可见，消费的增长对消费者的当期效用由于消费分项支出的不同而产生差异，但是消费支出的增长从一定程度上可以体现出消费者对未来收入的乐观预判。此外，消费支出中的教育、培训等类型的支出对幸福感的影响难以在当期或近期实现，但是有助于提升对未来回报的期望，提高对未来生活的信心。

表 10.7　稳健性检验结果

变量	(1) 全样本	(1) 城镇样本	(1) 乡村样本
CR	0.021*** (0.007)	0.020* (0.011)	0.023*** (0.008)
D	−0.780*** (0.187)	−0.620** (0.306)	−0.738** (0.353)
age	0.011*** (0.002)	0.013*** (0.003)	0.008*** (0.002)
age2	−0.000*** (0.000)	−0.000*** (0.000)	−0.000*** (0.000)
gender	−0.005 (0.008)	−0.001 (0.015)	−0.001 (0.010)
eduy	−0.004*** (0.001)	0.002 (0.002)	−0.008*** (0.001)
marriage	−0.049*** (0.013)	−0.024 (0.024)	−0.060*** (0.018)
employ	−0.006 (0.012)	−0.011 (0.020)	−0.013 (0.017)
healthlevel	−0.038*** (0.004)	−0.059*** (0.008)	−0.029*** (0.005)
urban	0.069*** (0.013)		
residence	−0.017 (0.011)	−0.062*** (0.018)	0.047*** (0.017)
statu	0.140*** (0.006)	0.124*** (0.010)	0.150*** (0.008)
lnincome_per	−0.007* (0.004)	−0.008 (0.007)	−0.007 (0.005)
incomelevel	0.040*** (0.006)	0.024** (0.010)	0.048*** (0.007)
lnassetper	−0.010*** (0.004)	−0.013** (0.007)	−0.007 (0.005)
年份固定效应	√	√	√
省份固定效应	√	√	√
控制变量	√	√	√

注：括号内为相应的标准差，＊、＊＊和＊＊＊分别代表 10%、5% 和 1% 的显著性水平。
资料来源：根据 CFPS 数据整理计算得到。

五、研究结论与启示

党的十九大、二十大明确指出从全面建成小康社会到基本实现现代化，继而全面建成社会主义现代化强国的新时代中国特色社会主义发展的战略安排。在这一过程中，我国居民生活水平将由小康生活水平向丰裕富足发展，逐步迈向中国特色社会主义现代化，实现人民美好生活需要。幸福感是每个居民、每个家庭生活的最终目的，社会、经济发展的最终目标还是要回归幸福感本身。应当以幸福感、获得感作为我国消费可持续增长的目标导向，在促进消费增长的同时控制消费不平等程度在合理区间内，不仅有利于我国经济的可持续增长，也有利于推动我国社会民生事业的进一步发展。

本章研究发现，消费不平等程度的加深会降低消费者主观幸福感，且随着消费不平等程度提升，由此产生的消费的相对匮乏对乡村居民的主观幸福感产生负面影响。提高居民生活质量和实现生活水平趋同是实现经济高质量发展和全面建成小康社会的内在要求，因此要尤其注重保持乡村消费的持续增长，丰富乡村消费选择，逐步缩小城乡之间的消费不平等，在"做大蛋糕""分好蛋糕"的同时，关注"享用蛋糕"这一使命的落实——让所有群体共享发展成果，有更多、更直接、更实在的获得感。

研究结果具有鲜明的政策含义，一方面，经济政策的着力点应以国民幸福为目标，协调兼顾促进消费增长并缩小消费差距；另一方面，消费增长乏力和消费不平等仍然反映了消费需求与供给不匹配的问题，是消费欲望与消费能力不对称的问题。具体而言，从供给侧，大力提高产品和服务的供给质量，优化产品和服务的供给结构。引导产业结构对接居民消费需求，支持教育、旅游、高科技信息产品等与居民生活息息相关的产业的发展，尤其鼓励精神文化产品的创作与生产，进一步激发居民享乐性和发展性消费需求。从需求侧精准施策，进一步释放内需潜力，多用改革办法扩大消费。一方面，健全完善收入分配调节机制，通过缩小整体收入水平差距，使整体和个体的购买力得到实质性的释放；另一方面，在全面建成小康社会的发展过程中，要更加注重为所有人营造公平发展的社会环境，保证民生、养老、医疗等惠民政策落到实处，建立房地产市场调控的长效机制等以改善消费者预期、激励消费行为。尤其注重大力发展乡村消费市场，稳步推进乡村振兴战略和城乡融合发展战略，消除城乡居民消费的机会不平等，使城乡居民共享改革红利。

第十一章　居民消费均衡发展研究Ⅲ：
新型城镇化政策与消费平等

习近平总书记强调：实现共同富裕是社会主义的本质要求。党的十九大报告指出必须坚持走共同富裕道路，"十四五"规划和 2035 年远景目标纲要明确提出要"推动人的全面发展、全体人民共同富裕取得更为明显的实质性进展"。城乡差距较大是发展不均衡不充分的重要表现之一，长期来看会影响共同富裕的最终实现。已有研究表明，中国城镇化进程导致了严重的城乡二元结构问题和城乡消费差距，城乡消费数据相较于收入数据更易于体现城乡居民的真实福利水平，研究城乡消费平等问题具有重要的现实意义。为提高城镇化发展质量，《国家新型城镇化规划（2014—2020年)》《关于深入推进新型城镇化建设的若干意见》《2019 年新型城镇化建设重点任务》等政策相继出台。回顾中国城乡消费变化历程，党的十八大之后"城乡居民实际消费水平比"的数据出现拐点，城乡消费差距开始持续下降，该时间区间与新型城镇化系列政策出台几乎重合。因此，本章拟研究新型城镇化政策对消费平等的影响，研究具有理论和现实意义。

一、简短的文献述评

已有关于城镇化与消费的研究大多是从经济增长视角考察城镇化和消费的关系，认为城市化进程能推动消费增长。丹尼尔斯、康纳和霍顿（Daniels，Connor and Huton，1991）研究影响美国各个城市服务消费增长的因素，认为城镇化推进所形成的区域市场是实现消费增长的重要条件。钱纳里等（1998）也通过对发展模式的研究，分析了包括城市化水平在内的投资率、私人消费率和政府消费率之间关系的变动。藤田等（Fuji-ta et al.，2000）认为，人口和经济活动的地理集中会产生多方面的外部经济性，如需求关联和成本关联的循环累积因果效应、劳动力市场的共享效应和信息技术的外溢效应等，因此城镇化会通过"积聚效应"和"规模效应"促进需求扩张和经济增长。汉德森（Henderson，2005）认为，一个国家或地区在工业化的过程中，劳动力和资本等要素向城市的不断转移与集中有利于扩张消费需求。一些学者认为从二元结构、经济增长阶段和发展的结构效应等文献中也可以推断出城镇化和消费存在的正向关系。

但不少学者认为国外城镇化进程的发展阶段与我国并不完全相同，尤其是社会保障系统和制度设计，国外文献的结论不适用于解释我国的现实（杨新铭，2013；雷潇雨，龚六堂，2014）。针对我国的城镇化如何影响消费的问题，国内学者进行了大量研究。从研究结论来看，关于我国城镇化率与消费率的关系，学者们莫衷一是，不管是理论研究还是实证研究，都存在分歧。有研究认为二者呈正相关关系，有研究表明城镇化是抑制消费增长的，还有一些研究认为城镇化发展对消费增长的解释力相当微弱。虽然结论有分歧，但这些研究也具有一些共同点。一方面，尽管一些研究结果表明中国的城镇化并未提高家庭消费率，但学者们实际上都是站在"城镇化理论上是应该能促进消费"这个角度的，只是由于我国的一些特殊国情，最终的实证研究结果也许会与理论假设不符。之所以大多研究都认为理论上城镇化水平与消费水平应该是正相关关系，是因为它们在城镇化影响消费的内在机制上达成了一致意见。另一方面，众多学者都注意到我国现有的城镇化模式所造成的一些问题，比如城乡收入差距、农民工问题以及社会保障、金融投资等偏向城市政策，这些问题恰恰是造成我国城镇化水平对消费增长的影响不显著的重要原因。

理论上，正常的城镇化过程会伴随着消费需求的增加。从已有的国内外研究看，从消费者的角度，城镇化之所以能够刺激消费需求，其内在传导机制主要体现在消费能力、消费意愿、消费条件三个方面。

消费能力：收入是决定消费能力的首要因素，众多研究表明城镇化有助于城乡居民收入的提高（Raffalovich et al.，1992；李稻葵，2009；汪增洋，张学良，2019），从而促进消费需求的增长（蔡思复，1999；蔡昉，2000；田成川，2004；巴曙松，2006；李华香，陈志光，2013；姚星，等，2017）。对于进城务工的人而言，一方面，城市提供了更多的就业机会（丁守海，2014；朱高立，等，2018），相对之前的务农收入，这些进城务工的劳动力收入大幅提高，主要表现为农村家庭的工资性收入显著上升；另一方面，城镇化产生的人口集聚效应会促进第三产业发展，从而增加了就业机会，进一步增加居民收入从而提高居民的消费能力（范剑平，向书坚，1999）。对于留在农村的居民而言，农村劳动力人均占有的生产资料特别是土地量相对增加，农村劳动收入也会增加（黄峻，2014）。

消费意愿：城镇化的消费意愿提升效应主要体现在农村家庭原有消费观念的改变。由于消费的示范效应，进入城市的农民，购买各种消费品时，不仅会与同一阶层的城市居民比较，而且还会受到较高收入阶层消费时尚的影响。这种影响将会改变新迁入者的消费习惯，向高消费率转变。若以家庭为单位，家庭部分成员迁入城市之后，对整个家庭的消费习惯也会产生影响（刘欢，2015；李华香，陈志光，2013；付波航，等，2013；胡日东，苏梽芳，2007）。

消费条件：城镇化进程会伴随着产品成本的降低、消费环境的改善等经济效应。对于城镇家庭而言，产品成本的降低主要表现在以下三个方面：一是城镇化的发展为产业结构、消费结构、就业人群与居住人群创造了发展空间（丛海彬，等，2017），人口的集聚带来市场规模的扩大（付波航，等，2013），推动生产和流通实现规模经济。随着城市进入产业集聚阶段，产业集聚又会基于外部规模经济推动生产成本降低，地区规模的外部性效应和集聚效应的显著存在是推动地区经济不断发展和增长的因素（Baldwin and Martin，2004）。二是城镇化推动交通、物流领域的发展，交通便利，运输费用降低，产品的运输成本降低。三是城镇化带动信息网络技术的发展和应用，产品信息能够及时广泛传播，减少营销费用，中间环节的减少降低了产品的流通成本（黄峻，2014），增加了消费的多样性和可能性（Gleaser et al.，2001；Waldfogel，2003）。同时，这种产品成本降低效应会进一步加剧竞争，激励产品供给者不断改善自身，从而带来整个消费环境的改善。对农村家庭而言，城镇化的进程使各种商业机构如中小型连锁超市、商场及品牌专卖店等向农村进驻，拓展农村市场，提高自身的竞争优势，进而使农村家庭的消费环境也得以改善（刘欢，2015）。

亦有一些学者对我国的"城镇化——消费率悖论"进行研究之后，分析了城镇化未能促进消费的原因。现有研究的主要论点包括：不合理的城镇化进程，城乡二元结构弊端没有消除，人口老龄化抑制了消费及不确定性，预防性储蓄动机与消费习惯等。

不合理的城镇化进程：许多学者指出，我国的城市化进程存在许多问题，如现有城市化主要体现为生产要素城市化、农民就地城镇化、城镇化的过程中往往忽略对生态的保护等问题、阻碍了家庭消费水平和消费观念的城镇化（胡若痴，武靖州，2013；杨新铭，2013）。再如，有学者从人口城镇化的角度分析，认为中国城镇化成本过高（经济增长前沿课题组，2003），而一旦城镇化的成本大于收益，城镇化的弊端就显露无遗（Duranton and Puga，2004），认为现有中国的城市化是一种"不完全城市化"（丛屹，王栋，2013）、"伪城镇化"（张秀利，祝志勇，2015），具体表现为社会保障缺失、进城务工人员非正规就业、短期行为、以生产要素为本（而不是以人为本）的城镇化、地方政府干预过多等，这会进一步导致消费的不足。又如，有学者从城市化的成本角度分析，还有学者从消费空间的角度分析，认为传统的城镇化模式不利于农村的生产消费空间的完善、生活消费空间与城市对接，从而不利于扩大农村消费（陈云松，张翼，2015；吴鸣然，马骏，2016）。

城乡二元结构弊端没有消除：我国的城镇化并未导致城乡二元结构的消除，城乡二元结构导致我国形成"大国小市场"，降低农村家庭消费倾向，导致消费结构断层，造成整体消费水平偏低（范剑平，向书坚，1999；李晓明，2002；马春文，黄翰庭，2014）。陈文玲（2007）甚至认为这是农村消费不足的根本原因。也有学者认为在城乡二元体制下，公共服务亦存在城乡二元割据（周笑菲，2012；国务院发展研究中心农村部课题组，2014），从而在医疗、教育、养老等基本公共服务方面都要农村家庭个人承担，加重了农村家庭的预期支出，压缩了当期消费（杨新铭，2013；胡宏兵，高娜娜，2017）。

人口老龄化抑制了消费：人口老龄化可能带来消费水平的下降。一些研究认为，并不是城镇化抑制了消费，而是人口老龄化对消费的抑制效应大于城镇化对消费的促进效应。莫迪利亚尼和曹（Modigliani and Cao，2004）采用我国 1953—2000 年时间序列数据，对人口老龄化与储蓄率的关系进行计量估计，研究结果认为老龄化是我国出现高储蓄的一个重要原因。付波航等（2013）与冯娟（2019）通过实证研究发现，少儿抚养比对家庭消费率的影响显著为正，而老年抚养比对家庭消费率的影响显著为负。因此"城镇化——消费率悖论"可以解释为改革开放以来，城镇化对消费的正向促进作用被人口年龄结构的负向作用所抵消。孙明月、方大春（2014）也得出相似结论，石明明等（2019）也认为老龄化将使家庭消费支出显著下降并对大多数消费分项支出产生较大负面影响。而于洋等（2015）运用相似方法则实证得出少年抚养比的下降抑制消费，老年抚养比的上升促进消费的结论。

　　不确定性、预防性储蓄动机与消费习惯：施建淮（2004）运用我国 1999—2003 年的数据进行实证分析表明，中国城市居民储蓄行为中的确存在预防性动机。张安全、凌晨（2015）利用中国 26 个省 1999—2011 年城乡居民消费数据研究发现，在控制了习惯形成效应后，城乡居民依然存在显著的预防性储蓄动机。易行健等（2008）运用 1992—2006 年的省际面板数据研究发现，中国农村家庭有较强的预防性储蓄动机。城市与农村较高的预防性储蓄动机不利于我国消费的增长。另外，黄娅娜、宗庆庆（2014）认为，中国居民谨慎的消费习惯是我国家庭消费率下降的重要原因之一。长期的低消费率也折射出我国社会保障体系不健全的现实（付波航，等，2013）。石凯等（2014）发现长期形成的城乡居民生活方式难以在一时便被改变，这也可能可以解释城镇化为什么没能促进消费。陈浩、宋明月（2019）也有相同的观点，我国城镇居民消费存在显著的习惯形成特征，谨慎的消费行为阻碍了居民消费结构的升级。

　　鉴于以上城镇化进程中的诸多问题，随着我国城镇化政策的调整，已有文献进一步把研究视角放到了城镇化与消费平等之间的关系。城镇化是城乡消费差距变动的主要原因（高帆，2014）。城镇化有助于城乡居民消费能力的提升（Duranton and Puga，2019），相较于务农收入，进城务工的收入会大幅提升，进而对城乡消费平等程度产生影响。城镇化有助于改善消费环境，提高消费意愿。城镇化带来的集聚效应带来了推动生产和流通实现规模经济，推动生产率的提高（Duranton and Puga，2019，2020），降低了企业之间中间投入品的运输成本，进而优化商品价格，降低了农村家庭消费门槛，消费者消费条件得到改善、消费选择更加多样化，进而影响城乡消费平等程度。由于消费示范效应，城市的新迁入者还会受到城市较高收入阶层消费习惯的影响，也会对城乡消费平等程度造成影响。从现有文献来看，无论是在城镇化降低城乡消费平等程度还是在城镇化提高城乡消费平等程度的研究中，都有学者使用不同的消费平等程度度量方法、不同的数据库、不同的研究方法得到了相同的结论（Qu and Zhao，2008；Henderson，2014；Zhang，2016）。但同时也有使用相同数据库的学者得到了不同的研究结论（齐红倩，席旭文，2015；刘东皇，等，2020；Zhang，2016）。随着中国新型城镇化政策的推进，研究新型城镇化与消费平等问题的文献还存在缺口，因此厘清新型城镇化政策和消费平等的关系对新时代消费研究具有重要的现实和理论意义。

二、新型城镇化政策与消费平等的经验证据

（一）数据说明和主要变量的定义

本研究所用的微观数据样本来源于 CFPS 2010 年、2012 年、2014 年、2016 年、2018 年的全国家庭微观调查数据，该调查数据涵盖了 2009 年、2011 年、2013 年、2015 年、2017 年中国 29 个省/自治区/直辖市。家庭收入与消费的相关数据使用各省份城乡居民消费价格指数作为价格指标，以 2009 年的价格为定基指数，进行了指数化处理。宏观数据来自 2010—2018 年《中国教育经费统计年鉴》《中国劳动统计年鉴》《中国统计年鉴》《中国区域经济统计年鉴》《中国城乡建设统计年鉴》《中国卫生和计划生育统计年鉴》《中国第三产业统计年鉴》等。

1. 居民消费平等程度度量指标

研究采用 Kakwani 指数（Kakwani，1984）计算家庭居民消费相对剥夺状况，衡量家庭居民消费平等程度，对样本数量为 n 的家庭居民消费性支出进行升序排列，得到总体消费分布向量为 $C = (c_1, c_2, \cdots, c_n)$，其中 $c_n \geqslant \cdots \geqslant c_2 \geqslant c_1$。家庭 i 受到的相对消费剥夺由家庭 j 对家庭 i 的消费剥夺总和表示，并除以样本家庭消费均值。那么家庭 i 的消费平等程度为：

$$Kakwani(c, c_i) = \frac{1}{n\mu_C} \sum_{j=i+1}^{n} (c_j - c_i) \tag{1}$$

其中 n 表示样本家庭数量，μ_C 表示样本中所有家庭居民消费的均值，c_i 表示家庭 i 的总消费。

为研究新型城镇化政策对居民消费平等程度的作用渠道，使用基尼系数计算了省份层面的居民消费平等程度，具体公式如下（Gini，1912）：

$$Gini_{jt} = \frac{1}{2n_{jt}^2 \mu_{jt}} \sum_{r=1}^{n} \sum_{i=1}^{n} |c_{ijt} - c_{rjt}| \tag{2}$$

其中 μ_{jt} 表示第 t 年 j 省份中样本家庭的消费均值，$|c_{ijt} - c_{rjt}|$ 表示消费的绝对离差，c_{ijt} 表示第 t 年 j 省份中家庭 i 的消费。使用公式（2）可以计算出第 t 年 j 省份消费的基尼系数。

2. 主要解释变量

《国家新型城镇化规划（2014—2020 年）》提出的"新型城镇化"秉

承"以人为本"的核心，从人本、经济、社会、生态环境、城乡发展等方面提升城镇化质量。研究基于微观家庭数据，采用家庭是否在新型城镇化政策后进行城乡迁移或实现城镇化，表示该家庭是否受到新型城镇化政策影响。研究根据样本期内家庭居住地与户口所在地是否出现不同，对家庭是否城乡迁移进行识别，如样本期内某家庭的居住地由农村变为城镇，户口依旧为农业户口，则表明该家庭进行了城乡迁移。研究将样本期内家庭居住地变动为城镇，且户口由农业户口变为非农户口，定义为家庭实现城镇化，这部分家庭包含进行了就地城镇化的家庭以及迁入城镇并落户的家庭。主要变量及各变量的定义见表 11.1。

表 11.1　各变量的定义

变量名	定义
居民消费平等程度	微观层面使用家庭居民消费的 Kakwani 指数，宏观层面使用各省居民消费的基尼系数
家庭是否进行城乡迁移或实现城镇化（*fam*）	家庭是否进行城乡迁移根据样本期内家庭居住地与户口所在地是否出现不同进行识别；样本期内家庭居住地变动为城镇，且户口由农业户口变为非农户口，定义为家庭实现城镇化
时间变量（*year*）	新型城镇化政策实施时期的虚拟变量，2014 年之后为 1，2014 年之前为 0
家庭是否受到新型城镇化政策影响（*fam * year*）	家庭是否进行城乡迁移或实现城镇化与时间变量的交互项表示家庭是否受到新型城镇化政策影响
户主年龄	财务回答人的年龄
户主性别	财务回答人的性别，若为男取 1，为女则取 0
户主民族	财务回答人的性别，若为汉族取 1，其他民族则取 0
户主主观幸福感	财务回答人有多幸福，0 分为最低分，10 分为最高分
户主最长教育年限	财务回答人接受教育的最长时间
家庭规模	家庭人口数量
人均 GDP	各省 GDP 与省份人口之比
政府财政支出占比	各省政府财政支出占 GDP 比重

续表

变量名	定义
产业结构	各省第三产业增加值与第二产业增加值之比
人口老龄化	各省 65 岁及以上老年人口占总人口比重
居民收入平等程度	各省居民收入的基尼系数的相反数，该指标越大说明居民收入平等程度越高
基础社会保障服务	各省参加基本养老保险人数占总人数比重、各省参加基本医疗保险人数占总人数比重
城乡经济一体化水平	ln（以 2009 年为基期的各省农村居民消费价格指数/以 2009 年为基期的各省城市居民消费价格指数）的绝对值

3. 控制变量

研究结合家庭微观数据，选取家庭特征变量以及户主特征变量作为控制变量，包括家庭规模、户主最长教育年限、户主年龄、户主的性别、户主民族、户主主观幸福感。基于现有文献对影响消费平等程度因素的研究，研究作用渠道时，进一步控制了变量人均 GDP，使用各省人均 GDP 这一指标对收入进行衡量。财政支出占比，使用各省财政支出占 GDP 比重衡量这一指标。财政支出占比反映了地方政府对经济的干预程度，会对居民消费造成影响（陈斌开，林毅夫，2013；雷潇雨，龚六堂，2014）。产业结构，使用各省第三产业增加值与第二产业增加值之比衡量该指标。产业结构的改善有利于优化劳动力等资源的配置，影响商品价格以及劳动力报酬，从而对居民消费产生影响（徐敏，姜勇，2015）。人口老龄化，老龄化通过影响劳动参与率与人力资本质量，进而对居民消费支出产生影响（石明明，等，2019）。根据联合国关于老龄化的划分标准，使用 65 岁及以上老年人口占总人口比重表示人口老龄化指标。各变量的描述性统计见表 11.2。

表 11.2　各变量的描述性统计

变量名	观测值	平均值	标准差	最小值	最大值
家庭居民消费平等程度	52 055	0.376 5	0.296 7	−7.123 4	0.921 4
各省居民消费平等程度	52 055	0.446 9	0.035 7	0.155 4	0.579 7
家庭是否进行城乡迁移或实现城镇化	52 055	0.517 0	0.499 7	0	1

续表

变量名	观测值	平均值	标准差	最小值	最大值
户主年龄	52 055	50.987 7	13.781 7	11	97
户主性别	52 055	0.533 9	0.498 9	0	1
户主民族	51 287	0.595 726	0.490 756	0	1
户主主观幸福感	51 174	4.147 497	3.199 02	0	10
户主最长教育年限	51 204	6.809 9	4.420 4	0	22
家庭规模	52 055	3.762 1	1.805 1	1	21
居民收入平等程度	52 055	−0.482 9	0.041 1	−0.618 5	−0.161 0
城乡经济一体化水平	46 972	0.028 1	0.053 5	0.000 1	0.271 6
基本养老保险人数占比	52 055	0.480 8	0.273 1	0.160 3	1.089 2
基本医疗保险人数占比	52 055	0.181 2	0.109 2	0.047 5	0.608 7
人均 GDP	52 055	4.471 4	2.278 4	1.030 2	12.897 4
政府财政支出占比	52 055	0.227 3	0.103 5	0.054 6	0.971 7
人口老龄化	52 055	0.100 8	0.019 0	0.065 6	0.142 8
产业结构	52 055	0.990 5	0.402 6	0.517 8	4.249 9
市场化程度	52 055	6.663 6	1.766 7	2.78	11.11

（二）基准回归Ⅰ

本研究采用双重差分法（DID）研究新型城镇化政策对家庭消费平等程度的影响，DID 模型设置如下：

$$Kavwani_{it} = \varphi + \tau fam_{it} \times year_t + \eta fam_i + \theta year_t + \vartheta X_{it} + \mu_t$$

其中时间变量（$year_t$）为新型城镇化政策实施时期的虚拟变量，2014 年之前为 0，2014 年之后为 1。fam_{it} 表示省份 j 的家庭 i 是否进行城乡迁移或就地城镇化，完成城乡迁移或就地城镇化的家庭为实验组（$fam_{it}=1$），反之为控制组（$fam_{it}=0$）。X_{it} 为控制变量集，μ_t 为年份固定效应，δ_i 为家庭固定效应，ξ_{it} 为误差项。对于实验组家庭（$fam_{it}=1$），新型城镇化政策前后的家庭消费平等程度的变化幅度可以表示为 $\Delta_1 = \tau + \theta$，这一差异不仅包含了政策的影响，还包含了时间趋势的差异。对于控制组家庭（$fam_{it}=0$），新型城镇化政策前后的家庭消费平等程度的变化幅度是 $\Delta_2 = \theta$，这一差异是不包含政策影响的时间趋势差异。因此新型城镇化政策对家庭消费平等程度的净影响效应为 $\Delta_3 = \tau + \theta - \theta = \tau$。本部分重

点关注的系数是 θ，它衡量了新型城镇化政策实施前后实验组与控制组的城乡消费平等程度的平均差异。如果新型城镇化对城乡消费平等程度有正向影响，则系数 θ 应该为负；如果系数 θ 为正，则说明新型城镇化不利于城乡消费平等程度的提高；如果系数 θ 为 0，则说明新型城镇化政策效果不明显。

同时控制了家庭与年份的固定效应，并采用以家庭聚类的稳健标准误，估计结果如表 11.3 所示，其中列（1）为交互项（$fam * year$）与家庭居民消费平等程度（$Kakwani$）的单独回归结果，列（2）加入了家庭变量：家庭规模，列（3）加入了户主个人变量：户主最长教育年限、户主年龄、户主民族、户主性别，列（4）加入了其他户主特征变量：户主的主观幸福感。回归结果显示列（1）～列（4）的主要解释变量 $fam * year$ 系数依旧显著为负，且系数大小基本稳定。列（4）的结果说明，相较于没有受到新型城镇化政策影响的家庭，2014 年以后进行城乡迁移或就地城镇化的家庭居民消费平等程度更高，新型城镇化政策能显著提高家庭居民消费平等程度。一方面，新型城镇化政策旨在推动农业转移人口市民化，加快户籍制度改革，并且优化城镇产业结构、公共服务水平以及空间结构等，提升城乡迁移居民在就业、子女教育、社会保障、基本医疗卫生、住房等方面的基本生活保障，促进居民减少自身的预防性储蓄用于更高需求层次的消费，从而提高居民消费平等程度；另一方面，新型城镇化政策推动农业发展水平与社会主义现代化农村的建设，促进农民收入提高，有助于农民消费潜力的释放，从而提升家庭居民消费平等程度。

表 11.3　新型城镇化政策对消费平等程度影响的双重差分检验

因变量：家庭居民消费平等	(1)	(2)	(3)	(4)
$fam * year$	−0.035 5*** (−7.40)	−0.041 2*** (−8.80)	−0.037 8*** (−8.07)	−0.037 3*** (−7.94)
家庭规模		−0.037 7*** (−25.72)	−0.040 5*** (−27.90)	−0.040 6*** (−27.87)
户主最长教育年限			−0.003 2*** (−6.72)	−0.003 2*** (−6.69)
户主年龄			0.003 1*** (15.25)	0.003 1*** (15.12)

续表

因变量： 家庭居民消费平等	(1)	(2)	(3)	(4)
户主民族			0.006 8 (0.87)	0.007 4 (0.94)
户主性别			−0.012 4*** (−3.66)	−0.012 7*** (−3.72)
户主主观幸福感				−0.002 2*** (−2.76)
截距项	0.529 4*** (247.82)	0.676 3*** (112.91)	0.564 3*** (46.99)	0.573 1*** (46.85)
聚类	家庭	家庭	家庭	家庭
家庭固定效应	控制	控制	控制	控制
年份固定效应	控制	控制	控制	控制
观测值	52 055	52 055	51 204	51 119
R^2	0.651	0.664	0.673	0.673
调整 R^2	0.520	0.537	0.548	0.548

注：*、** 和 *** 分别表示在 10%、5% 和 1% 的显著性水平上显著，括号内为 t 值。回归系数的 t 值根据家庭层面聚类标准差进行调整得到。

资料来源：根据 CFPS 数据整理计算得到。

　　双重差分估计有效性的前提是实验组与控制组在处理之前满足平行趋势假设。因此本研究需验证新型城镇化政策实施前后，控制组和实验组的消费平等程度影响是否存在差异。本研究使用事件分析法对双重差分模型的有效性进行检验。首先本研究参考赫林和庞塞特（Hering and Poncet，2014）的检验方法考察年度效应。

$$Kakwani_{it} = \alpha_0 + \sum_{t=-4 \neq -2}^{t=4} \alpha_t fam_{it} \times year_t + \alpha_2 X_{it}$$

　　其中构造的新型城镇化政策实施的前 t 年的虚拟变量 $year_{-t}$ 以及后 t 年 $year_t$，如 $t = -2$ 表示新型城镇化政策实施的前 2 年。将虚拟变量 fam_{it} 与每个时期的时间虚拟变量做交乘项，研究实验组与控制组之间在每一期的家庭居民消费平等程度差异。由于数据年份非连续，且相隔两年，因此 α_{-4} 到 α_{-2} 为新型城镇化政策实施之前的效果，α_2 到 α_4 为新型城镇化政策实施之后的效果，设定政策实施前 1 期，$t = -2$ 年为平行趋势假设检验的基准年。重点关注 $fam_{it} \times year_t$ 的系数 α_t，若与基准年相比，政策之前的年份（$t<0$ 时），α_t 不显著且异于 0，则表明新型城镇化政策实施之前，实验组与控制组的城乡消费平等程度无明显差异，上文的回归满足平行趋势假设。

回归结果如表 11.4 所示，列（1）中设置新型城镇化政策之前的时期变量为 $beforeyear$，政策之后的时期变量为 $afteryear$，并与 fam 形成交互项，列（2）中使用政策之后 t 年的时期变量 $year(t)$ 与 fam 形成交互项。从回归结果可以看出，列（1）和列（2）新型城镇化政策之前 $fam *$ $beforeyear$ 的系数均不显著且异于 0，这一结果说明新型城镇化政策实施之前，实验组与控制组的家庭居民消费平等程度无明显分布差异。新型城镇化政策实施之后 $fam * afteryear$ 显著为负，且与政策实施之前的系数相比有显著变化，表明新型城镇化政策实施之后，与控制组相比，实验组的家庭居民消费平等程度有所提高，$fam * year(t)$ 的系数均显著为负，意味着政策实施之后第 2 年、第 4 年相较于同期的控制组，实验组的家庭居民消费平等程度均有显著提升。$fam * year(t)$ 的系数第 2 年、第 4 年比政策实施当年的系数的绝对值更大，表明新型城镇化政策实施之后对家庭居民消费平等程度的政策作用效果具有持续性，证明了实验组和控制组的设置满足平行趋势假设。

表 11.4　双重差分的平行趋势检验

因变量：家庭居民消费平等	（1）	（2）
$fam * beforeyear$	0.007 3 (1.19)	0.007 3 (1.18)
$fam * afteryear$	−0.036 3*** (−7.62)	
$fam * year$（0）		−0.026 0*** (−4.52)
$fam * year$（2）		−0.048 8*** (−7.59)
$fam * year$（4）		−0.034 2*** (−5.15)
家庭规模	−0.040 5*** (−27.85)	−0.040 6*** (−27.87)

续表

因变量：家庭居民消费平等	（1）	（2）
户主最长教育年限	−0.003 2*** （−6.71）	−0.003 2*** （−6.73）
户主年龄	0.003 1*** （15.12）	0.003 1*** （15.12）
户主民族	0.007 4 （0.95）	0.007 3 （0.93）
户主主观幸福感	−0.002 2*** （−2.76）	−0.002 4*** （−2.96）
户主性别	−0.012 7*** （−3.73）	−0.012 7*** （−3.73）
截距项	0.571 5*** （46.34）	0.572 2*** （46.42）
聚类	家庭	家庭
家庭固定效应	控制	控制
年份固定效应	控制	控制
观测值	51 119	51 119
R^2	0.673	0.673
调整 R^2	0.548	0.548

注：*、** 和 *** 分别表示在 10%、5% 和 1% 的显著性水平上显著，括号内为 t 值。回归系数的 t 值根据家庭层面聚类标准差进行调整得到。

资料来源：根据 CFPS 数据整理计算得到。

（三）基准回归Ⅱ

由于家庭之间存在异质性，使用未经匹配的样本进行双重差分法（DID）估计得到的结果可能有偏，因此本部分继续使用倾向值得分匹配方法，从未进行处理的家庭中筛选出各方面与进行处理的家庭相似的样本进行匹配，以此改善样本选择性偏误的问题。为了控制住不可观测因素以及遗漏变量的影响，在倾向值得分匹配的基础上使用双重差分法进行估计。

控制家庭与年份固定效应，表 11.5 中列（1）～列（4）报告了采用配对比例为 1∶4 的马氏匹配得到的新型城镇化政策对家庭居民消费平等程度影响的结果。回归结果显示，$fam * year$ 系数均在 1% 的置信区间显著为负，意味着新型城镇化政策提升了家庭居民消费平等程度。家庭规模对家庭居民消费平等程度的影响显著为负，即家庭人数越多，其消费平等程度越高，原因在于家庭规模大，其收入越多且来源更为广泛，抵御风险的能力较高，有助于缩小与其他家庭之间的消费差距；户主最长教育年限对家庭居民消费平等程度的影响显著为负，说明户主的受教育程度越高，能促进其家庭的消费平等程度提升。户主主观幸福感对家庭居民消费平等程度的影响显著为负，表明户主自身幸福感程度高的家庭，其家庭居民消费平等程度是更高的。户主的民族是否为汉族、户主是否为男性对家庭居民消费平等程度的影响不显著，说明民族与性别并不起到影响作用。

表 11.5　新型城镇化政策对消费平等程度影响的 PSM-DID 检验

因变量：家庭居民消费平等	(1)	(2)	(3)	(4)
*fam * year*	−0.035 6*** (−7.42)	−0.041 2*** (−8.79)	−0.037 8*** (−8.06)	−0.037 2*** (−7.93)
家庭规模		−0.037 8*** (−25.92)	−0.040 7*** (−28.31)	−0.040 8*** (−28.28)
户主最长教育年限			−0.003 2*** (−6.71)	−0.003 1*** (−6.67)
户主年龄			0.003 2*** (15.33)	0.003 1*** (15.20)
户主民族			0.006 9 (0.89)	0.007 5 (0.96)
户主性别			−0.012 3*** (−3.62)	−0.012 5*** (−3.68)
户主主观幸福感				−0.002 2*** (−2.77)
截距项	0.529 4*** (247.73)	0.676 8*** (113.59)	0.564 3*** (46.98)	0.573 1*** (46.84)
聚类	家庭	家庭	家庭	家庭
家庭固定效应	控制	控制	控制	控制
年份固定效应	控制	控制	控制	控制
观测值	52 023	52 023	51 172	51 087
R^2	0.651	0.664	0.673	0.673
调整 R^2	0.520	0.537	0.548	0.548

注：*、** 和 *** 分别表示在 10%、5% 和 1% 的显著性水平上显著，括号内为 t 值。回归系数的 t 值根据家庭层面聚类标准差进行调整得到。

资料来源：根据 CFPS 数据整理计算得到。

为了证实匹配结果的可靠性，研究进行了基于配对比例为1∶4的马氏匹配的平衡性检验。平衡性检验结果显示（见表11.6），匹配之后所有协变量的标准化偏差均小于5%，说明匹配效果较好，且所有协变量的t检验结果都不拒绝实验组与控制组之间不存在显著差异的原假设，表明本研究使用了合理的匹配方法和匹配原则，匹配满足了平衡性检验。

表11.6　匹配的平衡性检验

协变量		均值		实验组与控制组差异（%）	t检验	
		实验组	控制组		t	p值
家庭规模	匹配前	3.597 9	3.936	−18.8	−21.26	0.000
	匹配后	3.597 9	3.584 2	0.8	0.96	0.338
户主最长教育年限	匹配前	7.722 2	5.833 7	43.8	49.41	0.000
	匹配后	7.722 2	7.626 5	2.2	2.54	0.011
户主年龄	匹配前	51.216	50.905	2.3	2.56	0.010
	匹配后	51.216	51.094	0.9	1.05	0.296
户主民族	匹配前	0.581 25	0.613 14	−6.5	−7.35	0.000
	匹配后	0.581 25	0.582 2	−0.2	−0.22	0.824
户主性别	匹配前	4.317 4	4.209 1	3.4	3.83	0.000
	匹配后	4.317 4	4.304	0.4	0.48	0.631
户主主观幸福感	匹配前	0.496 1	0.574 14	−15.7	−17.73	0.000
	匹配后	0.496 1	0.496 76	−0.1	−0.15	0.879

（四）稳健性检验

1. 改变匹配方法

为了检验不同的匹配方法是否会影响结论，本部分使用配对比例为1∶4的临近匹配、卡尺范围为0.01的卡尺比例以及核匹配对上述结果进行进一步检验。如表11.7中列（1）～列（3）所示，结果显示匹配方法的改变并没有影响上文的研究结论，且系数均显著为负，新型城镇化政策能够显著提升家庭居民消费平等程度。说明本研究的基准结论不受匹配方法的干扰，具有稳健性。

表 11.7　基准结果的稳健性检验

因变量：家庭居民消费平等	(1)临近匹配	(2)卡尺匹配	(3)核匹配	(4)两期倍差法	(5)控制省份固定效应	(6)改变标准误的计算方法
$fam*year$	−0.037 2*** (−7.93)	−0.037 2*** (−7.93)	−0.037 2*** (−7.93)	−0.037 3*** (−7.94)	−0.037 7*** (−9.47)	−0.037 3*** (−9.42)
家庭规模	−0.040 8*** (−28.28)	−0.040 8*** (−28.27)	−0.040 8*** (−28.28)	−0.040 6*** (−27.87)	−0.041 6*** (−33.66)	−0.040 6*** (−33.40)
户主最长教育年限	−0.003 1*** (−6.67)	−0.003 1*** (−6.68)	−0.003 1*** (−6.67)	−0.003 2*** (−6.69)	−0.003 1*** (−7.82)	−0.003 2*** (−7.02)
户主年龄	0.003 1*** (15.20)	0.003 1*** (15.21)	0.003 1*** (15.20)	0.003 1*** (15.12)	0.003 0*** (17.00)	0.003 1*** (18.10)
户主民族	0.007 5 (0.96)	0.007 6 (0.96)	0.007 5 (0.96)	0.007 4 (0.94)	0.007 9 (1.19)	0.007 4 (1.16)
户主主观幸福感	−0.012 5*** (−3.68)	−0.002 2*** (−2.75)	−0.002 2*** (−2.77)	−0.002 2*** (−2.76)	−0.002 3*** (−3.29)	−0.012 7*** (−4.00)
户主性别	−0.002 2*** (−2.77)	−0.012 5*** (−3.68)	−0.012 5*** (−3.68)	−0.012 7*** (−3.72)	−0.012 2*** (−4.22)	−0.002 2*** (−3.16)
截距项	0.573 1*** (46.84)	0.573 0*** (46.83)	0.573 1*** (46.84)	0.573 1*** (46.85)	0.425 5*** (36.66)	0.573 1*** (55.25)
聚类	家庭	家庭	家庭	家庭	家庭	家庭
家庭固定效应	控制	控制	控制	控制	控制	控制
年份固定效应	控制	控制	控制	控制	控制	控制
省份固定效应	不控制	不控制	不控制	不控制	控制	不控制
观测值	51 087	51 084	51 087	51 119	49 514	51 119
R^2	0.673	0.673	0.673	0.673	0.664	0.673
调整 R^2	0.548	0.548	0.548	0.548	0.549	0.548

　　注：*、**和***分别表示在10%、5%和1%的显著性水平上显著，括号内为t值。回归系数的t值根据家庭层面聚类标准差进行调整得到。

　　资料来源：根据CFPS数据整理计算得到。

2. 两期倍差法

伯特兰（Bertrand et al.，2004）认为多期双重差分存在序列相关的可能，从而影响 $fam * year$ 系数的显著程度，因此本研究以新型城镇化政策实施年份 2014 年为界限将样本划分为 2010—2014 年和 2016—2018 年两阶段，采用两期双重差分进行稳健性检验，结果如表 11.7 列（4）所示，可以看到 $fam * year$ 系数依旧显著为负，结果稳健。

3. 控制省份、家庭、年份固定效应

尽管双重差分法通过加入控制组进行对照，并且本研究在基准回归中控制了家庭固定效应和年份固定效应，极大程度上减少了遗漏变量问题，但仍存在某些难以观测的因素没有得到控制，影响结果的稳健性和可靠性，如不同省份政府政策的实施力度等也会影响城乡消费平等程度的变化。对此，本研究在表 11.7 列（5）中进一步控制了省级 * 年份固定效应，$fam * year$ 系数显著为负，结果依旧稳健。

4. 改变标准误的计算方法

本部分借鉴霍克曼等（Heckman et al.，1997）的自助（bootstrap）法重复运行 200 次计算标准误，结果显示列（6）中 $fam * year$ 系数依旧显著为负，且系数大小稳定，说明新型城镇化政策对家庭居民消费平等程度有显著提升作用，结果稳健。

三、新型城镇化政策促进消费平等的作用渠道

扎实推进居民消费平等，推动共同富裕的实现，不仅要求促进居民收入平等，解决城乡二元结构带来的城乡分割问题，缩小城乡差距，同时还需健全的社会保障体系，让人民群众在物质和精神层面实实在在共享改革发展成果，增强人民群众的获得感、幸福感、安全感。上文估计结果表明新型城镇化政策有效推动了居民消费平等程度的提高，下文对其政策作用效果是否通过相关作用渠道实现进行了初步的检验，可能的作用渠道有很多，这里的研究没有尽述。

（一）收入平等渠道检验

收入平等是影响消费平等的重要原因（邹红，等，2013a；杨继东，2013；陈志刚，吕冰洋，2016；李国正，艾小青，2017）。收入平等程度

较低的地区可能存在：（1）该地区受到户籍制度等影响较为严重，出现进城务工人员的报酬没有保障等情况（吴晓刚，张卓妮，2014），低收入者的消费缺乏有力支撑；（2）收入再分配程度更大（Acemoglu and Robinson，2008；Krugman，2012），低收入居民幸福感较低（鲁元平，王韬，2011；阳义南，章上峰，2016），进一步降低了低收入者的消费意愿和消费信心（Todaro，1997）。研究作用渠道部分更多考虑了宏观变量，因此模型使用宏观数据计算的基尼系数进行分析。为检验收入平等机制在新型城镇化政策对居民消费平等程度影响中的作用，构建如下模型：

$$cGini_{it} = \beta_0 + \beta_1 urban_{it} \times iGini_{it} + \beta_2 iGini_{it} + \beta_3 urban_{it}\beta_4 X_{it} + \mu_t + \delta_i + \gamma_{it}$$

　　其中 $cGini_{it}$ 表示居民消费平等程度，研究构建了各省居民消费的基尼系数用以在宏观层面检验作用渠道，$cGini_{it}$ 越小表明居民消费平等程度越高。$iGini_{it}$ 表示收入平等程度，为了使结果更加明了，$iGini_{it}$ 取各省居民收入的基尼系数的相反数，那么 $iGini_{it}$ 越大则表明居民收入平等程度越高。$urban_{it}$ 表示家庭是否受到新型城镇化政策影响，即是否 2014 年之后进行城乡迁移或实现城镇化。$urban_{it} \times iGini_{it}$ 的系数 β_1 表示新型城镇化政策对居民消费平等程度的作用受到居民收入平等的影响效应。X_{it} 为控制变量。γ_{it} 为随机扰动项。回归结果如表 11.8 所示。

表 11.8　收入平等对新型城镇化政策与居民消费平等程度关系的影响

因变量：消费平等程度	(1)	(2)	(3)	(4)	(5)
*fam * year*	−0.140 3*** (−25.51)	−0.140 0*** (−25.59)	−0.137 1*** (−26.73)	−0.141 9*** (−27.93)	−0.138 6*** (−27.42)
收入平等程度	−0.046 3*** (−5.46)	−0.045 0*** (−5.23)	−0.046 3*** (−5.43)	−0.065 5*** (−7.54)	−0.064 3*** (−7.35)
*fam * year* * 收入平等程度	−0.270 5*** (−23.74)	−0.270 9*** (−23.70)	−0.265 2*** (−24.65)	−0.275 6*** (−25.88)	−0.268 6*** (−25.35)
人均 GDP		−0.001 4*** (−4.03)	−0.001 6*** (−4.36)	−0.001 1*** (−2.96)	−0.001 5*** (−3.56)
产业结构			−0.003 4*** (−2.67)	0.002 2* (1.70)	0.001 8 (1.37)

续表

因变量：消费平等程度	(1)	(2)	(3)	(4)	(5)
财政支出占比				−0.329 9*** (−23.23)	−0.331 9*** (−23.65)
人口老龄化					0.006 5*** (5.46)
截距项	0.382 6*** (79.12)	0.394 5*** (63.44)	0.401 6*** (54.67)	0.418 6*** (58.39)	0.421 4*** (57.09)
聚类	家庭	家庭	家庭	家庭	家庭
家庭固定效应	控制	控制	控制	控制	控制
省份固定效应	控制	控制	控制	控制	控制
年份固定效应	控制	控制	控制	控制	控制
观测值	52 020	52 020	52 020	52 020	52 020
R^2	0.519	0.520	0.520	0.525	0.525
调整的 R^2	0.519	0.519	0.519	0.524	0.525

注：*、** 和 *** 分别表示在 10%、5% 和 1% 的显著性水平上显著，括号内为 t 值。回归系数的 t 值根据家庭层面聚类标准差进行调整得到。

资料来源：根据 CFPS 数据整理计算得到。

列（1）～列（5）依次加入省级层面的控制变量，回归采用家庭聚类的稳键标准误，并控制了家庭、省份与年份固定效应。新型城镇化对居民消费平等程度的影响为 $\beta_1 iGini_{it} + \beta_3$，回归结果显示 $fam*year$ 系数 β_3 显著为负，且 $fam*year$ 与收入平等程度的交互项系数 β_1 显著为负，表明 $iGini_{it}$ 的增加会使得 $\beta_1 iGini_{it} + \beta_3$ 减小，即收入平等程度的提高对新型城镇化政策提高消费平等具有正向推动作用。具体而言，在收入平等程度较高的地区，新型城镇化政策对居民消费平等程度的促进作用较强；反之在收入平等程度较低的地区，新型城镇化政策对居民消费平等程度的提升影响被削弱。在收入较为平等的地区，被新型城镇化政策吸引进入城镇的农民工以及新加入城镇户籍的新城镇居民，由于收入与城镇居民差距较小，更容易融入城镇生活、适应城镇的消费环境，从而提高自身消费水平，满足品质化、多样化的消费需求，进一步缩小消费差距。并且新型城镇化政策带动农村现代化建设，向农村引进品类更加丰富、品质更高的消费品，在收入较为平等的地区，农民有一定的收入支撑新的消费需求，不断激发潜在消费能力，进而提升居民消费平等程度。因此，收入平等水平的提高帮助新型城镇化政策更好地提升居民消费的平等程度。

(二) 社会保障的作用渠道

为检验基础社会保障服务在新型城镇化政策对居民消费平等程度影响中的作用，研究构建如下模型：

$$cGini_{it} = \phi_0 + \phi_1 urban_{it} \times service_{it} + \phi_2 service_{it} + \phi_3 urban_{it} + \phi_4 X_{it} + \mu_t + \delta_i + \upsilon_{it}$$

其中 $service_{it}$ 表示 t 年家庭 i 所在省份的基础社会保障服务水平，该部分主要关注的是 $urban_{it} \times service_{it}$ 的系数 ϕ_1，ϕ_1 衡量新型城镇化政策对消费平等程度的作用受到基础社会保障服务水平的影响效应。X_{it} 为省份层面的控制变量。δ_{it} 为随机扰动项。

基础社会保障服务能够缓解居民对未来的不确定性，进而降低预防性储蓄，增加当期消费 (Hubbard et al., 1995; 邹红，等，2013b)。社会保险是社会保障中最重要的部分，居民养老保险和医疗保险在社会保险中占比较大。其中养老保险金财富在一定程度上发挥对家庭储蓄的替代作用，促使参保家庭增加消费支出 (何立新，2008; 岳爱，等，2013); 医疗保险能缩小家庭未来的风险敞口，有效分担家庭未来的医疗负担，释放预防性储蓄 (周钦，等，2015)，对消费的促进作用显著 (白重恩，等，2012; 臧文斌，等，2012; 邹红，等，2013b)。基础社会保障服务水平高的地区，居民生活成本较低，在更强的个人抵御风险能力下，优质的消费环境和多样化的消费选择对消费起到了正向的促进作用。基础社会保障服务水平在新型城镇化政策对居民消费平等程度影响中会起到什么作用，是本部分的研究重点。基于此，本研究选取参加基本养老保险人数占总人数比重和参加基本医疗保险人数占总人数比重这两个指标，对基础社会保障服务水平这一渠道进行检验，结果如表 11.9 所示。

表 11.9 社会保障作用渠道对新型城镇化政策与居民消费平等程度关系的影响

因变量: 居民消费平等程度	(1)	(2)	(3)	(4)
*fam * year*	−0.008 0*** (−10.04)	−0.007 0*** (−8.71)	−0.008 1*** (−8.10)	−0.009 8*** (−9.45)
基本医疗保险参保人数占比	−0.007 8*** (−9.36)	−0.007 1*** (−7.21)		

续表

因变量： 居民消费平等程度	(1)	(2)	(3)	(4)
fam*year*基本医疗保险 参保人数占比	−0.006 1*** (−6.33)	−0.005 7*** (−5.96)		
基本养老保险参保人数占比			0.196 3*** (39.63)	0.231 2*** (27.23)
fam*year*基本养老保险 参保人数占比			−0.024 5*** (−7.12)	−0.012 1*** (−3.27)
人均 GDP		−0.002 5*** (−5.38)		−0.005 7*** (−12.60)
产业结构		−0.008 2*** (−5.93)		−0.011 5*** (−8.10)
人口老龄化		−0.239 5*** (−17.71)		0.137 3*** (6.83)
财政支出占比		0.016 5*** (10.79)		0.018 4*** (17.12)
截距项	0.402 9*** (129.89)	0.461 1*** (79.69)	0.331 3*** (94.73)	0.362 3*** (48.75)
聚类	家庭	家庭	家庭	家庭
家庭固定效应	控制	控制	控制	控制
省份固定效应	控制	控制	控制	控制
年份固定效应	控制	控制	控制	控制
观测值	52 020	52 020	52 020	52 020
R^2	0.500	0.506	0.509	0.515
调整 R^2	0.499	0.505	0.509	0.515

注：*、** 和 *** 分别表示在 10%、5% 和 1% 的显著性水平上显著，括号内为 t 值。回归系数的 t 值根据家庭层面聚类标准差进行调整得到。

资料来源：根据 CFPS 数据整理计算得到。

表 11.9 报告了基础社会保障服务对新型城镇化政策与居民消费平等程度关系的影响。依旧采用家庭聚类的稳健标准误，并控制家庭、省份与年份固定效应。列（1）～列（2）报告了基本医疗保险参保人数占比对新型城镇化政策与居民消费平等程度关系的影响，列（3）～列（4）报告了基本养老保险参保人数占比对新型城镇化政策与居民消费平等程度关系的影响。fam*year 与基本医疗保险参保人数占比以及基本养老保险参保人数占比的交互项均显著为负，表明基本医疗保险参保人数占比与基本养老

保险参保人数占比的增加都会对新型城镇化政策促进居民消费平等程度提高具有正向推动作用。具体而言，基础社会保障服务水平高的地区，其在医疗、社保、教育、住房等社会保障服务方面的基础设施和制度都较为完善，农民更容易被新型城镇化吸引进入城镇，并在就业、子女教育、住房等方面得到更加公平的对待，较高的基础社会保障服务水平降低了迁入城镇或在城镇落户的新城镇居民支出的不确定性，推动居民减少抵御风险的储蓄用于生活质量的提高，从而增加消费，提高居民消费平等程度。因此，基础社会保障服务水平的提高帮助新型城镇化政策更好地提升居民消费的平等程度。

四、新型城镇化政策促进消费平等的区域性差异

(一) 南方和北方差异研究

本研究将样本分为南方和北方，进行了南北差异研究，结果如表 11.10 所示。南北地区的 $fam * year$ 的系数均显著为负，说明新型城镇化政策在南北两地均起到了正向提升城乡消费平等的作用，其中南方的 $fam * year$ 的系数为 $-0.042\,6$，北方的 $fam * year$ 的系数为 $-0.026\,4$，表明在南方新型城镇化政策对居民消费平等程度的作用更有效。南北方在社会保障方面存在差距。其中北方地区的养老保险覆盖率在样本期间低于南方，且北方各个省份的养老保险覆盖率存在两极分化的现象 (许宪春，等，2021)。南北方之间存在收入差距，样本期间南方地区人均可支配收入均高于北方地区，且差距持续扩大。南方在城乡一体化发展上优于北方，例如浙江省积极推动城乡一体化发展，已形成城乡共创共享的体制机制，并作为示范区为共同富裕探路。南方拥有在社会保障、收入以及城乡一体化发展方面的优势，表现出新型城镇化政策更好发挥正向提高居民消费平等程度的作用。

表 11.10　南方和北方差异研究

因变量： 家庭居民消费平等	(1) 南方	(2) 北方
$fam * year$	$-0.042\,6^{***}$ (-5.57)	$-0.026\,4^{***}$ (-4.43)

续表

因变量： 家庭居民消费平等	(1) 南方	(2) 北方
家庭规模	−0.039 0*** (−18.12)	−0.042 7*** (−21.90)
户主最长教育年限	−0.003 0*** (−3.80)	−0.003 3*** (−5.66)
户主年龄	0.003 2*** (9.52)	0.003 0*** (11.51)
户主民族	0.007 3 (0.74)	−0.000 5 (−0.04)
户主性别	−0.016 8*** (−2.98)	−0.009 6** (−2.27)
户主主观幸福感	−0.002 6* (−1.89)	−0.002 1** (−2.10)
截距项	0.537 5*** (27.68)	0.609 1*** (38.18)
聚类	家庭	家庭
家庭固定效应	控制	控制
年份固定效应	控制	控制
观测值	21 882	29 205
R^2	0.692	0.645
调整 R^2	0.560	0.518

注：*、** 和 *** 分别表示在 10%、5% 和 1% 的显著性水平上显著，括号内为 t 值。回归系数的 t 值根据家庭层面聚类标准差进行调整得到。

资料来源：根据 CFPS 数据整理计算得到。

（二）城市群影响差异研究

近年来，推动城市群发展逐步上升到国家战略层面，新型城镇化对居民消费平等程度的影响是否会在城市群之间具有异质性，本部分选取我国三大城市群——长江三角洲城市群、京津冀城市群、粤港澳大湾区，针对这一问题进行研究。由于 CFPS 数据库只能提供家庭所处的直辖市或省份，因此本部分的长江三角洲城市群包括上海、江苏、浙江、安徽的家庭样本；京津冀城市群包括北京、天津、河北的家庭样本；粤港澳大湾区包括广东的家庭样本。

表 11.11 中列（1）～列（3）中京津冀城市群的 $fam*year$ 回归系数显著为负，而长江三角洲城市群、粤港澳大湾区的 $fam*year$ 回归系数依旧为负但并不显著，表明新型城镇化政策对三大城市群均有正向提高居民消费平等程度的作用趋势，在京津冀城市群能显著发挥提高居民消费平等程度的作用，而在长江三角洲城市群及粤港澳大湾区的政策作用效果不明显。可能的理解是，长江三角洲城市群及粤港澳大湾区城镇化进程处于领先地位，多地实现人口城镇化率趋于 100% 的水平，因此新型城镇化政策在长江三角洲城市群及粤港澳大湾区能够发挥的作用有限。而京津冀城市群人口城镇化的发展水平相对低，因而新型城镇化政策在京津冀城市群有更大的发挥空间。

表 11.11　城市群的影响差异

因变量： 家庭居民消费平等	（1） 长江三角洲城市群	（2） 京津冀城市群	（3） 粤港澳大湾区
$fam*year$	−0.025 9 （−1.32）	−0.045 5** （−2.55）	−0.028 0 （−1.64）
家庭规模	−0.056 4*** （−10.71）	−0.047 2*** （−7.79）	−0.032 4*** （−8.06）
户主最长教育年限	−0.006 0*** （−3.44）	−0.006 9*** （−4.16）	−0.000 9 （−0.60）
户主年龄	0.002 8*** （3.51）	0.002 5*** （3.05）	0.002 5*** （3.88）
户主民族	−0.001 2 （−0.05）	−0.108 4*** （−4.34）	−0.011 5 （−0.45）
户主性别	−0.005 5 （−0.47）	−0.012 1 （−0.89）	−0.028 6** （−2.34）
户主主观幸福感	−0.002 6 （−0.85）	−0.001 8 （−0.63）	−0.000 2 （−0.08）
截距项	0.522 8*** （11.24）	0.656 5*** （13.22）	0.531 9*** （13.96）
聚类	家庭	家庭	家庭

续表

因变量： 家庭居民消费平等	（1） 长江三角洲城市群	（2） 京津冀城市群	（3） 粤港澳大湾区
家庭固定效应	控制	控制	控制
年份固定效应	控制	控制	控制
观测值	6 737	3 379	4 312
R^2	0.684	0.692	0.711
调整 R^2	0.537	0.574	0.572

注：*、** 和 *** 分别表示在10%、5%和1%的显著性水平上显著，括号内为t值。回归系数的t值根据家庭层面聚类标准差进行调整得到。

资料来源：根据CFPS数据整理计算得到。

五、研究结论与启示

共同富裕在中国全面建设社会主义现代化征程中占据非常重要的位置，有利于让全体人民实现生活富裕富足和达到精神自立自强，让人民实实在在共享社会发展成果。消费平等问题与人民日益增长的美好生活需要息息相关，亟待研究的关注。《国家新型城镇化规划（2014—2020年）》提出的以人为核心的"新型城镇化"政策主要解决城乡差距问题，能否有效提升消费平等，推动共同富裕的实现呢？对该问题的研究十分迫切且具有重要的现实和理论意义。因此本研究基于2009—2017年CFPS数据，采用双重差分法（DID）与双重交换法（CIC）客观评价政策的实施效果和不同分位数处的影响。研究发现：新型城镇化对消费平等程度有正向促进作用。从"收入平等""基础社会保障"渠道探讨新型城镇化对消费平等程度的影响，收入平等程度越高、基础社会保障程度越高的地区新型城镇化政策对消费平等程度的正向促进作用越大。研究为新型城镇化建设促进消费平等这一理论提供了经验证据。根据已有实证分析结果，为了更好地提高城乡消费平等，增强国内需求质量，提高社会家庭福利水平，为共同富裕夯实根基，本研究具有如下部分启示。

继续毫不动摇地推动新型城镇化政策的实施，推动城乡消费平等程度的提升，推动共同富裕的逐步实现。研究表明新型城镇化政策能有效推动城乡消费的平等程度的提高，说明新型城镇化可以有效健全落户制度，破除城乡二元结构等体制机制障碍，推动实现"人的城镇化"，从而满足更高需求层次的消费需求，缩小城乡消费差距；也表明新型城镇化能有效减少农业从业人员的数量，提升农民人均农业收入，推动消费需求的增加，提升城乡消费平等程度。这不仅需要政府积极推动户籍制度、土地制度等改革，本研究也发现市场化程度较高的地区，新型城镇化政策能很好地起到提高城乡消费平等的作用，因此还需要加快市场化对资源的高效配置，合理规划城乡发展结构，加快新型城镇化的步伐。

改善城乡迁移群体以及农村群体的收入水平，缩小收入差距。研究结果表明，收入平等程度的提高有利于促进新型城镇化改善城乡消费平等。因此新型城镇化政策的实施效果受到收入平等程度的制约，收入平等程度的改善将有助于提升新型城镇化政策的实施效果。政策的着力点应更多地体现在农民收入水平的提升，以此缩小城乡收入差距。首先，优化就业环境，推动产业发展带动就业机会的增加，并且加大人力资源投入力度，对劳动者进行技能培训，提升劳动者素质，从而有效改善农民工收入。其次，将新的生产工艺、服务模式及农产品的保鲜、包装、冷链和物流等引入现代农业，并拓宽或延长农业产业链，包括与二、三产业进行融合，不断培养出新的农业模式，实现农民增收。再次，为农民提供更加完善的信贷、保险等优惠政策，降低收入与支出的成本与风险。不断优化收入分配格局，为进一步推动新型城镇化对城乡消费平等的提升提供良好环境。

要进一步实现基本社会保障服务均等化，提高居民抵御风险的能力。研究表明，新型城镇化对城乡消费的平等程度的作用受到基本社会保障服务的影响。基本社会保障服务水平高的地区，更加有助于新型城镇化吸引农民进入城镇享受完善的基本社会保障服务，降低收入与支出的不确定性，从而减少预防性储蓄，推动农民工生活质量和消费水平的提高，达到缩小城乡消费差距的目的。因此政策的着力点应该更多体现在基本社会保障服务的改进上。首先，政府要加快建设强大的社会保障服务体系，如搭建统一的社会保障服务平台，破除影响就业的户籍、地域等制度障碍，稳定提高社会保障服务的保障标准和服务水平。其次，有针对性地为不同人群提供基本社会保障服务，如针对低收入人群的基本生活专项救助，把有限的资源分配给关键领域、重点群体以及薄弱环节，不断提高基本社会保障服务的均等化水平，在一定程度上减少抵御风险的预防性储蓄，推动消费水平的提高，从而缩小城乡地区的消费差异。

完善城乡经济一体化发展，增加要素与商品在城乡间的双向流动。应该更多地关注城乡之间经济循环，破除城乡要素、商品双向流动、平等交换的体制机制障碍。如逐步实现"农超对接"等商业模式，加强城镇与农村在农业科技、农业生产等方面的沟通与融合，推动城乡劳动力在统一的人力资源市场平等就业、同工同酬等，加强城乡经济之间的联系，促进城乡经济一体化的高质量发展，为新型城镇化政策的实施服务。

第十二章　流通创新与消费促进Ⅰ：
数字经济与消费新模式

　　2018 年《中共中央 国务院关于完善促进消费体制机制 进一步激发居民消费潜力的若干意见》指出，要顺应居民消费升级趋势，努力增加高品质产品和服务供给，切实满足基本消费，持续提升传统消费，大力培育新兴消费。消费新模式主要是以线上线下融合形式来促进消费，新模式产生是流通领域供给侧的变革跃升，本质是为了产品更好的市场实现，是为了更好地满足多层次、差异化、异质性的消费需求。商品流通是指以货币为媒介的商品交换过程，是商品交换过程连续进行的整体的统称。马克思指出，"商品世界的流通过程，由于每一个单个商品都要通过 W-G-W 这个流通，表现为在无数不同地点不断结束又不断重新开始的这种运动的无限错综的一团锁链。"① 商品流通组织形态中与消费者直接接触的是零售业，零售业是面对最终消费的行业，已有消费新模式实践也主要表现为线上线下融合的数字化零售创新。消费升级与零售业态创新之间往往是相互推动的，新的消费需求催生业态创新，新业态引领新消费。在新消费驱动下，零售业加速了数字驱动、线上与线下的融合，出现了前置仓＋零售、到家业务＋微距电商等新组织形式，疫情期间这些新消费业态和模式也表现出一定的韧性和活力。本章拟从政治经济学理论和经济循环理论出发，深入理解新消费模式的产生，选取部分数字化零售创新案例，以数字化零售创新为例探讨新消费模式创新的本质，更好地理解新消费增长点的意义所在。

一、马克思有关经济循环的理论基础

　　消费新模式的产生是商品流通领域供给侧的变革跃升，是为了更好地

---

① 马克思，恩格斯 . 马克思恩格斯全集：第 31 卷 . 北京：人民出版社，1998：488.

满足多层次、差异化、异质性的消费需求。理解消费新模式，首先需要结合马克思有关经济循环"生产—交换—消费"的动态过程进行分析和研究。经济循环是指建立在社会分工基础之上的社会再生产过程，是由生产（直接的生产过程）、分配、交换、消费四个环节或称之为四个要素动态组成的统一体。这四个环节相互区别、反映了再生产过程不同阶段上的经济活动，各自担负着不同的社会经济职能，它们在运动中紧密联系、有机结合，互为条件、互相制约，居于支配地位，决定着其他各个环节。

"流通是生产与消费的媒介要素"①，数字驱动的新模式搜集了生产者、消费者的大量交易数据和信息，在技术日臻完善的今天，这些数据和信息的颗粒度可以非常细致，细致到可以了解生产者原料采买、生产进程、产品库存、销售情况等各项数据，可以了解消费者的个人特征、购买频率、购买地点、消费偏好、品牌喜好等各项数据。"交换的中介"组织形态各异，无论是交易平台还是数字化零售企业，数字技术和数字化手段的使用使得"交换的中介"可以在最大程度上及时了解消费信息。大数据分析能力和人工智能技术使得"交换的中介"在协调生产与消费关系时可以更为及时，摆脱时间和空间的约束，在有限时间内可以密集处理上万家生产者和消费者之间的交换信息，高效的商品流通实践不借用数字技术是无法实现的。同时，"交换的中介"密切了生产与消费的动态联系，促进了生产的发展，并不断识别和满足消费者异质性需求。

流通和生产都会受到消费的制约。需看到，交换是为解决社会分工引起的生产与消费之间的矛盾而产生、是由消费需要引起，没有消费依然没有流通，这一关系在数字经济下显得尤为重要。进一步来看，今天大部分商品生产是为了消费需要，生产与消费的关系成为社会再生产诸环节相互关系中最基本的一对关系，它们的相互关系必然会对流通产生制约作用。需要认识到生产和消费的辩证关系，一方面，只有在消费中产品才成为现实的产品，产品只有被消费了才算最后完成，生产活动才能重新开始；另一方面，消费创造出新的生产需要，是生产在观念上的内在动机，是生产的前提，消费的需要决定着生产。在这样的理论前提下，流通才能实现生产和消费的动态联系，才能按照消费的动态需要变化来组织流通。

数字经济流通实践不能脱离上述理论前提而存在，依然需要以密切生产和消费的动态联系为出发点。从已有创新实践来看，消费互联网与产业

---

① 马克思，恩格斯. 马克思恩格斯全集：第49卷. 北京：人民出版社，1982：298.

互联网的融合体现了上述理论观点，阿里新制造平台犀牛正在推进云计算、IOT、人工智能技术连通消费和生产，犀牛平台把淘宝上卖家和众多的小生产制造企业进行数字化协同，以服装这种商品作为切入点更好地匹配了个性化的消费需求与小批量、多批次、精准化生产之间的关系。因此，消费是生产和流通的终点，是生产的最后完成，交换是中间环节，联系着生产和消费。社会主义市场经济中，商品流通形式的交换是社会再生产必不可少的环节，是社会经济得以正常运转的客观要素。随着数字经济的深化发展，保持货畅其流、产品适销对路，保证消费者能够买到合意的商品，始终是国民经济良性循环、社会主义市场经济体系良性发展的关键问题之一。

二、马克思主义生产力与生产关系理论、资本循环理论基础

消费新模式是新技术革命下生产力的变革跃升。新技术革命是以互联网、移动互联网、大数据、云计算、物联网、区块链、人工智能等技术及其基础设施建设为代表，产业自动化、数字化和智能化，消费互联网和网络生态迅速迭起，表现为产业互联互通和消费升级并存的新发展实践。类似于工业革命发展中的机器体系的分工协作和生产过程中机器制造的普遍使用，数字技术首先发端于消费互联，把数量众多的消费者、数量众多的商人或商业企业以及其他相关服务的提供商聚集到平台网络空间中。这些市场主体的聚集和在线市场设计产生了数据洞察、偏好识别、供需匹配等面向市场终端的商品流通形式并满足了商品的市场实现。为更好地适应聚集经济和网络经济下的商品流通推动了互联互通向智联互通的大规模数智化系统解决方案和大规模数字基础设施的建设。

消费新模式是超大规模市场中资本连续性循环的内在要求。资本在它的任何一种形式和任何一个阶段上的再生产都是连续进行的，连续性是社会化大生产的特征，是由社会生产的技术基础决定的，虽然这种连续性并不总是可以无条件地达到。因经济发展阶段不同，资本的量决定了生产规模和消费规模，生产过程的规模又会影响与之并列执行交换职能的商品资本和货币资本的量。数字经济大规模基础设施投资正是在资本连续循环性要求下发生，与超大规模国内消费市场相适应产生的与原有资本形式并列

的数字经济相关资本。其产生的可能原因是，社会深化分工和技术进步基础上产生了更大的资本规模、生产规模和消费规模；随着货币资本相较于传统生产要素的价值出现贬值，社会化分工中市场主体有意愿将持有的货币资本投资到新的资本增殖机会并进行新的资本逐利行为；社会化大生产以大规模的生产为前提，同时也必须以大规模出售为前提，在数字技术基础设施迅速发展中寻求产销对接以有利于新的连续性资本循环。

消费新模式是为了实现商品资本和货币资本畅通转化。商品流通领域中，资本是作为商品资本和货币资本而存在的。流通时间的长短对于一定量资本作为生产资本执行规模起到了限制作用，流通时间关系到总资本在各个环节的停留时间，总资本在流通领域停留时间长就会影响在其他领域（例如生产领域）执行职能的部分资本的大小。因此，创新实践体现了商品资本和货币资本畅通转化的内在要求。随着商品交易数额和市场规模扩大，数字平台和数字技术作用下商业内部分工细化，这一分工的出现本身是大数据、云计算、搜索技术等数字技术进步及其与相关行业技术协同的结果，有利于大规模定制、差异化和个性化的商品更为广阔的市场实现。创新组织形态和网络效率有利于具有时效性的商品更为快速地找到其消费者，有利于商品的价值实现，有利于商品资本和货币资本在流通领域的畅通转化，节约了商品交换的流通时间。

三、消费新模式的典型案例回顾

消费新模式主要是以线上线下融合来促进消费，流通实践中表现为数据驱动的数字化零售创新和线上线下融合的新组织形式。下文拟回顾便利蜂、多点和每日优鲜三家企业的新模式案例。便利蜂案例的特点是数据驱动的智慧零售，采用大数据和人工智能技术对传统便利店进行了"人、货、场"的情境再造，进行了全行业领先的短饱商品运营、鲜度管理和食品安全保障，满足人民的生活便利性和时效性的消费需求。多点依托于物美集团，模式主要是对传统零售企业进行线上线下全渠道数字化转型赋能，通过全流程、定制化的数字化解决方案帮助传统线下零售进行全渠道数字化转型，提供微距电商的到家业务模式和解决方案，促进了线上线下融合，为消费提供新的增长点。每日优鲜是农产品生鲜电商的创新形式，采用前置仓＋到家物流把生鲜农产品及时配送到消费者手中，前置仓的创新模式节约了门店费用和生鲜物流成本，降低了生鲜农产品配送到消费者的价格并提高了运营效率，便利了消费者的生活消费，提供了新的消费增长点。

（一）便利蜂：数据驱动的智慧零售

便利蜂的典型特点是数据驱动的智慧零售。智慧零售覆盖到"识人""选品""选址""运营"等多个层面，更好地满足了消费者的便利性和时效性需求，多方位保障消费者的食品安全问题，为消费新模式提供了一个线上线下融合的典型案例。北京自由蜂电子商务有限公司（简称"便利蜂"）是一家专注于数字驱动零售创新企业，于2016年12月21日成立。自创立以来，便利蜂坚持开办科技型便利店的初衷，采用数字驱动的重资产发展模式，采用大数据进行选址、推动店铺扩张，采用智能选品、智能货架、精准推送等大数据和人工智能技术进行"识人"和"选品"，优化便利店运营和便利商品的经营。本部分以便利蜂为研究对象，对便利蜂运用大数据和人工智能技术进行智慧零售创新实践展开基本分析，介绍便利蜂以"便利＋"为战略重构便利店的人、货、场，满足消费者及时性需求和便利性需求的创业过程。

1. "识人""选品""选址"等全流程的智慧零售创新

在中国移动互联网大发展的背景下，便利蜂借助数据思维进行"识人"和"选址"，构建整个零售流程。便利蜂突破传统的选址方法，基于用户画像数据和商圈数据进行选址。比如银科大厦店和创业大街店相距不到100米，SOHO东侧店和西侧店也同样相距不过100多米，在传统选址视角中，两家店距离过近可能会导致过度竞争。但从数据角度看，虽然距离很近，但都可以看作两个独立商圈，因而即使距离近也设立门店，极力做出差异化的客群范围。得益于大数据和人工智能技术，至2018年2月，便利蜂门店数量已超过100家，覆盖北京、上海、天津、南京等多个一线城市。

门店内，便利蜂加大智能设备投入，自主开发出负责店铺的ERP系统和便利蜂App等一系列数字化系统，把食品生产、物流配送、门店运营等全部环节打通，形成从前端鲜食加工企业、冷链物流和智能仓储到多个零售终端的全产业链布局。选品上，传统便利店通常对产品进行整体淘汰和更新，容易导致商品结构同质化，缺乏特色。便利蜂则是对单店的每个短饱商品品类都进行精细化管理。通过智能选品系统对各大电商平台商品数据进行搜集、筛选并分析，不断贴近用户的需求，能够极大缩小人工选品范围，选出更符合每个门店周边生活圈中用户需求的商品，保持了较高的商品更新迭代速度，实现了便利蜂的"千店千面"。便利蜂利用自主开发的系统选取每个门店覆盖半径用户需求的商品，以三倍于同行的速度对商品进行迭代，不断贴近用户需求。

食品安全方面，便利蜂拥有一整套完善的保障体系，用来保证"从农田到餐桌"的安全。便利蜂与业内顶级的供应商深度合作，并对供应商进行严格审核和管理，对生产条件、加工工艺、生产环境等都进行严格要求。在配送、门店陈列、销售整个流程中对温度、时间的要求，便利蜂也有一整套的管理系统进行提示。鲜食管理方面，便利蜂自建了鲜度管理系统，从配送到陈列的过程会对温度进行自动化监测，避免了由于顾客打开陈列柜柜门带来的温差造成食品品质下降的现象。便利蜂还在仓库设立了快检的实验室，能够快速检查出食品中的重金属元素是否超标。同时，便利蜂还成立了消费者保护委员会，经常请食品安全行业内的专家学者等到门店参观，对便利蜂的食品安全进行把关。对于品质的严格把关提升了便利蜂的声望。除了上述流程的数字化创新外，便利蜂在订货、物流、促销、门店运营、店长管理、组织管理等方面都进行了数字化流程再造。

2. 数字化精准把控消费者需求，便利消费者及时需求的满足

商品能否更好地满足消费者需求直接决定了消费者对便利店的评价。便利蜂在对外部数据的长期监测以及对内部数据精细化处理中充分应用数字化运营。便利蜂专门组成一个数据分析团队，实时掌握全网的消费者状况，并对收集到的数据进行分析，特别是对用户偏好数据的采集、分析，保证了便利蜂对市场动向的精准把控。[1] 便利蜂利用终端和云端两个系统对内部数据进行处理，完整记录并识别客户特征，从简单信息扩展到对用户消费偏好、商品交换频次、生活半径等更加个性化的层面的认知，用户画像变得更加立体和完整，使便利蜂能够更好地进行精准营销。目前，便利蜂已经开始进行优化人工智能和人脸识别技术，对用户画像进行进一步完善，逐步加深对消费趋势的把握，更深层次地理解用户，这对门店选址、门店运营和商品陈列等方面有重要指导意义。

---

[1]　王彦丽. 上百个 SKU，乳制品销售占比超 20%，便利蜂如何开拓自有商品?. 36 氪，2019 - 10 - 11.

同时，随着对消费者需求的精准了解，便利蜂逐渐寻求物美价廉的自有品牌产品供应。在便利蜂店内，比如便当、热餐等都采用便利蜂自有品牌。便利蜂运用人工智能和大数据技术作为运营的工具支撑，要求数据化不仅在信息系统、App 及智能硬件的使用等层面实现，而且与零售本质结合，用数据化去理解并重构整个零售业务和流程。便利蜂从"人、货、场"的数据化重构入手，对整个智能便利店经营系统进行部署和迭代。对每个用户个性化需求的重视，使得"千店千面"得以最终促成落地，加强了便利店和用户之间的联系，赋予便利店更多的可能性，最终实现"好、快、多、省"的目标。

（二）多点：快消生鲜全渠道运营的领导者

多点新鲜（北京）电子商务有限公司（简称"多点 Dmall"）于 2015 年成立，是国内领先的全渠道数字零售解决方案提供商，运营着多点快消生鲜数字零售平台，以创新引领实体零售转型升级和线上线下融合，改善了消费者体验，便利了消费者的生活需求。

1. 多点的发展历程

生鲜快消市场预测达到万亿级的规模，而生鲜快消的到家渗透率却低于 15%，未来具有巨大的消费增长潜力。面对这样的现状，要实现商业全场景覆盖、全链条联通、线上线下一体化的全面数字化，达到成本最低、速度最快、效率最高、流程最优、模式最佳、消费者体验最好的效果，需要以用户为中心，实现用户线上线下一体化、商品线上线下一体化、供应链线上线下一体化、促销和价格线上线下一体化，以及支付一体化。为此，多点致力于助力传统商超的数字化转型和线上线下融合，为实体零售店进行数字化赋能提供转型方案。

2015 年，多点成立。成立初期，多点依托物美集团打造了一个 O2O 平台，通过零售商入驻、平台提供配送服务的方式，建立了"微距电商＋零售商超"的到家业务模式。最初的模式只是增加了一个帮超市跑腿的渠道，并没有解决传统零售在效率与服务中的问题，在导流方面也没有起到太大的效果。2016 年，多点对物美进行数字化运营以及线上线下一体化改造。过去物美会员数只有 800 多万，如今北京地区物美会员就超过2 400 万，两年的增长是过去 24 年的两倍。线上线下融合的到家模式有别于最初的提供平台配送的跑腿服务，需要通过互联网技术对传统零售商进行改造升级、提升管理效率，并提供完整的电商服务能力。2019 年，多点逐步从后端对商超进行赋能，对会员、营销、商品、供应链、物流端进行全面的数字化改造。除此以外，多点 Dmall 开始不断探索其他新消费场景，比如社区、加油站，甚至滑雪场。2019 年 7 月以来，多点 Dmall 用联盟的方式来共享一个数字化的工具和平台，通过多点联盟的共同努力，真正实现企业效率提高和消费者体验的改善，做到线上线下协同。疫情期间，多点配合政府调控进行了保价格、保质量、保供应的核心工作，这一新模式也表现出一定的韧性和活力，体现了民生价值。

2. 多点运用数字技术推动零售商业的线上线下融合

多点基于人工智能、大数据和云计算，通过自主搭建中台操作系统 Dmall OS，对从仓到店再到消费者的全流程进行模块化处理，为零售业线上线下一体化融合提供全面数字化的系统解决方案。Dmall OS 可同时支持本地化部署和云端部署，在接入企业系统之前，会先进行小规模测验，通过小范围接入并验证系统准确性之后，再分模块大规模接入；打通或者更替原有 ERP 系统之后，保证整个系统的升级过程顺利，避免影响门店自身原有的业务。Dmall OS 是多点推动商超进行实体零售数字化转型的重要工具，通过助力商超后台系统进行优化升级，结合"多点＋商超"模式进行线上线下一体化融合，能够低成本高效率地完成数字化转型升级。

在 C 端，基于 Dmall OS 系统的多点 App 实现了"到店＋到家＋到社区"的消费者全渠道的购物体验。通过多点 App 上的用户数据分析，对消费者进行精准营销，可以实现单个店单个策略的促销手法，做到千店千面。区别于其他纯电商平台用线上的思维套用到线下，多点是在了解门店的线下复杂的促销业务的基础上，进行线上精准营销。多点 App 连接了消费者和门店，将线上消费者有效引流至线下门店，降低了门店被电商冲击的影响。

在客户营销方面，进行数字化赋能。传统门店对线下的会员信息及购物行为虽有记录但不准确，在这些数据的基础上进行数据分析会导致真实的会员特征有极大的误差，不利于后续精准营销的进行，数据体现的价值度很低。多点将商超线上线下的会员数据完整结合，重建一套精准的会员体系，通过行为、年龄、性别、地理位置、评论等用户特征，进行个性化的会员推送及精准会员营销等准确化的偏好预测和权益管理，优化了客户线上线下的体验。

同时，改造多点自由购和秒付的智能购系统，让用户享受"即买即走"不用排队的快捷购物体验,提高收银效率,改善了消费体验。在解决不排队的同时,将智能购作为整个商家全面数字化的一个起点,是会员数字化到商品数字化到供应链数字化到人员管理数字化的一个优质的流量入口,为商超会员数字化、开展全渠道营销奠定了重要的基础。在员工的管理和绩效考核方面,进行数字化赋能,对员工的工作行为进行量化,调动了员工的工作积极性。使用 Dmall OS 对收银、理货等进行考核,实现多劳多得,解决了传统的门店员工绩效考核无标准的难题。创新的考核形式不仅加强了商超内部管理,也提高了员工的工作主动性,进一步优化了消费者的购物体验。

(三)每日优鲜:前置仓的新模式

每日优鲜是一家专注于优质生鲜的移动电商,在面对生鲜品质不稳定、冷藏要求高等难题时创新思维方式,打造了前置仓商业模式。每日优鲜成立于 2014 年 11 月,2015 年初每日优鲜微信商城上线,基于消费升级、供给侧创新及移动互联网的应用,对平台服务进行优化。每日优鲜一直专注于为消费者提供极致的生鲜电商服务体验,通过重构生鲜产品供应链,连接优质生鲜的生产者和消费者。如今,每日优鲜已经形成包括水产、蔬菜、水果、乳品、肉蛋、饮品、轻食、零食、粮油、日百等在内的全品类生鲜格局,在北京、上海、广州、深圳等二十个核心城市建立起"城市分选中心＋社区前置仓"的专业冷链物流体系,可以为用户提供 2 小时(会员 1 小时)送货上门的优质极速达冷链配送服务。[①]

1. 每日优鲜的前置仓模式

前置仓模式的创新思维来源于对原有生鲜类产品供应链流通不畅的深入思考。企业创业团队意识到生鲜产品保质期短、冷藏要求高、易损耗,鲜活程度是决定其价值的重要指标,而第三方冷链物流企业较难完成地点分散、配送时间不稳定的生鲜配送业务,致力于寻找和验证商业模式来破解困局,摸索出前置仓的商业模式。前置仓模式将效果最佳的冷库保鲜设备延伸至靠近社区的前置仓,客户下单后直接由前置仓发货,辅之以"2小时极速达"的到家服务,以此取代传统电商"冷源＋冷媒"的冷链模式。前置仓的固定成本随着订单量的增长被不断分摊,解决了传统的全程冷链模式成本随着订单数量的增多而增大的问题,也有效满足了消费者对

① 查楠. 每日优鲜调研报告. 36 氪,2017.

生鲜的即时性消费需求。

每日优鲜通过前置仓模式迅速发展，使配送端能快速响应客户的生鲜需求。但没有门店体验，每日优鲜在赢取消费者对产品品质的信赖，创造自己独树一帜的品牌形象上遇到难题。因此，每日优鲜不仅要满足用户日常餐桌上关于"吃"的品类需求，同时还要对产品品质把好关。每日优鲜的前置仓数目已超过1 500个，水果直采率达到90%，蔬菜直采率提升到50%，每个商品SKU必须经过买手精选才在App上架推出，同时各批产品集中到货后由中心仓进行100%的逐批检测，合格之后方可发货至前置仓，力求在满足用户日常消费的同时，层层把关以保证品质的精选、优选。每日优鲜从品类、品质、品牌三个方面做到"全品类精选"，消费者复购率高达80%。

2. 前置仓盘活生鲜零售的逻辑三角

生鲜冷链配送最大的成本在前置仓到达消费者的环节，中间各环节的配送成本不高。具体分析，改造一辆冷藏车需要1万多元，每百公里油耗12元增加至13.5元，那么中间环节冷链和非冷链的物流成本只相差10%。在传统生鲜电商"冷链＋物流"模式中，每单生鲜配送可达近30元的干冰、包装等高昂的冷媒成本，无法因为业务规模的增长而被摊销。每日优鲜的盈利逻辑是从每个前置仓的成本计算直至整体系统的盈利。每日优鲜的冷藏车将生鲜从大区仓库运送到前置仓，前置仓模式实现了"去冷媒"化。配送小哥只用一个塑料袋就可以把生鲜送到客户手中。将前置仓到达消费者这一端"去冷媒"化，使得冷链物流的交付成本中主要是冷源式冷链所形成的"固定成本"。每一个前置仓的成本包含投入分摊、配送费、房租、仓库人力等。同时，前置仓模式取代了门店，不需要宽敞的通道和完备的装修来保证购物体验，节省了大笔与门店开设相关的成本费用，平均每平方米明仓每天租金为2.5元，100平方米的前置仓每月只需投入7 500元。暗仓建设按5年分摊，投入30万元费用，则每月分摊5 000元。大致估算可以得知，每日优鲜的前置仓每天达到200单左右，单仓即可实现盈亏平衡。① 实际运营中，每日优鲜1.0前置仓平均日单量已达到500单，实现了单仓盈利。基于"为向所有人提供生鲜服务"的定位，每日优鲜正在逐步拓展前置仓业务。2018年，每日优鲜已达到30万

----

① 张陈勇. 超市快送系列：超市快送的第三关口——盈利. 老张聊零售（公众号），2018-09-09.

的日客单量，其高频次、高留存、高社交的用户密度为客单数指数型增长提供了保证。当客单数达到一定程度时，分摊到每一单上的平均固定成本逐渐降低，从而能够轻松实现系统的整体性盈利。

四、消费新模式创新本质：以数字化零售创新为例

消费新模式创新本质是以消费者需求为出发点、以消费体验为中心的线上线下融合的价值共创，形成线上线下服务和体验深度融合、数据化驱动、全渠道高效协同的新组织和运营模式。传统零售的运营管理强调的是以企业为中心的价值创造，认为卖方是整个运营网络的核心。把握消费者偏好始终是模式创新的前提。流通的核心职能是生产者与消费者的偏好匹配。从需求侧来看，消费者异质性是后福特社会的典型特征，零售业通过业态多元化与职能互补，提供差异化的服务组合，是满足或响应消费异质性的一种体现。同时消费者的偏好也不是"显而易见"的。事实上，如果可以直接获知彼此的偏好信息，那么整个商品交换过程只需要直接进行瞬间匹配就可以了。偏好属于私人信息这种最基本的信息不对称形式，是任何商品交换过程得以持续的一个合理前提。当存在信息不对称时，与此相关的商品交换成本则成为一个基本的要素。因此，零售数字化创新要始终把握产品市场实现的流通本质。围绕消费者需求，借助更为先进的数字技术与数字化手段，提供合适的商品与服务组合，以更高的效率完成市场偏好双向匹配的核心职能。

深入来看，数字化零售是以消费者为中心，数字化驱动零售要素突破时空限制、快速适应和匹配消费者动态变化的需求的新型商业形式。为更为清晰地理解数字化零售的创新机制，下文将从时空条件、互动程度、匹配程度和技术应用等 4 个具体的方面更好地探讨数据驱动的零售创新。

在时空约束方面，传统零售不可避免地受制于时间和空间的双重强约束，而数字化零售利用线上和线下融合的形式弱化了这一双约束，零售企业与消费者的双向匹配更为灵活便捷，这主要源于移动互联网等数字技术突破了实体空间和线性时间的硬约束。

在企业与消费者互动方面，传统零售与消费者互动大多基于门店的商品交换活动，消费者更多的是零售企业的营销对象和商品接受者。而

在新模式下，零售企业与消费者呈现数字化的深层次互动，零售企业通过微信小程序、终端 App 等线上和线下门店的多触点吸引，消费者由此产生的连接行为自动形成数据，驱动零售企业商品、服务依据消费者需求和偏好的动态变化持续创新，即消费者以数据化的形式间接参与零售创新。

在匹配程度方面，受限于物理实体空间，传统零售可供给的商品品类有限，区位、环境、信息和交付服务体验较为一般，且商品多使用人工调整价格的促销方式。而实践表明，数字化零售通过融合线上和线下渠道，利用线上的低边际成本等特性拓展商品品类以满足长尾需求、提供商品交换时间节约的到家模式，进而打造无缝化、便捷化、个性化的服务体验，且能实现线上和线下价格动态智能定价，即线上和线下商品协同、服务协同和价格协同。

在技术应用方面，传统零售大都应用 IT 技术记录运营流程中产生的数据，且更多为结构化数据，经由处理和分析后对管理人员的决策起辅助作用，更多是为了控制运营流程。而数字化零售则应用数字技术随时随地收集、整理、分析数据，数据进一步驱动算法系统的智能决策，降低实际运营中的不确定性，提高匹配效率和精准度。由于数字化技术本身具有的非线性、自我迭代的特点，在与消费者持续互动的过程中，数字化零售呈现出螺旋上升的演化特性，即消费者与企业的数据化连接越多，数字世界中持续增加的比特信息越能逼近消费者的需求，在虚拟空间零成本、高效率试验需求匹配方案至挑选最优方案，此时零售企业就能更好地匹配消费者需求。数字技术正在创造和塑造现实世界，而不仅仅是记录和反映现实世界。

综上，数字化零售企业与消费者互动实现创新，是消费者数据化连接和零售企业智能化匹配的持续交互的协同演化过程，包括数据化连接、需求洞察和需求匹配三个机制，并呈现出非线性演化的特性。数字化零售创新和消费者的价值共创在这一过程中同时发生。首先，数字化突破了零售企业与消费者互动过程受限于时空双重约束的线下实体门店，结合线下数字化门店和线上零售的优势为零售企业与消费者互动提供了多样化场景、便捷性方式，实现了高时空利用效率。其次，数字化能够实时、自动收集、整合和更新消费者大数据、市场整体需求数据、商品数据，提升了商情信息的时效性、精确性、系统性和先兆性，满足了多样化和动态化的消费需求。再次，数据智能系统在消费大数据驱动的基础上自动化进行智能决策，降低了面对复杂且动态变化的零售经营决策的不确定性，实现零售经营知识的零成本、大规模和适应性复制，突破门店网络规模性和嵌入性的两难困境，解决线上和线下协同融合的难题，更好地满足了消费者的需求。由此可见，数字化零售创新既是结果的创新也是过程的创新，数字化驱动零售企业与消费者互动创新，通过零售匹配需求结果升级和交换效率提升来促进消费升级和消费者价值共创。

第十三章　流通创新与消费促进Ⅱ：
线上线下融合对消费的促进

2020 年《国务院办公厅关于以新业态新模式引领新型消费加快发展的意见》指出，以新业态新模式为引领，加快推动新型消费扩容提质。零售线上线下融合是目前消费新模式的重要发展趋势之一，数字化零售商的发展改变了原有的线下市场的竞争格局，市场结构和均衡价格的改变如何影响消费者福利是值得研究的理论命题。同时，线上线下融合的迅速发展是否有效地促进了消费者购买？考察分析线上线下融合的零售实践是否有效促进了消费者消费总支出的增长，以及该效应是否对不同类别商品和不同类别的消费者具有差异是当前厘清线上线下融合与消费促进关系的理论命题之二。本章将围绕上述理论命题，对线上线下融合的市场竞争均衡进行分析，研究消费者福利的变化。同时，基于研究团队长期跟踪的消费订单数据，本章进一步探讨了线上线下融合与消费促进的经验证据以及作用渠道，研究为政府相关政策提供了微观决策依据。

一、线上线下融合、市场均衡与消费者福利

随着线上线下不断融合，数字化背景下的多渠道/全渠道零售商的出现改变了原有市场竞争格局。多渠道/全渠道零售商既有线下实体零售店也有线上购物渠道，使消费者拥有更多元的选择（如线上购买线下自提或配送到家等），吸引了更多不同偏好的消费者。多渠道/全渠道零售商的线上渠道不仅与纯线上零售存在竞争，也会在所有区域影响线下实体零售店的经营，同时其线下零售店还将对相邻地域的线下实体零售产生影响。本部分研究将结合 Salop 空间竞争模型，综合考虑消费者异质性，考察多渠道/全渠道零售商进入市场后将如何影响竞争格局、市场均衡和消费者

福利。

(一) 空间竞争模型基本假设

研究考虑一个线上线下融合的多渠道/全渠道零售商 h 和一个实体零售商 a 之间的竞争。根据 Salop 空间竞争模型，假设消费者均匀地分布在一个周长为 1 的圆形市场中，市场容量为 N，每个消费者的需求为一单位商品。p_h 和 p_a 分别为零售商 h 和零售商 a 的价格。多渠道/全渠道零售商 h 和实体零售商 a 分别位于圆形市场直径的两端，$x\left(x<\dfrac{1}{2}\right)$ 为消费者与实体零售商之间的距离，如图 13.1 所示。假设 V 为消费者购买某商品后获得的效用，$\theta\in(0,1)$ 为消费者在搜集信息或体验商品后购买的可能性。无论是线上还是线下购买，消费者都将产生正的商品交换成本，如线下购买包括交通成本、时间成本等，线上购买则包括运费、等待成本和商品不合适产生的成本等。研究假设 t 和 m 分别为消费者在线下渠道和线上渠道购买的商品交换成本，且 $t>m$。除此之外，线上购买的消费者若不满意所购商品，可以选择退货，以此降低线上渠道购买的风险。由此，假设退货成本为价格的正分数 $\delta\in(0,1)$，该成本不仅包括物流成本，还涉及退货时的心理成本等。零售商将制定使其利润最大化的价格，消费者拥有购买成本 t 和 m，购买价格 p_a、p_b 以及其他参数（V，θ，δ 和 x）的完全信息，并作出使自己效用最大化的决策。假设 $\theta V>tx$，即购买商品的期望效用大于光顾实体店的成本，否则所有人都将选择线上渠道。最后，为简化分析，假设对零售商而言，商品成本为零。

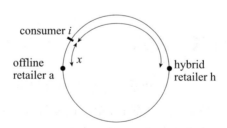

图 13.1　多渠道/全渠道零售商和实体零售商空间竞争示意图

考虑到消费者异质性，假设每一个消费者在购买商品时的商品交换成本和支付意愿不同，且每一个消费者都将做出使自身效用最大化的购买决策。根据现实的购买情景，将消费者的购买行为（T）分为四类。T＝A 代表在实体店购买，即消费者在光顾实体零售店后直接在店里购买满意的商品。T＝H₁ 和 T＝H₂ 分别代表在多渠道/全渠道零售商的线上渠道和线下渠道购买，其中，在线上渠道购买的消费者如果对商品不满意可以选择退货。最后，为更贴近现实，在模型中允许消费者在购买过程中的渠道转换行为，T＝S₁ 代表在实体零售店感受商品后转而去多渠道/全渠道零售商的线上渠道购买的行为。根据前文的假设，表 13.1 列出了四种消费者购买行为及其所对应的消费者效用。

表 13.1　消费者购买行为与效用

消费者购买行为		效用函数
A	光顾实体店并购买	$U_a = \theta(V - p_a) - tx$
H₁	在多渠道/全渠道零售商的线上渠道购买	$U_{h_1} = \theta(V - p_h) - (1-\theta)\delta p_h - m\left(\frac{1}{2} - x\right)$
H₂	在多渠道/全渠道零售商的线下渠道购买	$U_{h_2} = \theta(V - p_h) - t\left(\frac{1}{2} - x\right)$
S₁	光顾实体店后转而去多渠道/全渠道零售商的线上渠道购买	$U_{s_1} = \theta\left(V - p_h - m\left(\frac{1}{2} - x\right)\right) - tx$

（二）线上线下融合零售商参与市场竞争均衡与消费者福利

基于消费者购买的四种行为，将在五种情景下考察多渠道/全渠道零售商进入市场后的均衡，即 A-H₁，A-H₂，A-H₁-H₂，A-H₁-S₁，A-H₂-S₁。在情景 A-H₁ 中，部分消费者光顾实体零售商 a 并在线下购买，其余消费者则在多渠道/全渠道零售商 h 的线上渠道购买。此时，市场均衡为：

$$p_a^* = \frac{1}{6\theta}(t + 2m); \quad p_h^* = \frac{1}{6\lambda}(2t + m) \tag{1}$$

$$q_a^* = \frac{N\theta(t+2m)}{3(m+t)}; \quad q_h^* = \frac{N(2t+m)}{3(m+t)} \tag{2}$$

$$\pi_a^* = \frac{N(t+2m)^2}{18(m+t)}; \quad \pi_h^* = \frac{N(m+2t)^2}{18\lambda(t+m)} \tag{3}$$

在情景 A-H₂ 中，消费者在实体零售商 a 或多渠道/全渠道零售商 h 的线下渠道购买。在该情景下，市场竞争视同为两个线下零售店之间的竞争。由此，仅当 $U_a \geqslant U_{h_2}$ 时，消费者选择在实体零售商 a 购买。此时，$x \leqslant \dfrac{\theta(p_h - p_a)}{4t} +$

$\frac{1}{4}$。a 和 h 的需求函数分别为 $q_a = 2N\theta x = \dfrac{N\theta(2\theta(p_h - p_a) + t)}{2t}$，$q_h =$

$2N\theta\left(\dfrac{1}{2} - x\right) = \dfrac{N\theta(2\theta(p_a - p_h) + t)}{2t}$。市场均衡为：

$$p_a^* = p_h^* = \frac{t}{2\theta}, \quad q_a^* = q_h^* = \frac{N\theta}{2}, \quad \pi_a^* = \pi_h^* = \frac{Nt}{4} \tag{4}$$

由市场均衡可得，在情景 A-H$_2$ 中，实体零售商与多渠道/全渠道零售商的价格相同，且该价格与线下购买成本 t 正相关，两者拥有相同的市场份额。

进一步讨论允许三种购买行为同时存在的情景。在情景 A-H$_1$-H$_2$ 中，消费者可以选择在实体零售店购买或者在多渠道/全渠道零售商的线下渠道或线上渠道购买。消费者的购买决策取决于其在市场中的位置，即 x 以及零售商的价格（p_a，p_h）。在特定 x 处的消费者将选择使其效用最大化的购买行为。图 13.2 为在情景 A-H$_1$-H$_2$ 中各消费行为的效用函数图。如图 13.2 所示，在点 x_{AH_1} 处，消费者从实体店购买和从线上渠道购买所获得的效用一样。同理，在点 x_{AH_2} 处，消费者从实体店购买和从多渠道/全渠道零售商的线下渠道购买所获得的效用一样。由此可知在特定的 x 范围内，消费者将选择的购买行为。根据前文的效用函数表达式，可以算出：

$$x_{AH_1} = \frac{2(\lambda p_h - \theta p_a) + m}{2(m + t)}, \quad x_{AH_2} = \frac{2\theta(p_h - p_a) + t}{4t},$$

$$x_{H_1 H_2} = \frac{(\lambda - \theta)p_h}{m - t} + \frac{1}{2} \tag{5}$$

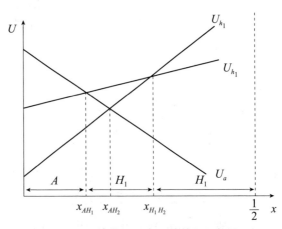

图 13.2　情景 A-H$_1$-H$_2$ 的效用函数图

由此，零售商 a 和 h 的需求函数分别为：$q_a = 2N\theta x_{AH_1}$ 和 $q_h = 2N\left(\dfrac{\theta}{2} + (1-\theta)x_{H_1H_2} - x_{AH_1}\right)$，为简化，我们令 $\gamma \triangleq (1-\theta)(\lambda-\theta)(m+t) + \lambda(t-m)$ $(\gamma \geqslant 0)$。此时，均衡价格和利润为：

$$p_a^* = \frac{\lambda t^2 + m(2\gamma - \lambda t)}{2\theta(4\gamma - \lambda(t-m))}, \quad p_h^* = \frac{2t^2 - m^2 - mt}{2(4\gamma - \lambda(t-m))} \tag{6}$$

$$q_a^* = \frac{N\theta(\lambda t^2 + m(2\gamma - t\lambda))}{(m+t)(4\gamma - \lambda(t-m))},$$

$$q_h^* = \frac{N\gamma(2t^2 - m^2 - mt)}{(t^2 - m^2)(4\gamma - \lambda(t-m))} \tag{7}$$

$$\pi_a^* = \frac{N\theta(\lambda t^2 + m(2\gamma - t\lambda))^2}{2\theta(m+t)(4\gamma - \lambda(t-m))^2},$$

$$\pi_h^* = \frac{N\gamma(2t^2 - m^2 - mt)^2}{2(t^2 - m^2)(4\gamma - \lambda(t-m))^2} \tag{8}$$

为完善均衡分析，应计算每种情境下价格和距离需满足的有效条件。直观而言，情景 A-H_1-H_2 发生在消费者离实体零售商较远，但实体零售商价格更低的情况下。由此，应满足 $x_a > x_h$（或者 $\dfrac{1}{4} < x < \dfrac{1}{2}$），以及 $p_a < p_h$，消费者需要在较低的价格和便捷的旅行之间进行权衡。这种情况下，由于多渠道带来了更多样化的选择，多渠道/全渠道零售商可能会满足更多潜在需求。除此之外，还应满足 $p_a < p_h < p_a + tx_a$，否则消费者将不会选择从零售商 h 的线下渠道购买。最后，为保证图中 H_1 存在，需满足 $x_{H_1H_2}$ 所对应的效用值不小于 x_{AH_1} 所对应的效用值。由此可得，p_h 的最小值为 $p_h^{H_1} \triangleq \dfrac{2\theta(t-m)p_a + t^2 - mt}{2(2\lambda t - \theta(m+t))}$，即当且仅当 $p_h > p_h^{H_1}$ 时，购买行为 H_1 和 H_2 同时存在。综上，$p_h \in (\max\{p_a, p_h^{H_1}\}, p_a + tx_a)$。

接下来，在情景 A-H_1-S_1 中，A、H_1、S_1 三种购买行为同时存在，即部分消费者在实体店中购买，部分消费者网购，还有一部分消费者选择在实体店体验商品后转而在线上渠道购买。由于 S_1 这样的购买过程中的渠道转换行为时常在现实中发生，此时的均衡价格、产量和利润为：

$$p_a^* = \frac{m}{3}, \quad p_h^* = \frac{m}{6}, \quad q_a^* = \frac{2N\theta}{3}, \quad q_h^* = \frac{N}{3} \tag{9}$$

$$\pi_a^* = \frac{2Nm\theta}{9}, \quad \pi_h^* = \frac{Nm}{18} \tag{10}$$

关于该情景存在需满足的条件，如前文所探讨的，当考虑多渠道/全渠道零售商时，需满足 $x_a < x_h \left(\text{或 } 0 < x < \frac{1}{4}\right)$，以及 $p_a > p_h$，否则消费者将不会在线上购买。其次，如果从零售商 h 线下渠道购买所获得的效用 $U_{h_2} = \theta(V - p_h) - t\left(\frac{1}{2} - x\right)$ 大于直接从线上渠道购买所获得的效用 $U_{h_1} = \theta(V - p_h) - (1 - \theta)\delta p_h - m\left(\frac{1}{2} - x\right)$，消费者将不会选择直接从线上渠道购买。由此，需满足 $x > \max\left[\frac{1}{4}, \frac{1}{2} - \frac{(1 - \theta)\delta p_h}{t - m}\right]$。最后，渠道转换行为的发生需满足在图 13.3 中 $0 < x_{AS_1} < x_{H_1 S_1}$，由此可得 $p_h + \frac{mt}{2(t + m(1 - \theta))} < p_a < p_h + \frac{m}{2}$。

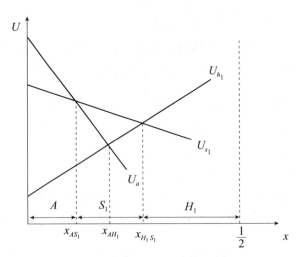

图 13.3　情景 A-H₁-S₁ 的效用函数图

在情景 A-H₂-S₁ 中，根据三种消费者行为所对应的效用函数可得图 13.4 中三个效用相等处的交点为：

$$x_{AS_1} = \frac{p_h - p_a}{m} + \frac{1}{2}, \quad x_{AH_2} = \frac{2\theta(p_h - p_a) + t}{4t},$$

$$x_{H_2 S_1} = \frac{t - \theta m}{2(2t - \theta m)} \tag{11}$$

零售商 a 和 h 的需求函数为 $q_a = 2N\theta x_{AS_1}$，$q_h = 2N\left(\frac{\theta}{2} + (1 - \theta)x_{H_2 S_1} - x_{AS_1}\right)$。和情景 A-H₁-S₁ 相似，A-H₂-S₁ 也需要满足 $x_a < x_h \left(\text{或 } 0 < x < \frac{1}{4}\right)$，

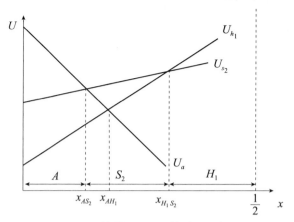

图 13.4　情景 A-H₂-S₁ 的效用函数图

以及 $p_a > p_h$。然而，如果实体店的价格 p_a 过高，消费者将不会选择光顾实体店，所以在该情景下，p_a 的最大值为 $\left(p_h + \dfrac{m}{2}\right)$。由此，应满足：$\dfrac{m}{t} < \dfrac{1}{2} + \dfrac{3}{2\theta}$。除此之外，如果 $(1-\theta)\delta p_h + m\left(\dfrac{1}{2} - x\right) > t\left(\dfrac{1}{2} - x\right)$，消费者将选择直接线上购买而不会光顾零售商 h 的线下店，所以应满足 $x \in \left(\dfrac{1}{2} - \dfrac{(1-\theta)\delta p_h}{t-m}, \dfrac{1}{4}\right)$。

在该情景中，均衡价格、需求和利润分别为：

$$p_a^* = \frac{m(3t + t\theta - 2\theta m)}{6(2t - \theta m)}, \quad p_h^* = \frac{m\theta(2t - m)}{6(2t - \theta m)} \quad (12)$$

$$q_a^* = \frac{N\theta(3t + t\theta - 2\theta m)}{3(2t - \theta m)}, \quad q_h^* = \frac{N\theta(2t - m)}{3(2t - \theta m)} \quad (13)$$

$$\pi_a^* = \frac{Nm\theta(3t + t\theta - 2\theta m)^2}{18(2t - \theta m)^2}, \quad \pi_h^* = \frac{Nm\theta^2(2t - m)^2}{18(2t - \theta m)^2} \quad (14)$$

可以看到，该均衡状态下，实体零售商 a 较高的价格和利润意味着其相对于竞争对手的绝对优势。由于在该情景中没有消费者直接在线购买，每位消费者都会去实体商店体验商品，光顾实体零售商 a 的相对成本将不包含去店铺的交通成本等，由此实体零售商 a 可以收取较高的价格，获取较高的利润，而多渠道/全渠道零售商 h 则会降低价格以吸引可能会在购买过程中渠道转换的潜在消费者。同时，实体零售商 a 的高价格和高需求也可能表明，对于需要更多体验的商品，其目标消费者的价格敏感度较低。表 13.2 为五种情景下的均衡价格、需求和利润。

表 13.2　不同情景下的均衡价格、需求和利润

情景	零售商	均衡价格	均衡需求	均衡利润
A-H$_1$	a	$\dfrac{t+2m}{6\theta}$	$\dfrac{N\theta(t+2m)}{3(m+t)}$	$\dfrac{N(t+2m)^2}{18(m+t)}$
A-H$_1$	h	$\dfrac{2t+m}{6\lambda}$	$\dfrac{N(2t+m)}{3(m+t)}$	$\dfrac{N(2t+m)^2}{18\lambda(m+t)}$
A-H$_2$	a	$\dfrac{t}{2\theta}$	$\dfrac{N\theta}{2}$	$\dfrac{Nt}{4}$
A-H$_2$	h	$\dfrac{t}{2\theta}$	$\dfrac{N\theta}{2}$	$\dfrac{Nt}{4}$
A-H$_1$-H$_2$	a	$\dfrac{\lambda t^2+m(2\gamma-\lambda t)}{2\theta(4\gamma-\lambda(t-m))}$	$\dfrac{N\theta(\lambda t^2+m(2\gamma-t\lambda))}{(m+t)(4\gamma-\lambda(t-m))}$	$\dfrac{N(\lambda t^2+m(2\gamma-t\lambda))^2}{2(m+t)(4\gamma-\lambda(t-m))^2}$
A-H$_1$-H$_2$	h	$\dfrac{2t^2-m^2-mt}{2(4\gamma-\lambda(t-m))}$	$\dfrac{N\gamma(2t^2-m^2-mt)}{(t^2-m^2)(4\gamma-\lambda(t-m))}$	$\dfrac{N\gamma(2t^2-m^2-mt)^2}{2(t^2-m^2)(4\gamma-\lambda(t-m))^2}$
A-H$_1$-S$_1$	a	$\dfrac{m}{3}$	$\dfrac{2N\theta}{3}$	$\dfrac{2Nm\theta}{9}$
A-H$_1$-S$_1$	h	$\dfrac{m}{6}$	$\dfrac{N}{3}$	$\dfrac{Nm}{18}$
A-H$_2$-S$_1$	a	$\dfrac{m(3t+t\theta-2\theta m)}{6(2t-\theta m)}$	$\dfrac{N\theta(3t+t\theta-2\theta m)}{3(2t-\theta m)}$	$\dfrac{Nm\theta(3t+t\theta-2\theta m)^2}{18(2t-\theta m)^2}$
A-H$_2$-S$_1$	h	$\dfrac{m\theta(2t-m)}{6(2t-\theta m)}$	$\dfrac{N\theta(2t-m)}{3(2t-\theta m)}$	$\dfrac{Nm\theta^2(2t-m)^2}{18(2t-\theta m)^2}$

从表13.2的结果中可以看到，首先，多渠道/全渠道零售商 h 并不是在任何时候都拥有更高的利润。其次，更低的价格并不能保证更大的市场份额和更高的利润。在情景 A-H$_1$ 和 A-H$_1$-H$_2$ 中，多渠道/全渠道零售商利润更高，而在情景 A-H$_2$-S$_1$ 中，实体零售商 a 却拥有更高的利润即使其价格更高。最后，在情景 A-H$_1$-S$_1$ 中，实体零售商 a 的相对市场份额取决于参数 θ，即消费者在店里对商品感到满意并进行购买的可能性。

综上研究，多渠道/全渠道零售商的进入改变了原本线下市场只存在于相邻地域的竞争格局，加剧了市场竞争。通过考察不同情景下的均衡价格和利润发现，多渠道/全渠道零售商进入市场并不一定造成"赢者通吃"的局面。无论是线下零售商还是多渠道/全渠道零售商，降低价格并不能在竞争中获得优势。几乎在所有的情景中，价格更低的零售商并未取得更高的市场份额和利润。这意味着在新的消费环境和消费模式下，消费者在选择购买渠道或场景时，价格已不是唯一的考虑因素。通过比较各情景中的消费者剩余，研究发现多渠道/全渠道零售商的出现，提供了更多样化的消费选择，改变了消费者的决策行为，在允许渠道转换，多种消费者行为同时存在的情景下，将加剧竞争，提高消费者福利，特别是在线下购买成本较高的情况下。

二、线上线下融合与消费促进的经验证据

2020 年，国务院办公厅、国家发展改革委等部门陆续印发《关于促进消费扩容提质加快形成强大国内市场的实施意见》《关于以新业态新模式引领新型消费加快发展的意见》等文件，鼓励线上线下融合等新消费模式发展，力求促进消费新业态、新模式、新场景的普及应用。线上线下融合的新消费模式是否可以促进消费提升，研究新消费模式对消费者支出的可能影响可以为政府促进消费增长决策、促进线上线下融合的政策提供微观理论和经验证据。

（一）研究数据来源

为深入研究线上线下融合对消费的可能影响，研究团队收集了国内某大型连锁超市向线上转型过程中实际发生的消费订单大数据。该实体零售商于 2016 年初正式引入线上到家平台，线上到家平台为该实体零售商提

供了数字化运营技术、基础设施和数字化解决方案，该实体零售商的数字化运营在当时行业创新实践中处于最前沿的水平。研究团队与该实体零售商具有长期调研和合作关系，于2016年底进行预调研并通过随机抽样的方式对消费者样本库进行了现场电子问卷调查，跟踪样本消费者2017年1月至2019年6月的多频次消费订单数据。消费者的消费订单数据来自零售商收银终端系统。该系统记录的消费订单数据包含的信息有消费者ID（会员卡号、手机号、账户等），订单号，订单渠道，下单时间，购买门店，商品编码及名称，商品所属三级品类分类编码和分类名称，每件单品价格和消费数量。由于涉及消费者数据安全和隐私保护，研究所用数据都经过了脱敏处理，剔除消费订单中的异常记录，剔除仅在个别月份进行集中性购买的样本，剔除跟踪期间交易次数极少样本来源，剔除存在缺失的问卷样本，剔除问卷填写出现明显错误、信息前后矛盾的样本，剔除线上回答问卷时间过短的样本，最终得到有效样本数共2 507人。

对数据平台订单结构进行分析可以看出，在跟踪研究期间未曾在该实体零售商的线上到家平台进行消费决策的消费者有1 743人，接受该实体零售商提供的线上到家服务并进行购买决策的消费者有764人，消费订单数据记录了2017年1月至2019年6月期间每位消费者每天在该零售商消费的线上线下订单数据，采集的数据显示共记录下样本消费者2 507人在此时间周期内共计264 972次的消费频次，涵盖商品级订单信息共计1 048 574条，较之于调查数据，本研究获取的订单数据具有客观性和准确性，真实地记录了消费者的消费支出、消费时间、消费频次、品类和价格信息等，满足了数据抽样的随机性和数据采集的完备性需求。

（二）变量定义

研究的主要被解释变量是消费者的消费支出，涵盖了样本消费者在该连锁实体零售企业2017年1月至2019年6月期间线下消费支出和使用线上到家平台提供服务进行购买决策的消费支出。此外，研究还考察了消费频次和客单价作为被解释变量。研究团队采集了样本消费者在时间期限内的消费订单数据，消费订单数据包括了购买的商品名称、品类、单价、数量等，同时研究以2016年为基准使用了价格指数对支出数据进行了平减，考虑了不同年份因价格水平差异对消费支出的影响。研究选取的控制变量包括：消费者人口统计学特征、消费习惯和消费者对该实体零售商的评价。变量定义如表13.3所示。

表 13.3　主要变量的定义和变量来源

变量	数据来源	变量定义与取值说明
被解释变量		
消费金额	数据平台	消费者月平均消费金额的对数值
消费频次	数据平台	消费者月平均消费频次的对数值
客单价	数据平台	（消费者月平均消费金额/消费者月平均消费频次）的对数值
主要解释变量		
消费者是否使用线上到家平台进行购买	数据平台	消费者使用线上到家平台进行购买＝1；消费者只进行线下购买＝0
控制变量		
消费者特征		
性别	消费者问卷调查	您的性别：女＝1；男＝0
年龄	消费者问卷调查	您的年龄：自我汇报
职业	消费者问卷调查	您的职业：退休失业＝1；学生＝2；在职员工或经商＝3
未成年子女数量	消费者问卷调查	您有几名未成年子女：没有＝0；1个＝1；2个＝2；3个及以上＝3
家庭规模	消费者问卷调查	您现有居住在一起的家庭成员有几名？（包含自己）：1个＝1；2个＝2；3个＝3；4个及以上＝4
是否开车购物	消费者问卷调查	您是否会开车来本超市购物：不会＝0；会＝1
收入水平	消费者问卷调查	您的家庭年收入水平：3万元以下＝1；3万～8万元＝2；8万～12万元＝3；12万～30万元＝4；30万～100万元＝5；100万以上＝6
消费习惯		
2016 年在店消费支出	数据平台	2016 年消费者于该连锁超市消费总金额的对数值
2016 年在线上其他渠道购物的消费支出	数据平台	2016 年消费者在其他线上渠道消费总金额的对数值

续表

变量	数据来源	变量定义与取值说明
消费者对超市的评价		
环境氛围	消费者问卷调查	您感觉本超市整体的购物环境如何：很差＝1；较差＝2；一般＝3；较好＝4；很好＝5
排队结账	消费者问卷调查	您认为本超市排队结账时间如何：很慢＝1；较慢＝2；合理＝3；较快＝4；很快＝5
交通条件	消费者问卷调查	您认为本超市的交通便利程度如何：很差＝1；较差＝2；一般＝3；较好＝4；很好＝5
促销宣传	消费者问卷调查	您认为获知本超市的促销活动信息的难易程度如何：很难＝1；较难＝2；一般＝3；较容易＝4；很容易＝5
价格水平	消费者问卷调查	您认为本超市整体价格水平如何：很高＝1；偏高＝2；适中＝3；偏低＝4；很低＝5
搜索难易	消费者问卷调查	您认为在本超市店内搜索所需商品的难易程度如何：很难＝1；较难＝2；一般＝3；较容易＝4；很容易＝5
品类范围	消费者问卷调查	您在本超市能否经常获得您想要的商品：很难＝1；较难＝2；一般＝3；较容易＝4；很容易＝5
服务态度	消费者问卷调查	您认为本超市工作人员的态度和服务如何：很差＝1；较差＝2；一般＝3；较好＝4；很好＝5

（三）数据描述性统计

研究首先对主要解释变量、被解释变量、控制变量进行了描述性统计，采用 Python 对订单数据进行数据挖掘，主要变量的描述性统计结果如表 13.4 所示。

表 13.4　主要变量的描述性统计

变量	样本量	均值	标准差	最小值	最大值
被解释变量					
消费金额	2 723	4.101	1.488	0	9.279
消费频次	2 723	1.098	0.742	0.033	3.508
客单价	2 723	3.743	0.705	0.1823	6.973
主要解释变量					
消费者是否使用线上到家平台进行购买	2 723	0.298	0.457	0	1
控制变量					
消费者特征					
性别	2 686	0.666	0.472	0	1
年龄	2 686	40.827	10.088	18	89
职业	2 686	2.564	0.802	1	3
未成年子女数量	2 686	0.905	0.617	0	3
家庭规模	2 686	3.245	0.771	0	4
是否开车购物	2 686	0.703	0.457	0	1
收入水平	2 686	2.778	1.16	1	6
消费习惯					
2016 年在店消费支出	2 507	7.914	1.457	1.012	13.75
2016 年在线上其他渠道购物的消费支出	2 507	2.828	1.442	0	11.618
消费者对超市的评价					
环境氛围	2 686	4.139	0.799	1	5
排队结账	2 686	3.149	1.091	1	5
交通条件	2 686	4.029	0.912	1	5
促销宣传	2 686	3.755	1.017	1	5
价格水平	2 686	2.592	0.718	1	5
搜索难易	2 686	3.803	0.798	1	5
品类范围	2 686	3.978	0.788	1	5
服务态度	2 686	3.835	0.866	1	5

为更为直观理解样本数据，研究对线上和线下消费者样本进行了分类，两类消费者的月平均消费支出如图 13.5 所示。从图中可以看出，使

用线上到家服务的消费者月平均消费支出高于只在线下实体店购买的消费者，说明使用线上到家服务的消费者的消费支出高于线下消费者支出，零售商引入线上到家平台促进了消费增长这一因果关系在后续研究中将进一步讨论。

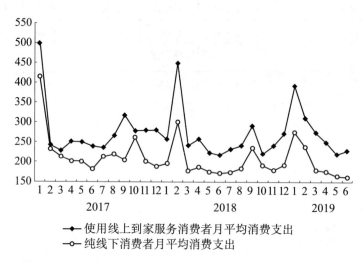

图 13.5　2017 年 1 月至 2019 年 6 月两类消费者月平均消费支出

（四）基准回归

研究对零售商接入线上到家平台对消费者支出的影响进行基准回归，回归的基本模型如下：

$$C_i = \alpha_i + \beta_i D_i + \delta_i X_i + \mu_i \tag{15}$$

基准回归中，研究的被解释变量 C_i 为消费者月平均消费支出，表 13.5 中模型（1）—模型（6）回归中使用了消费者月平均消费支出的对数值进行衡量，从多方面考察是否线上购物对消费支出的影响。模型（5）、模型（6）分别研究了被解释变量为消费频次和客单价的情形，采用了消费者月平均消费频次的对数值和（消费者月平均消费金额/消费者月平均消费频次）的对数值进行衡量，为方便解释模型（7）、模型（8）分别使用了消费者月平均消费支出的绝对值和消费者月平均消费频次绝对值进行衡量。研究控制了样本消费者的年龄、性别、职业、未成年子女数量、收入水平、家庭规模等消费者特征变量，并逐步控制了消费者的消费习惯变量和对该实体零售商的主观评价变量，μ_i 为随机扰动项。

表 13.5 基准回归结果 (OLS)

消费者月平均消费支出	(1)	(2)	(3)	(4)	(5)	(6)	(7)	(8)
	消费金额	消费金额	消费金额	消费金额	消费频次	客单价	消费金额	消费频次
			对数值				绝对值	
消费者是否使用线上到家平台进行购买	1.069*** (0.054)	1.046*** (0.054)	0.869*** (0.049)	0.872*** (0.050)	0.909*** (0.048)	-0.037 (0.026)	87.033*** (14.610)	1.958*** (0.166)
消费者特征		控制	控制	控制	控制	控制	控制	控制
消费习惯			控制	控制	控制	控制	控制	控制
消费者对超市的评价				控制	控制	控制	控制	控制
常数项	3.756*** (0.038)	3.107*** (0.168)	0.348 (0.229)	0.219 (0.316)	-2.185*** (0.292)	2.404*** (0.151)	-368.114*** (84.048)	-2.653*** (0.801)
样本量	2 723	2 686	2 507	2 507	2 507	2 507	2 507	2 507

注：括号内为标准误，*、** 和 *** 分别表示在 10%、5% 和 1% 的显著性水平上显著。

　　表 13.5 报告了采用 OLS 方法估计消费者是否使用线上到家平台购物对消费者消费支出的影响结果。模型（1）首先考察了是否使用到家平台对消费者消费支出金额的影响，结果在 1% 的水平上显著为正，表明零售商线上线下融合促进了消费。模型（2）—模型（4）为逐步加入消费者特征、消费习惯、消费者对超市的评价等多维控制变量后的估计结果。结果显示，回归结果依然显著。模型（4）—模型（6）回归结果显示，客单价系数为负且不显著。上述结果暗含的可能的结论为：与纯线下消费者相比，使用线上到家平台服务的消费者的消费支出表现为支出高金额、高频次的特点，实体零售商线上到家平台的引入能够通过提高消费者的消费频次进而提升消费者的消费支出，客单价系数为负且不显著说明接入线上到家平台后消费者不再是之前的一站式购物，表明消费行为转变。模型（7）和模型（8）的结果显示，使用线上到家平台进行购买的消费者每月在该零售商的消费支出比纯线下消费者平均高出 87.03 元，每月消费频次平均高出 1.96 次。

（五）实体零售商线上线下融合与消费促进的因果关系

　　由于样本往往存在着自我选择偏差，不可避免地存在内生性问题，研究进一步采用倾向值匹配研究了实体零售商引入线上到家平台促进消费的净效应。研究采用"反事实"推断进行因果检验：假定存在两种潜在的消费支出水平，C_{0i} 是消费者 x 未使用线上到家平台的消费支出，C_{1i} 是消费者使用线上到家平台进行购买的消费支出，（$C_{1i} - C_{0i}$）度量了零售商引入线上到家平台后对该消费者消费支出影响的净效应。但实际中不能同时观察到 C_{1i} 和 C_{0i}，因此寻找与该进行线上购买的消费者 x 具有尽可能相似特征的纯线下消费者 z，将 z 的消费支出 C_{0b} 作为假定消费者 x 未使用到家平台消费时的消费支出 C_{0i} 的估计值，并将二者进行比较。研究将样本分为两组：一组为处理组（T），表示使用了线上到家平台购物的消费者，另一组为对照组（C），表示纯线下消费者。研究基于倾向值得分法中的卡尺匹配方法对样本进行匹配处理并进行平衡性检验，检验结果显示大多数观测样本均在共同取值范围内，进行倾向得分匹配时仅会损失少量样本，匹配结果较理想。最后通过估计处理组与控制组消费支出的平均差异推断实体零售商引入线上到家平台对消费影响的净效应，即估计参与者平均处理效应（ATT），估计结果整理如表 13.6 所示。

表 13.6 实体零售商引入线上到家平台对消费影响的净效应（PSM）

匹配方法	样本	处理组	对照组	差异	标准差	t统计量
因变量：消费者月平均消费支出（对数）						
卡尺匹配	未匹配	4.884	3.864	1.020	0.063 17	16.14
	ATT	4.882	4.019	0.864	0.056 35	15.33
因变量：消费者月平均消费频次（对数）						
卡尺匹配	未匹配	1.141	0.126	1.015	0.057 56	17.64
	ATT	1.137	0.258	0.879	0.056 20	15.65
因变量：消费者月平均消费客单价（对数）						
卡尺匹配	未匹配	3.743	3.738	0.005	0.029 92	0.15
	ATT	3.742	3.782	−0.040	0.028 81	−1.39
因变量：消费者月平均消费支出（绝对值）						
卡尺匹配	未匹配	221.975	117.351	104.624	12.408 07	8.43
	ATT	219.610	134.839	84.771	16.978 20	4.99
因变量：消费者月平均消费支出频次（绝对值）						
卡尺匹配	未匹配	4.721	2.523	2.198	0.156 98	14.00
	ATT	4.619	2.698	1.921	0.242 30	7.93

资料来源：作者利用 stata 软件计算整理得到。

根据表 13.6 中估计的结果，使用线上到家平台服务的消费者月平均消费支出较纯线下消费者月平均消费支出平均高出 84.77 元，使用线上到家平台服务的消费者的月平均消费频次较纯线下消费者月平均消费频次平均高出 1.92 次。这一结果非常稳健地支持了实体零售商引入线上到家平台和促进消费支出之间存在因果关系，使用到家业务的消费者支出表现出高金额、高频次的特点。从估计效率角度看，由于匹配方法更好地匹配消费者特征因素，较好地模拟了"自然实验"，一定程度减少了消费者对线上线下渠道自我选择效应而导致的估计偏差，具有更高的估计效率。同时，研究也分别应用 1:1 临近匹配、核匹配和局部线性回归匹配等方法再次进行估计，考虑了估计结果对不同匹配方法的敏感性，实证结果在系数方向、系数数值和显著性水平上都较为一致，较好地支持了之前结论的稳健性。

三、线上线下融合促进消费增长的作用渠道

研究根据数据的可获得性，结合线上线下融合的特点考虑消费促进的作用渠道。到家平台使用数字技术为消费者提供了与零售商线上线下多触点的信息交互以及 1 小时配送的商品触达效率。数字技术实现的消费者线上线下多触点的信息交互和商品触达在已有相关文献中多是定性或质性研究抑或调查主观变量探讨消费者价值增值（Ström et al.，2014；Weill and Woerner，2015；Reinartz et al.，2019；Hübner et al.，2016；Hagberg and Holmberg，2017；Fisher et al.，2019；Yulia et al.，2019），数据可得性使得本研究可以对引入到家平台促进消费支出增长的作用渠道进行相关验证。

（一）实体零售商引入线上到家平台促进消费者支出的作用渠道 1：提升信息交互作用

在传统线下零售中，消费者往往需要到店进行商品搜寻，信息交互主要在线下门店中进行。接入到家平台后，消费者可以使用移动智能终端在线搜寻商品，通过到家平台提供的小程序、App、H5（移动端页面广告）等端口以及零售商实体门店的智能信息展示或查询系统等线上线下结合的多个触点进行商品和服务的信息搜寻。营销学文献中关于触点的研究多见于多触点感知频率和响应的研究、多触点与消费者信息交互对商品品牌的认知和态度、多触点与消费者信息交互调节购物体验（感知）等相关研究（Pantano and Timmermans，2014；Remy et al.，2015；Baxendale et al.，2015；Roggeveen et al.，2020；Barann et al.，2020；Quach et al.，2020；Cambra-Fierro et al.，2021），由于数据可得性的限制，有关线上线下协同的多触点对消费支出的研究仍有文献缺口。部分文献采用定性或研究型案例的质性方法，研究了零售企业与消费者之间的信息交互是采用数字技术高效率识别并处理获取消费者数据影响交互效率（Hilken et al.，2020）。研究基于数据的可得性，结合到家平台线上线下协同的特点，对引入到家平台增加与消费者之间的信息交互触点是否能实现消费支出增长这一作用渠道进行验证。

如表 13.7 所示，交互项系数为正并且结果显著。这表明，消费者使用线上到家平台，接触到与实体零售商进行信息交互的触点越多，对消费

者月平均消费支出提升的作用就越明显。表 13.7 进一步展示了根据消费者特征进行分样本后的实证分析，结果显示零售商引入线上到家平台通过提升信息交互作用而提高消费者消费支出这一影响机制不会因消费者的性别和年龄差异而产生变化。

表 13.7　消费者信息交互与消费支出增长

	消费者月平均消费支出（对数）					
	全样本	分样本（性别）		分样本（年龄）		
		女性	男性	26～35 岁	36～45 岁	其他年龄段
消费者是否使用线上到家平台进行购买	0.749*** (0.168)	0.871*** (0.219)	0.578** (0.260)	0.669*** (0.241)	0.823*** (0.256)	0.585*** (0.130)
消费者是否使用线上到家平台进行购买 * 消费者的触点数量	0.349*** (0.041)	0.354*** (0.052)	0.345*** (0.070)	0.276*** (0.058)	0.501*** (0.070)	0.391*** (0.043)
其余变量	控制	控制	控制	控制	控制	控制
常数项	2.200*** (0.209)	2.327*** (0.262)	2.051*** (0.336)	2.792*** (0.285)	2.560*** (0.317)	2.522*** (0.165)

注：括号内为稳健性标准误，*、** 和 *** 分别表示在 10%、5% 和 1% 的显著性水平上显著。

（二）实体零售商引入线上到家平台促进消费者支出的作用渠道 2：提升商品触达效率

在商品触达方面，实体零售商通过引入线上到家服务为消费者降低交通成本和时间成本的同时，更加强调了商品触达的"即时性"。消费者对商品触达效率的期望由"天"缩短成了"时"，打破的是"位置阻力"中"最后几公里"这一部分的桎梏（Bell et al.，2012）。关于零售商提供到家服务的研究虽提出零售商提供的送货服务是赢得消费者线上订单的一种方式，但研究主题多聚焦于物流配送效率提升方式、零售商提供到家物流服务的成本和收益平衡（Cleophas and Ehmke，2014；Castillo et al.，2018）。同时由于数据可得性的限制，已有研究在探讨到家服务对消费者的影响时，多是通过访谈、调查等方式，从消费者体验、消费者满意度、消费者服务质量感知等主观维度（Liao and Keng 2013；Hübner et al.，2016；

Hagberg and Holmberg，2017；Xiao et al.，2018；Fisher et al.，2019；Yulia et al.，2019），相关研究仍存在文献缺口。本部分利用消费大数据得到消费者的实际支出，以及大数据订单中包含的消费者地址信息和门店地址信息可以得到消费者使用线上到家平台前后商品触达效率获得的提升。利用 Python 等工具批量将地址信息导入百度地图开放平台 API，获取消费者地址和门店地址所在的经纬度，计算消费者到门店的直线距离，获得消费者自行到店完成购物所需的时间和利用线上到家平台提供的到家服务完成购物所需的时间。两种情况消费者所费时间的差值即该消费者使用线上到家平台前后商品触达效率的提升，记为"触达效率 1"。同时为了避免由于交通便利性和环境因素（单行道路、河流、铁轨、封闭小区等）等影响造成实际购物出行距离、时间成本、交通成本偏高，从而导致模型估计系数产生偏误，本部分进一步利用百度地图路线规划功能获取消费者到门店的导航距离，并利用同样的方式计算得到"触达效率 2"，以保证结论的稳健性。

研究在基础回归模型上进一步构建消费者是否使用线上到家平台进行购买和触达效率的交互项，检验零售商引入线上到家平台是否能够通过提升商品触达效率促进消费者支出的理论机制。如表 13.8 回归结果所示，交互项系数为正并且结果显著。这表明，消费者使用线上到家平台，随着商品触达效率提升，消费者月平均消费支出提升的作用就越明显。实体零售商引入线上到家平台可以通过提升商品触达效率从而促进消费者支出，其可能的原因在于对于使用了零售商提供的到家平台业务的消费者而言，到家服务降低该消费者的交通成本或物流成本，帮助消费者越过空间距离，消除传统零售中必须到店体验商品、购买商品的障碍，提升商品自零售商至消费者的触达效率，有助于更好地满足消费者的购物便利性需求，尤其为远距离的消费者带来即时满足感（Chopra，2018），从而影响消费者的消费支出。

表 13.8　消费者商品触达与消费支出增长

变量	消费者月平均消费支出（对数）					
	全样本		分样本（性别）			
			女性	女性	男性	男性
消费者是否使用线上到家平台进行购买	0.445*** (0.104)	0.531*** (0.104)	0.469*** (0.116)	0.542*** (0.118)	0.486*** (0.228)	0.525*** (0.225)

续表

变量	消费者月平均消费支出（对数）					
	全样本	分样本（性别）				
		女性	女性	男性	男性
消费者是否使用线上到家平台进行购买 * 触达效率1	0.182** (0.082)		0.163** (0.087)		0.256* (0.124)	
消费者是否使用线上到家平台进行购买 * 触达效率2		0.143** (0.061)		0.142** (0.068)		0.170* (0.162)
其余控制变量	控制	控制	控制	控制	控制	控制

注：括号内为稳健性标准误，*、** 和 *** 分别表示在 10%、5% 和 1% 的显著性水平上显著。

四、线上线下融合与消费促进的异质性

前文研究考虑了样本的自我选择性偏差和遗漏变量对基准估计的影响，匹配方法较好地模拟了消费者使用线上到家平台进行购买决策的准"自然实验"，采用"反事实"推断得出实体零售商引入线上到家平台促进了消费者的消费支出。在此基础上，本部分进一步考察具有何种特征的消费者更容易接受零售商提供的线上到家服务，从而促进了该类消费者在该零售商的消费支出。本部分的研究进一步采用倾向值匹配的方法进行更为细致的研究，估计结果如表 13.9 所示。

表 13.9　消费者使用线上到家服务的异质性倾向

消费者特征变量	消费者是否使用线上到家服务		年龄 30～39 岁消费者是否使用线上到家服务		开车购物消费者是否使用线上到家服务	
	系数	标准误	系数	标准误	系数	标准误
年龄 30～39 岁	0.453**	(0.184)			0.328	(0.223)
年龄 40～49 岁	0.279	(0.195)			0.218	(0.235)
年龄 50～59 岁	0.133	(0.211)			−0.022	(0.260)

续表

消费者特征变量	消费者是否使用线上到家服务		年龄 30～39 岁消费者是否使用线上到家服务		开车购物消费者是否使用线上到家服务	
	系数	标准误	系数	标准误	系数	标准误
年龄 60 岁及以上	0.125	(0.250)			0.944	(0.302)
性别为女性	−0.358***	(0.095)	−0.238*	(0.137)	−0.387***	(0.113)
退休或失业	0.359	(0.302)	−0.425	(1.261)	−0.012	(0.377)
在职或经商	0.527*	(0.286)	−0.165	(1.249)	0.175	(0.359)
有孩子同住	0.07	(0.127)	0.142	(0.177)	0.010	(0.154)
家庭规模	0.069	(0.061)	0.009	(0.093)	−0.017	(0.076)
习惯开车购物	−0.256***	(0.095)	−0.146***	(0.146)		
收入水平 3 万～8 万元	0.107	(0.141)	−0.042	(0.232)	0.006	(0.179)
收入水平 8 万～12 万元	0.103	(0.144)	−0.058	(0.233)	−0.007	(0.180)
收入水平 12 万～30 万元	0.103	(0.149)	−0.002	(0.239)	0.046	(0.182)
收入水平 30 万元以上	0.349*	(0.207)	0.427	(0.320)	0.210	(0.251)
2016 年在店消费数量相对排位						
前 80%～90%	0.15	(0.189)	0.280	(0.264)	0.121	(0.232)
前 70%～80%	−0.097	(0.197)	−0.225	(0.289)	−0.202	(0.263)
前 60%～70%	0.281	(0.185)	0.413	(0.259)	0.307	(0.228)
前 50%～60%	0.514***	(0.181)	0.364	(0.263)	0.459*	(0.225)
前 40%～50%	0.536***	(0.181)	0.488*	(0.263)	0.656***	(0.218)
前 30%～40%	0.577***	(0.181)	0.507*	(0.265)	0.540**	(0.216)
前 20%～30%	0.606***	(0.180)	0.750***	(0.258)	0.560***	(0.213)
前 10%～20%	0.826***	(0.179)	1.046***	(0.279)	0.781***	(0.212)
前 10%	0.877***	(0.179)	0.703**	(0.278)	0.789***	(0.211)

注：括号内为稳健性标准误，*、** 和 *** 分别表示在 10%、5% 和 1% 的显著性水平上显著。

表 13.9 估计结果表明，与 40 岁以上的消费者相比，30～39 岁的消费者使用实体零售商提供的线上到家服务的倾向性更大，这一结果与王等（Wang et al.，2015）的估计结果较为一致，年轻消费者对移动技术、移动购物的接受能力更高（Bigne et al.，2005）。相对于女性而言，男性消费者更倾向于使用线上到家服务；与退休或失业状态下的消费者相比，在

职人员使用线上到家服务的倾向性更高；不开车购物消费者使用线上到家平台进行购物的倾向性更高；高收入消费者使用线上到家平台进行购物的倾向性更高。同时，在上述结论的基础上，进一步进行分样本讨论，细化消费者异质性与消费者使用线上到家服务的倾向性，例如年龄30～39岁且前期在该实体零售商的消费支出分位为前10%～20%的消费者对使用线上到家平台进行购物的倾向性极高，习惯开车购物的男性消费者群体更可能使用线上到家平台进行购物，等等。

　　研究进一步分析线上线下融合促进了哪些商品品类的消费。为了回答这一问题，研究参考国际连锁超市公开的品类目录框架，对该零售商提供的近1 048 574条商品级订单信息中的品类分级信息进行整合，并根据具体商品内容进行校正，从中选取成交金额最多的五种商品品类，分别是零食饮料、主食粮油、生鲜蔬果、日用百货和美容清洁，较好地反映了超市业态的主要销售品类。具体结果如表13.10所示。

表13.10　线上线下融合对不同品类商品消费的影响效应

估计方法		零食饮料	主食粮油	生鲜蔬果	日用百货	美容清洁
OLS	系数	0.793***	0.759***	0.846***	0.226***	0.421***
	标准误	(0.053)	(0.104)	(0.052)	(0.056)	(0.055)
PSM	卡尺匹配 ATT	0.772***	0.672***	0.840***	0.186***	0.420***
	标准误	(0.064)	(0.155)	(0.062)	(0.064)	(0.064)
	临近匹配 ATT	0.768***	0.736***	0.742***	0.144***	0.310***
	标准误	(0.087)	(0.179)	(0.081)	(0.082)	(0.080)
	核匹配 ATT	0.784***	0.683***	0.742***	0.132***	0.318***
	标准误	(0.087)	(0.190)	(0.081)	(0.082)	(0.080)
	局部线性回归匹配 ATT	0.791***	0.679***	0.840***	0.215***	0.401***
	标准误	(0.060)	(0.321)	(0.058)	(0.094)	(0.093)
	样本量	2 473	2 350	2 405	1 966	2 215

注：控制消费者特征、消费习惯、消费者评价等控制变量。括号内为标准误，*、**和***分别表示在10%、5%和1%的显著性水平上显著。

　　上述估计结果表明，实体零售商引入线上到家平台显著提高消费者这五类消费品类的消费支出，但是影响系数存在差异性。具体而言，影响效应从高到低依次为生鲜蔬果、零食饮料、主食粮油、美容清洁和日用百货。例如，OLS估计结果为使用到家服务的消费者的生鲜蔬果月平均消费支出的对数值较纯线下消费者月平均消费支出的对数值高出0.846，使用到家服务的消费者的日用百货月平均消费支出的对数值较纯线下消费者月平均消费支出的对数值高出 0.226。研究表明，使用线上到家服务的消费者更偏好于购买生鲜蔬果、零食饮料等高频商品，更喜欢购买主食粮油此类高重量商品。

五、研究结论与启示

上述研究表明，零售线上线下融合能够有效促进消费增长。促进消费增长的作用渠道包括：零售商引入线上到家平台数字化技术帮助消费者提供了线上线下多触点与零售商的信息交互，提供了 1 小时配送的商品触达效率。研究推进了实体零售商引入线上到家平台对消费者影响的认识，同时存在启示意义。

研究观察到使用线上到家平台的消费者消费支出行为发生变化，使用线上到家平台服务的消费者的消费支出表现为支出高金额、高频次的特点。使用线上到家平台的消费者购物行为由一站式购物向高频次消费转变。结合理论机制实证结果，引入到家平台能够通过提升信息交互作用和商品触达效率而提高消费者消费支出，表明与消费者进行便捷高效信息交互的触点、保证到家服务履约质量，能够激发消费者消费潜力。

研究通过实证检验证实了消费者是否使用线上到家平台以及零售商引入线上到家平台对消费支出的影响存在消费者群体之间的差异。结合已有研究结论，零售商可以侧重向具有年轻、男性、在职以及不开车购物等特征的消费者推荐使用线上到家平台。零售商可以在线上到家平台主推生鲜蔬果、零食饮料等高频商品和主食粮油此类高重量商品，以品类结构响应消费者偏好的线上购物内容。这些见解将有助于零售商规划其相关营销战略和广告活动，帮助消费者更有效地选择和获取具有不同特征的产品，从而促进消费者提高支出。

消费虽然是微观个体行为决策，消费加总问题又涉及宏观经济增长，研究结果提供了消费新业态、新模式、新场景对消费者消费支出影响的微观经验证据。政府可以从政策和监管层面持续支持和引导新业态、新模式、新场景的普及应用，更好满足人民日益增长的物质文化需要。

第十四章　新时代促进居民消费
持续增长的动力机制

　　党的十八大报告强调：要"牢牢把握扩大内需这一战略基点，加快建立扩大消费需求长效机制，释放居民消费潜力"。党的十九大报告指出，中国特色社会主义进入新时代，我国社会主要矛盾已经转化为人民日益增长的美好生活需要和不平衡不充分的发展之间的矛盾。2020年，党的十九届五中全会通过的《中共中央关于制定国民经济和社会发展第十四个五年规划和二○三五年远景目标的建议》明确提出了"十四五"时期经济社会发展指导方针，强调"以推动高质量发展为主题，以深化供给侧结构性改革为主线，以改革创新为根本动力，以满足人民日益增长的美好生活需要为根本目的，统筹发展和安全，加快建设现代化经济体系，加快构建以国内大循环为主体、国内国际双循环相互促进的新发展格局"。居民消费关系到经济增长的根本动力，关系到实现人民日益增长的物质文化需要，消费市场高质量发展关系到内需潜力释放和宏观经济持续健康增长，理解中国居民消费特征及动态趋势，明确新时代居民消费持续增长目标的内涵，充分发挥消费对经济增长的基础性作用，以改革创新为根本动力促进我国居民消费持续增长，实现供需相互促进、人民美好生活需要得以满足、经济高质量发展，研究这一命题具有时代性和迫切性。本章立足于我国居民消费特征和发展趋势，结合新时期经济发展特征和创新发展新格局的背景，提炼和明确新时代我国居民消费持续增长目标的内涵，从经济循环角度充分认识发挥消费的基础性作用，以改革创新为根本动力促进我国居民消费持续增长，最后从政策配套措施的角度深入阐述了促进消费持续增长需要健全的政策和制度设计。

一、我国居民消费发展特点：消费升级与消费分层并存

　　结合需求侧本身的特征来看，消费决策既与收入状况高度相关，又具

有一定的独立特征和自身发展规律，受到经济性与社会性因素的共同作用。消费是经济发展的核心变量，消费总需求与收入分配结构、预防性储蓄动机、消费文化、消费品市场发展、家庭结构、城镇化进程、人口年龄结构、社会流动性等多种因素都有着密切联系。家庭消费是我国居民消费需求的微观基础，是我国总量需求增长的内在动力，也是我国扩大内需政策的实际作用对象。随着经济社会发展，我国家庭消费行为也日趋复杂化，家庭生命周期（如老龄化）、家庭结构（如独生子女化）、消费分层（如各类收入差异）及其他家庭单位特性，深刻影响着家庭消费支出的结构与形态。近年来，随着人均可支配收入的持续增长，供给侧结构性改革的深入实践推动了消费者可获得商品和服务数量与种类的大幅提升。三、四线城市的新城镇化居民对新消费的需求持续增长，居民消费对经济增长的贡献度逐步增强。日益壮大的中等收入群体对消费增长形成支撑，互联网时代新消费模式的出现进一步促进定制化、个性化、多样化消费成为主流。宏观层面上，特别是疫情控制得当、国民经济企稳，经济增长在2021年第三季度保持了稳中向好、稳中有进的发展态势。但是从结构和微观层面上，一些负面因素对家庭消费的潜在影响仍需要持续关注，例如：人口老龄化的快速发展、城镇房价高企对家庭消费形成债务挤出效应，经济发展新常态、疫情对消费侧的影响还在持续，民营企业经营困难对相关行业职工持续增收和前景预期带来的负面影响，等等。

（一）我国居民消费发展的特点表现为消费升级与消费分层并存

总体来看，近年来我国居民消费得到了持续增长，对经济增长的基础性作用越来越重要。消费结构上，城镇和乡村消费结构演变具有明显的一致性，表现为以食品和衣着为代表的物质性、基本性消费支出占比明显减少，以交通通信、大类文教娱乐支出为代表的服务性、享受性消费支出占比持续上升。但城镇和乡村消费结构有明显不同，城镇居民的消费提升更为显著。边际消费倾向上，城镇居民边际消费倾向要显著高于乡村，自价格弹性绝对值整体要低于乡村家庭，收入弹性整体高于乡村家庭，受到居住类冲击的影响大于乡村家庭。城镇家庭的消费意愿更强，对价格波动的抵御能力更高，但对居住类价格比较敏感。从消费分项支出的收入弹性、价格弹性的时间维度比较来看，城镇居民消费明显呈现出逐年提升的态势，其结构演变预期结果是进一步向服务性尤其是新服务消费发展。乡村居民消费结构调整不稳定，受到流动性约束、习惯形成的影响。

　　具体来看，我国居民消费发展呈现出多维度的消费分层。宏观层面，城乡居民消费总体上呈现出消费升级特征，表现为生存性向享受性和发展性、物质性向服务性转变，但随着人口年龄结构的变化、居住支出的上涨、不确定性冲击，居民消费总体呈现出消费分层，特别是一、二线城市房价上涨、居住支出的增加表现出一定程度的对其他消费支出的挤出，城乡消费差异仍然非常显著。在总体消费升级的同时，不可否认仍然存在部分人群消费降级或不升级的现象。消费降级或不升级有几点可能的解释：一是居住支出上升对其他类别消费支出的挤出，二是乡村居民或恩格尔系数较高的人群由于预算约束的制约或者消费习惯和黏性信息的制约，其消费对当期收入非常敏感、跨期消费波动特征，抑制了其消费意愿的提高，表现为想消费但不敢消费。微观居民家庭层面，家庭的教育水平、收入水平、家庭老龄人口的抚养比、收入和阶层流动预期、年龄结构、资产配置等因素都会影响居民家庭消费行为、消费结构及其动态变化。

　　居民消费的结构特征、消费行为的异质性、居民消费多维度的分层对消费政策的制定提出了新的要求。对于受流动性约束较小、家庭资产配置合理的消费群体，其对新业态、新模式、新技术的使用接受度高，对新型消费的支出意愿高，可通过产品供给侧改革、创新"新产品＋内容＋服务"如线上线下结合的数字化零售等新商业模式，满足其全方面、多层次、多时点、及时性的消费需求，释放消费潜力实现其消费升级。对于受到流动性约束较大、居住支出占比较重或还没有较高消费能力的群体，消费的政策着力点应该更多体现在其收入提升和基础设施的投入上，加大政府消费性支出的投入，要素市场化配置和收入分配政策的调整。

　　我国目前的城乡消费结构和消费行为差异从本质上来看是城乡二元结构和工农业产业循环的问题。乡村居民比城镇居民消费增长的制约因素要多，恩格尔系数大的群体消费增长受到的制约因素更多，宏观上表现为受到习惯形成的影响，表现为黏性效应或耐久效应。围绕"持续扩大内需"与"发挥消费基础性作用"的现实来看，创新发展新格局需要和我国家庭消费的发展特征紧密结合起来，构建消费持续增长动力机制，因此解决城乡消费显著差异的着力点是打通城乡循环的痛点和堵点，深化城乡一体化的深入融合，解决城乡二元经济结构问题需要推动乡村的基础设施建设、新城镇居民的教育社会福利保障的落地，等等。

（二）我国居民消费增长受到多重深层次经济社会影响因素的制约

　　居民消费需求除了受到收入约束和习惯形成的影响，还会受到系列重要因素的影响，例如城乡一体化的融合、人口老龄化、住房价格快速上涨、收入分配体制、劳动力和人才社会流动性体制机制等。理解我国居民消费的总体特征需要着眼于这些重要的影响因素。解决好消费增长的经济社会因素的影响，将有利于我国居民消费的长期增长。

城镇化是扩大内需的重大潜力所在，过去的研究大多是直接比较乡村居民与城镇居民在消费支出上的差异，以说明城镇化具有扩大消费增长的潜力。由于城乡居民之间存在很多特征差异，简单比较这两类样本的家庭消费支出所得到的结果可能会面临较大的"选择性偏差"。通过分析城镇化到底对家庭消费支出产生什么样的"净效应"，控制城镇居民与乡村居民的选择性偏差后，研究发现，参与城镇化的居民其消费支出增长，城镇化对高学历家庭总体消费支出的促进作用达到低学历家庭的2倍以上。同时研究还表明，新城镇居民落户城市安家等支出的上涨会抑制其家庭的其他消费性支出，城镇化对居民消费的影响还会受到不同层次家庭结构的影响。

住房是中国家庭最重要的财富组成部分。根据消费的生命周期理论，消费者的现期消费不仅与现期收入相关，而且与消费者以后各期收入的期望值、开始的资产数量和年龄相关，即消费者一生中的消费支出流量的现值要等于一生中各期收入流量的现值。这意味着，消费者积累的财富越多，消费的边际倾向就越高。房价上涨，是否通过财富效应影响居民消费呢？可以通过对数模型和一阶差分模型考察住房资产对家庭消费的资产效应和剔除住房贷款影响的住房净"资产效应"和"财富效应"。研究表明，住房资产对家庭消费具有"资产效应"和"财富效应"，且剔除了住房贷款的影响后效应虽有减小但依然显著，具体而言住房资产的消费弹性为0.059，财富效应为0.074，住房资产对居民消费存在微弱的资产效应和积极的财富效应。另外，住房资产的净"财富效应"还存在地区异质性表现，住房财富效应在一、二线城市并不显著，但在三、四线城市显著存在，且随消费百分位的增加而增大，呈现住房财富边际消费递增的规律。

人口老龄化的影响广泛而深刻，有可能构成影响中国经济社会中长期发展的"灰犀牛"。从总量上看，老龄化将使每户家庭的消费支出平均下降达20%以上；从结构上看，老龄化会对大多数类别的消费支出产生巨大的负面影响，同时会大幅提升家庭医疗支出。基于城乡分类的子样本回归分析发现，相较于城镇家庭，乡村家庭受老龄化冲击的影响异常严重，其平均消费支出降幅高达37%，降幅是城镇居民家庭的2倍以上，分类支出研究亦显示乡村老龄人口的医疗问题面临非常严峻的形势，老龄人口医疗保障存在巨大的缺口。基于阶层分类的子样本的进一步回归分析发现，老龄化对家庭消费的冲击集中体现在中低阶层家庭，较高社会阶层家庭的消费支出受老龄化的影响并不显著。

社会流动性体制机制是十九大确立的重要改革内容。社会流动性是影响"消费-阶层"关系的深层变量。社会流动性越低，二者相关性越稳固；社会流动性高，二者相关性相对弱化；如果忽视社会流动性影响，则会出现各有理据的混杂结论。这为重新审视相关论、无关论、调和论等传统理论提供了统一视角。结合我国现状，通过控制家庭异质性特征研究家庭消费支出与社会阶层、阶层流动关系的数量模型后发现，当前社会阶层和阶层流动预期与家庭消费正相关，过去阶层流动与家庭消费负相关，稳健性分析表明有关估计效应非常稳健。同时，阶层流动对分项支出、不同分位样本分项支出具有不同影响。

二、明确新时代我国居民消费增长目标的内涵

新时代促进居民消费增长的目标需要立足于全面解决社会经济发展的主要矛盾，保障居民的基本消费需求，提升传统消费，培育新型消费增长点，激发居民的消费潜力。根据马斯洛的需求层次理论，居民的消费需求关系到人民的幸福感、获得感和安全感，关系到我国全面实现小康社会之后向更加丰裕富足的生活发展。新时代我国居民消费持续增长目标应当包含如下内涵：居民消费能力和消费意愿全面提升、居民消费预期合理发展，不同收入群体、不同地域、城乡之间的消费差距缩小，创新供给实现有支付能力的消费结构升级，真正实现消费对经济增长的基础性作用，人民具有幸福感、获得感和安全感，满足人民美好生活的需要。

新时代居民消费持续增长应该是满足居民消费能力和消费意愿的全面提升、居民消费预期合理发展。从已有关于消费能力、消费意愿和消费行为的特征分析来看，随着国民经济增长的长足发展，我国居民消费表现出明显的结构升级特征，居民的消费能力和消费意愿持续提升。但本书的已有研究表明，依然存在着影响结构升级的负面因素：房价过快上涨和居民部门的高杠杆会在短期内挤出居民的其他消费分项支出；壮大中间收入阶层的同时，需要建立合理的社会流动预期以引导合理消费预期，提振消费

意愿和消费信心；人口老龄化的影响因素较为复杂，有关人口老龄化与消费增长的关系、消费平等年龄效应的研究都表明，既要发展银发经济满足老龄人口的各项消费需求，又要看到老龄家庭群组内消费不平等程度高，需要警惕并防止老龄贫困。

新时代居民消费持续增长需要推动不同收入群体、不同区域、城乡之间的消费平等程度，在全面提振消费能力和消费意愿的同时，把消费不平等程度控制在合理区间。党的十九大报告明确指出从全面建成小康社会到基本实现现代化，继而全面建成社会主义现代化强国的新时代中国特色社会主义发展的战略安排。在这一过程中，我国居民生活水平将由小康生活水平向丰裕富足发展，逐步迈向中国特色社会主义现代化，实现人民美好生活需要。提高居民生活质量和实现生活水平趋同是实现经济高质量发展和全面建成小康社会的内在要求，因此要尤其注重保持不同消费群体、不同区域、城镇和农村消费的对称性合理比例的持续增长，丰富农村消费选择，逐步实现城乡间的消费平等，在"做大蛋糕""分好蛋糕"的同时，关注"享用蛋糕"这一使命的落实——让所有群体共享发展成果，有更多、更直接、更实在的获得感。

新时代居民消费持续增长需要立足于需求引领和供给侧结构性改革相互促进，消费结构升级和产业转型升级互相促进，推动经济高质量发展。马克思指出，消费力的提升需要"……发展生产力，发展生产的能力，因而既是发展消费的能力，又是发展消费的资料。消费的能力是消费的条件，因而是消费的首要手段，而这种能力是一种个人才能的发展，生产力的发展。"[1] 供需相互促进的新发展格局，一方面需要顺应消费升级趋势，增加高品质产品和服务供给，培育新消费增长点，不断激发潜在消费需求；另一方面，消费升级需要满足有支付能力的消费需要，不是盲目的消费升级、过度的消费信贷和居民部门的高杠杆，资本的发展应该服从并服务于人民的需要，不是资本的无序扩张，满足消费者自由选择购买和商品的自由流通，创造良好的消费环境和建立消费信用体系。

新时代居民消费持续增长需要真正实现消费对经济增长的基础性作用。马克思在有关社会再生产过程的论述中指出，在社会分工基础之上的社会再生产过程是由生产（直接的生产过程）、分配、交换、消费四个环节或称之为四个要素动态组成的统一体。这四个环节相互区别、反映了再

---

① 马克思，恩格斯. 马克思恩格斯全集：第31卷. 北京：人民出版社，1998：107.

生产过程不同阶段上的经济活动，各自担负着不同的社会经济职能，它们在运动中紧密联系、有机结合、互为条件、互相制约，居于支配地位，决定着其他各个环节。消费既是生产的终点又是新的社会再生产过程的起点，最终消费是经济增长的持久动力。最终消费由政府消费和居民消费两部分构成，其中居民消费占最终消费的比例一直稳定在70%左右，居民消费占比和居民消费增速对我国经济增长的贡献度较大。新时代促进居民消费持续增长，真正发挥消费在经济增长中的基础性作用，做到需求引领的生产转型升级和生产品的最终市场实现，真正做到消费是稳定中国经济增长的顶梁柱，又是拉动中国经济增长的主力马车。

三、从经济循环角度理解发挥消费的基础性作用

2020年9月1日，习近平总书记在中央全面深化改革委员会第十五次会议上深入阐述了"加快形成以国内大循环为主体、国内国际双循环相互促进的新发展格局"的战略思想。2020年12月16日，中央经济工作会议上首次提出注重需求侧管理。社会化再生产过程包括"生产—分配—流通—消费"这四个环节的经济循环，其中消费是社会再生产过程的最终环节，关系到产品的最终市场实现，是国内大循环的重要组成部分。深化供给侧结构性改革的同时需要注重需求侧管理，目前已有实践积极顺应了消费升级的趋势，以提高产品和服务供给体系质量为重要方向，"六大消费工程"和"十大扩消费行动"的多项政策举措积极推动了幸福服务产业和实物消费的持续升级。但在重要的全球变革和后疫情时代，扩大内需特别是促进消费需求的可持续增长依然是未来相当长时期内的一项战略任务，是创新发展新格局的现实需要，也是我国构建内需驱动型发展模式、增强抵御国际经济风险能力、实现国民经济均衡稳定可持续增长的重要基础。如何推动消费需求的可持续增长、找准创新发展新格局的政策切入点和着力点是目前研究的迫切需求和焦点问题。持续扩大内需与发挥消费基础性作用是创新发展新格局的重要部分，是"双循环"中的国内大循环的重要组成部分，也是国内国际双循环的战略支点。注重需求侧改革需要深化认识消费的基础性作用，立足于当前消费的总体特征，深刻理解当期的消费特征，还需要回归消费在社会化再生产过程中的基础性作用。

（一）从"生产—流通—消费"动态联系的总体关系中理解消费的基础性作用

建立在社会分工基础之上的社会再生产过程是由生产（直接的生产过程）、分配、交换、消费四个环节或称之为四个要素动态组成的统一体。这四个环节相互区别、反映了再生产过程不同阶段上的经济活动，各自担负着不同的社会经济职能，它们在运动中紧密联系、有机结合，互为条件、互相制约，居于支配地位，决定着其他各个环节。消费是生产和流通的终点，关系到产品的最终实现；分配和交换是中间环节，联系着生产和消费。

社会再生产过程是一种循环往复、不断更新的动态过程，分配、交换和消费任一环节发生故障，都会直接或间接影响其他环节，从而使得社会再生产不能正常进行。这里暂时不讨论分配环节，"生产—流通—消费"这三个环节之间依然是在循环往复的动态过程中紧密结合、互为条件、互相制约的，并且这三个环节之间的关系在数字技术发展的今天变得更为错综复杂，数字技术和数字化手段密切联系了"生产—流通—消费"的循环和动态演化。要想理解数字技术和数字化手段是如何作用于社会再生产的多个环节，可以从数字技术和数字化手段对交换的影响出发进行研究。交换亦即商品流通，马克思指出："交换只是生产和由生产决定的分配一方同消费一方之间的中介要素。"[①] 交换环节在今天变得复杂多样，既有线上平台，又有纯线下商超，还有线上线下结合的多种到家业务，交换环节的复杂性很大程度上来源于消费的多样性、复杂性和分层性，为了更好地满足消费需求的变化，"生产—流通—消费"的循环也随之动态调整并逐渐形成更为复杂的网络体系。

（二）消费是"生产—流通—消费"经济循环中的重要组成部分

从商品生产的社会化再生产过程来看，"生产—流通—消费"三个环节之间的关系呈现出一种动态复杂的循环往复过程。消费是商品市场实现的最终环节，商品所有权通过流通过程传递到最终消费者，消费者的偏好结构、消费倾向及需求冲击等信号通过流通过程逆向传递到生产领域。由前分析可以看到，我国居民消费呈现出多维度的消费分层，受到个体异质性、城乡差别、区域发展等多重因素的影响。消费者偏好的异质性、需求越来

[①]　马克思，恩格斯. 马克思恩格斯全集：第30卷. 北京：人民出版社，1995：40.

多样化引导了流通过程及其组织形式的巨大变革，表现为新产品层出不穷、流通组织职能的外部化与内部化、社会化流通组织之间的分工与协同，大数据、云计算、物联网等新技术的使用引发了传统交易部门交易费用的重大变革，流通服务更为异质化和社会化。与这一过程同时进行的是生产结构、技术结构的调整，表现为工业互联和产业互联，诱发资本、劳动、自然资源等要素在产业间流动与重新配置，伴随着附着在关键要素上的关系性契约的破坏与重新确立，企业与产业边界得到动态最优调整，最终表现为产业活动基础、产业间经济技术联系与比例关系的变化，产业结构得到升级。因此，消费是"生产—流通—消费"动态复杂循环中的重要组成部分。

（三）从消费升级和产业升级的双向视角满足人民美好生活需要

流通部门正是介于消费者与生产部门之间、拉动整个产业链发展、稳定国民经济波动的关键环节。在这个意义上，流通部门的现代化是发挥消费基础性作用的重要一环，也是实现经济可持续发展的源泉之一。从创新发展新格局来看，注重需求侧改革需要促进流通方式配合生产方式、消费方式的变化而不断发生调整，表现为流通职能的动态变化和复杂化，劳动、资本、技术等投入要素的质与量也会发生重大变化，向提供异质化产品与服务转变，更好地满足有效需求。随着新业态、新技术、新模式的不断涌现，信息技术的发展促进了流通企业创新并逐渐上升到产业创新层面，企业的技术外溢需要发展到整个产业的技术外溢，逐步从根本上改变上游产业的组织形态和产业形态，发挥其沟通协调国民经济生产侧和需求侧的核心功能。因此，更好地满足人民日益增长的物质文化需求应该是生产和流通双向升级的结果。

（四）发挥消费的基础性作用需要立足于国内国外两个市场、两种循环

创新发展新格局需要立足于国内国外市场循环的基础之上，国内大循环是供给与需求匹配的复杂商品流通过程以及在此基础上的资本、技术、信息等生产要素的复杂循环过程，国外大循环是国际范围内的商品、要素、国际收支的综合平衡过程。国内国外市场循环应该是相互促进相互影响的。消费既是国内商品和要素复杂流通过程中的重要环节，也是国内国外市场循环的重要基础，打通国内循环的痛点、堵点，促进国内大循环的畅通，会进一步促进国外循环的高质量提升。国内市场高质量和高水平的循环可以消费更多的进口商品和服务，国内市场上产品和服务供给结构调

整又进一步促进国内产业结构升级。当然，消费基础性作用的发挥还需要进一步打通国内国外市场循环的痛点和堵点。

四、以改革创新为根本动力促进我国居民消费持续增长

促进我国居民消费持续增长需要以改革创新为根本动力。2020 年，党的十九届五中全会通过的《中共中央关于制定国民经济和社会发展第十四个五年规划和二〇三五年远景目标的建议》强调："以推动高质量发展为主题，以深化供给侧结构性改革为主线，以改革创新为根本动力，以满足人民日益增长的美好生活需要为根本目的，统筹发展和安全，加快建设现代化经济体系，加快构建以国内大循环为主体、国内国际双循环相互促进的新发展格局。"改革是为适应新发展阶段的经济形势而进行体制机制变革，创造经济制度的边际增量以适应新发展格局和现阶段经济发展需要。创新是在理论、实践、制度、技术、管理等多方面开展探索，抓好新一轮科技革命和产业变革的发展机遇，提高我国创新的能力，主动探索产品创新、生产变革和商业模式创新。通过改革与促进居民消费增长不相适应的体制机制问题，把过去亲出口、亲投资的体制机制转变为亲消费的体制机制，深化供给侧结构性改革，促进产品创新、生产创新和商业模式创新以更好地满足人民美好生活的需要，培育新的消费增长点。

改革影响居民"消费能力"的体制机制。首先，需要通过提高收入水平，刺激居民消费欲望，促进消费的持续增长。前文的研究中有关消费行为经验法则的验证已表明，我国经济的现发展阶段可支配收入依然是影响居民消费的重要因素。居民收入提升需要依靠推进经济新的增长点，稳步推进城镇化进程，推动新型城镇化建设和完善城乡一体的体制机制，推动城乡资源双向自由流动，特别是推动乡村振兴发展战略、发展乡村经济，提高农民收入和消费增速。其次，需要进一步深化收入分配制度改革，完善初次分配制度，提高分配效率，加大二次分配的调节力度。完善初次收入分配制度，需要破除体制机制限制，推动要素市场化改革，稳步推进新型城镇化建设，促进低收入群体收入增加，扩大中等收入群体。加大二次分配的调节力度，需要发挥财税政策的调节作用，发挥政府监管，降低垄断和不正当竞争行为导致的贫富差距加剧，加强政府在公共服务方面的社会性支出，推动公共服务均等化，进一步缩小收入分配差距。深化收入分配制度

改革的同时需要稳定就业，拓宽居民劳动收入和财产性收入渠道，破除阻碍人才社会流动的体制机制，合理发展新的就业模式和就业方式。

改革影响居民"消费意愿"的体制机制。消费相较于收入而言是一个"慢变量"，由于基本消费需求和消费者决策的跨期配置，消费相较于收入总是表现出平滑的特点，不会剧烈波动。由于疫情冲击和不确定性因素的影响，近年来我国的消费意愿更多地表现出预防性储蓄动机、库存效应或耐久效应（消费的跨期替代）等不利的消费意愿。消费意愿是消费者在可支配收入中拿出多少比例用于消费支出的行为决策，也称之为消费倾向，需要关注不同群体的消费倾向及其演变趋势。由于边际消费倾向随着收入增加的递减规律，高收入群体的消费倾向低于低收入群体的消费倾向，低收入群体的消费倾向高但消费增长有限，应当积极推进低收入群体增收，推动中间收入群体消费意愿提升，破除影响消费意愿提升的体制机制限制。新型城镇化发展过程中需要完善多层次社会保障体系，对新增城市居民建立医疗、入学、养老等同等的社会保障，减少居民消费的后顾之忧。完善城乡居民基本医疗保险全国统筹，减少社会保障的区域不平等，建立健全基本的社会福利制度。建立房地产调控的长效机制，限制资金流向用于房地产投机，控制居民部门的杠杆率水平，把握好保持居民合理杠杆水平与消费信贷合理增长的关系，减少居住支出对其他消费分项的挤出效应。完善居民消费环境，保护消费者权益，拓宽消费领域。特别是完善乡村消费基础设施建设，促进电子商务进农村，保障乡村居民合理享有城市流通基础设施服务供给。

创新供给并培育新的消费增长点。如前述研究，我国目前的消费特征表现为整体的结构升级趋势，但消费升级与消费分层并存，供给不足与供给过剩并存。一方面需要创新供给，深化供给侧结构性改革，发展多层次的细分产品市场满足不同层次的消费需求，特别是适合中国农村市场消费的基本工业品和适销创新产品，同时满足城镇居民消费升级和乡村居民生存性、发展性消费需求；另一方面需要创新养老、医疗、健康、家政、文娱、体育等服务性产品供给，满足人民日益增长的物质文化需要，发展消费新业态、新模式，促进消费互联网与产业互联网的互联互通，发展共享经济和绿色消费，培育新的消费增长点。同时，需要改革影响创新供给和新消费增长的不利因素，创造有利条件促进消费增长。进一步优化投资体制机制，促进服务业发展，推动数据要素市场建设，反对垄断行为和不正当竞争行为，维护良好的消费环境和消费信用体系的建立，缩小区域发展差距和城乡发展差距，吸引高端消费回流，等等。

　　促进消费增长和"消费平等"是实现人民共同富裕的内在要求，应该以改革创新为根本动力，促进居民消费增长，满足人民美好生活需要，合理控制消费不平等程度，推动共同富裕的最终实现。习近平总书记在中央财经委员会第十次会议上强调：共同富裕是社会主义的本质要求，是中国式现代化的重要特征。要坚持以人民为中心的发展思想，在高质量发展中促进共同富裕。居民的收入全面提高是实现共同富裕的基础和最基本的要求，共同富裕的更高层次的内涵是居民福利的提高和人的全面发展。消费作为与民生息息相关的重要领域，是居民福利最直接的体现。在社会主义初级阶段，不平衡不充分的发展决定了消费领域的"不平等"。以共同富裕为导向，促进社会产品在全社会的充分流动和相对均衡，不断满足人民群众对美好生活的向往是"消费平等"的应有之义。

五、注重需求侧管理并健全一揽子政策配套措施

　　如前所述，聚焦"双循环"下如何发挥消费的基础性作用，需要立足新时代我国家庭消费的发展特征与持续增长动力机制，深入理解我国城镇化（城乡一体化融合）、人口老龄化、收入分配体制、劳动力和人才社会流动性体制机制等领域的重要社会性影响因素，从"生产—流通—消费"的复杂循环体系中去理解消费的基础性作用。因此，注重需求侧管理、促进居民消费持续增长需要健全一揽子的政策配套措施，综合考虑政策的长短期影响因素，并且做到长期和短期宏观政策的协同。

　　健全新时代促进消费增长的一揽子配套措施本质上是为了增强消费力，消费力由消费者、消费资料和消费环境构成。在消费者层面，扩大中等收入群体、构建人口老龄化和住房消费的相关配套措施，从而缩小收入分配差距、增强消费信心；在消费资料层面，做好关键行业的供给侧改革、推动发育新的消费模式，从而促进供给体系优化，为消费者提供更高质量的产品和服务；在消费环境层面，加快整合国内统一市场和加强城乡循环、畅通国际经济循环，从而促进消费需求的有效传递，使高质量的产品和服务触达更多消费者。

（一）深化供给侧结构性改革的相关政策措施

　　从供给侧来看，一方面要加快打造支撑科技强国的全流程创新产业链

条,从产业整体升级角度推动产业创新和产业数字化的发展,创新产品供给、变革生产方式、创新商业模式;另一方面,要加强细分产品市场的建设,疏通部分行业的结构性过剩,以新需求消纳产能,促进供需平衡和社会再生产过程的顺畅循环。《中国制造 2025》提出:"坚持走中国特色新型工业化道路,以促进制造业创新发展为主题……促进产业转型升级,培育有中国特色的制造文化,实现制造业由大变强的历史跨越。"要加快打造支撑科技强国的全流程创新产业链条,从产业整体升级角度推动产业创新和产业数字化的发展;进一步发挥制造业的空间集聚效应,推动制造业与服务业的深度融合,通过协同创新,降低生产成本,迎合消费个性化和定制化的发展趋势;质量是制造业的生命线,要把好质量关,在上中下游建立严格的全链路质量监管体系,倒逼制造业企业改进生产技术以提高产品的竞争力;加强中西部的基础设施建设,为承接东部的制造业转移打牢基础。通过市场下沉,进一步挖掘潜在需求,以新需求消纳产能,为细分市场提供合意的适销产品,促进供需平衡和社会再生产过程的顺畅循环;制造业在转型升级的过程中必然伴随着"阵痛",单纯依靠市场的力量无法突破既有体制机制的束缚,政府要在政策、监管和提供公共服务等方面做好顶层设计,引领生产要素在市场机制的作用下重新进行配置。

(二) 推动培育新的消费增长点、发展新消费模式的政策举措

2018 年《中共中央 国务院关于完善促进消费体制机制 进一步激发居民消费潜力的若干意见》指出,要顺应居民消费升级趋势,持续提升传统消费,大力培育新型消费。推动培育新的消费增长点、发展新消费模式首先要鼓励在 5G、工业互联网等"新基建"领域的投资,不断夯实"新消费"发展的基础;要注重开发下沉市场,强化一线城市与其他城市和乡村的互联互通,建设消费示范城市,借助渠道下沉和建设农村电商等方式不断挖掘新的消费增长点;要培养"资源节约型""环境友好型"的消费观念和尊重多元、注重品质的消费理念,不断提升消费增长的质量和可持续发展的动力;新的消费模式需要新的消费制度来保障,要加强对线上平台等各个环节的规范化治理,不断提高消费产品的质量和保障消费者的合法权益。

(三) 扩大中等收入群体,助力需求侧变革的政策举措

《浙江高质量发展建设共同富裕示范区实施方案 (2021—2025 年)》

指出，"家庭年可支配收入 10 万～50 万元的群体比例达 80％、20 万～60 万元的群体比例力争达 45％"。与此标准相比，我国中等收入群体无论是规模还是质量都需要进一步提升。具体做法可以分为两个层面：一是扩大中等收入群体的基本盘。要对接乡村振兴战略，加强农村基础设施建设，构建农村商贸与现代社区商业的互联互通机制，持续盘活农村经济；加强对小微企业的税收等领域的补贴，营造良好的营商环境和规范的法律体系，充分发挥其吸纳就业的功能，建立健全合理的工资增长制度，形成缩小收入分配差距的微观动力基础。二是"精准扩容"，即识别中等收入群体的潜力与弱势人群，进行精准帮扶。在推动公共服务数字化的同时，要注重化解"数字鸿沟"，实现全民共享数字红利；加强对高素质农民、小微企业创业者等中等收入群体后备军的关注和支持，帮助更多普通工作者通过自身努力进入中等收入群体。

（四）应对人口老龄化、发展养老产业的相关政策举措

我国老年人口抚养比一路走高，从 2017 年的 15.9％到 2020 年的 19.7％，这意味着原先由 6.3 个劳动年龄人口赡养 1 个老人到 5.1 个劳动年龄人口赡养 1 个老人，社会整体的养老压力不断增大。随着人口老龄化程度加深，养老金缺口问题凸显，我国养老社会保障体系面临挑战，养老相关的服务性产业发展需求急迫。在推进养老社会保障体系建设的过程中要做到统一标准，消除养老社会保障服务在城乡、区域等方面的差异；完善筹资渠道，合理调整不同主体应当承担的份额，适当引入社会资本，推动资源的合理配置；调节支付标准，保障金额的上升要与经济发展同步，探索建立保障金额与工资、物价挂钩的定价机制。规模庞大的"低龄老年人口"为我国在后人口红利时代提供了新的机遇，一方面，要健全监管机制，推动养老产业不断提供高质量的产品和服务，健全养老服务体系。另一方面，要与"智慧养老"相结合，利用大数据和互联网对养老产业进行深度赋能，使老年人足不出户就能"下单"；要将"家庭养老"和"社会养老服务体系"结合起来，通过政策补贴等措施降低家庭养老经济成本，提升家庭养老的可持续性，健全居家养老和规范发展机构养老并举，完善多层次养老保障体系，防止老龄贫困。

（五）构建房地产健康发展长效机制的相关政策举措

住房资产对家庭消费表现出正的"资产效应"和积极的"财富效应"，

但比较微弱。具体而言，住房财富的总边际消费倾向为 0.074，住房财富对日用品支出的边际消费倾向影响最大，为 0.102。原因主要有两个：一是购房行为需要消费者支付连续不断的现金流，从而在长期对消费产生不利影响；二是一般的消费者的购房行为是为了"住有所居"，并不把住房当作一项投资的资产。需要加强我国各大城市对于住房保障的政策立法，构建多层次的住房保障体系，保障消费者的合法权益。通过增加土地供应、安排专项资金、集中建设等办法，切实增加保障性租赁住房和共有产权住房供给。要加强顶层设计，建立财政、税务、发改、金融等多部门的支持体系，平衡好保障性租赁住房和共有产权住房供给的保障与市场属性，减轻消费者的购房负担以提振消费信心。

（六）构建统一、开放、竞争、有序市场的相关政策举措

加快完善国内统一大市场，形成供需互促、产销并进的良性循环。一是注重农村消费市场的发展和完善，统筹建立省市-县-乡镇-村的多级销售体系，加强对下沉市场的辐射带动作用，提高农村销售网点的密度；可以利用农村"熟人社会"的特点，探索农村社交电商的"团购"模式，不断提供高"性价比"的产品。二是推动物流运输体制改革，一方面政府要合理引导，鼓励创新、绿色、智能化的物流业发展新趋势；另一方面要健全物流业发展的金融支持体系，放宽民营资本的市场准入，合理发挥国有资本的支柱性作用。三是推动区域间政府的合作，在经济发展水平呈现"梯度化"、区位条件多样化的"超大规模市场"探索降低壁垒的长效机制，也是新时代实现共同富裕需要思考的重大课题。四是建立公平竞争的市场环境，加强反垄断和反不正当竞争法，维护消费者的合法权益。在促进城乡循环方面，要破解劳动力流动的户籍限制，发挥市场机制在技能型和高级劳动力资源配置中的作用，探索面向全体劳动者的终身职业技能培训制度，推动劳动力要素的自由流动与高质量转化。

综上所述，需求侧管理需要综合考虑政策的长短期效应和宏观政策的协调。需要明确居民消费增长目标的内涵，立足于中国消费的总体特征，结合中国居民消费的分层特征和发展趋势，以及地区、城乡、消费模式、消费平等的异质性，理解不同地区之间、城乡之间、不同消费模式的优劣、消费平等问题的重要性。以改革创新为根本动力推动居民消费持续增长，打通国内国外市场循环的痛点和堵点，立足于收入与消费的互动，扩展政策制定的多重视角，把政策的制定落脚在如何保障消费增长的持续性上。

参考文献

[1] 卞红飞，王必好．我国城镇居民恩格尔系数与消费者价格的变动关系分析 [J]．中国统计，2013 (4)：13-15．

[2] 卞靖，成丽敏．中等收入阶段消费升级的国际经验 [J]．宏观经济管理，2013 (9)：85-86．

[3] 蔡德容．关于消费结构的几个问题：与杨圣明、李学增同志商榷 [J]．中国社会科学，1986 (1)：71-78．

[4] 蔡昉．加快城市化，培养新的消费群体 [N]．人民日报，2000-10-16．

[5] 蔡思复．城市化是克服市场需求不足的根本途径 [J]．中南财经大学学报，1999 (5)：24-26．

[6] 晁钢令，万广圣．农民工家庭生命周期变异及对其家庭消费结构的影响 [J]．管理世界，2016 (11)：96-109．

[7] 陈斌开，陆铭，钟宁桦．户籍制约下的居民消费 [J]．经济研究，2010 (s1)：62-71．

[8] 陈斌开，陈琳，谭安邦．理解中国消费不足：基于文献的评述 [J]．世界经济，2014，37 (7)：3-22．

[9] 陈斌开．供给侧结构性改革与中国居民消费 [J]．学术月刊，2017 (9)：13-17．

[10] 陈斌开，李涛．利率市场化与中国城镇居民消费 [J]．经济科学，2019 (4)：31-43．

[11] 陈建宝，李坤明．收入分配、人口结构与消费结构：理论与实证研究 [J]．上海经济研究，2013 (4)：74-87．

[12] 陈健，陈杰，高波．信贷约束、房价与居民消费率：基于面板门槛模型的研究 [J]．金融研究，2012 (4)：45-57．

[13] 陈立梅．基于扩展线性支出系统模型的我国农村居民信息消费

结构分析：来自 1993—2009 年的经验数据 [J]. 管理世界，2013 (9)：180-181.

[14] 陈文玲. 我国消费需求发展趋势及深层次矛盾 [J]. 宏观经济研究，2007 (1)：15-21.

[15] 陈晓毅. "老龄化"和"少子化"是否影响了农村居民消费？：基于静态和动态空间面板模型的实证研究 [J]. 北京工商大学学报（社会科学版），2015，30 (3)：118-126.

[16] 陈彦斌. 用改革办法扩大消费 [J]. 中国金融，2019 (7)：72-73.

[17] 陈志刚，吕冰洋. 中国城镇居民收入和消费不平等的构成及其关系 [J]. 经济理论与经济管理，2016 (12)：32-45.

[18] 程大中，陈宪. 上海生产者服务与消费者服务互动发展的实证研究 [J]. 上海经济研究，2006 (1)：40-49.

[19] 程大中，汪蕊. 服务消费偏好、人力资本积累与"服务业之谜"破解：Pugno 模型拓展及基于中国的数值模拟 [J]. 世界经济，2006 (10)：49-58＋95.

[20] 程恩富. 指导扩大农民消费需求的力作：评《中国农民消费结构研究》[J]. 消费经济，2000 (2)：64.

[21] 迟巍，钱晓烨，吴斌珍. 家庭教育支出平等性的实证研究 [J]. 教育与经济，2011 (4)：34-37.

[22] 仇恒喜. 我国城镇居民消费结构分析 [J]. 商业研究，2001 (9)：103-106.

[23] 丛屹，王栋. 不完全城市化对我国消费的影响研究 [J]. 华东经济管理，2013 (7)：34-38.

[24] 崔源潮. 收入不平等是否导致了总消费需求不足 [D]. 沈阳：辽宁大学，2014.

[25] 戴平生，庄赟. 农村居民消费不平等的微观结构分析 [J]. 统计与信息论坛，2012，27 (5)：106-112.

[26] 戴平生，林文芳. 拓展基尼系数及其居民消费应用研究 [J]. 统计研究，2012 (6)：18-26.

[27] 戴颖杰，周奎省. 房价变动对居民消费行为影响的实证分析 [J]. 宏观经济研究，2012 (3)：73-79.

[28] 邓健，张玉新. 房价波动对居民消费的影响机制 [J]. 管理世界，2011 (4)：171-172.

[29] 董秀良，曹凤岐．基于马尔科夫转换模型的城镇居民消费行为研究 [J]．经济管理，2009 (12)：8-13.

[30] 杜丹清．互联网助推消费升级的动力机制研究 [J]．经济学家，2017, 3 (3)：48-54.

[31] 杜莉，沈建光，潘春阳．房价上升对城镇居民平均消费倾向的影响：基于上海市入户调查数据的实证研究 [J]．金融研究，2013 (3)：44-57.

[32] 樊茂清，任若恩．基于异质性偏好的中国城镇居民消费结构研究 [J]．中国软科学，2007 (10)：37-46.

[33] 范剑平，向书坚．我国城乡人口二元社会结构对居民消费率的影响 [J]．管理世界，1999 (5)：35-38.

[34] 范金，王亮，坂本博．几种中国农村居民食品消费需求模型的比较研究 [J]．数量经济技术经济研究，2011：64-77.

[35] 方福前．中国居民消费需求不足原因研究：基于中国城乡分省数据（英文）[J]．中国经济学前沿，2009 (4)：68-82.

[36] 方福前．从消费率看中国消费潜力与实现路径 [J]．经济学家，2020 (8)：27-38.

[37] 封进，余央央，楼平易．医疗需求与中国医疗费用增长：基于城乡老年医疗支出差异的视角 [J]．中国社会科学，2015 (3)：85-103.

[38] 冯华，陈亚琦．平台商业模式创新研究：基于互联网环境下的时空契合分析 [J]．中国工业经济，2016 (3)：99-113.

[39] 付波航，方齐云，宋德勇．城镇化、人口年龄结构与居民消费：基于省际动态面板的实证研究 [J]．中国人口·资源与环境，2013, 23 (11)：108-114.

[40] 郭怀英．扩大服务消费需求的难点与对策 [J]．宏观经济管理，2011 (12)：20-21.

[41] 郭燕，王凯，陈国华．基于线上线下融合的传统零售商转型升级研究 [J]．中国管理科学，2015, 23 (S1)：726-731.

[42] 杭斌．人情支出与城镇居民家庭消费：基于地位寻求的实证分析 [J]．统计研究，2015 (4)：68-76.

[43] 何石军，黄桂田．中国社会的代际收入流动性趋势：2000—2009 [J]．金融研究，2013 (2)：19-32.

［44］洪银兴．居民消费增长的秩序［J］．消费经济，1992（3）：8-12．

［45］胡安宁．倾向值匹配与因果推论：方法论述评［J］．社会学研究，2012，27（1）：221-242+246．

［46］胡宏兵，高娜娜．城乡二元结构养老保险与农村居民消费不足［J］．宏观经济研究，2017（7）：104-113．

［47］胡日东，苏梽芳．中国城镇化发展与居民消费增长关系的动态分析：基于VAR模型的实证研究［J］．上海经济研究，2007，5：58-65．

［48］胡荣华，孙计领．消费能使我们幸福吗？［J］．统计研究，2015（12）：69-75．

［49］胡若痴，武靖州．不同城镇化发展道路对消费影响的区别探析［J］．消费经济，2013（10）：14-18．

［50］胡若痴，武靖州．论我国经济的韧性与潜力：基于中国特色社会主义制度的分析［J］．河北经贸大学学报，2020（6）：21-27．

［51］黄健元，高梦璇．江苏人口老龄化对消费水平影响的实证分析［J］．消费经济，2012（6）：52-55．

［52］黄静，屠梅曾．房地产财富与消费：来自于家庭微观调查数据的证据［J］．管理世界，2009（7）：35-45．

［53］黄隽，李冀恺．中国消费升级的特征、度量与发展［J］．中国流通经济，2018，32（4）：94-101．

［54］黄峻．我国"城镇化-消费扩张"的悖论解析与对策研究［J］．价格理论与实践，2014，7：115-117．

［55］黄明清，聂高辉．人口老龄化与居民消费水平关系：基于省际面板数据的实证研究［J］．消费经济，2015（2）：19-23．

［56］黄群慧．"新常态"、工业化后期与工业增长新动力［J］．中国工业经济，2014（10）：5-19．

［57］黄少军．商品消费、服务消费和经济结构变化：一个微观经济学的分析［J］．华南师范大学学报（社会科学版），2000（2）：25-31．

［58］江春，司登奎，苏志伟．中国城乡收入差距的动态变化及影响因素研究［J］．数量经济技术经济研究，2016（2）：41-57．

［59］姜百臣．消费需求系统模型的理论约束与实证应用探讨［J］．经济评论，2007（6）：93-96．

[60] 姜淼，何理. 中国城镇居民消费结构变动研究：基于 ELES 模型的实证分析 [J]. 经济与管理研究，2013 (6)：21-26.

[61] 蒋奖，徐凤，曾陶然，徐亚一. 体验购买与实物购买：概念，测量及其与快乐的关系 [J]. 心理科学进展，2014，22 (11)：1782-1790.

[62] 蒋南平，王向南，朱琛. 中国城镇化与城乡居民消费的启动：基于地级城市分城乡的数据 [J]. 当代经济研究，2011 (3)：62-67.

[63] 解垩. 城乡居民健康消费差异与分解 [J]. 农业技术经济，2008 (5)：57-66.

[64] 解垩. 房产和金融资产对家庭消费的影响：中国的微观证据 [J]. 财贸研究，2012，23 (4)：73-82.

[65] 孔蕊. 居民消费支出不平等研究：基于全国城乡居民消费支出调查数据的分析 [J]. 商业时代，2014 (21)：16-17.

[66] 乐昕. 我国老年消费数量的人群差异研究：以 2011 年 CHARLS 全国基线调查数据为例 [J]. 人口学刊，2015，37 (5)：104-112.

[67] 乐昕，彭希哲. 老年消费新认识及其公共政策思考 [J]. 复旦学报（社会科学版），2016，58 (2)：126-134.

[68] 雷潇雨，龚六堂. 城镇化对于居民消费率的影响：理论模型与实证分析 [J]. 经济研究，2014，6：44-57.

[69] 李春玲. 当代中国社会的消费分层 [J]. 中山大学学报（社会科学版），2007 (4)：8-13+124.

[70] 李洪心，白雪梅. 生命周期理论及在中国人口老龄化研究中的应用 [J]. 中国人口科学，2006 (4)：28-34.

[71] 李华香，陈志光. 城镇化驱动居民消费增长的机理及实证分析 [J]. 东岳论丛，2013，34 (10)：171-174.

[72] 李江一. "房奴效应"导致居民消费低迷了吗？[J]. 经济学（季刊），2018，17 (1).

[73] 李培林，张翼. 消费分层：启动经济的一个重要视点 [J]. 中国社会科学，2000 (1)：52-61+205.

[74] 李清彬，李博. 中国居民幸福-收入门限研究：基于 CGSS2006 的微观数据 [J]. 数量经济技术经研究，2013 (3)：36-52.

[75] 李涛，么海亮. 消费不平等问题研究综述 [J]. 经济社会体制比较，2013 (4)：230-241.

[76] 李涛，么海亮. 什么导致了中国城镇家庭的消费不平等 [J].

经济理论与经济管理，2013（9）：31-40.

［77］李涛，陈斌开. 家庭固定资产、财富效应与居民消费：来自中国城镇家庭的经验证据［J］. 经济研究，2014，49（3）：62-75.

［78］李文星，徐长生，艾春荣. 中国人口年龄结构和居民消费：1989—2004［J］. 经济研究，2008（7）：118-129.

［79］李祥云. 税费改革前后义务教育维持性支出地区差异变化分析：以省级数据为基础的实证分析［J］. 农业经济问题，2008（10）：84-91.

［80］李小军，李宁辉. 粮食主产区农村居民食物消费行为的计量分析［J］. 统计研究，2005：43-47.

［81］李晓明. 城乡二元经济结构与中国经济增长［J］. 北京工商大学学报，2002（4）：10-14.

［82］李中斌，王灿雄，李莉. 福建省人口老龄化对城镇居民消费需求的影响：基于福建省1995—2013年相关数据的分析［J］. 福建论坛（人文社会科学版），2016（3）：155-163.

［83］厉以宁. 消费经济学［M］. 北京：人民出版社，1984.

［84］林晨，陈小亮，陈伟泽，等. 人工智能、经济增长与居民消费改善：资本结构优化的视角［J］. 中国工业经济，2020（2）：61-83.

［85］林晓珊. 增长中的不平等：从消费升级到消费分层［J］. 浙江学刊，2017（3）：112-120.

［86］林晓珊. 家庭老龄化、消费结构与消费分层：基于CFPS2012的数据分析［J］. 东南大学学报（哲学社会科学版），2018，20（2）：112-121+148.

［87］刘方棫. 消费结构及其合理化的考察［J］. 财贸经济，1982（12）：9-12.

［88］刘方棫，刘星星，刘伟. 1980—2000年我国居民消费结构的考察和预测［J］. 预测，1983（Z2）：24-27.

［89］刘方棫，张少龙. 富有创见的消费结构理论［J］. 消费经济，1995（1）：22-24.

［90］刘根荣. 电子商务对农村居民消费影响机理分析［J］. 中国流通经济，2017，31（5）：96-104.

［91］刘湖，张家平. 互联网对农村居民消费结构的影响与区域差异［J］. 财经科学，2016（4）：80-88.

［92］刘欢.中国城镇化对居民消费需求的影响研究［D］.北京：首都经济贸易大学，2015.

［93］刘辉煌，徐华亮.中国城镇居民服务消费的地区差异分析［J］.消费经济，2008（1）：39－42.

［94］刘慧.居民消费结构升级：经济史呈现的一般规律及中国的轨迹［J］.经济问题探索，2013（6）：9－14.

［95］刘慧.中国消费结构合理度及其对产业结构的影响：基于投入产出模型的判断［J］.经济与管理研究，2014（1）：79－85.

［96］刘妮娜，张汝飞.新生代流动人口家庭消费水平与消费结构研究［J］.消费经济，2013，29（6）：31－34.

［97］刘涛，袁祥飞.我国服务消费增长的阶段定位和政策选择：基于代表性发达国家服务消费增长规律［J］.经济纵横，2019（2）：101－110.

［98］刘伟.体制改革中的消费增长及其经济作用［J］.消费经济，1986（2）：10－17.

［99］刘欣.中国城市的阶层结构与中产阶层的定位［J］.社会学研究，2007（6）：1－14＋242.

［100］刘也，张安全，雷震.住房资产的财富效应：基于CHFS的经验证据［J］.财经科学，2016（11）：71－78.

［101］刘毅.消费者需求结构系统计量模型的演进及评价［J］.统计与信息论坛，2009，24（3）：20－24.

［102］刘毅.城镇居民消费基尼系数变动及其分解：对不平等的一种解释［J］.广东社会科学，2013（6）：56－63.

［103］刘长庚，张磊.新时代消费发展需推动消费量质齐升［J］.消费经济，2018（34）：3－11.

［104］柳思维.消费经济研究的新突破：评《中国消费结构研究》一书［J］.消费经济，1988（5）：61－63.

［105］柳思维，杜蓉.信息消费的内涵界定、经济功能与影响因素：一个文献述评［J］.消费经济，2018（4）：55－59.

［106］柳思维.房价波动与居民消费：影响机理及调控思路［J］.消费经济，2018（5）：31－35.

［107］柳思维.特大疫情冲击非常时期发放消费券促进消费回补的思考［J］.消费经济，2020（3）：13－18.

[108] 卢嘉瑞，田学斌．调整消费政策 促进消费增长 [J]．消费经济，1999 (1)：19-22．

[109] 罗楚亮，颜迪．消费结构与城镇居民消费不平等：2002—2018年 [J]．消费经济，2020，36 (6)：3-16．

[110] 罗珉，李亮宇．互联网时代的商业模式创新：价值创造视角 [J]．中国工业经济，2015 (1)：95-107．

[111] 马成文，司金銮．中国农村居民消费结构研究 [J]．中国农村经济，1997 (11)：61-64．

[112] 马克思，恩格斯．马克思恩格斯全集：第 1 卷 [M]．北京：人民出版社，1979．

[113] 马克思，恩格斯．马克思恩格斯全集：第 49 卷 [M]．北京：人民出版社，1982．

[114] 马克思，恩格斯．马克思恩格斯全集：第 30 卷 [M]．北京：人民出版社，1995．

[115] 马克思，恩格斯．马克思恩格斯全集：第 31 卷 [M]．北京：人民出版社，1998．

[116] 马克思，恩格斯．马克思恩格斯全集：第 46 卷 [M]．北京：人民出版社，2003．

[117] 马克思，恩格斯．马克思恩格斯全集：第 33 卷 [M]．北京：人民出版社，2004．

[118] 马克思，恩格斯．马克思恩格斯选集：第 2 卷 [M]．北京：人民出版社，1995．

[119] 马克思，恩格斯．马克思恩格斯选集：第 3 卷 [M]．北京：人民出版社，1995．

[120] 马克思，恩格斯．马克思恩格斯选集：第 2 卷 [M]．北京：人民出版社，2012．

[121] 马克思，恩格斯．马克思恩格斯选集：第 3 卷 [M]．北京：人民出版社，2012．

[122] 马克思．资本论 [M]．北京：人民出版社，2004．

[123] 毛中根，杨丽姣．经济全球化背景下供给侧改革与居民消费结构升级 [J]．财经科学，2017 (1)：72-82．

[124] 毛中根，谢迟，叶胥．新时代中国新消费：理论内涵、发展特点与政策取向 [J]．经济学家，2020 (9)：64-74．

[125] 孟祥轶，杨大勇，于婧．中国城市炫耀性消费的特征及决定因素：基于北京市家庭数据的实证分析 [J]．经济研究，2010，45（S1）：118-128.

[126] 穆月英，笠原浩三，松田敏信．中国城乡居民消费需求系统的AIDS 模型分析 [J]．经济问题，2001：25-28.

[127] 倪红福，冀承．中国居民消费结构变迁及其趋势：基于中美投入产出表的分析 [J]．消费经济，2020，36（1）：3-12.

[128] 祁慧博．农民工养老保险与消费分层：来自浙江的调查 [J]．消费经济，2017，33（3）：47-54.

[129] 曲兆鹏，赵忠．老龄化对我国农村消费和收入不平等的影响 [J]．经济研究，2008，43（12）：85-99.

[130] 闫丙金．收入、社会阶层认同与主观幸福感 [J]．统计研究，2012，29（10）：64-72.

[131] 商海岩，胡欢欢．供给侧改革视角下城市化拉动服务消费的路径研究 [J]．经济与管理评论，2017，33（6）：14-20.

[132] 沈鸿，顾乃华．传统文化、家庭规模与居民社会服务支出 [J]．财贸研究，2016，27（6）：1-10＋28.

[133] 沈家文，刘中伟．促进中国居民服务消费的影响因素分析 [J]．经济与管理研究，2013（1）：53-58.

[134] 施建淮，朱海婷．中国城市居民预防性储蓄及预防性动机强度：1999—2003 [J]．经济研究，2004（10）：66-74.

[135] 石凯，聂丽．城镇化对城乡居民消费的影响 [J]．城市问题，2014（6）：87-93.

[136] 石明明，张小军．金融危机视域下的美国消费型社会困境及其对中国的启示 [J]．当代经济管理，2009（9）：77-81.

[137] 石明明，刘向东．空间、消费黏性与中国低消费之谜 [J]．中国人民大学学报，2015（2）：46-56.

[138] 石明明，江舟，邱旭容．老龄化如何影响我国家庭消费支出：来自中国综合社会调查的证据 [J]．经济理论与经济管理，2019（4）：62-79.

[139] 石明明，江舟，周小焱．消费升级还是消费降级 [J]．中国工业经济，2019（7）：42-60.

[140] 史清华，徐翠萍．长三角农户服务消费行为的变迁：1986—

2005 [J]. 农业经济问题, 2008 (3): 64-72+111.

[141] 宋勃. 房地产市场财富效应的理论分析和中国经验的实证检验: 1998—2006 [J]. 经济科学, 2007, 29 (5): 41-53.

[142] 宋明月, 臧旭恒. 消费黏性视角下我国城镇居民财富效应检验 [J]. 经济评论, 2016 (2): 48-57.

[143] 宋泽, 邹红. 增长中的分化: 同群效应对家庭消费的影响研究 [J]. 经济研究, 2021, 56 (1): 74-89.

[144] 孙凤. 性别、职业与主观幸福感 [J]. 经济科学, 2007 (1): 95-106.

[145] 孙凤. 主观幸福感的结构方程模型 [J]. 统计研究, 2007 (2): 27-32.

[146] 孙豪, 胡志军, 陈建东. 中国消费基尼系数估算及社会福利分析 [J]. 数量经济技术经济研究, 2017, 34 (12): 41-57.

[147] 孙华臣, 焦勇. 贸易开放、地方政府竞争与中国城乡收入差距 [J]. 宏观经济研究, 2017 (12): 137-147.

[148] 孙蕾, 吴姝嫔. 中国人口老龄化对居民消费影响的实证研究 [J]. 统计与决策, 2015 (9): 98-101.

[149] 孙浦阳, 张靖佳, 姜小雨. 电子商务、搜寻成本与消费价格变化 [J]. 经济研究, 2017, 52 (7): 139-154.

[150] 谭涛, 张燕媛, 何军. 中国农村居民家庭医疗消费支出的影响因素及弹性分析 [J]. 上海财经大学学报, 2014, 16 (3): 63-69+112.

[151] 谭政勋. 我国住宅业泡沫及其影响居民消费的理论与实证研究 [J]. 经济学家, 2010, 3 (3): 58-66.

[152] 汤定娜, 廖文虎, 许冬. 多渠道整合质量对消费者线上购买意愿的影响研究 [J]. 价格理论与实践, 2018 (1): 154-157.

[153] 唐红涛, 陈薇. 后疫情时期发展电子商务促进消费回补的思考 [J]. 科技智囊, 2020 (4): 42-46.

[154] 唐琦, 夏庆杰, 李实. 中国城市居民家庭的消费结构分析: 1995—2013 [J]. 经济研究, 2018, 53 (2): 35-49.

[155] 田成川. 城市化: 解决消费需求不足的必由之路 [J]. 宏观经济管理, 2004 (8): 36-38.

[156] 田晖. 消费经济学 [M]. 上海: 同济大学出版社, 2006.

[157] 万广华. 不平等的度量与分解 [J]. 经济学 (季刊), 2009, 8

(1): 347 - 368.

[158] 汪伟. 计划生育政策的储蓄与增长效应: 理论与中国的经验分析 [J]. 经济研究, 2010 (10): 63 - 77.

[159] 汪伟. 消费券政策的作用与问题 [J]. 消费经济, 2020 (3): 9 - 11.

[160] 汪伟, 杨嘉豪, 吴坤, 徐乐. 二孩政策对家庭二孩生育与消费的影响研究: 基于 CFPS 数据的考察 [J]. 财经研究, 2020 (12): 79 - 93.

[161] 王芳. 人口年龄结构对居民消费水平的影响: 理论模型与实证检验 [J]. 统计与决策, 2016 (16): 33 - 37.

[162] 王笳旭. 人口老龄化对我国城乡居民消费差距的影响研究: 基于省际动态面板数据的实证分析 [J]. 当代经济科学, 2015, 37 (5): 109 - 115.

[163] 王晶晶, 黄繁华. 我国服务业发展滞后与生产率增长悖论的解析: 基于服务消费视角 [J]. 上海财经大学学报, 2014, 16 (1): 106 - 112.

[164] 王琴, 张磊, 马健. 网店与实体店的关系机理与模式选择: 基于溢出效应的分析 [J]. 中国工业经济, 2015 (7): 99 - 113.

[165] 王韬, 毛建新. 流动人口家庭与城镇家庭的消费差异: 基于分位数回归的分析 [J]. 人口与经济, 2015 (4): 60 - 68.

[166] 王选选, 刘娟英. 中国农村居民省际消费结构差异分析 [J]. 数理统计与管理, 2007, 26 (5): 846 - 851.

[167] 王一鸣. 改革开放以来我国宏观经济政策的演进与创新 [J]. 管理世界, 2018, 34 (3): 1 - 10.

[168] 汪伟. 如何构建扩大消费需求的长效机制 [J]. 学术月刊, 2017 (9): 9 - 12.

[169] 王勇. 食品价格波动对家庭消费的影响研究: 基于 CFPS2014 数据的分析 [J]. 调研世界, 2018 (8): 40 - 48.

[170] 王裕国. 关于当前居民消费增长的几个问题 [J]. 消费经济, 2001 (3): 8 - 10.

[171] 王子龙, 许箫迪, 徐浩然. 房地产市场财富效应理论与实证研究 [J]. 财贸经济, 2008 (12): 116 - 122.

[172] 魏勇, 杨刚, 杨孟禹. 城镇居民消费升级特征与动因研判: 基

于空间溢出视角的实证研究 [J]. 经济问题探索，2017 (1)：51 - 63.

[173] 文启湘. 开创消费结构研究的新局面：评尹世杰主编的《中国消费结构合理化研究》[J]. 消费经济，2002 (1)：65.

[174] 文启湘. 消费经济学 [M]. 西安：西安交通大学出版社，2005.

[175] 吴锦峰，常亚平，侯德林. 多渠道整合对零售商权益的影响：基于线上与线下的视角 [J]. 南开管理评论，2016，19 (2)：170 - 181.

[176] 吴鸣然，马骏. 新型城镇化进程中农村消费空间的转向与再生产 [J]. 商业经济研究，2016 (1)：143 - 145.

[177] 夏杰长，张颖熙. 我国城乡居民服务消费现状、趋势及政策建议 [J]. 宏观经济研究，2012 (4)：14 - 21＋47.

[178] 夏杰长. 城镇化对中国城乡居民服务消费影响的实证分析：基于 2000—2011 年省际面板数据 [J]. 学习与探索，2014 (1)：101 - 105.

[179] 夏杰长，齐飞. 习惯性偏好、人口结构与城镇居民服务消费：基于 2000—2011 年省级动态面板数据的实证检验 [J]. 北京工商大学学报（社会科学版），2014，29 (5)：109 - 118.

[180] 夏杰长. 开创现代服务业发展新格局 [J]. 财贸经济，2015 (12)：8 - 10.

[181] 夏杰长，肖宇，欧浦玲. 服务业"降成本"的问题与对策建议 [J]. 企业经济，2019 (1)：127 - 135.

[182] 夏庆杰，唐琦. 中国非农业家庭消费行为影响因素分析 [J]. 社会科学战线，2017 (6)：65 - 76.

[183] 夏庆杰，李实，宋丽娜. 中国城市消费不平等：1995—2013 年 [J]. 消费经济，2019，35 (4)：3 - 13.

[184] 向晶. 人口结构调整对我国城镇居民消费的影响 [J]. 经济理论与经济管理，2013，33 (12)：14 - 22.

[185] 萧清仁，李琼映. 台湾地区主食类食品价格及所得变动对国民营养的影响 [J]. 农业与经济（台北），2004 (33)：83 - 111.

[186] 肖捷. 对消费的增长必须加以适当控制 [J]. 财贸经济，1981 (4)：36 - 39.

[187] 肖静华，吴瑶，刘意，谢康. 消费者数据化参与的研发创新：企业与消费者协同演化视角的双案例研究 [J]. 管理世界，2018，34 (8)：154 - 173＋192.

［188］肖彦花．中国城镇居民家庭消费结构实证分析［J］．湘潭大学社会科学学报，2001（3）：25 - 28.

［189］谢邦昌，么海亮．中国城镇家庭消费不平等分布测度研究［J］．商业经济与管理，2013（1）：79 - 86.

［190］谢洁玉，吴斌珍，李宏彬，等．中国城市房价与居民消费［J］．金融研究，2012（6）：13 - 27.

［191］邢占军．主观幸福感测量研究综述［J］．心理科学，2002，25（3）：336 - 338.

［192］徐国祥，刘利．中国人口老龄化与居民消费结构的统计检验［J］．统计与决策，2016（1）：91 - 94.

［193］许光建，佘欣艺．提振内需 扩大开放 坚持推进供给侧结构性改革：2019 年宏观经济形势分析及 2020 年经济形势展望［J］．宏观经济管理，2020（3）：21 - 34.

［194］许坤，卢倩倩，许光建．基本公共服务均等化与消费扩容升级：基于面板模型和面板分位回归数模型的分析［J］．经济问题探索，2020（6）：28 - 42.

［195］颜色，朱国钟．"房奴效应"还是"财富效应"？：房价上涨对国民消费影响的一个理论分析［J］．管理世界，2013（3）：34 - 47.

［196］阳义南，连玉君．中国社会代际流动性的动态解析：CGSS 与 CLDS 混合横截面数据的经验证据［J］．管理世界，2015（4）：79 - 91.

［197］杨碧云，张凌霜，易行健．家庭服务性消费支出的决定因素：基于中国城镇住户调查数据的实证检验［J］．财贸经济，2014（6）：122 - 136.

［198］杨继东．中国消费不平等演变趋势及其原因［J］．财贸经济，2013（4）：111 - 120.

［199］杨汝岱，袁碧姝．新农保与农村居民消费［J］．消费经济，2019（1）：3 - 12.

［200］杨圣明，李学曾．有关消费结构的几个问题［J］．中国社会科学，1984（5）：57 - 72.

［201］杨圣明，马建堂．消费经济学研究中的一部创新之作：评林白鹏等著《中国消费结构与产业结构关联研究》［J］．管理世界，1995（4）：214 - 216.

［202］杨新铭．城镇化促进最终消费的内在机制［J］．学习与探索，

2013 (9)：90 - 97.

[203] 杨赞，张欢，赵丽清. 中国住房的双重属性：消费和投资的视角 [J]. 经济研究，2014，49 (S1)：55 - 65.

[204] 杨轻波. 我国城镇居民消费不平等演变及其原因 [J]. 财经理论研究，2013 (4)：54 - 58.

[205] 叶胥，毛中根. 服务消费增长的难点及对策分析：基于四川省的数据 [J]. 消费经济，2015，31 (3)：13 - 20.

[206] 叶永盛，M H Yeh，庹国柱. 我国主要食物消费需求的经济计量学估计 [J]. 农业技术经济，1993 (3)：12 - 17.

[207] 易行健，王俊海，易君健. 预防性储蓄动机强度的时序变化与地区差异：基于中国农村居民的实证研究 [J]. 经济研究，2008 (2)：119 - 131.

[208] 殷俊茹，徐豪熠，倪宣明. 人口老龄化对居民消费水平的影响研究：基于最优增长模型的理论分析与实证检验 [J]. 系统工程理论与实践，2016，36 (12)：3034 - 3045.

[209] 尹恒，李实，邓曲恒. 中国城镇个人收入流动性研究 [J]. 经济研究，2006 (10)：30 - 43.

[210] 尹清非. 当代主要国家消费结构的比较研究 [J]. 消费经济，1996 (3)：35 - 39.

[211] 尹世杰. 我国当前调整消费结构的几个问题 [J]. 经济学动态，2001 (1)：34 - 37.

[212] 尹世杰. 消费经济学 [M]. 北京：高等教育出版社，2007.

[213] 尹世杰. 略论优化消费结构与转变经济发展方式 [J]. 消费经济，2011，27 (1)：3 - 9.

[214] 尹向东. 我国小康水平消费结构发展变化的主要特征 [J]. 消费经济，1994 (5)：15 - 19.

[215] 尹志超，仇化，潘学峰. 住房财富对中国城镇家庭消费的影响 [J]. 金融研究，2021 (2)：114 - 132.

[216] 于洋，钱强，王雅彤. 中国城市化、人口老龄化对居民消费的影响 [J]. 北京工商大学学报，2015 (10)：69 - 73.

[217] 余少谦. 中国城镇消费结构变动及相关因素的实证分析 [J]. 中国流通经济，2006，20 (1)：48 - 51.

[218] 余新平，熊德平. 城镇居民住房资产对家庭消费的财富效

应 [J]. 管理世界，2017 (6)：168 - 169.

　　[219] 俞建国，王蕴. "十二五"时期扩大消费需求的思路和对策研究 [J]. 宏观经济研究，2010 (2)：3 - 21.

　　[220] 元惠连，夏庆杰，王志伟. 中国城镇居民消费需求分析 [J]. 经济科学，2016 (4)：54 - 64.

　　[221] 袁成，刘舒亭. 我国商业健康保险增长会刺激居民消费吗?：基于 2006—2016 年省际面板数据的实证研究 [J]. 东南大学学报（哲学社会科学版），2018，20 (3)：69 - 77 + 147.

　　[222] 袁芳英. 人口老龄化背景下最优跨期消费路径的求解 [J]. 统计与决策，2009 (3)：8 - 10.

　　[223] 臧旭恒，孙文祥. 城乡居民消费结构：基于 ELES 模型和 AIDS 模型的比较分析 [J]. 山东大学学报（哲学社会科学版），2003 (6)：122 - 126.

　　[224] 臧旭恒，张欣. 中国家庭资产配置与异质性消费者行为分析 [J]. 经济研究，2018，53 (3)：21 - 34.

　　[225] 臧旭恒. 如何看待中国目前的消费形势和今后走势 [J]. 学术月刊，2017 (9)：5 - 9.

　　[226] 臧旭恒. 如何实现供求关系新的动态均衡 [J]. 人民论坛·学术前沿，2018 (2)：52 - 57.

　　[227] 臧旭恒. 调整国民收入分配结构 充分发挥消费在疫后经济恢复中的基础性作用 [J]. 消费经济，2020 (3)：3 - 6.

　　[228] 张传勇，罗峰，黄芝兰. 住房属性嬗变与城市居民阶层认同：基于消费分层的研究视域 [J]. 社会学研究，2020，35 (4)：104 - 127 + 243 - 244.

　　[229] 林晓珊. 中国家庭消费分层的结构形态：基于 CFPS2016 的潜在类别模型分析 [J]. 山东社会科学，2020 (3)：48 - 58.

　　[230] 张春晓，张林南，孙育红. 当前我国居民消费结构新特征及对策 [J]. 经济纵横，2016 (8)：37 - 40.

　　[231] 张大永，曹红. 家庭财富与消费：基于微观调查数据的分析 [J]. 经济研究，2012 (1)：53 - 65.

　　[232] 张恩碧，王容梅. 农村居民教育支出比重与财政教育支出比重的相关性 [J]. 消费经济，2015 (2)：73 - 78.

　　[233] 张海鹏，牟俊霖，尹航. 林区农村家庭生活能源消费需求实证

分析：基于双扩展的线性支出系统模型 [J]. 中国农村经济，2010（7）：64 - 74.

[234] 张浩，易行健，周聪. 房产价值变动、城镇居民消费与财富效应异质性：来自微观家庭调查数据的分析 [J]. 金融研究，2017（8）：50 - 66.

[235] 张慧芳，朱雅玲. 居民收入结构与消费结构关系演化的差异研究：基于 AIDS 扩展模型 [J]. 经济理论与经济管理，2017（12）：23 - 35.

[236] 张乐，雷良海. 中国人口年龄结构与消费关系的区域研究 [J]. 人口与经济，2011（1）：16 - 21.

[237] 张敏. 我国城乡居民文化消费比较研究：基于虚拟解释变量模型应用和消费升级视角 [J]. 调研世界，2017（12）：33 - 36.

[238] 张明杨，章棋. 农村居民食品消费结构的转变研究：一个解决支出约束和嵌入人口统计学特征的 QUAIDS 模型的应用 [J]. 消费经济，2015，31（06）：27 - 33＋7.

[239] 张平，张晓晶. 经济增长、结构调整的累积效应与资本形成：当前经济增长态势分析 [J]. 经济研究，2003（8）：3 - 12.

[240] 张蕊，田澎. 中国城镇居民 10 年消费结构变化实证研究 [J]. 上海理工大学学报，2005，27（2）：151 - 156.

[241] 张武康，郭立宏. 网络零售业态引入对零售企业绩效的影响研究 [J]. 统计与决策，2015（12）：181 - 184.

[242] 张新华. 我国农村居民消费结构演变趋势分析 [J]. 中国物价，2007（4）：53 - 56.

[243] 张秀利，祝志勇. 城镇化推进与居民消费关系的实证：伪城镇化及其破解 [J]. 财经理论与实践，2015（11）：97 - 101.

[244] 张翼，林晓珊. 消费不平等：资源支配逻辑和机会结构重塑 [J]. 甘肃社会科学，2015（4）：1 - 7.

[245] 张翼. 当前中国社会各阶层的消费倾向：从生存性消费到发展性消费 [J]. 社会学研究，2016，31（4）：74 - 97＋243 - 244.

[246] 张颖熙. 中国城镇居民服务消费需求弹性研究：基于 QUAIDS 模型的分析 [J]. 财贸经济，2014（5）：127 - 135.

[247] 张颖熙，夏杰长. 以服务消费引领消费结构升级：国际经验与中国选择 [J]. 北京工商大学学报（社会科学版），2017，32（6）：104 -

112.

[248] 张月友, 刘志彪. 消费者偏好与中国服务业发展难题: 一般均衡框架下的证据 [J]. 经济学动态, 2012 (10): 57-64.

[249] 张自然, 祝伟. 中国居民家庭负债抑制消费升级了吗?: 来自中国家庭追踪调查的证据 [J]. 金融论坛, 2019, 24 (8): 34-44.

[250] 章元, 王驹飞. 城市规模、通勤成本与居民储蓄率: 来自中国的证据 [J]. 世界经济, 2019, 42 (8): 25-49.

[251] 赵伟, 耿勇. 住房不平等加剧了城镇家庭收入差异对消费差异的冲击吗? [J]. 经济经纬, 2020, 37 (5): 9-18.

[252] 赵西亮, 梁文泉. 房价上涨能够解释中国城镇居民高储蓄率吗?: 基于 CHIPS 微观数据的实证分析 [C]. 全国博士生学术论坛暨宏观经济青年学者论坛, 2011.

[253] 赵昕东, 汪勇. 食品价格上涨对不同收入等级城镇居民消费行为与福利的影响: 基于 QUAIDS 模型的研究 [J]. 中国软科学, 2013 (8): 154-162.

[254] 赵杨, 张屹山, 赵文胜. 房地产市场与居民消费、经济增长之间的关系研究: 基于 1994—2011 年房地产市场财富效应的实证分析 [J]. 经济科学, 2011, 33 (6): 30-41.

[255] 郑莉莉, 范文轩. 流动性约束、商业健康保险与家庭消费 [J]. 保险研究, 2020 (8): 76-87.

[256] 郑新立. 制约消费增长的原因及对策 [J]. 市场观察, 1999 (7): 4-7.

[257] 郑妍妍, 李磊, 刘斌. "少子化""老龄化"对我国城镇家庭消费与产出的影响 [J]. 人口与经济, 2013 (6): 19-29.

[258] 周先波, 田凤平. 非参数估计方法在长江和珠江三角洲地区城镇居民消费支出分析中的应用 [J]. 经济学 (季刊), 2008, 7 (4): 1459-1476.

[259] 周笑非. 城市化与内需主导型经济增长 [D]. 大连: 东北财经大学, 2012.

[260] 朱高林. 从不平衡到平衡: 发挥消费基础性作用的路径分析 [J]. 社会科学, 2019 (1): 44-54.

[261] 朱勤, 魏涛远. 中国人口老龄化与城镇化对未来居民消费的影响分析 [J]. 人口研究, 2016, 40 (6): 62-75.

［262］邹红，李奥蕾，喻开志．消费不平等的度量、出生组分解和形成机制：兼与收入不平等比较 ［J］．经济学（季刊），2013（4）：1231 - 1254.

［263］邹红，喻开志．收入结构视角下扩大居民服务消费的实证研究：基于广东省城镇住户调查数据 ［J］．财经科学，2013（5）：105 - 114.

［264］邹红，喻开志，李奥蕾．消费不平等问题研究进展 ［J］．经济学动态，2013（11）：118 - 126.

［265］ADAMS H R. Non-farm income and inequality in rural Pakistan：a decomposition analysis ［J］．Journal of development studies，1994，31（1）：110 - 133.

［266］AGUIAR M，HURST E. Life-cycle prices and production ［J］．American economic review，2007，97（5）：1533 - 1559.

［267］AGUIAR M，BILS M. Has consumption inequality mirrored income inequality? ［J］．American economic review，2015，105（9）：2725 - 2756.

［268］AKTURK M S，KETZENBERG M，HEIM G R. Assessing impacts of introducing ship-to-store service on sales and returns in omnichannel retailing：a data analytics study ［J］．Journal of operations management，2018，61：15 - 45.

［269］ALTONJI J G，MATZKIN R L. Cross section and panel data estimators for nonseparable models with endogenous regressors ［J］．Econometrica，2005，73（4）：1053 - 1102.

［270］ANDO A，MODIGLIANI F. The "life cycle" hypothesis of saving：aggregate implications and tests ［J］．American economic review，1963，53（1）：55 - 84.

［271］ANGELINI V. Consumption and habit formation when time horizon is finite ［J］．Economics letters，2006，103（2）：113 - 116.

［272］ATTANASIO O，HURST E，PISTAFERRI L. The evolution of income，consumption，and leisure inequality in the U. S.，1980—2010 ［R］．National bureau of economic research，2012.

［273］AVERY J，STEENBURGH T J，DEIGHTON J. Adding bricks to clicks：predicting the patterns of cross-channel elasticities over time ［J］.

Journal of marketing, 2012, 76 (3): 96 – 111.

[274] AYDIN K. Social stratification and consumption patterns in Turkey [J]. Social indicators research, 2006, 75 (3): 463 – 501.

[275] BAEK J W. The effects of the internet and mobile services on urban household expenditures: the case of south korea [J]. Telecommunications policy, 2016, 40 (1): 22 – 38.

[276] BALDWIN R E, MARTIN P. Agglomeration and regional growth [J]. Handbook of regional and urban economics, 2003: 2671 – 2711.

[277] BANKS J, BLUNDELL R, LEWBEL A. Quadratic engel curves and consumer demand [J]. Review of economics and statistics, 1997, 79 (4): 527 – 539.

[278] BARNETT W A. Theoretical foundations for the rotterdam model [J]. The review of economic studies, 1979, 46 (1): 109 – 130.

[279] BARRETT G, CROSSLEY T, WORSWICK C. Demographic trends and consumption inequality in Australia between 1975 and 1993 [J]. Review of income and wealth, 2000, 46 (4): 437 – 456.

[280] BARTEN A P. Maximum likelihood estimation of a complete system of demand equations [J]. European economic review, 1969, 1 (1): 7 – 73.

[281] BELL D R, CHOI J, LODISH L. What matters most in internet retailing [J]. MIT sloan management review, 2012, 54 (1): 27 – 33.

[282] BERRY S, LEVINSOHN J A, PAKES A, et al. Automobile prices in market equilibrium [J]. Econometrica, 1995, 63 (4): 841 – 890.

[283] BERRY L L, RUTH N B, CHERYL H B, et al. Opportunities for innovation in the delivery of interactive retail services [J]. Journal of interactive marketing, 2010, 24 (2): 155 – 167.

[284] BETANCOURT R R, GAUTSCHI D A. The economics of retail firms [J]. Managerial and decision economics, 1988, 9 (2): 133 – 144.

[285] BIGNE E, CARLA R, SILVIA S. The impact of internet user shopping patterns and demographics on consumer mobile buying behavior [J]. Journal of electronic commerce research, 2005, 6 (8): 193 – 209.

[286] BIHAGEN E. How do classes make use of their incomes? a test of two hypotheses concerning class and consumption on a Swedish data-set from 1992 [J]. Social indicators research, 1999 (47): 119 - 151.

[287] BLAU D M. Retirement and consumption in a life cycle model [J]. Journal of labor economics, 2008, 26 (1): 35 - 71.

[288] BLUNDELL R, PRESTON I. Consumption inequality and income uncertainty [J]. The quarterly journal of economics, 1998, 113 (2): 603 - 640.

[289] BOER P D, MISSAGLIA M. Introducing the indirect addilog system in a computable general equilibrium model: a case study for Palestine [R]. 2005.

[290] BOER P M C D. Modeling household behavior in a CGE model: linear expenditure system or indirect addilog? [J]. Econometric institute research papers, 2009: 1 - 24.

[291] BOURGUIGNON F, FOURNIER M, GURGAND M. Selection bias corrections based on the multinomial logit model: monte carlo comparisons [J]. Journal of economic surveys, 2007, 21 (1): 174 - 205.

[292] BOURLAKIS M, PAPAGIANNIDIS S, LI F. Retail spatial evolution: paving the way from traditional to metaverse retailing [J]. Electronic commerce research, 2009 (9): 135 - 148.

[293] BRADLOW E T, GANGWAR M, KOPALLE P, VOLETI S. The role of big data and predictive analytics in retailing [J]. Journal of retailing, 2017, 93 (1): 79 - 95.

[294] BYRON R P. A simple method for estimating demand systems under separable utility assumptions [J]. The review of economic studies, 1970, 37 (2): 261 - 274.

[295] CAI H, CHEN Y, ZHOU L A. Income and consumption inequality in urban China: 1992—2003 [J]. Economic development and cultural change, 2010, 58 (3): 385 - 413.

[296] CALVO P C, LEVY M J. Switching behavior and customer satisfaction in mobile services: analyzing virtual and traditional operators [J]. Computers in human behavior, 2015 (49): 532 - 540.

[297] CAMPBELL J Y, COCCO J F. How do house prices affect

consumption? evidence from micro data [J]. Journal of monetary economics, 2007, 54 (3): 591 - 621.

[298] CARROLL C, M SOMMER, J SLACALEK. International evidence on sticky consumption growth [J]. Review of economics and statistics, 2011 (93): 1135 - 1145.

[299] CARROLL C, E CRAWLEY, J SLACALEK, K TOKUOKA, M WHITE. Sticky expectations and consumption dynamics [J]. NBER working paper, 2018, No. 24377.

[300] CASE K E, QUIGLEY J M, SHILLER R J. Comparing wealth effects: the stock market versus the housing market [J]. Advances in macroeconomics, 2005, 5 (1): 1 - 34.

[301] CASTILLO V E, BELL J E, ROSE W J, et al. Crowdsourcing last mile delivery: strategic implications and future research directions [J]. Journal of business logistics, 2018, 39 (1): 7 - 25.

[302] CHAN T, J H GOLDTHORPE. The social stratification of cultural consumption: some policy implications of a research project [J]. Cultural trends, 2007a (16): 373 - 384.

[303] CHA T, J H GOLDTHORPE. Social stratification and cultural consumption: music in England [J]. European sociological review, 2007b (23): 1 - 19.

[304] CHRISTOPHER D CARROLL, JODY OVERLAND, DAVID N WEIL. Comparison utility in a growth model [J]. Journal of economic growth, 1997, 2 (4): 339 - 367.

[305] CLARK T, S LIPSET. Are social classes dying? [J]. International sociology, 1991 (6): 397 - 410.

[306] CLARKE D, B MATTA. Practical considerations for questionable IVs [J]. MPRA paper, 2017, No. 79991.

[307] CLARKE L, L BEEGHLEY, K J COCHRAN. Religiosity, social class, and alcohol use: an application of reference group theory [J]. Sociological perspectives, 1990, 33: 201 - 218.

[308] CLULEY R, BROWN S D. The dividualised consumer: sketching the new mask of the consumer [J]. Journal of marketing management, 2015, 31 (1 - 2): 107 - 122.

[309] COIBION O, GORODNICHENKO Y, KOUSTAS D. Consumption inequality and the frequency of purchases [R]. National bureau of economic research, 2017.

[310] COUGHLAN A T, ANDERSON E, STERN L W, et al. Marketing channels [M]. New Jersey: Prentice-Hall, 2014.

[311] CUTLER D M, KATZ L F. Rising inequality? changes in the distribution of income and consumption in the 1980s [R]. National bureau of economic research, 1992.

[312] DEATON A. Specification and testing in applied demand analysis [J]. The economic journal, 1978, 88 (351): 524 – 536.

[313] DEATON A, MUELLBAUER J. An almost ideal demand system [J]. The American economic review, 1980, 70 (3): 312 – 326.

[314] DEATON A, PAXSON C. Intertemporal choice and inequality [J]. Journal of political economy, 1994, 102 (3): 437 – 467.

[315] DELEIRE T, KALIL A. Does consumption buy happiness? evidence from the United States [J]. International review of economics, 2010, 57 (2): 163 – 176.

[316] DIMAGGIO P, M USEEM. Social class and arts consumption: the origins and consequences of class differences in exposure to the arts in America [J]. Theory and society, 1978 (5): 41 – 161.

[317] DUMLUDAG D. Consumption and life satisfaction at different levels of economic development [J]. International review of economics, 2015, 62 (2): 1 – 20.

[318] DURANTON G, PUGA D. Micro-foundations of urban agglomeration economies [J]. Handbook of regional and urban economics, 2004 (4): 2063 – 2117.

[319] EALES J S, UNNEVEHR L J. The inverse almost ideal demand system [R]. University of Alberta, department of resource economics and environmental sociology, 1991.

[320] EASTERLIN R A. Does economic growth improve the human lot? some empirical evidence [J]. Nations & households in economic growth, 1974: 89 – 125.

[321] EASTERLIN R A. Nations and households in economic growth:

essays in honor of moses abramovitz [J]. Economic development & cultural change, 1974, 57 (4): 204 - 215.

[322] EMRICH O, VERHOEF P C. The impact of a homogenous versus a prototypical web design on online retail patronage for multichannel providers [J]. International journal of research in marketing, 2015, 32 (4): 363 - 374.

[323] ENGELHARDT G V. House prices and home owner saving behavior [J]. Regional science and urban economics, 1996, 26 (3 - 4): 313 - 336.

[324] ETHERIDGE B. House prices and consumption inequality [J]. International economic review, 2019, 60 (4): 1781 - 1822.

[325] FERRER H S, DARDIS R. Determinants of household expenditures for services [J]. Journal of consumer research, 1991, 17 (4): 385 - 397.

[326] FOELLMI R. Consumption structure and macroeconomics. structural change and the relationship between inequality and growth [J]. Lecture notes in economics & mathematical systems, 2005, 554 (7): 4266 - 4282.

[327] FULPONI L. The almost ideal demand system: an application to food and meat groups for France [J]. Journal of agricultural economics, 1989, 40 (1): 82 - 92.

[328] GAN J. Housing wealth and consumption growth: evidence from a large panel of households [J]. The review of financial studies, 2010, 23 (6): 2229 - 2267.

[329] GAO F, SU X. Omni-channel service operations with online and offline self-order technologies [J]. Management science, 2017, 64 (8): 3595 - 3608.

[330] GERHARDS J, S HANS, M MUTZ. Social class and cultural consumption: the impact of modernization in a comparative European perspective [J]. Comparative sociology, 2013 (12): 160 - 183.

[331] GLEASER E L, J KOLKO, A SAIZ. Consumer city [J]. Journal of economic, 2001: 27 - 50.

[332] GORMAN W M. Separable utility and aggregation [J]. Econ-

ometrica, 1959 (27): 469 - 481.

[333] GUARIGLIA A, ROSSI M. Private medical insurance and saving: evidence from the British household panel survey [J]. Journal of health economics, 2004, 23 (4): 761 - 783.

[334] HALL R E. Stochastic implications of the life cycle-permanent income hypothesis: theory and evidence [J]. Journal of political economy, 1978, 86 (6): 971 - 987.

[335] HOLT M T, GOODWIN B K. Generalized habit formation in an inverse almost ideal demand system: an application to meat expenditures in the U. S. [J]. Empirical economics, 1997, 22 (2): 293 - 320.

[336] HONGBIN L, SHI X, WU B. Retirement consumption puzzle in China [J]. American economic review, 2015, 105 (5): 437 - 441.

[337] HORIOKA C Y, WAN J. The determinants of household saving in China: a dynamic panel analysis of provincial data [J]. Journal of money credit & banking, 2007, 39 (8): 2077 - 2096.

[338] HOYNES H W, MCFADDEN D L. The impact of demographics on housing and non-housing wealth in the United States [C]. The United States and Japan, 1996: 153 - 194.

[339] HUANG K S, HAIDACHER R C. Estimation of a composite food demand system for the United States [J]. Journal of business & economic statistics, 1983, 1 (4): 285 - 291.

[340] JACKSON, L F. Hierarchic demand and the engel curve for variety [J]. Review of economics and statistics, 1984 (66): 8 - 15.

[341] JAPPELLI T, PISTAFERRI L. Does consumption inequality track income inequality in Italy? [J]. Review of economic dynamics, 2010, 13 (1): 133 - 153.

[342] KATZ-GERRO T. Cultural consumption and social stratification: leisure activities, musical tastes, and social location [J]. Sociological perspectives, 1999 (42): 627 - 646.

[343] KATZ-GERRO T. Highbrow cultural consumption and class distinction in Italy, Israel, West Germany, Sweden, and the United States [J]. Social forces, 2002 (81): 207 - 229.

[344] KLEIN L R, RUBIN H. A constant-utility index of the cost of

living [J]. The review of economic studies, 1947, 15 (2): 84 – 87.

[345] KOENKER R, BASSETT G. Regression quantiles [J]. Econometrica, 1978, 46 (1): 33 – 50.

[346] KRAAY A. Household saving in China [J]. World bank economic review, 2000, 14 (3): 545 – 570.

[347] KRUEGER D, PERRI F. Does income inequality lead to consumption inequality? evidence and theory [J]. The review of economic studies, 2006, 73 (1): 163 – 193.

[348] LAKKAKULA P, SCHMITZ A, RIPPLINGER D. U. S. sweetener demand analysis: a QUAIDS model application [J]. Journal of agricultural and resource economics, 2016, 41 (3): 533 – 548.

[349] LEE D H, LEE D H. Increase in telecommunications expenditure and the migration of consumption online: the case of South Korea [J]. The information society, 2012, 28 (2): 61 – 82.

[350] LEE M Y A, THUNBERG E M. An inverse demand system for new England groundfish: welfare analysis of the transition to catch share management [J]. American journal of agricultural economics, 2013, 95 (5): 1178 – 1195.

[351] LERMAN R I, YITZHAKI S. Income inequality effects by income source: a new approach and applications to the United States [J]. Review of economics and statistics, 1985, 67 (1): 151 – 56.

[352] LESER C E V. Forms of engel functions [J]. Econometrica, 1963, 31 (4): 694 – 703.

[353] LISE J, SEITZ S. Consumption inequality and intra-household allocations [J]. The review of economic studies, 2011, 78 (1): 328 – 355.

[354] LLUCH C. The extended linear expenditure system [J]. European economic review, 1973, 4 (1): 21 – 32.

[355] LUDWIG A, SLOK T. The impact of stock prices and house prices on consumption in OECD countries [J]. IMF working paper, 2002 (10): 29 – 31.

[356] MACDONALD S, S PAN, D HUDSON. Chinese domestic textile demand: where they buy does matte [J]. China agricultural eco-

nomic review, 2013, 5 (3): 312 - 327.

[357] MARCHET G, MELACINI M, PEROTTI S, et al. Business logistics models in omni-channel: a classification framework and empirical analysis [J]. International journal of physical distribution & logistics management, 2018, 48 (4): 439 - 464.

[358] MCFADDEN D. Econometric analysis of qualitative response models [J]. Handbook of econometrics, 1984: 1395 - 1457.

[359] MDAFRI A, B W BRORSEN. Demand for red meat, poultry, and fish in Morocco: an almost ideal demand system [J]. Agricultural economics, 1993, 9 (2): 155 - 163.

[360] MEYER B D, SULLIVAN J X. Consumption and income inequality in the U. S. since the 1960s [R]. National bureau of economic research, 2017.

[361] MICHAEL L, ZURAB S. Maximum likelihood estimation of endogenous switching regression models [J]. The stata journal, 2004, 4 (3): 282 - 289.

[362] MODIGLIANI F, CAO S L. The Chinese saving puzzle and the life-cycle hypothesis [J]. Journal of economic literature, 2004, 42 (1): 145 - 170.

[363] MODIGLIANI F, BRUMBERG R. Utility analysis and the consumption function: an interpretation of the cross-section data [J]. Franco modigliani, 1954, 1 (1): 388 - 436.

[364] MUELLBAUER JOHN. Habits, rationality and myopia in the life cycle consumption function [J]. Annals of economics and statistics, 1988, 112 (9): 47 - 70.

[365] NOLL H H, WEICK S. Consumption expenditures and subjective well-being: empirical evidence from Germany [J]. International review of economics, 2015, 62 (2): 101 - 119.

[366] OHTAKE F, SAITO M. Population aging and consumption inequality in Japan [J]. Review of income and wealth, 1998, 44 (3): 361 - 381.

[367] PANTANO E. Innovation drivers in retail industry [J]. Journal of information management, 2014, 34 (3): 344 - 350.

[368] PANTANO E, PRIPORAS C V. The effect of mobile retailing on consumers' purchasing experiences: a dynamic perspective [J]. Computers in human behavior, 2016, 61: 548 - 555.

[369] PAUWELS K, LEEFLANG S H, TEERLING M L, HUIZINGH K R. Does online information drive offline revenues? only for specific products and consumer segments! [J]. Journal of retailing, 2011, 87 (1): 1 - 17.

[370] PEREZ-TRUGLIA R A. Test of the conspicuous-consumption model using subjective wellbeing data [J]. The journal of socio-economics, 2013 (45): 146 - 154.

[371] POI B P. Easy demand-system estimation with QUAIDS [J]. The stata journal, 2012, 12 (3): 433 - 446.

[372] POLLAK R A, WALES T J. Demographic variables in demand analysis econometrica [J]. Journal of the econometric society, 1981: 1533 - 1551.

[373] POZZI A. The effect of internet distribution on brick-and-mortar sales [J]. The RAND journal of economics, 2013, 44 (3): 569 - 583.

[374] ROSEN S. Hedonic prices and implicit markets: product differentiation in pure competition [J]. Journal of political economy, 1974, 82 (1): 34 - 55.

[375] SASHI C M. Customer engagement, buyer-seller relationships, and social media [J]. Management decision, 2012, 50 (2): 253 - 272.

[376] SCHANINGER C. Social class versus income revisited: an empirical investigation [J]. Journal of marketing research, 1981 (18): 192 - 208.

[377] SHORROCKS A F. Inequality decomposition by factor components [J]. Econometrica: journal of the econometric society, 1982: 193 - 211.

[378] SINAI T, SOULELES N S. Owner-occupied housing as a hedge against rent risk [J]. The quarterly journal of economics, 2005, 120 (2): 763 - 789.

[379] SINGH V. Estimating a third-order translog demand system u-

sing Canadian micro-data [R]. University library of Munich, Germany, 2005.

[380] STONE R. Linear expenditure systems and demand analysis: an application to the pattern of British demand [J]. Economic journal, 1954, 64 (255): 511 – 527.

[381] STROTZ R H. The empirical implications of a utility tree [J]. Econometrica: journal of the econometric society, 1957: 269 – 280.

[382] THEIL H. Theory and measurement of consumer demand [R]. 1975.

[383] THEIL H. The information approach to demand analysis [J]. Econometrica, 1965, 33 (1): 67 – 87.

[384] TOIVONEN T. The melting away of class differences? consumption differences between employee groups in Finland 1955—1985 [J]. Social indicators research, 1992 (26): 277 – 302.

[385] TOMLINSON M. Lifestyle and social class [J]. European sociological review, 2003 (19): 97 – 111.

[386] WALDFOGEL J. Preference exterualitiea: an empirical study of who benefits whom in differentiated-product markets [J]. RAND journal of economics, 2003 (34): 557 – 568.

[387] WANG J H, MALTHOUSE E C, KRISHNAMURTHI L. On the go: how mobile shopping affects customer purchase behavior [J]. Journal of retailing, 2015, 91 (2): 217 – 234.

[388] WISMAN J. Household saving, class identity, and conspicuous consumption [J]. Journal of economic issues, 2009 (43): 89 – 114.

[389] WITEK J. Polarization of consumption: poverty and wealth of the polish households [J]. International journal of management cases, 2010 (11): 94 – 100.

[390] WORKING H. Statistical laws of family expenditure [J]. Journal of the American statistical association, 1943, 38 (221): 43 – 56.

[391] XIA Y, ZHANG G P. The impact of the online channel on retailers performances: an empirical evaluation [J]. Decision science, 2010, 41 (3): 517 – 546.

[392] YING T, W NORMAN, L ZHOU. Is social class still work-

ing? revisiting the social class division in tourist consumption [J]. Current issues in tourism，2016 (19)：1405 – 1424.

[393] ZHANG J，XIONG Y. Effects of multifaceted consumption on happiness in life：a case study in Japan based on an integrated approach [J]. International review of economics，2015 (1)：1 – 20.

[394] ZIMMERMANN S. The pursuit of subjective well-being through specific consumption choice [J]. Social science electronc publishing，2014：1 – 54.